박윤선 성경주석

개역개정판

신약주석
로마서

A Commentary on the Epistle to the Romans

신약주석 로마서

발 행 일 2022년 3월 14일

지 은 이 박윤선
펴 낸 이 김기영

펴 낸 곳 도서출판 영음사
주 소 서울특별시 강남구 광평로 56길 8-13, 1406호
전 화 02-3412-0901
팩 스 02-3412-1409
이 메 일 biblecomen@daum.net
등 록 2008년 4월 21일 제2021-000311호

디 자 인 디자인집(02-521-1474)

ISBN 978-89-7304-170-1 (03230)

박윤선 성경주석

개역개정판

신약주석
로마서

A Commentary on the Epistle to the Romans

박윤선 지음

도서출판 **영음사**

복음에는 하나님의 의가 나타나서
믿음으로 믿음에 이르게 하나니
기록된 바 오직 의인은 믿음으로 말미암아 살리라
함과 같으니라.
(롬 1:17)

δικαιοσύνη γὰρ θεοῦ ἐν αὐτῷ ἀποκαλύπτεται
ἐκ πίστεως εἰς πίστιν,
καθὼς γέγραπται· ὁ δὲ δίκαιος ἐκ πίστεως ζήσεται.

머리말

(수정 증보판을 내면서)

본문 해석에는 칼빈주의 원리를 일률적으로 채택하였는데, 이는 칼빈주의 해석 원리가 성경적이라고 믿기 때문이다. 따라서 학자들의 학설을 인용할 때도 칼빈주의 주석가들의 저작을 인용하였다. 간혹 신학적 견해가 다른 비정통 학자의 해석도 소개하였으나 대개는 비판을 가하기 위함이었다. 현대 신학 사상 가운데 가장 큰 혼란을 초래한 흐름 중 하나는 칼 바르트(K. Barth)의 신정통주의 신학이라고 할 수 있다. 따라서 본서에서는 그의 로마서 주석을 비판하여 평주를 실었다. 그의 신학은 이해하기 어려운 측면이 있지만 할 수 있는 대로 평이하게 풀어서 그 정체를 드러내는 한편 정통 칼빈주의 신학과의 차이점도 밝혀 놓았다.

이 주석 사업을 위하여 기도해 주시고 각 방면으로 후원해 주신 성도들에게 감사의 말씀을 드린다.

끝으로 독자들께 양해의 말씀을 드리고자 한다. 다름 아니라 이 주석서에 오탈자로 인하여 그의 뜻이 달라졌거나 해석상 잘못된 점이 있더라도 너그럽게 용서하시기 바란다는 것이다. 저자가 간절히 기도하는 바는 이 주석서를 읽는 이마다 신령한 은혜로 충만하게 되시기를 바라는 것이다.

1969년 3월

박윤선

목차

설교

특별참고

서론

Ⅰ. 로마서의 저자

초기 교회 이래로 로마서가 사도 바울의 저작이라는 점에 대해서는 일치된 합의가 존재해 왔다고 한다.

외증. 2세기 교부 이레나이우스(Irenaeus)는 『이단 반박론』에서 로마서 1:1과 9:5을 바울의 저작으로 알고 인용하였다. 그뿐 아니라 알렉산드리아의 클레멘스(Clement of Alexandria)도 11:22과 6:2을 바울의 말로 알고 인용하였으며, 테르툴리아누스(Tertullian)도 7장과 9:5을 사도의 글로 알고 인용하였다. 이들 삼대 교부는 모두 주후 2세기 인물들인데, 그들의 증거를 우리가 신임하는 이유는 그들이 당시 세계 교회를 대표하는 신학자들이었기 때문이다.

내증. 로마서의 문체가 바울의 다른 모든 서신들과 같기 때문에 이 책도 그의 저작임을 부인할 수 없다. 더욱이 이 책 첫머리에 그의 이름이 명백히 기록되어 있다.

Ⅱ. 로마서의 저작 장소와 저작 시기

로마서 15:22-29에는 바울이 마게도냐와 아가야에서 구제 연보를 모아 가지고 예루살렘을 향하여 떠나려고 계획했다는 사실을 기록하고 있다. 그것을 통해 우리는 이 편지를 저술한 곳이 마게도냐든지 혹은 아가야일 것이라고 추측할 수 있다. 더불어 16:23을 보면 바울이 가이오라는 사람의 문안을 로마 교회에 전하는데, 이 사람은 아가야 지방 고린도라는 도시의 사람이다(고전 1:14). 그러므로 이 편지를 쓴 장소는 아가야일 것이다.

크레다너스(Greijdanus)는 16:1-2에서 "뵈뵈"에 대해 언급하는 말을 근거로 바울이 로마서를 저술할 때에 고린도에 머물렀던 것으로 추측하였다. 바울이 뵈뵈를 천거하면서 로마 교회에 그를 잘 영접하라고 했던 것으로 볼 때 뵈뵈가 본서를 가지고 로마를 방문했던 것 같다. 그런데 뵈뵈는 겐그리아 교회 교인이었고, 겐그리아는 고린도와 가까운 항구 도시였다(Romeinen, p. 1). 로마서 16:23에 등장하는 "에라스도" 역시 고린도 사람이다(딤후 4:20). 그가 로마 교회에 대한 바울의 문안에 동참한 사실도, 바울이 그때에 고린도에 있었던 점을 증명한다.

이 편지를 기록한 시기에 대하여는 확실히 알기 어렵다. 학자들 간에는 여러 가지 견해가 있다. 테오도르 찬(Theodor Zahn)은 로마서가 주후 58년 3월에 기록된 것으로 추정하고, 윌리허(Jülicher)는 58년 초에 기록되었다고 한다. 그러나 대다수의 견해는 그보다 이른 시기에 기록되었다는 의견이다. 크레다너스(Greijdanus)는 55년, 혹은 56년 겨울을 저작 시기로 본다.

Ⅲ. 로마 교회는 언제 설립되었는가?

로마 교회는 바울이 세운 교회가 아니었다(롬 15:20). 오순절 성령 강림 당시에 그 장면을 목격한 참관인 중에는 로마에서 온 방문자들도 있었다(행 2:10). 추측하기로는 그들이 후에 로마에 돌아가서 복음을 전하였던 것으로 보인다.

그런데 이 교회에는 유대인과 이방인이 함께 섞여 있었다. 거기에 유대인들이 참여했다는 사실을 우리는 (1) 로마서 2:17에서 바울이 유대인들을 겨냥해서 주는 말씀을 통해 알 수 있고, 또한 (2) 로마 교회 구성원 가운데 유대 이름이 있다는 사실을 통해서도 알 수 있다(롬 16:3; 행 18:2; 참조. 롬 16:7, 11).

또한 로마 교회에는 이방인들도 참여했다. 그 증거로 로마서에는 바울이 그 교회의 이방인들을 겨냥하여 주시는 말씀들이 있다(롬 11:13, 19-31; 15:8-29).

Ⅳ. 내용 분해

서론(1:1-17)

1) 머리말과 축복(1-7절)

2) 로마 교회에 대한 바울의 관심(8-15절)

3) 간추려 말한 복음의 내용(16-17절)

1. 죄악론(1:18-3:20)

1) 이방인의 죄악(1:18-32)

2) 유대인의 죄악(2:1-3:9)

3) 결론(3:10-20)

2. 하나님의 의(3:21-5:21)

1) 하나님의 의가 나타남(3:21-31)

2) 아브라함의 표본(4:1-25)

3) 하나님의 의가 구원을 보장함(5:1-11)

4) 아담과 그리스도(5:12-21)

3. 칭의와 실생활(6:1-8:39)

1) 그리스도와 연합한 교회(6:1-11)

2) 죄를 떠나서 의의 종이 됨(6:12-23)

3) 율법에서 해방되고 그리스도의 종이 됨(7:1-6)

4) 율법이 육신 때문에 무력해짐(7:7-25)

5) 성령의 제도(8:1-11)

6) 성령에 속한 생활(8:12-17)

7) 하나님의 자녀의 소망(8:18-30)

8) 구원의 확실성(8:31-39)

4. 이스라엘 문제와 예정론(9:1-11:36)

1) 이스라엘의 불신앙(9:1-5)

2) 하나님의 선택의 성질(9:6-13)

3) 하나님의 주권(9:14-29)

4) 결론(9:30-33)

5) 이스라엘은 핑계할 수 없음(10:1-21)

6) 이스라엘의 현재 형편(11:1-10)

7) 이스라엘이 넘어짐으로 이방과 이스라엘에 임하는 은혜(11:11-24)

8) 이방인의 들어옴과 이스라엘의 구원(11:25-32)

9) 찬송(11:33-36)

5. 기독교의 도덕률(12:1-16:27)

1) 교회 생활(12:1-21)

2) 국민의 의무(13:1-7)

3) 율법의 완성(13:8-10)

4) 깨어 단정히 행하고 방종하지 말 것(13:11-14)

5) 양심의 자유를 지혜 있게 자제하여 덕을 세우도록 힘쓸 것(14:1-15:13)

결론(15:14-16:27)

제 1 장

⚜ 내용분해

1. 머리말과 축복(1-7절)
2. 로마의 교회에 대한 바울의 깊은 관심(8-15절)
3. 간추려 말한 복음의 내용(16-17절)
4. 이방인들에게 나타난 하나님의 진노(18-32절)

⚜ 개요

1. 바울은 그의 다른 서신에서처럼, 여기서도 먼저 자기의 권위에 대하여 말한다(1-7절). 이것을 보면 이 서신의 내용이 개인적인 사안이 아니라 하나님의 대리자로서 신적 권위를 갖는 메시지를 담고 있음을 알 수 있다. ① 그는 "예수 그리스도의 종 바울"이라는 자기소개로 서신을 시작한다. 이 말씀을 풀이하기에 앞서 로마서를 통해 깊은 깨달음을 얻고서 종교개혁을 일으킨 마르틴 루터(Martin Luther)의 강해에서 한 구절을 인용하고자 한다. 그는

이렇게 말한다. "이 말씀 가운데 엄위와 겸손이 들어 있다."[1] 다시 말해 바울이 예수 그리스도의 권위를 대리한다는 점에서 그의 직분은 장엄한 권위를 갖는 것이며, 그가 그리스도의 종으로 사역한다는 점에서 그의 직분은 겸손을 갖춘 것이다. 그는 자신이 신자들의 주인인 것처럼 행세하지 않았으며 어디까지나 그들을 위하여 봉사하고자 하였다. 그러면서도 그는 하나님을 배경으로 삼아 사역했다. ② 바울은 자신의 직분이 복음을 위한 것이라고 말한다. 그는 그의 직분이 어떻게 작용하는지 보여주기 위하여 복음의 개요를 우리에게 알려주고 있는데, 곧 복음은 하나님의 아들에 관하여 성경에 미리 약속하신 것이라고 말한다. 복음은 인간의 공로나 지혜로 말미암은 사소한 발명품이 아니라 하나님의 율법과 선지자의 예언대로 성취된 것이다. 루터는 말하기를, "이것이 바로 복음이 갖는 최고의 능력이고 완전한 증거다."라고 하였다.[2] 복음이 이처럼 계약의 성취로 나타났음을 기억할 때 우리가 이 복음을 얼마나 힘 있게 믿어야 할지 말로 다할 수 없다. 여기서 계약이라는 개념은 하나님과 관련된 것인데, 바울에 따르면 이 같은 사실은 구원의 진리가 하나님에게서 나왔을 뿐 아니라 그 구원의 성취도 전적으로 하나님의 능력에 따라 결정되는 것임을 가르쳐준다.

바울은 여기서 또 한 가지 복음의 요지를 제시하는데, 곧 그리스도의 성품에 관한 것이다(3-4절). 여기서 그리스도의 성품이란 그가 다윗의 혈통에서 나셨고 부활을 통해 능력 있는 하나님의 아들로 알려지셨다는 사실을 가리킨다. 이와 관련하여 루터는 그가 낮아지시고 높아지신 사실을 지적하였다.[3] 다시 말해 천지 만물을 지으신 이가 다윗의 자손으로 나신 것이 그의

1) Luther, *Vorlesung über den Römerbrief*, 1965, 14. "In diesem Worte liegt zugleich Hoheit und Demut."

2) *Vorlesung über den Römerbrief*, 1965, 18. "Eben darin beruht die grösste Kraft und alle Erweis des Evangeliums."

3) *Vorlesung über den Römerbrief*, 1965, 20. "Das Evangelium handelt aber nicht nur von der Niedrigkeit des Gottessohnes, in der er sich selbst entäusserte, vielmehr auch von der Herrlichkeit und Machtvollkommenheit."

낮아지심이고, 모든 능력을 가지신 하나님의 아들로 부활하신 것이 그의 높아지심이다.

2. 바울은 로마 교회에 대하여 깊은 관심을 가졌다(8-15절). 그는 로마 교회의 신자들을 만나기 위하여 간절히 기도하였다. "모든 참된 목자는 그 양떼를 위하여 근심하는 자다."[4] 그리고 그는 그들에게 은혜를 나눠 주려고 힘썼다(15절). 육에 속한 사람은 남을 이용하려고 하지만, 영에 속한 사람은 남에게 주려고 한다.

3. 로마서에 나타난 바울의 중심 사상은 복음의 역할이다(16-17절). "복음에는 하나님의 의가 나타난다."라는 말씀이 그것이다. 사람의 교훈은 사람의 의를 나타내지만, 하나님의 교훈은 하나님의 의(하나님께서 주시는 의)를 보여준다. 다시 말해 사람이 하나님 앞에서 의를 얻는 방법을 보여준다(Luther).

4. 본 장 18-32절까지는 모든 인류가 하나님의 진노 아래 있음을 보여준다. 바울이 이렇게 말하는 목적은 앞서 17절에 말한 것처럼 하나님의 의가 오직 복음에만 나타난다는 것을 증명하려는 것이다. 다시 말해 복음 이외에는 세상 어디에도 구원의 길이 없다는 것이다. 칼빈(Calvin)은 이와 같은 논법을 가리켜 대조적 논법이라고 하였다.

5. 하나님의 진노 아래 있는 인류는 그야말로 멸망 상태에 떨어졌다.

① 그들은 하나님을 배반하고 우상을 섬겼다(19-23절). "하나님을 잃은

---

4) *Vorlesung über den Römerbrief*, 1965, 24. "So nämlich wird jeder treue Hirte bedrängt."

것은 모든 것을 잃은 것과 마찬가지다"(Denney). ② 그들은 온갖 죄악을 범했다(24-32절). 사람이 범죄할 수 있게 되었다는 사실 자체가 이미 하나님의 벌이다. 반면에 사람이 덕을 행할 수 있다면 그것은 하나님이 주신 상급이다.

⚜ 해석

1 예수 그리스도의 종. 헬라어에서 "종"을 가리키는 단어는 "둘로스"(δοῦλος)인데, 바울 당시 헬라-로마 세계에서 종은 주인에게 속한 일개 가구와 같은 존재였다. 예컨대 어떤 역사가가 증거한 것처럼, 가구에는 세 종류가 있었다. 그 하나는 말할 줄 모르는 것(낫이나 호미 같은 도구)이요, 또 하나는 말할 줄 모르는 개와 같은 짐승이요, 또 다른 하나는 말하는 노예라는 것이다. 바울은 스스로를 가리켜 "예수 그리스도의 종"이라고 하였으니, 이것은 서신의 첫머리에서부터 자신이 오직 예수님께 절대 복종하는 자라는 사실을 표명한 것이다. 그러나 이 같은 복종은 은혜로 말미암는 것이다. 다시 말해 그것은 그리스도께서 자신의 피로 바울을 무서운 죽음의 세력에서 구원하셔서 자신의 소유로 삼으셨던 은혜 때문에 이루어진 일이라는 것이다.

사도. 이 명칭은 헬라어로 "아포스톨로스"(ἀπόστολς)다. 이것이 고대 헬라어에서는 "함대"를 의미했으나, 후대에 이르러서는 "보냄을 받은 자"를 가리켰다. 그는 보내는 자를 대리할 권위를 가지고 있다(Strack und P. Billerbeck). 다시 말하자면 "사도"는 하나님의 교회를 세우기 위하여 하나님의 대리자로 세상에 보냄을 받은 자다.

부르심을 받아. 이것은 헬라어로 "클레토스"(κλητός)라고 한다. 하나님의 모든 참된 종들은 "보냄을 받은 자"(클레토스)로서의 경험을 가지고 있다. 예컨대 아브라함(창 12:1-3), 모세(출 3:10-12), 기타 모든 선지자들(사 6:8-10; 렘

1:4-5)이 그러하다. 바울은 특히 다메섹으로 가던 길에 부르심을 받았다(행 9:3-5).

복음. 헬라어 "유앙겔리온"(εὐαγγέλιον)은 "좋은 소식"을 의미한다. 메시아를 보내셔서 그 백성을 구원하시겠다는 하나님의 약속이 성취되었다는 것은 참으로 좋은 소식이다. 이 약속을 성취하신 방식은 그리스도 예수께서 사람의 형상(다윗의 자손)을 입으시고 이 세상에 오셔서 죽으셨다가 다시 사신 것이다.

택정함을 입었으니. 이 말은 원어로 "아포리스메노스"(ἀφωρισμένος)니, "갈라놓음이 되었다"(레 20:26)라는 뜻이다. 이것은 그가 태어나기 전에 사도로 거룩히 구별된 것을 가리킨다(갈 1:15). 이렇게 세움받은 것은 자기의 힘이나 뜻으로 된 것이 아니다. 그러므로 이렇게 세움을 받아 복음을 전하는 하나님의 종은, ① 교만할 수 없고, ② 하나님의 대리자이기 때문에 자신의 뜻대로 나아가거나 멈출 수 없고, ③ 오직 보내신 자의 뜻을 성취하려고 노력할 뿐이며, ④ 두려워할 것도 없고 염려할 것도 없이 보내신 자의 권능을 의뢰해야 하며, ⑤ 근신하여 그가 대리한 하나님의 거룩한 이름을 더럽히지 않도록 의롭게 살아야 한다.

2 성경에. 이 표현은 성경이 일반 문집과는 다르다는 점을 지적한다. "성"(ἁγίαις)이라는 형용사는 그것이 지시하는 대상이 하나님께 속한 것임을 알려준다. 그러므로 성경은 하나님의 말씀이다.

미리 약속하신 것. "약속"하셨다는 말은 "허락"하였다는 말과 달라서 인간의 요청이 있기 전에 하나님께서 사랑으로 솔선하여 구원해 주시기로 약속하셨음을 의미한다. 이 "약속"은 구약 성도들에게도 하셨던 것이기 때문에, 그들을 위한 것이기도 하다. 그들은 오실 메시아를 바라보는 믿음으로 구원함을 받았다. 이 약속은 당연히 우리에게도 유효한 것이다(15:4). "미리 약속"하셨다는 말씀은 다음과 같은 사실을 상기시킨다. 곧 ① 하나님께서 택하신 백성을 향한 그분의 사랑이 얼마나 큰지를 보여준다. 하나님은 현재에 복을 주시기보다 미래를 위해 더 많은 축복을 간직하여 주신다(시 31:19). 복음은 아무런 준비나 계획 없이 우연히 바람에 날리는 겨와 같이 날아왔다가 사라져버릴 것이 아니고, 오래전부터 하나님께서 예정하시고 약속해 오신 영원한 진리다. ② 하나님께서 미리 말씀하신 후에 그대로 이루어 주시는 이유는 그것이 성취될 때에 우리로 하여금 그 같은 약속을 주신 하나님을 더욱 믿게 하시기 위함이다(요 13:19).

3 **육신**. 이것은 헬라어로 "사르크스"(σάρξ)인데, 일반적으로 "몸"을 의미하는 "소마"(σῶμα)와 달라서 인간의 부패성, 혹은 순전히 인성(몸과 영혼)을 가리키는데, 예수님에 대하여 이 말이 사용될 때는 부패성을 의미하지 않을 뿐더러(고후 5:21), 도덕적 연약성을 가리키지도 않고, 오직 자연적 연약성을 띤 인성을 가리킬 뿐이다. 히브리서 4:15-16에 "우리에게 있는 대제사장은 우리의 연약함을 동정하지 못하실 이가 아니요 모든 일에 우리와 똑같이 시험을 받으신 이로되 죄는 없으시니라 그러므로 우리는 긍휼하심을 받고 때를 따라 돕는 은혜를 얻기 위하여 은혜의 보좌 앞에 담대히 나아갈 것이니라"라고 하였다.

하나님의 아들이 육신이 되신 것은, 우리의 죄 짐을 지시기 위하여 대신 모욕을 당하신 것이며, 우리와 같이 되신 것이다(히 2:17). 복음이라는 좋은 소식은 그리스도께서 두 가지 요소, 곧 인성과 신성을 가지셨다는 것이다. 성경은 그의 중보자 자격을 말할 때 그의 인성을 강조한다(딤전 2:5). 그 이유는 그의 신성이 그의 인성을 통하여 우리에게 계시되기 때문이다. 그러나 그리스도의 인격의 주체는 신성이다.

다윗의 혈통. 바울 사도는 여기서 나사렛 예수 그리스도에 관한 구약의 예언을 염두에 둔 것이 분명하다. 구약성경에는 그리스도께서 다윗의 후손으로 나실 것이라고 예언한 구절이 많다. 그 가운데 두 가지만 예를 들자면 이렇다. 먼저 이사야 53:1-3에는 "마른 땅에서 나온 뿌리"라고 하였다. 이 예언과 같이 나사렛 예수 그리스도는 다윗의 뿌리(왕의 후손)임에도 왕궁에서 나시지 않고 외딴 고을인 베들레헴의 외양간(마른 땅과 같이 적막한 곳)에 나셨다. 그리고 이사야 11:1에는 "이새의 줄기에서 한 싹이 나며 그 뿌리에서 한 가지가 나서 결실할 것이요"라고 하였다. 이것은 그루터기에서 싹이 나서 열매를 맺으리라는 말씀이다. 이스라엘 백성이 바벨론에 유배된 후, 다윗의 왕통이 오랫동안 끊어지고 그루터기로만 남아 있었다. 거기서 다시 왕의 후손으로 예수님이 나셨다. 여기서 "가지"라는 말은 히브리어로 네체르(נֵצֶר)이고, "결실한다"라는 말은 "이프레"(יִפְרֶה)다. 네체르는 마태복음의 나사렛을 연상시키고(마 2:23), 이프레는 베들레헴 곧 에브라다를 떠올리게 한다(마 2:5-6, 미 5:2). 이것은 왕의 후손이신 예수님이 생장하신 곳이 나사렛(네체르)과 베들레헴(이프레)이 될 것을 예언한 말씀이다.[5)]

4 성결의 영. 이것은 헬라어로 "프뉴마 하기오쉬네스"(πνεῦμα ἁγιωσύνης)인데, "성령"을 뜻하는 "프뉴마 하기온"(πνεῦμα ἅγιόν)과 구별된다. "성결의 영"은 무엇을 가리키는가? 학계의 견해는 여러 가지다. ① 먼저 예수님의 영혼을 가리킨다는 학설이 있는데 이는 합당치 않다. 그 이유는 이러한 의미를 취한다면 이 구절에서 말하는 예수님의 부활이 예수님의 영혼으로 말미암아 이루어졌다는 말이 되는데, 이것은 로마서 8:11과 조화되지 못한다. ② 한편 예수님의 신성을 가리킨다는 학설도 있는데 이것도 합당치 않다. 그 이유는 뒤에 이어질 다섯 번째 학설이 정당하기 때문이다. ③ 또한 단순히 성령, 곧 "프뉴마 하기온"과 동일한 의미로 사용되었다는 학설도 있다. 그러나 "프뉴마 하기오쉬네스"라는 표현은 오직 여기에 한 번만 사용되었다. 그런데 이것이 그 많은 다른 명칭과 동일한 의미를 가졌다고 할 수 있을까? ④ 창조 또는

---

5) 사 4:2; 32:2; 겔 34:1-24; 렘 33:14-26; 마 22:42; 요 7:42; 행 13:22-23; 딤후 2:8.

개조의 능력인 신성을 소유한 성령을 가리키는 칭호라고 하는 학설도 있다(H. N. Ridderbos). ⑤마지막으로 "프뉴마 하기오쉬네스"는 예수님이 받으시고 그와 함께 계시는 성령을 가리킨다는 학설이 있는데, 이것이 정당한 견해다(Γρειςδανυσ). 그리스도의 부활은 예수님 밖에서 새로 들어오시는 성령님의 역사로 이루어진 것이 아니라 이미 그 안에 내재하시는 성령님이 활동하신 결과였다.

죽은 자들 가운데서 부활하사. 이 말의 헬라어 표현(ἐξ ἀναστάσεως νεκρῶν)은 "죽은 자들의 부활로부터"라는 의미를 가진다. 이 말씀에서 "죽은 자들"이라고 복수를 사용한 이유에 대하여, ① 어떤 학자들은 말하기를 여기 사용된 표현이 나사로의 부활과 같은 부활도 포함시킨 것이라고 하는데, 이것은 자연스럽지 않다. ② 여기서 복수 명사가 사용된 이유는 예수님의 부활이 모든 신자들의 부활을 성립시키는 부활의 새 시대를 가리키기 때문이다(Nygren, H. N. Ridderbos).

능력으로 하나님의 아들로 선포되셨으니. "하나님의 아들"이라는 호칭은 무슨 의미를 담고 있는가? 하나님의 아들은 삼중 의미를 갖는 호칭인데, ① 영원하신 하나님의 아들, ② 메시아적 하나님의 아들, ③ 성육신하신 하나님의 아들이다. 이 세 가지는 서로 나눠질 수 없는 관계에 있다. 영원하신 아들이 아니고는 아버지 하나님을 계시하기 위해 이 세상에 오실 메시아가 되실 수 없으며(요 1:18), 아버지 하나님을 계시하시는 메시아는 성육신을 필요로 한다. 성육신 없이 어떻게 계시와 구속의 메시아 사역을 수행하실 수 있겠는가!

"선포되셨으니"라는 말은 헬라어로 "호리스텐토스"(ὁρισθέντος)인데, 그 의미에 대하여 ① 바르트(K. Barth)는 말하기를, "선포됨"은 역사적 행동이 아니라 원역사적 행동이라고 하였다.[6] 이 견해는 계시의 역사적 의미를 대체로 무시하는 위기 신학의 사상이다. 우리는 이와 반대로 다음과 같이 주장한다. 곧 역사 자체는 계시를 유효하게 파악할 수 없으나, 하나님의 능력에 예속된 역사는 그리할 수 있다고 말이다(행 16:14). ② "선포되셨으니"라는 말의 의미는 예수님께서 부활 이전에도 하나님의 아들이셨으나 부활 이후에 비로소 인간의 인식에 대해 완전히 선포되셨다는 뜻이거나, ③ 혹은 예수님께서 인간의 인식에 대해 선포되신 사실을 말하는 것이 아니라 부활하신 후 하나님 앞에서 영광(인성을 취하신 후로는 누리지 못하셨던 영광)을 얻으신 하나님의 아들로 선포되셨다는 뜻이라고 한다(행 2:36).

5 우리가. 여기서 복수 인칭대명사가 사용된 이유에 대하여 다음과 같은 학설들이 있다. ① 리츠만(Lietzmann)과 바이스(B. Weiss)는 이것이 저작의 권위를 나타내는 복수라고 주장하는데, 옳지 않은 견해인 듯하며, ② 샌데이(William Sanday)는 이것이 바울의 동역자들, 예컨대 바나바 혹은 디모데와 같은 이들을 포함시켜 말하는 복수라고 설명한다. 그러나 디모데나 바나바는 엄밀한 의미에서 사도가 아니었으니 이 학설도 신뢰할 수 없다. 따라서 우리는 ③ 바울이 여기서 다른 사도들까지 염두에 두고서 복수 인칭대명사를 사용했다는 테오도르 찬(Theodor Zahn)의 견해를 받아들인다(Γρειςδανυσ).

은혜와 사도의 직분. "은혜"는 헬라어로 "카리스"(χάρις)인데 받을 만한 공덕이 없음에도 불구하고 도움을 받는 것을 가리킨다. 멸망받아 마땅한 죄인이 영생을 받은 것은 큰 은혜다. 은혜는 사도 직분의 기초가 된다. 은혜를 받지 못하고서는 사도가 될 수 없다는 것은 명백한 사실이다.

예수님께서 말씀하시기를, "귀신들이 너희에게 항복하는 것으로 기뻐하

---

6) *Barth, Römerbrief*, 5. "Dieses sein Eingesetztsein ist die wahre Bedeutung Jesu, als solche freilich gerade historisch nicht zu bestimmen."

지 말고 너희 이름이 하늘에 기록된 것으로 기뻐하라"고 하셨다(눅 10:20). 이는 사도들이 그의 직분을 수행할 때 나타나는 권능을 보고 기뻐하기보다 오히려 그들이 받은 구원을 기뻐해야 한다는 뜻이다. 사도의 직분도 귀하지만 영원히 멸망받을 죄인이 구원의 은혜에 참여하게 된 것이 더욱 귀하다. 일설에는 여기서 "은혜"가 멸망에서 영생으로 돌이키게 하신 하나님의 보편적인 은총을 말하는 것이 아니라 사도의 직분에 주어진 은혜를 가리킨다고 한다.

그의 이름을 위하여. "그의 이름"은 예수님에 대한 계시다. 그러므로 예수님의 이름을 위하여 사도의 일을 한다는 말은 그 사도가 예수의 이름을 전하는 자가 되었다는 뜻이다.

믿어 순종하게 하나니. "믿어 순종하게"라는 말은 신앙과 순종을 별개로 다루는 것이 아니고, 믿음이 곧 순종이라는 뜻이다. 불신앙은 하나님께 대한 반역이다. 믿음 곧 순종은 인간에게 무거운 짐이고 고생이지만, 그럼에도 모든 무거운 짐을 그리스도께로 옮겨 놓는 행동이기 때문에 고역이 아니라 도리어 안식을 누리는 일이다.

6 너희도 그들 중에서 예수 그리스도의 것으로 부르심을 받은 자니라. 여기서 "그리스도의 것"이라는 표현은 택하심을 받은 성도를 가리킨다. 신자들이 그리스도께 속해 있다는 것은 그리스도께서 하나님께 속하신 것과 마찬가지로 중요한 관계다(고전 3:23). 그리스도는 신자들을 자신의 보물, 곧 피 흘려 사신 보물로서 사랑하신다. 이것을 아는 신자는 다음과 같은 사실을 생각해야 한다. ① 자신이 그리스도의 큰 사랑을 받은 대상인 것을 기억하고, 절망하지 말고 언제나 자기 존재의 가치를 그리스도의 은혜 안에서 발견해야 한다. 절망하는 자들이나 자살하는 자들은 자신의 가치를 자기 자신에게서 찾으려 했던 자들이다. ② 자신이 그리스도의 것임을 기억하고 겸손해야 한다. 고린도전서 4:6-7에 말하기를, "교만한 마음을 가지지 말게 하려 함이라 누가 너

를 남달리 구별하였느냐 네게 있는 것 중에 받지 아니한 것이 무엇이냐 네가 받았은즉 어찌하여 받지 아니한 것 같이 자랑하느냐"라고 하였다. ③ 자신이 주님과 연합한 자라는 사실을 기억하고 거룩하게 살아야 한다. 고린도전서 6:19-20에 말하기를, "너희 몸은 너희가 하나님께로부터 받은 바 너희 가운데 계신 성령의 전인 줄을 알지 못하느냐 너희는 너희 자신의 것이 아니라 값으로 산 것이 되었으니 그런즉 너희 몸으로 하나님께 영광을 돌리라"라고 하였다.

7 사랑하심을 받고 성도로 부르심을 받은. 이 말은 하나님께서 우리를 사랑하셨기 때문에 우리를 부르셨고, 우리를 부르셨기 때문에 우리가 성도가 되었다는 의미를 가진다. "부르심"은 하나님께서 복음을 전하심으로써 그의 백성을 세상에서 불러내시는 것을 가리킨다. 우리가 성도로 부름 받은 원인이 우리 자신에게 있는 것이 아니고 다만 하나님의 사랑과 선택에 있는 것이다. 인간은 자신의 의에 근거하여서는 구원의 소망을 가질 수 없다. 인간에게는 의가 전혀 없다(3:10). 만일 누군가가 자신의 의에 대한 보상으로 구원 얻기를 기대한다면, 그것은 불타는 집 안에 앉아서 잘 살기를 꿈꾸는 것처럼 어리석은 일이다. 인간의 구원은 바깥에서 오는 것이니 곧 하나님께로부터 오는 것이다.

우리 아버지. 구약성경에도 하나님을 아버지로 지칭하는 경우가 없지 않으나, 그것은 신약성경에서의 용례와는 다르다. 구약에서는 하나님이 이스라엘의 국부(國父)라는 의미에서 하나님을 아버지라고 부른다. 하지만 신약에서는 하나님이 그리스도의 공로를 보시고 우리를 양자로 받아들이셨다는 사실을 바탕으로 하나님이 신자들의 아버지라고 선언한다. 하나님은 우리 죄인들에 대하여 "아바 아버지"(8:15)가 되셨다.

은혜와 평강. 이것은 사도가 교회를 위하여 간구하는 특별한 복인데, 이는 헬라식 축도(행 23:26)와 히브리식 축도(삿 6:23; 삼상 25:6; 눅 10:5)를 결합한 것이다. 사도의 축복은 옛날 이스라엘의 족장들의 축복과 같은 권세를 갖는다(창 27:1-42; 마 10:12-13). 은혜는 하나님이 인간에게 무조건적으로 호의를 가지고 베푸시는 사랑이다. 하나님의 호의를 얻는 일은 인류의 호의를 얻는 것보다 귀하고 요긴하다. 온 인류가 다 반대해도 하나님이 "나"를 지지하신다면, 그것이 오히려 기쁜 일이다.

8 먼저. 이것은 헬라어로 "프로톤 멘"(Πρῶτον μέν)이다. 이 같은 어구는 논리적으로 "다음은"이라는 말이 뒤따를 것을 예상하게 만드는데, 실제로는 그렇지 않다. 이런 현상에 대해 세 가지 해석이 있다. ① 바울이 끓어 넘치는 감사로 인해 "다음은"이라는 말을 잊었다는 것이다(B. Weiss). ② 여기서 바울이 문체상으로는 명시적으로 "다음은"이라는 표현을 사용하지 않았지만 문맥상으로는 그리했다는 것이다(Godet). 다시 말해 먼저 감사요, 다음은 뒤에 이어지는 기도라는 것이다. ③ "먼저"라는 말은 단순히 "무엇보다도 먼저"라는 뜻이기 때문에 뒤이어 "다음은"이라는 말이 올 것으로 기대할 필요가 없다는 것이다(Theodor Zahn). 바울은 데살로니가전서 5:18에 말하기를, "범사에 감사하라"라고 하였는데, 이처럼 그는 언제나 먼저 감사의 조건을 찾았다. 감사를 최우선으로 삼는 태도를 가지고 있어야만 범사에 감사할 수 있다. 바울의 감사 제일주의는 그의 모든 서신에서 발견된다.[7)]

그리스도로 말미암아⋯ 감사함. 우리가 하나님과 교통하는 일은 오직 그리스도의 중보 사역을 통해서만 가능하다. 감사하는 일도 그리스도를 힘입어서만 가능한데, 하물며 다른 일들은 더 말해 무엇 하겠는가. 그리스도를 힘입는 길은 그리스도를 믿는 것이다. 그리스도를 믿는 믿음이 있으면 죄인도 하나님 앞에 설 수 있지만, 이것이 없으면 소위 의인이라 하는 자도 하나님 앞에 설 수 없다.

---

7) 고전 1:4; 고후 1:3; 엡 1:3; 빌 1:3; 골 1:3; 살전 1:2; 살후 1:3; 딤후 1:3; 몬 4.

너희 믿음이 온 세상에 전파됨이로다. 바이스(B. Weiss)는 이 문구가 다만 그들이 믿어 그리스도인이 되었다는 사실에만 국한된 것이며 그들의 특별한 선행을 가리키는 것은 아니라고 주장했다. 반면에 고데(F. Godet)는 이것이 그들의 모범적인 덕행을 가리킨다고 하였다. 그러나 우리는 여기서 "너희 믿음"이라는 어구가 그들의 믿음 생활(믿음과 덕)을 의미한다고 생각한다. 바울은 감사할 제목으로 그들의 신앙생활 전체를 염두에 둔 것이다.

"온 세상에 전파됨이로다." 그 당시 로마는 큰 도시였고 교통의 중심지였기 때문에 로마 교회의 일이 각처에 퍼졌을 것이다. 학자들에 따르면 이 구절은 당시 세계의 모든 사람이 로마에 있는 교회의 소문을 듣게 되었다는 뜻은 아니며, 단지 당시 각지에 흩어진 신자들에게 로마 교회의 소문이 들린 사실을 귀하게 여겨서 그렇게 표현한 것뿐이라고 한다. 다시 말해 참된 신자들만 그들을 알아준다면 그것은 곧 온 세상 모두가 그들을 알아주는 것과 같은 큰 영예라는 것이다(Calvin).

9 복음 안에서 내 심령으로 섬기는 하나님. 바울이 하나님을 섬기는 방식은 다름 아니라 복음을 전하는 것이었다. 이를 보면 그가 자신의 출세나 생계나 취미를 위해서가 아니라 소명감에 이끌려 복음을 전했다는 것을 알 수 있다. 그는 오직 하나님을 위하는 심령에 지배받아 복음을 전하였다. 여기서 "심령"이란 말은 헬라어로 "프뉴마"(πνεῦμα)인데, 곧 영을 의미한다. 그러면 내 영으로 하나님을 섬긴다는 말은 무슨 의미인가? 이것은 인격의 중심으로 하나님께 봉사하는 것을 뜻한다. 따라서 심령으로 하나님을 섬긴다는 말은 정신력과 체력을 전부 다하여 봉사하는 일을 가리킨다.

크레다너스(Greijdanus)는 말하기를, "이 봉사는 마음을 드리지 않는 외형적인 것이 아니고 자기 존재의 가장 깊은 부분을 다하여 하는 것이다. 곧 진실하게 온 인격을 기울여 하는 봉사다."라고 하였다.

10 하나님의 뜻 안에서. 어떤 학자는 말하기를, 여기서 "하나님의 뜻"이라는

말은 종교윤리적인 하나님의 뜻을 가리킨다고 한다. 다시 말해 바울이 로마에 가고자 계획하였는데, 그의 방문을 통해 남이 세운 교회에 관여하는 잘못을 범하지 않을까 염려하는 마음으로 조심스럽게 로마 교회에 방문하기를 원한 것이라고 한다. 그러나 종교윤리적인 하나님의 뜻을 가리키는 헬라어 관용구는 여기 본문에서처럼 "엔 토 텔레마티 투 테우"(ἐν τῷ θελήματι τοῦ θεοῦ)가 아니고 "카타 토 텔레마 투 테우"(κατὰ τῷ θελήματι τοῦ θεοῦ)일 것이다. 그러므로 여기서 "하나님의 뜻"은, 섭리적 의지를 가리킨다고 봐야 한다. 그가 로마에 가려고 해도 교통 사정으로 길이 막혀서 갈 수 없게 되었는데 앞으로 그러한 사정이 해결되기를 바라는 심정으로 이렇게 말한 것이다.

좋은 길 얻기를 구하노라. 여기서 "좋은 길 얻기를 구"한다는 말은 헬라어로 "유오도테소마이"(εὐοδωθήσομαι)인데 일반적으로는 일을 성황리에 마치거나 이득을 얻게 되는 상황을 가리킨다(고전 2:16). 바울의 이 같은 기도가 성취되어서 그는 후에 로마에 가게 되었다(행 27:1-28:14). 그러나 로마를 향한 그의 길은 겉으로 보면 좋은 길이 아니라 재판을 위해 끌려가는 길이었다. 그 길은 대단히 위태하여 여러 번 파선당해 생명까지 잃어버릴 상황에 처하기도 하였다(행 26:32-27:44). 다시 말해 그의 로마행은 육신적으로 괴로운 길이었다. 좋은 길을 얻고자 했던 바울의 기도에 대한 응답은 이런 것이었다. 경건한 신자에게 유익한 길, 좋은 길은 반드시 평안을 보장하는 것이 아니고 도리어 육체적으로는 고통스러운 것일 수도 있다. 그러므로 우리는 주님께 충성하다가 혹시 고생길에 접어들더라도 낙심하지 말고, 도리어 그것이 유익을 가져다주는 오묘한 길인 줄 믿고 기뻐해야 할 것이다.

11 어떤 신령한 은사를 너희에게 나누어 주어. 여기서 "어떤"이라고 번역된 헬라어 단어는 "티"(τι)인데, 그것은 아직 받지 않은(그러나 장차 받을) 어떤 신령한 은혜를 염두에 둔 말이다. 바울은 로마로 가는 여정을 시작하면서 로마의 신자들에게 반드시 풍성한 영적 축복이 임할 것을 확신한 것이다. 바울은

"내가 너희에게 나아갈 때에 그리스도의 충만한 복을 가지고 갈 줄을 아노라"라고 말하였다(15:29). 주의 종은 주님께서 시키시는 일에만 순종하면 언제나 그 일을 감당할 수 있는 영적 능력을 받게 되는 것이다.

"신령한 은사"라는 것은 초자연적인 성격을 지닌 것인데, 그것은 물질적인 차원의 것일 수도 있고 정신적인 차원의 것일 수도 있다.

"나누어 주어"라는 말은 헬라어로 "메타도"(μεταδῶ)인데, 이 동사는 은혜를 나눠주는 사람 자신도 남들과 함께 그 은혜에 참여함을 가리킨다(Theodor Zahn). 주님의 종을 통하여 교회에 하나님의 교훈이 임할 때는 주님의 종 자신도 그 교훈의 심판 아래 서야 한다.

너희를 견고하게 하려 함. 이 말(εἰς τὸ στηριχθῆναι ὑμᾶς)을 직역하면, "너희가 견고하게 되도록 하려 함이니"라는 뜻이다. 말하자면 바울이 자기 힘으로 그들의 신앙을 굳게 할 수 있다는 것이 아니라, 그들의 신앙이 하나님의 은혜로 말미암아 굳게 될 것을 기대한다는 말이다. 신앙을 성장시키시는 이는 오직 하나님뿐이시니(고전 3:5-7), 여기서도 바울은 자신이 할 수 있는 일과 하나님이 하시는 일을 구분한다.

12 피차 안위함을 얻으려 함. 이것은 신앙적인 위안을 뜻한다. 우리의 신앙은 세상에 부딪쳐 끊임없이 피곤해진다. 그러므로 이런 안위는 우리에게 일용할 양식과 같이 지속적으로 공급되어야 한다. 그런데 이 안위는 염세주의를 통해 찾아지는 것이 아니고 오직 주 안에서 갖는 성도들의 교통 가운데서 발견될 수 있다. 나 자신의 신앙에 절망과 위기가 찾아왔을 때도 다른 성도의 열심 있는 신앙을 보고 용기를 얻을 수 있으며, 또한 본래 튼튼하던 신앙도 다른 성도의 모범을 통해 더욱 힘을 얻을 수 있다.

13 열매를 맺게 하려 함(참조. 요 15:16). 하나님께서 신자들을 세상에 두시는 이유는 그들이 영적으로 결실을 얻게 하기 위함이다. 그들의 시작이 미약했더라도 나중에는 창대해질 수 있다. 사도행전에서 사울은 비록 패역한 자

로 출발하였으나 한번 회개한 후에는 주님을 충심으로 섬겼다. 마가도 처음에는 바울과 바나바를 수행하다가 낙심하고 돌아섬으로써 바울에게 불신임을 당하게 되었다. 그러나 그도 후에는 회개하고 귀한 종이 되었으며, 바울은 그를 자신에게 유익한 종으로 여겨 모든 교회에 추천하였다(골 4:10). 이와 반대로 어떤 신자들은 좋은 모습으로 시작하였다가 나중에는 바람직하지 못한 모습을 보여주는 경우가 있는데 이것은 실패한 인생이다(겔 18:21-24). 이스라엘의 초대 왕이었던 사울은 처음에는 하나님의 총애를 받았으나 후에는 패역한 길로 갔으므로 생애 마지막에는 저주를 받았다. "열매"는 주로 두 가지 방면으로 생각할 수 있다. 첫째는 신자 자신의 성결의 열매요, 둘째는 다른 사람을 복음으로 인도하는 전도의 열매다(참조. 요 15:1-6; 눅 13:6-9; 막 11:11-14, 20-21).

길이 막혔도다. 하나님께서는 사랑하시는 신자들의 길을 언제나 열어주시는 것이 아니라, 때로는 그들의 길을 막으신다. 이것은 하나님께서 그들의 기도를 듣지 않으셔서 그렇게 되는 것이 아니라, 그들에게 더 좋은 것을 주시기 위해 오묘한 섭리 가운데 그렇게 역사하시는 것이다.

14 지혜 있는 자나 어리석은 자에게 다 내가 빚진 자라. 복음은 야만인에게도 전파되어야 하며, 문명인에게도 선포되어야 한다. 문명이란 무엇인가? 지혜와 지식은 무엇인가? 지식, 혹은 과학이라는 것이 만물의 성질은 밝힐 수 있으나 그것의 근원을 밝힐 수는 없다. 다시 말해 과학의 연구를 통해 만물을 사용하는 법칙은 발견할 수 있지만, 만물이 어디서 왔으며 어떻게 존재하며 어디로 가는지는 알 수 없다(고전 1:20). 세상에서 지혜 있다 하는 자들도 궁극적인 진리에 대해서는 무지한 자들과 마찬가지로 소경이기 때문에 그들에게도 진리 곧 복음이 반드시 필요한 것이다. 그러므로 전도자는 지식 있는 사람들에게도 복음을 전할 빚을 지고 있는 것이다. 복음에 빚진 자는 두 가지를 명심해야 하는데, ① 이 빚을 갚지 않으면 화를 당한다는 것과(고전 9:16), ② 복

음 전하는 자로서의 특권을 누리려 하지 말아야 한다는 것이다(고전 9:18-23).

15 할 수 있는 대로… 원하노라. 이 구절은 헬라어로 "토 카트 에메 프로튀몬"(τὸ κατ' ἐμὲ πρόθυμον)인데, 그것을 직역하면 "내게 달린 것은 뜨거운 소원이니"가 된다. 말하자면 자신은 뜨겁게 원하지만, 하나님의 거룩한 뜻을 기다려 알게 된 후에야 그의 소원대로 행동하리라는 뜻이다. 사람이 어떤 선한 사업 계획을 세울 수는 있지만 하나님의 인도하심을 기다리지 않고 조급하게 행동하면 오히려 백해무익한 결과를 낳을 수 있다.

로마에 있는 너희에게도 복음 전하기를 원하노라. 이것은 로마 교회의 신자들에게 복음을 전하리라는 말씀이라고 해도 무방하다. 이미 믿음을 가지고 있는 신자들에게 복음의 지식을 가르쳐주는 것도 일종의 전도다.

16 내가 복음을 부끄러워하지 아니하노니. "부끄러움"에는 두 가지 종류가 있다. 하나는 사람이 자신의 소유가 무가치하여 부끄러움을 느끼는 것이고 다른 하나는 자신의 성격이 유약하여 부끄러움을 느끼는 것이다.[8] 그러나 바울은 ① 자신이 소유한 복음을 전파하는 사명을 무한한 영광으로 여겼다. 그러므로 그는 그처럼 귀중한 사명에 대하여 부끄러워하지 않았다. ② 그뿐 아니라 그는 유약하여 복음을 부끄러워할 이유도 없었다. 왜냐하면 그는 복음 운동이 자신의 운동이 아니라 하나님의 일임을 알았기 때문이다. 그는 복음 운동과 자기 자신을 위하여 염려하지 않았다(염려는 두려움으로 이어지고 두려움은 부끄러움으로 이어진다). 그가 본래는 복음을 부끄러워하던 사울이었으나, 다메섹으로 가던 길에 그리스도께 붙들리게 되었다. 그러므로 이제 그의 안에는 그리스도께서 살아 계시기 때문에 그에게는 죽는 것도 유익한 일이 될 수 있었다(빌 1:21).

---

8) 딤후 1:8, 12-18; 히 2:11; 고후 10:8; 빌 1:20; 눅 16:3; 요일 2:28.

먼저는 유대인에게요 그리고 헬라인에게로다. 이것은 민족을 차별하기 위해 매겨진 순서가 아니고, 하나님의 경륜의 순서를 가리킬 뿐이다.[9] 구원의 복음이 먼저 이스라엘 사람에게 찾아온 이유는 무엇인가? 그것은 다음과 같이 설명될 수 있다. 복음이 이스라엘 민족에게 먼저 찾아온 것은 이스라엘 자신에게만 유익이 되는 것이 아니라 이방인을 위한 것이기도 하다. 말하자면 그것은 이스라엘 자신에게 구원을 베푸는 행위인 동시에 이방인들에게는 구원을 전하는 제사장을 세우는 행사가 되는 것이다(이스라엘은 이방인을 위한 제사장이 되기 때문이다). 하나님께서는 이스라엘 민족의 사역을 통하여 많은 이방인들을 구원하시기로 계획하셨다(창 12:3; 출 19:5-6).

그뿐 아니라 하나님께서 하시는 일은 시간의 지배를 받지 않는다. 그는 나중 된 자로 먼저 되게 하시고 먼저 된 자로 나중 되게 하실 수 있는 전능자시며 공의의 심판자시다(마 19:30).

17 하나님의 의가 나타나서. "하나님의 의"는 무엇인가? 그것은 그리스도가 우리를 위해 제공되셨음을 뜻하는 것이다(고전 1:30). 사람이 하나님 앞에서 의를 얻는 방식을 설명하는 세 가지 대표적인 견해가 있다. ① 펠라기우스주의자들은 사람이 유대인의 의식적 율법을 순종함으로써 의를 얻는 것이 아니라 도덕적 율법을 행함으로 말미암아 의를 얻는다고 주장한다. ② 로마 가톨릭교회는 율법의 행위로 말미암아 의를 얻는 것이 아니고, 은혜로 말미암아 행해진 일들로 인해 의를 얻는다고 가르친다. 그러나 이 두 가지 견해는 성경적이지 않다. ③ 프로테스탄트 교회의 견해가 성경이 가르치는 바른 주장이다. 우리는 우리 자신이 행한 무언가를 통해 의를 얻는 것이 아니고, 우리를 위해 행해진 다른 이(그리스도)의 의로 말미암아 의롭다 함을 얻는다는 것이다. 이것은 그리스도께서 행하신 일을 가리킨다. 따라서 사람이 하나님

---

9) 참조. 3:1-2; 9:1-13; 11:1-6; 15:9; 마 15:24; 요 4:22; 행 1:8; 13:46.

앞에서 얻는 의는 본래 우리의 것이 아니며, 다만 그리스도의 것을 우리의 것으로 인정해주는 것뿐이다. 복음이 우리에게 보여주는 것이 바로 이러한 "의"인데, 그 의로 말미암아 신자가 의롭다 함을 받는다. 그 의는 완전한 것이다.[10]

"나타나서"(ἀποκαλύπτεται)라는 표현은 무엇을 뜻하는가? 이와 관련하여 우리는 다음과 같은 몇 가지 사실을 생각해볼 수 있다. ① 먼저 이 말은 하나님이 정하신 구원의 때가 이르렀다는 뜻으로 이해할 수 있다(갈 4:4). 그러므로 그리스도를 통해 나타난 하나님의 의가 신자들에게는 종말을 현재화시켰다는 의미가 된다. 이러한 의를 소유한 자는 세상 끝날 심판 때에 정죄받지 않는다. 그는 그리스도의 죽음 안에서 이미 심판을 받았다. 인자가 땅 위에서 죄를 사하는 권세가 있다고 성경이 말한 것처럼(마 9:6) 신자들은 그리스도 안에서 이미 죄 사함과 의롭다 하심을 받았다. 이 세상에서 죄 사함과 의롭다 하심을 받지 못한 자는 세상 끝날 심판 때와 내세에서도 그것을 받지 못한다(요 3:18). ② 하나님의 의가 나타났다는 말은 그것이 영원 전부터 하나님의 작정 속에 감추어져 있었던 것이라는 뜻을 내포한다(엡 3:11). 감추어졌던 것이 나타나는 것을 목격하는 신약 시대의 성도들은 그것을 감사하는 마음으로 받아야 한다(참조, 엡 3:5). ③ "나타나서"라는 동사의 형태는 현재 시제로 표현되어 있는데, 그것은 사람이 복음을 받아들이는 현재라는 시간에 그가 하나님의 의와 접촉하여 그것을 받게 된다는 원칙을 보여준다. 이와 달리 로마서 3:21 에는 "나타났으니"(πεφανέρωται)라는 현재완료 시제가 사용되었다. 거기서는 그리스도 사건의 역사적 실현이 완료되었음을 보여준다.

믿음으로 믿음에. 칼빈(Calvin)은 말하기를, 이것은 불완전한 믿음으로부터 완전한 믿음에 이르는 신앙적 장성을 의미한다고 하였다. 그러나 이 같은 해

---

10) Hodge, *Commentary on The Epistle to The Romans*, 44-47.

석은 옳지 않다. 찰스 하지(Charles Hodge)는 이것이 강조의 의미를 지닌 중복이며 오직 믿음으로만 의를 받을 수 있음을 강조한다고 설명한다.[11]

18 하나님의 진노. 시편 7:11-12에 "하나님은 의로우신 재판장이심이여 매일 분노하시는 하나님이시로다 사람이 회개하지 아니하면 그가 그의 칼을 가심이여 그의 활을 이미 당기어 예비하셨도다"라고 하였다. 하나님은 분명히 선한 일을 포상하시고 악을 심판하시는 공의로운 분이시다. 그러나 우리의 육안으로는 하나님의 심판 행위를 일목요연하게 깨달을 수 없다. 왜냐하면 ① 하나님의 진노가 사람이 죄를 범하는 순간에 즉각적으로 나타나는 것이 아니며, ② 하나님의 진노가 초자연적인 간섭에 의하기보다는 자연법칙을 통하여 간접적으로 이루어지는 경우가 많고(창 3:18-19; 4:12), ③ 더욱이 하나님께서 자신의 얼굴을 가리시기 때문이다. 거듭나지 못한 자들은 비록 하나님의 진노를 밝히 깨닫지 못하지만 그럼에도 그 같은 진노 아래서 늘 불안한 심령으로 살아간다.

불의로 진리를 막는. 이것은 ① "불의" 곧 부도덕한 일들을 행하기 위해 진리(하나님을 아는 지식)의 지배를 받지 않고 도리어 그것을 눌러둔다는 의미일 수도 있고, ② 불의를 행하면서 진리를 소유한다는 의미일 수도 있는데(이 경우에는 "카테콘톤"[κατεχόντων]이라는 동사가 소유를 뜻하는 것으로 해석한다), 이것은 종교적 외식을 의미한다. ③ 또는 불의하게 진리를 막는다는 의미로 이해될 수도 있다. 다시 말해 하나님을 알게 하는 진리를 믿지 않는 것이 부당하다는 의미다. 이후의 문맥으로 보아서 세 번째 해석이 적합해 보인다. 이 세 가지 해석 모두 하나님을 알고도 믿고 순종하지 않는 사람을 가리킨다는 점에서는 일치한다.

경건하지 않음과 불의. "경건하지 않음"은 하나님께 대하여 바르지 못한 태도

---

11) Hodge, *Commentary on The Epistle to The Romans*, 47-48.

(21-25절)이며, "불의"는 인간에게 바르지 못한 태도다(26-32절). 후자는 전자의 결과다. 먼저 하나님을 바로 공경한 후에야 사람에게도 덕을 세울 수 있다.

하늘로부터 나타나나니. 이 어구에 대해 ① 여기서 "하늘"이란 표현이 자연의 하늘을 가리키는 것으로 이해하고 거기에서 나타나는 진노는 자연계의 재앙(예컨대 지진, 흉년)으로 받아들이는 해석이 있는가 하면, ② 하늘이 하나님의 거룩하신 성품을 표상하는 것으로 보고, 거기에서 나타나는 진노는 하나님의 거룩하신 성품이 인간의 죄에 대해 보이는 반응을 의미한다는 해석도 있다. ③ 칼빈(Calvin)은 "하늘"이 갖는 비교할 수 없는 광대한 특성이야말로 인간의 죄악에 대한 하나님의 진노가 갖는 보편적이고 편만한 특성을 가리킨다고 하였다. 다시 말해 인류 가운데 단 한 사람도 이 같은 진노 아래 처하지 않은 자가 없다는 것이다.

19 하나님을 알 만한 것이 그들 속에 보임이라. 하나님을 "알 만한 것"(γνωστόν) 이라는 말은 "알려진 것"이라는 뜻이다. 그것이 저희 속에 보인다 함은 자연계의 놀라움이 사람의 양심에 느껴져야 한다는 것을 가리킨다. 칼빈은 자연계가 하나님을 비춰주는 거울이라고 하였다. 그러나 인간은 너무나 죄가 많기 때문에 어두워져서 자연계를 앞에 두고도 성령을 받기 전에는 하나님을 알 수 없다. 다시 말해 그는 특별계시, 곧 성경과 성령의 도움을 받지 않고서는 하나님을 알 수 없다.

20 그의 보이지 아니하는 것들(참조. 출 33:20; 요 1:18; 딤전 1:16). 이것은 하나님의 능력과 본질을 가리킨다. 이처럼 보이지 않는 분이 만물을 창조하셨다. 히브리서 11:3에 말하기를, "믿음으로 모든 세계가 하나님의 말씀으로 지어진 줄을 우리가 아나니 보이는 것은 나타난 것으로 말미암아 된 것이 아니니라"라고 하였다. 신앙은 눈에 보이지 않는 참된 신을 대상으로 한다. 그러므로 하나님이 우리의 육체적인 시각을 만족시키지 않으시는 것이 오히려 정

당한 일이다.

능력. "능력"은 만물을 창조하시는 하나님의 능력, 그것을 유지하시는 능력, 그리고 그분의 심판의 능력을 가리키는 것으로, 우리로서는 측량하기 어려운 것이다.

신성. 이것은 하나님 자신, 곧 그의 본질을 가리키는데, 우리는 만물을 통해서 하나님의 신성을 알 수 있다. 만물은 법과 이치의 지배를 받아 성립된 것인데, 누가 감히 만물을 무법한 것이라고 말할 수 있겠는가? 무법하고 우연적인 것처럼 보이는 것도, 엄밀히 살펴보면 그렇지 않다. 객관적인 세계에 존재하는 합리성과 법칙을 인정하지 않고 그것이 우연의 지배를 받는 기계인 것처럼 생각하는 극단적인 회의주의자도 자기 자신의 합리성을 의심할 수는 없다. 그런데 합리성은 우연의 산물이 아니고 인격의 작품이다. 그러므로 합리성의 주재자, 곧 인격적인 신이 계심을 부인할 수 있는 사람은 아무도 없다. 왜냐하면 어떤 합리성이든지 그것이 실행되기 위해서는 그것을 실행하는 자가 있어야 하기 때문이다. 인간은 범죄함으로 우매하고 어두워졌기 때문에 하나님을 알게 하는 자연계시 앞에서도 하나님을 발견하지 못한다. 그러므로 인간은 특별계시, 곧 그리스도의 복음을 받지 않고서는 하나님을 알 수 없다.

21 하나님을 알되 하나님을 영화롭게도 아니하며 감사하지도 아니하고. 인생은 희미하게나마 하나님을 알 수 있는 어떤 의식을 가졌다고 할 수 있다. 그것은 바로 인간이 하나님 없이는 살 수 없을 것처럼 여기는 의식이다. 그러나 하나님을 바로 알고 찾는 자는 드물다. 그들은 참 하나님이 아닌 피조물을 하나님으로 잘못 알고 섬기는데, 이것은 하나님을 욕되게 하는 일이지 그를 영화롭게 하는 일이 아니다. 이는 마치 소리를 듣지 못하고 앞을 보지 못하는 어린아이가 그의 친아버지를 바로 알지 못하고 어떤 악당을 가리켜 자기 아버지라고 말할 때 그 일이 아버지에게는 무한한 욕이 되는 것과 마찬가지다.

22 스스로 지혜 있다 하나. 인간의 지식은 무한한 것이 아니며, 그것은 창조세계를 넘어설 수 없다. 그 이유는 그가 피조물 중 하나로서 피조물의 영역 내에 머물러 있을 뿐이며 그 영역을 벗어나지 못하기 때문이다. 그뿐 아니라 그의 지식은 죄로 인하여 어두워졌다. 그러므로 인간의 지식이 스스로 참 하나님을 발견할 수 없다. 인간의 지식이 종교적인 지식을 만들어낸다면 그것은 거짓되고 자율주의적인 종교가 될 수밖에 없다.

어리석게. 만일 누군가가 진심으로 셋을 가리켜 다섯이라고 하고, 일곱을 가리켜 아홉이라고 한다면 그는 어리석은 사람이다. 그와 같이 피조물을 가리켜 창조자요, 심판자요, 또 구원자라고 주장하는 자는 무한히 어리석은 자다.

23 썩어지지 아니하는 하나님의 영광을 썩어질 사람과 새와 짐승과 기어다니는 동물 모양의 우상으로 바꾸었느니라. 이 말씀은 시편 106:20 말씀과 유사한데, 거기서는 "자기 영광을 풀 먹는 소의 형상으로 바꾸었도다"라고 하였다. 이 말씀을 보면 인간이 거짓된 종교를 만들어 얼마나 하나님을 괴롭게 하는지를 알 수 있다. 그들은 썩지 아니하는 하나님의 영광을 버리고 썩어질 것을 택했으며, 피조물의 형상으로 창조주를 대신하였다. 아돌프 슐라터(A. Schlatter)는 말하기를, "그들의 종교 행위는 진리를 거스르는 전쟁 행위이며 하나님을 대적하는 전투다."라고 하였다.[12)]

이제 앞에 소개된 두 가지 정반대의 대조를 자세히 살펴보자.

1) 썩어지지 아니하는 영광과 썩어질 우상. 하나님의 영광은 썩지 않는 영광이다. 영광이라는 단어가 구약성경에 280번이나 나온다. 이것은 하나님의 계시와 구원의 능력이 나타나는 것을 가리키는 표현이다.[13)] 하나님의 영

12) *Gottes Gerechtigkeit*, 64. "Ja denn ihre Religion is ihr Kampf gegen die Wahrhit, ihr Streit gegen Gott."

13) 출 16:9-12; 24:15-18; 29:43; 40:34-35; 레 9:6, 23; 민 14:10; 시 72:19; 96:3; 102:15-16; 138:4-5.

광은 인간의 육안으로 볼 수 있는 것이 아니며, 영적인 지각력이 있어야만 하나님의 영광을 발견할 수 있는 것이다. 이러한 지각력이 인간에게 생명을 가져다준다. 그러나 우상은 거짓되고 그 속에 생기가 없으며 결국 썩어질 것이다(렘 10:14). 그러한 우상들은 오감을 통해 느낄 수 있는 것들이다. 따라서 하나님을 육안으로 보고자 하는 것은 하나님을 우상으로 여기는 죄악이다.

2) 자신의 형상대로 인간을 만드신 창조자 하나님을 인간이 자신의 형상대로 만드는 악행. 하나님이 인간을 자기 형상대로 만드신 목적은 인간이 하나님을 섬기는 자가 되게 하시려는 것이었다. 그러나 이제 인간이 자기 형상(피조물의 형상)으로 신을 만들었는데, 이것은 하나님이 사람을 섬기게 만들려 하는 망령된 행동이다. 이것은 하나님의 뜻과 정반대되는 인간의 의지로 하나님을 좌지우지하려는 불손한 일이다. 우상숭배자들은 성결과 도덕을 지키지 않으면서 신의 이름으로 축복만 얻으려고 한다. 그것은 진정한 경건이 아니다. 진정한 경건은 윤리적 종교 행위다. 야고보서 1:27에 말하기를, "하나님 아버지 앞에서 정결하고 더러움이 없는 경건은 곧 고아와 과부를 그 환난중에 돌보고 또 자기를 지켜 세속에 물들지 아니하는 그것이니라"라고 하였다.

24 마음의 정욕대로 더러움에 내버려 두사. 이 말씀은 하나님께서 죄인들에게 진노를 표현하시는 방식이 무엇인지를 보여준다. 하나님의 진노는 인간의 악행을 그대로 내버려두시는 것이다. 그들은 하나님을 섬기지 않는 자들이기 때문에 내버려둠을 당하여 모든 부도덕한 일을 행하게 되는 것이다. 그러므로 크로샤이데(F. W. Grosheide)는 다음과 같이 말하였다. "죄악이 죄악을 낳았다. 그 이유는 하나님께서 그들을 내버려두셨기 때문이다. 그것은 신앙 없는 세계에 나타난 하나님의 공의의 결과다. 그것은 이방 종교의 대표적인 참상인데, 곧 우상숭배가 무서운 죄악들을 동반하는 것이다. 이렇게 하나님의

심판은 자연 심판에서 시작한다."라고 하였다.[14)]

종교를 바로 세우지 못한 것이 모든 죄악의 근원이 된다. 인간은 이처럼 하나님께 버림받은 때부터 죄를 범하게 되었다. 그러므로 리델보스(Ridderbos)는 말하기를, "죄악은 세력인데, 그 세력 앞에서 인간을 보호할 수 있는 것은 하나님으로 말미암는 능력뿐이다."[15)]라고 하였다. 하나님께 버림받은 자들은 음행하는 자리로 추락한다. 다음 주절에서도 동일한 말씀을 되풀이한다. 몸은 하나님의 전인데(고전 6:19), 하나님이 계시는 동안은 깨끗할 수 있으나 하나님이 떠나시면 그때부터는 불결해질 수밖에 없다.

25절. 이 구절은 하나님의 진리와 우상의 거짓을 대비시킨다.

1) "하나님의 진리"는 하나님 자신의 진실성을 가리킨다. 곧 하나님은 참되시다는 뜻이다. 크레다너스(Greijdanus)도 이렇게 생각하였다.[16)] 하나님은 자신의 여러 성품을 계시하시는 중에도 특별히 그의 진실성을 강조하셨다. 민수기 23:19에 말하기를, "하나님은 사람이 아니시니 거짓말을 하지 않으시고 인생이 아니시니 후회가 없으시도다 어찌 그 말씀하신 바를 행하지 않으시며 하신 말씀을 실행하지 않으시랴"라고 하였다. 성경에서는 신자들이 하나님의 진실성으로 인해 모든 영적 행복을 누리게 될 것이라는 점을 다양한 방식으로 강조한다. ① 성경은 우리를 부르신 것이 그의 신실하신 성품으로 인한 것이라고 말씀한다. 고린도전서 1:9에서는 "너희를 불러 그의 아들 예수 그리스도 우리 주와 더불어 교제하게 하시는 하나님은 미쁘시도다"라고 하였다. ② 성경은 신자가 거룩하게 되는 일이 하나님의 진실성에 근거한다고 말씀한다. ③ 성경은 우리의 믿음이 하나님의 신실에 근거한다고 말씀한

---

14) F. W. Grosheide, *De Openbaring Gods in Het Nieuwe Testament*, 169.

15) Ridderbos, *Aan De Romeinen*, 46. "De gedeelte is daarbij, dat de zonde een macht is, waarvoor de mens door God bewaard moet worden."

16) *Greijdanus*, Romeinen, 116.

다. "믿음으로 사라 자신도 나이가 많아 단산하였으나 잉태할 수 있는 힘을 얻었으니 이는 약속하신 이를 미쁘신 줄 알았음이라"라고 하였다(히 11:11). ④ 성경은 하나님의 진실성이 연약한 신자들에게 위로가 된다고 말씀한다. "우리는 미쁨이 없을지라도 주는 항상 미쁘시니 자기를 부인하실 수 없으시리라"라고 하였다(딤후 2:13). ⑤ 성경은 하나님이 자신의 진실성 때문에 신자들을 무모한 시험에 빠뜨리지 않으실 것이라고 말씀한다. "사람이 감당할 시험 밖에는 너희가 당한 것이 없나니 오직 하나님은 미쁘사 너희가 감당하지 못할 시험 당함을 허락하지 아니하시고 시험 당할 즈음에 또한 피할 길을 내사 너희로 능히 감당하게 하시느니라"(고전 10:13). ⑥ 성경은 하나님이 신실하시기 때문에 죄를 고백하는 자들을 용서하신다고 말씀하신다. "만일 우리가 우리 죄를 자백하면 그는 미쁘시고 의로우사 우리 죄를 사하시며 우리를 모든 불의에서 깨끗하게 하실 것이요"(요일 1:9).

2) 우상은 거짓된 것이다. 우상을 거짓된 것이라고 말할 수 있는 이유는 우상숭배가 본질적으로 감각주의를 통하여 영혼의 요구를 만족시키려 하는 것이기 때문이다. 우상숭배는 사람의 오감을 만족시킬 예배의 대상을 찾는 행위다. 감각주의는 영혼의 요구와는 정반대되는 것을 즐기는데, 말하자면 유한하고 가시적인 것을 즐긴다. 그러나 사람에게는 영원을 사모하는 마음이 있기 때문에(전 3:11), 유한한 물질세계의 것으로 만족할 수 없다. 물질적인 것으로 영혼을 만족시키고자 하는 종교는 모순된 것이다.

26-27 내버려 두셨으니 곧 그들의 여자들도 순리대로 쓸 것을 바꾸어 역리로 쓰며. 몸은 하나님의 성전인데(고전 6:19) 사람이 그것으로 하나님을 영화롭게 하지 않았기 때문에 하나님은 떠나시고 죄는 그 몸에서 세력을 얻게 되어 가장 먼저 음행이 나타나게 되었다(고전 6:18).

성경은 성적 죄악이 몸에 대한 것이라고 말씀한다. "사람이 범하는 죄마다 몸 밖에 있거니와 음행하는 자는 자기 몸에 죄를 범하느니라"(고전 6:18).

이 말씀의 의미는 성적 죄악이 주님의 성전 된 몸의 거룩함을 훼손한다는 것이다. 다른 죄악은 남들에게 손해를 끼치지만 성적 죄악은 무엇보다도 자기 자신에게 손해를 끼친다. 특히 종교적인 영역에서의 손해가 더욱 크다고 할 수 있다. 성적인 죄악은 원칙적으로 도덕에 관한 것이지만 그와 동시에 종교적인 문제라고도 할 수 있다. 성경은 다음과 같이 말한다. "너희 몸이 그리스도의 지체인 줄을 알지 못하느냐 내가 그리스도의 지체를 가지고 창녀의 지체를 만들겠느냐 결코 그럴 수 없느니라 창녀와 합하는 자는 그와 한 몸인 줄을 알지 못하느냐 일렀으되 둘이 한 육체가 된다 하셨나니 주와 합하는 자는 한 영이니라"(고전 6:15-17). 인간이 자신의 몸을 가지고 음행을 저지르면 그것은 주님의 성전을 더럽히는 죄를 짓는 것이며, 주님 앞에 정절을 지키지 않는 불충의 죄를 짓는 것이다. 그러므로 성경은 우상숭배자들을 가리켜서 "음란한 자들"이라고 말하는 것이다.[17] 이처럼 성적 죄악은 이중적인 죄악이다. 도덕적으로 인륜을 어지럽게 하는 죄악이고, 종교적으로도 하나님의 거룩함을 훼손하고 하나님께 정절을 범하는 죄악이다.

캔터베리의 안셀무스(Anselm of Canterbury)는 말하기를, "다른 죄들은 대적하여 싸움으로써 이길 수 있지만 성적 죄악은 피해야만 이길 수 있다."라고 하였다.[18] 요셉이 이 죄를 이긴 방법도 그러하였다(창 39:1-18). 앞에 인용한 안셀무스의 말은 물론 "음행을 피하라"는 성경 말씀에 따른 것이다. 수많은 죄악 가운데 사람에게 매력적으로 다가와서 유인하는 것들이 있는데, 성적 죄악이 여기 속한다. 성적 죄악은 외모의 아름다움으로 사람을 꾀어넘기는 악독한 것이다. 그것은 마치 독사의 이빨에서 나오는 독과 같다. 독사가 방출하는 독을 현미경으로 관찰하면 말할 수 없이 아름답다고 한다(Life of

---

17) 시 50:18; 렘 3:8; 5:7; 7:9; 9:2; 13:27; 23:14; 29:23; 겔 23:43; 호 7:4; 말 3:5.

18) Alia vitia pugnanido I bido fugiendo vincitur. 참조. 고전 6:18, 딤후 2:22.

Frank Buckland). 또한 성적 죄악은 마치 알프스 산비탈의 아름다운 잔디밭과도 같다. 많은 여행자들이 그처럼 아름다운 잔디가 깔린 비탈을 밟아보려다가 미끄러져서 벼랑 아래로 떨어져 죽는다고 한다. 성경은 성적인 죄악에 끌려가는 것이 마치 "소가 도수장으로 가는 것 같고 미련한 자가 벌을 받으려고 쇠사슬에 매이러 가는 것과 같도다 필경은 화살이 그 간을 뚫게 되리라 새가 빨리 그물로 들어가되 그의 생명을 잃어버릴 줄을 알지 못함과 같으니라"(잠 7:22-23)라고 하였고, 그런 죄를 범하는 집에 대하여 말하기를, "그의 집은 스올의 길이라 사망의 방으로 내려가느니라"라고 하였다(잠 7:27).

28절. 죄는 마치 병원균과도 같아서 인간의 몸속에서 신속하게 번식하여 결국 그를 점령해버리고 살해한다. 몸으로 하나님을 영화롭게 하지 않는 죄(21-23절)는 번식하여 결국 무서운 죄의 수렁에 도달하게 되는데, 우리는 29-32절에서 이것을 확인할 수 있다.

마음에 하나님 두기를 싫어하매. 이것은 그들이 하나님을 아는 것을 "실용적 지식"(ἐπιγνώσει)으로 가질 가치가 없다고 생각했다는 것이다.

그들을 그 상실한 마음대로 내버려 두사. 이것은 하나님을 아는 지식이 불필요하다는 그들의 "잘못된 마음"(ἀδόκιμον νοῦν) 그대로 내버려 두었다는 의미다.

합당하지 못한 일. 인간의 본분과 책임에 부합하지 않는 행동을 의미한다. 하나님을 경외하는 것은 인간에게 가장 긴요한 일일 뿐만 아니라 그의 모든 가치가 여기에서 유래하는 것이다(전 12:13).

여기서는 죄악의 목록을 다섯 가지로 분류하고 있다. ① 불의, 추악, 탐욕, 악의는 사람이 자기 자신에 대해 저지르는 범죄이며, ② 시기, 살인, 분쟁, 사기, 악독은 사람이 남들과 경쟁하는 가운데 저지르는 범죄이고, ③ 수군수군하는 것과 비방은 사람이 말로써 다른 사람에 대해 저지르는 범죄이며, ④ 하나님께서 미워하심, 능욕, 교만, 자랑, 악을 도모함은 사람이 스스로를 높이는 범죄이고, ⑤ 부모를 거역함, 우매, 배약, 무정, 무자비는 의리를 반역하는 범죄다.

29 불의, 추악, 탐욕, 악의가 가득한 자. "불의"는 헬라어로 "아디키아"(ἀδικία)인데 뒤에 이어지는 모든 부도덕한 일들을 개괄적으로 가리키는 명사일 수도 있지만 여기서는 하나의 구체적인 죄명을 가리킬 것이다. 그렇다면 그것은 불법적으로 행하는 이기적인 행위를 가리킨다고 볼 수 있다. 불의를 행하는 자는 자신의 이익을 위하여 그 일을 행한 것이지만, 실상은 그 일이 자신에게 유익이 되지 못하고 도리어 해가 된다. 잠언 21:7에 말하기를, "악인의 강포는 자기를 소멸하나니 이는 정의를 행하기 싫어함이니라"라고 하였고, 잠언 10:2에서는 "불의의 재물은 무익하여도 공의는 죽음에서 건지느니라"라고 하였다. "추악"(πονηρία)은 도덕적 부패가 끼치는 해악을 의미한다. 이것은 내적인 부패를 의미하는 "악의"라는 말과 달리 구체적으로 나타나는 악한 결과를 가리킨다. 어떤 사본에는 이 단어 뒤에 "포르네이아"(πορνεία)라는 단어가 있는데, 이것은 정당한 결혼 생활이 아닌 모든 불결한 남녀 교제를 가리킨다. 권위 있는 주요 사본들에서 이 단어가 발견되지 않기 때문에 마이어(Meyer)는 이 단어가 원문에 속하지 않는 것으로 간주하였다. "탐욕"이라는 단어는 "더한다"는 뜻을 가진 "플레온"(πλέον)과 "취한다"는 뜻을 가진 "에코"(ἔχω)의 합성어인데, 더 많이 가진다는 뜻이다. 그렇다면 탐심은 다른 것이 아니라 불의한 일을 저질러서라도 물질에 대한 욕심을 채우고 또 채우고자 하는 마음가짐을 가리킨다. 탐심은 사람들이 물질에 매여서 하나님의 말씀과 천국에 마음을 두지 못하게 만든다는 점에서(시 119:36) 우상숭배에 버금가는 죄악이다(골 3:5). 탐심을 품은 자는 성공하기 위해 애쓰지만 결국 그의 노력은 실패로 돌아간다. 잠언 10:2에 말하기를 "불의의 재물은 무익하다"라고 하였고, 잠언 21:6에서는 "속이는 말로 재물을 모으는 것은 죽음을 구하는 것이라 곧 불려다니는 안개니라"라고 하였으며, 잠언 20:21에는 "처

음에 속히 잡은 산업은 마침내 복이 되지 아니하느니라"라고 하였고, 잠언 23:5에는 "네가 어찌 허무한 것에 주목하겠느냐 정녕히 재물은 스스로 날개를 내어 하늘을 나는 독수리처럼 날아가리라"라고 하였다. "악의"라는 말은 헬라어로 "카키아"(κακία)인데, 이것은 마음이 바르지 못하고 구부러진 패역한 성품을 뜻하는 명사로서 선한 권면이나 교훈에 대하여도 까닭 없이 반역하고 남의 자선 행위까지도 방해하는(자기 자신도 하지 않으면서) 잔인한 성품을 가리킨다. 한마디로 이것은 선에 대한 이유 없는 반역이라고 할 수 있다. 이것은 실로 극악무도한 마음인데, 이러한 태도를 고집하는 자는 더욱 중한 벌을 받는다. 왜냐하면 그같이 악한 마음은 무지나 연약함에서 비롯된 것이 아니고 고의성을 가진 것이기 때문이다.

시기, 살인, 분쟁, 사기, 악독이 가득한 자. "시기"는 헬라어로 "프토노스"(φθόνος)인데, 다른 사람이 성공하는 것을 볼 때 괴로움을 느끼고 할 수만 있으면 그에게 해를 끼치고자 하는 악한 마음이다. 잠언 14:30에 말하기를, "평온한 마음은 육신의 생명이나 시기는 뼈를 썩게 하느니라"라고 하였고, 잠언 27:4에는 "투기 앞에야 누가 서리요"라고 하였다. 클락(Clarke)은 이 잠언 말씀과 관련하여 다음과 같은 예화를 소개했다. "두 사람이 있는데 한 사람은 탐심이 있는 자요, 다른 한 사람은 시기심이 있는 사람이었다. 이 두 사람에게 누가 말하기를, '너희는 무엇이든지 내게 청구하여라. 그런데 먼저 청구하는 자에게 그가 요구한 만큼 줄 것이고, 나중에 청구한 자에게는 그 갑절을 주겠다.'라고 하였다. 그때 탐심이 있는 자는 갑절을 받고자 하는 욕심을 품고서 먼저 청구하지 않고 가만히 기다렸다. 한편 시기심이 있는 사람도 탐심이 있는 사람이 많이 가지게 되는 것을 원하지 않았기 때문에 그 역시 잠잠히 기다리고 있었다. 그러다가 하는 말이, '내 눈 하나를 뽑아주시오.'라고 하였다. 그가 이런 요구를 한 이유는 탐심이 있는 자의 눈이 둘 다 뽑히기를 바랐기 때문이었다." "시기"는 이같이 나 자신과 남을 해치는 악독한 마음이니,

결국 자신도 망하고 남도 망하는 것이다. 시기심을 없애는 방법은 상대편을 시기하는 대신에 그를 모범으로 여겨 본받고 그를 기뻐하는 것이다. ① 나보다 우수한 자는 나의 선생이니 그를 나의 선생으로 알 때는 기뻐할 수 있는 것이다. 선생이 없는 사람은 인도자 없는 맹인이다. ② 이 세상에는 할 일이 너무도 많다. 그것을 다 하기 위해서는 나 자신보다 우수한 선생들이 많이 있어야 한다.

교회사를 살펴보면 "시기"의 죄가 교회에 큰 손해를 끼친 경우들이 적지 않다. 크리소스토모스(Chrysostom)는 교도권을 가진 테오필로스 감독의 시기로 말미암아 마침내 억울하게 파면을 당해 사막으로 유배되어 거기서 생을 마감했으며, 사무엘 루터포드(Samuel Rutherford)도 교권을 잡은 토머스 시드서프(Thomas Sydserf)의 시기로 인하여 투옥되어 수난을 당했다. 예수님도 대제사장들의 시기로 말미암아 잡혀서 마침내 십자가에 못 박히셨다.

"살인"은 헬라어로 "포노스"(φόνος)인데, 아주 흉악한 범죄이기 때문에 그것에 대하여는 모든 자연까지 분노할 정도다(창 4:10, 23, 24). 살인이 그토록 극악한 범죄로 여겨지는 이유는 그것이 하나님의 형상인 사람을 해치는 일이기 때문이다(창 9:6). 요한1서 3:15에서는 남을 미워하는 것은 살인하는 것과 마찬가지의 죄악이라고 말씀한다. 증오는 살인과도 같은 것이기 때문에 증오가 있는 곳에는 삶의 의미가 사라진다. 그러므로 잠언 15:17에 말하기를, "채소를 먹으며 서로 사랑하는 것이 살진 소를 먹으며 서로 미워하는 것보다 나으니라"라고 하였다.

"분쟁"은 헬라어로 "에리도스"(ἔριδος)인데 이것은 단체 생활의 생명을 끊어 버리는 죄라고 말할 수 있다. 그러므로 잠언 17:1에 말하기를, "마른 떡 한 조각만 있고도 화목하는 것이 제육이 집에 가득하고도 다투는 것보다 나으니라"라고 하였다. 분쟁은 언제나 미리 방지하는 것이 지혜로운 일이다. 왜냐하면 그것은 확대될 위험성이 있고, 일단 확대되면 수습하기가 곤란하기 때문이다. 그러므로 잠언 25:8에는 "너는 서둘러 나가서 다투지 말라"라고 하였고, 잠언 17:14에는 "다투는 시작은 둑에서 물이 새는 것 같은즉 싸움이 일어나기 전에 시비를 그칠 것이니라"라고 하였으며, 잠언 18:19에는 "노엽게 한 형제와 화목하기가 견고한 성을 취하기보다 어려운즉 이러한 다툼은 산성 문빗장 같으니라"라고 하였다.

그러면 다툼은 어떻게 일어나게 되는가? ① 서로 지혜롭지 못하게 시비를 가리려다가 다툼이 일어난다. ② 범죄를 좋아하는 자들이 다툼을 일으킨다. "다툼을 좋아하는 자는 죄과를 좋아하는 자요"(잠 17:19)라고 하였다. ③ 과격한 말로 인해 다툼이 일어난다. "유순한 대답은 분노를 쉬게 하여도 과격한 말은 노를 격동하느니라"(잠 15:1)라고 하였다. ④ 미련함 때문에 다툼이 일어난다. "다툼을 멀리 하는 것이 사람에게 영광이거늘 미련한 자마다 다툼을 일으키느니라"(잠 20:3)라고 하였다. ⑤ 교만함 때문에 다툼이 일어난다. "거만한 자를 쫓아내면 다툼이 쉬고 싸움과 수욕이 그치느니라"(잠 22:10)라고 하였다. ⑥ 말쟁이로 인해 다툼이 일어난다. "나무가 다하면 불이 꺼지고 말쟁이가 없어지면 다툼이 쉬느니라"(잠 26:20)라고 하였다. ⑦ 탐심으로 인해 다툼이 일어난다. "욕심이 많은 자는 다툼을 일으키나"(잠 28:25)라고 하였다.

"사기"라는 말은 헬라어로 "돌로스"(δόλος)인데, 이것은 모든 죄악을 불러일으키고 엄호하는 역할을 한다. 마귀가 아담과 하와를 죄로 유혹할 때도 "거짓말"을 이용했다(창 3:1-7). 죄는 거짓의 가면을 쓰고 활동한다. 세상 어느 누가 악을 행할 때 그것이 악이라고 광고하면서 행하겠는가? 말로는 선을 행한다고 하면서 실상은 악을 행한다(잠 12:20). "사기"는 우리 마음에 깊이 뿌리를 박고 끊임없이 거짓을 부추긴다. 그것은 우리가 남을 속여 가면서 죄를 범하게 만들고, 또 자기 자신까지도 속임으로써 자멸의 길을 밟게 만든다. 그러므로 예레미야 17:9에는 "만물보다 거짓되고 심히 부패한 것은 마음이라"라고 하였다. 사람의 마음은 남도 속이고 자신도 속이는 거짓된 것이다. 그러므로 우리는 각자 자신의 마음을 잘 지켜서 남을 속이지 말고 또 자기 스스로도 속지 말아야 한다. 남을 속이는 일은 결국 자신을 속이는 것인데, 왜냐하면 남을 속임으로써 유익을 얻고자 하는 것은 결국 자기 자신에게 해를 끼치는 일이기 때문이다.

"악독"은 헬라어로 "카코에테이아"(κακοηθεία)인데, 그 뜻은 "간악함"이다. 퀴일(Kühl)은 이 단어가 간교한 책략과 계략을 세워서 남을 해치려 하는 것을 의미한다고 하였다. 이런 사람은 말로는 최선을 다하여 남을 도와주는 척하면서 가슴에는 칼을 품고 다른 사람에게 해를 끼치기 위해 최선을 다한다. 따라서 이런 사람은 대놓고 남에게 해를 끼치는 자들보다 더 큰 벌을 받을 것이다.

수군수군하는 자. 이런 자들은 대중이 모르게 은밀히 남을 훼방하는데, 그들은 독사보다 더 악독한 자들이다. 독사는 자기에게 접근하는 사람만 공격하는 데 반해 수군수군하는 자들은 수만 리 밖에 있는 사람들에게도 해를 끼칠 수 있다.

30-31 비방하는 자. 이것은 공개적으로 남에 대해 악평하는 자들을 가리킨다. 레위기 19:16에 말하기를, "너는 네 백성 중에 돌아다니며 사람을 비방하지 말며 네 이웃의 피를 흘려 이익을 도모하지 말라 나는 여호와이니라"라고 하였으니, 말로써 타인을 매장하는 것은 가장 잔인한 일 가운데 하나다. 이런 죄를 범하는 자는 그 자신 역시 다른 사람들로부터 악평을 받는다. 예수님은 말씀하시기를, "비판을 받지 아니하려거든 비판하지 말라 너희가 비판하는 그 비판으로 너희가 비판을 받을 것이요 너희가 헤아리는 그 헤아림으로 너희가 헤아림을 받을 것이니라"라고 하셨다(마 7:1-2).

하나님께서 미워하시는 자, 능욕하는 자, 교만한 자, 자랑하는 자. 여기 열거된 죄목들은 사람이 자기 자신을 지나치게 중시하고 다른 사람을 무시함으로써 짓는 죄악들이다.

"하나님께서 미워하시는 자"는 헬라어로 "테오스튀게이스"(θεοστυγεῖς)인데, 이 단어는 "하나님을 미워하는 자"라고 번역할 수도 있다.

"능욕하는 자." 이것은 하나님의 심판을 멸시하는 자들을 가리킨다.

"교만한 자." 이 말은 헬라어로 "휘페레파노스(ὑπερηφάνος)인데 "높이 나타나는 자"란 뜻이다. 세상에는 실제적인 내용은 없는데 겉으로는 높은 사람인 것처럼 자신을 드러내는 사람이 있는가 하면 실제적인 내용을 갖추고 그리하는 자도 있다. 실제적인 내용 없이 그리하는 자는 외식하는 죄까지 범하는 것이다. 잠언 16:18에 말하기를, "교만은 패망의 선봉이요 거만한 마음은 넘어짐의 앞잡이니라"라고 하였다. 개인이든 공동체든 교만하면 반드시 하나님께 벌을 받는다. 잠언 19:29에 말하기를, "심판은 거만한 자를 위하여 예비된 것이요 채찍은 어리석은 자의 등을 위하여 예비된 것이니라"라고 하였는데, 이 말씀을 통해 우리는 오만한 자의 죄가 얼마나 크게 여겨지는지 알 수 있다.

"자랑하는 자"는 자기 자신을 자랑하는 사람을 가리키는데, 이는 예수님을 자랑하는 사람과 대비된다. 진실로 주 예수만을 자랑하는 자는 전적으로 자기 자신을 배설물과 같이 무가치하게 여겨야 할 것이다(빌 3:7-9). 왜냐하면 자신을 의뢰하는 것은 예수 그리스도에 대한 신뢰를 대적하는 요소이기 때문이다.

악을 도모하는 자. 이것은 문자적으로 "악한 일을 지어내는 자"를 뜻한다. 이런 사람은 혼자서만 악을 행하는 것이 아니라 모든 사람 앞에 악행의 길을 열어 놓는 셈이다. 이 얼마나 악한 일인가! 셀레우코스 왕국의 안티오코스 4세 에피파네스는 유대인을 박해한 대표적인 인물인데, 그는 "모든 악을 도모하는 자"라는 오명을 얻었다.

부모를 거역하는 자, 우매한 자, 배약하는 자, 무정한 자, 무자비한 자. 여기 열거된 죄목들은 애정과 의리를 배반하는 일과 관련된 것들이다. 애정은 사람이 가장 좋아하는 것인데, 그것을 배반하는 자야말로 극도로 악한 자다. 그러므로 "부모를 거역하는 자"는 큰 죄인이다. 구약 시대에는 부모에게 불효하는 자를 돌로 쳐 죽이게 하였다(신 21:18-21). 신약 시대에는 그렇게까지 하지는 않지만 불효가 여전히 큰 죄악인 것은 틀림없는 사실이다(딤전 5:8).

"우매한 자." 이것은 자기가 받은 사랑이나 긍휼에 대한 깨달음이 없고 그것을 감사하지도 않으며 기억하지도 않는 사람을 가리킨다(사 1:2-3). 슬픔 가운데 빠진 자가 남의 도움을 구하다가 배척당하는 모습을 목격하는 것은 마음을 아프게 한다. 하지만 남에게 은혜를 베푼 자가 그 은혜의 수혜자로부터 배은망덕한 대접을 받는 것은 더욱 비통한 일이다.

"배약하는 자." 성경은 "마음에 서원한 것은 해로울지라도 변하지 아니" 해야 한다고 말한다(시 15:4).

"무정한 자." 어떤 학자는 말하기를 여기서 무정하다는 말은 아랫사람이 윗사람에 대하여 무정하게 대하는 것을 가리킨다고 하지만, 여기서 그러한 제한을 둘 필요는 없다. 인정이라는 것은 사람에게 위로와 용기와 소망을 주는 법이다. 인정을 베풀면 눈물 골짜기도 변하여 희열의 낙원이 될 수 있다.

"무자비한 자." 어떤 사람이 그 자신의 죄악으로 인해 불쌍한 처지에 처하게 되었다고 해서 그를 돌보지 않는다면 그것도 무자비한 처사가 될 수 있다. 그리스도인의 자비는 어려움에 처한 자의 육신적인 형편뿐 아니라 영혼의 정황까지 불쌍히 여기는 것이다.

32 자기들만 행할 뿐 아니라 또한 그런 일을 행하는 자들을 옳다 하느니라. 죄를 범하고 그것을 부끄러워하는 자는 개선의 여지가 있는 사람이다. 그러나 죄를 옳게 여기는 자는 고칠 소망이 없다.

⚜ 평주

칼 바르트(K. Barth)의 신학 사상을 가장 극명하게 보여주는 것은 그의 로마서 주석이라고 할 수 있다. 로마서 주석에는 바르트 사상의 정체가 아주 명백하게 표현되어 있다. 따라서 우리가 그의 사상을 파악하기 위해서는 그의 로마서 주석을 읽는 것이 가장 빠른 길이라고 생각된다.

예수 그리스도의 종 바울은 사도로 부르심을 받아 하나님의 복음을 위하여 택정함을 입었으니(1절). 바르트는 바울이 사도로 부름받은 사건이 그의 생애 가운데 한 부분에 속한 것은 아니라고 하였다.[19] 다시 말해 바울의 소명은 그것의 역사성으로 인해 가치를 지니는 것이 아니라 그것의 원역사성에서만 가치를 지닌다는 것이다. 그는 키에르케고르(Kierkegaard)를 인용하면서 다음과 같이 말했다. "사도로 부름받은 사실은 하나의 역리적 사태인데, 그것은 언제나 바울 자신의 정체성 너머에 있는 것이다."[20]

바르트는 이렇게 바울이 부름받은 사실이 갖는 가치를 그것의 역사성에 두지 않았다. 그렇다면 바르트는 바울이 부름받은 것이 역사적 사실임을 부인하는 것인가? 반드시 그렇다고 할 수는 없지만 그가 역사성의 가치를 무시한 것만은 사실이다. 그 이유는 그가 소위 원역사(초절적인 역사)의 실재성만을 인정하기 때문이다. 원역사란 독일어 "우어게쉬히테"(Urgeschichte)를 번역한 것인데, 브루너(E. Brunner)는 이 단어를 다음과 같이 명쾌하게 정의했다. "원역사는 모든 역사의 배아인데, 역사를 말하는 자는 다만 원역사의 시공적 표현을 말할 뿐이다. 괴테(Goethe)가 말하는 원식물(Urpflanze)은 아직 시공간의 세계에서 분류적으로 발달하거나 변천을 겪지 않은 순전하고 이

---

19) "eines Momentes seiner eigenen Lebensentwicklung."

20) K. Barth, *Römerbrief*, 3. "Der Apostelberuf ist ein Paradoxes Faktum, das im ersten und letzten Augenblick seines Lebens ausserhalb seiner persönlichen Identität mit ihm selbst steht."

상적인 식물인 것처럼, 원역사는 모든 역사의 원본, 곧 이상적인 역사다. 원역사를 시공간적으로 표현한 감각 세계의 역사는 이미 변천을 겪은 혼합물에 불과한 것이다."[21]

그렇다면 바르트나 브루너가 말하는 역사는 현상 세계를 가리키는 반면 원역사는 어떤 사건이나 상태가 시공간 세계에 출현하기 전에 소유했던 형태를 뜻할 것이다. 바르트는 바울이 부름받은 사실이 시공간 세계에 나타난 형태로서 중요성을 가지는 것이 아니고, 원역사의 존재로만 가치를 갖는다고 생각한다. 그러나 바울은 현상 세계를 중요한 실재로 간주하였다. 그는 자신이 다메섹으로 향하던 길에서 부름받은 사실을 세 차례나 강조하였다(행 9:6-15; 22:2-21; 26:16-18).

이 복음은 하나님이 선지자들을 통하여 그의 아들에 관하여 성경에 미리 약속하신 것이라(2절). 바르트는 말하기를, 복음은 언제나 새롭게 표현되어야 하는 모든 것의 원형에 대한 말씀[22]이라고 하였는데 여기서 "원형"이란 원역사(Urgeschichte) 혹은 그가 이후에 채택한 용어인 "비밀"(Das Geheimnis)을 가리킨다고 볼 수 있다. 다시 말해 복음은 시공간 세계에 침투한 역사적 사실이 아니라는 것이다. 그러나 복음이 시공간 세계와 접촉점이 없다는 주장은 바울의 사상과 전혀 다른 것이다. 바울이 강조한 복음의 특성은 예수님의 인성, 곧 그가 다윗의 자손 되신 사실에 있다(참조. 롬 1:3; 딤후 2:8; 요일 4:2).

육신으로는 다윗의 혈통에서 나셨고(3절). 바르트는 이 점에 대해 설명하기를, 예수님의 지상 생애도 일종의 시공간 세계에 속한 사건이기 때문에 원역사의 세계(초절적인 세계)는 아니라고 하였다. 그는 예수님의 생애가 이 세상

---

21) Brunner, *The Philosophy of Religion*, 123-124.

22) K. Barth, *Römerbrief*, 4. "immer neu gesprochene Wort des Ursprungs aller Dinge."

의 종착점으로서 저 세상에 인접하였을 뿐이라는 뜻에서 그렇게 말한 것이다.[23] 그러나 이것은 바르트의 철학적 추측이고 성경의 가르침은 아니다. 성경에 예수님께서 친히 증거하시기를, "나를 본 자는 아버지를 보았거늘 어찌하여 아버지를 보이라 하느냐"(요 14:9)라고 하셨다. 예수님의 지상 생애는 임마누엘, 곧 하나님의 임재인 것이다. 성경은 일관되게 그러한 사실을 증언한다(마 2:23; 요 1:14).

성결의 영으로는 죽은 자들 가운데서 부활하사(4절). 바르트는 이 점에 대하여 말하기를, 성령으로 말미암은 새로운 세상은 육신으로 말미암은 옛 세상과 접해 있으면서도 그것을 배척하는데, 그것은 예수의 부활로 말미암은 계시라고 하였다. 그러나 이러한 배척은 원과 선이 한 점에서 접촉하는 것처럼 서로 결합하지 않고 분리하는 것이라고 하였다.[24] 이러한 해석의 의미는 다음과 같다. 곧 부활의 원형은 우리가 지각할 수 없다는 것이다. 다시 말해 사도들이 목격한 부활은 원형적인 부활, 곧 시공간을 초월한 부활이 아니라 다만 그것이 시공간적으로 표현된 사건이라는 말이다. 그러나 이것은 바르트의 철학적 견해에 불과하며 그리스도 신자들이 신임할 수 있는 것은 아니다. 사도들이 목격한 예수님의 부활은 시공간 세계에서 하나님의 권능으로 이루어진 것이다(참조. 행 2:23-24, 31; 고전 15:1-8).

은혜와 사도의 직분(5절). 이 점에 대하여 바르트는 "은혜는 사도직에 권위를 제공하였다. 그 이유는 은혜라는 것이 인간들을 파쇄하기 때문이다."라고 하였다.[25] 다시 말해 은혜는 인간이 수용할 수 있는 어떤 소유물이 아니며, 인간이 어찌할 수 없는 무가치한 존재라는 사실을 선포하는 초절적(超絶

---

23) *Römerbrief*, 5.

24) *Römerbrief*, 6. "In der Auferstehung berührt die neue Welt des Heiligen Geistes die alte welt des Fleisches. Aber sie berührt sie wie die Tangente einen kreis, ohne sie zu berühren."

25) *Römerbrief*, 7. "Gnade gibt Vollmacht, es zu tun, weil Gnade selber Gebrochenheit ist."

的) 세계의 찰나적 접촉이라는 뜻이다. 그러나 성경의 가르침에 따르면 은혜는 인간이 하나님으로부터 받아 누리는 소유물이다(참조. 롬 8:32; 엡 2:8; 고전 12:3, 30).

하나님 우리 아버지와 주 예수 그리스도로부터 은혜와 평강이 있기를 원하노라(7절). 바르트는 이처럼 귀한 말씀에 대해서도 또다시 변증법적 사색을 적용하여 그릇된 해석을 제시한다. 그는 말하기를 "그들의 평강은 그들의 불안이 되고 그들의 불안은 그들의 평강이 됨으로써 끊임없이 교체가 일어난다."라고 하였다.[26] 그러나 성경에서 "평강"이라는 용어는 성령으로 말미암은 심령의 평안을 의미하는 것이며, 심리적인 노력으로 얻을 수 있는 인위적이고 사색적인 마음의 고요를 의미하지 않는다.

신령한 은사를 너희에게 나누어 주어(11절). 바르트는 이 구절을 해석하기를, 사도가 로마 교회의 신자들을 심방하려 했던 것은 그들에게 은사를 나누어주기 위해서였는데, 그것이 사도 자신에게 내재한 영적인 은사를 베풀어주는 일은 아니었다고 말한다. 그는 다음과 같이 말한다. "사도는 스스로 비어 있는 것처럼 보일 때 오히려 다른 사람들에게 필요한 존재가 될 수 있다. 사도의 역할은 적극적인 것이라기보다 소극적인 것이다. 바울 사도에게는 이처럼 공허함이 엿보인다. 이런 의미에서 그는 다른 사람들에게 의미 있는 역할을 감당할 자격이 있다."라고 하였다.[27] 그러나 바르트의 이 같은 견해가 철학적으로는 의미가 있을지 모르지만 성경적인 교훈은 아니다. 성경은 사도에게 일반 신자들과는 다른 독특한 역할이 있었음을 인정한다. 그들은 때를 따라 하나님으로부터 오는 영적인 능력을 힘입었다(고후 2:17; 6:1).

---

26) *Römerbrief*, 7. "Möchte diese voraueestzung immer neu geschehen! Mächte ihre Ruhe ihre Unruhe sein und ihre Uuruhe ihre Ruhe."

27) *Römerbrief*, 9. "Ein Apostel ist nicht ein positiver, sondern ein negativer Mensch, ein Mensch, an dem ein solcher Hohlraum sichtbar wird. Damit ist er andern etwas."

로마에 있는 너희에게도 복음 전하기를 원하노라(15절). 이 구절은 한번 참으로 중생하여 신자가 되는 사건이 영속적인 효과를 갖는다는 사실을 부정하는 말씀이 아니다. 다만 이 말씀은 로마에 있는 신자들에게 하나님의 말씀을 가르쳐 그들의 믿음을 더욱 견고하게 하겠다는 뜻이다. 그러나 바르트는 다르게 생각한다. 다시 말해 로마의 그리스도 신자들이 한번 복음을 듣고 순종한 경험이 있지만, 그들이 새롭게 복음을 듣고 다시 순종할 필요가 얼마든지 있다는 것이다. 그는 "세상 어느 누구도 '나는 이미 복음을 듣고 순종하였노라'고 장담할 수 없다."라고 하였다.[28] 바르트의 이 같은 말은 ① "성도의 궁극적 구원" 교리에 위배되는 것이다. 하나님께서는 한번 복음을 듣고 믿어 순종하기로 결단한 자를 영원히 지키시고 구원하신다. 사람은 진심으로 복음을 믿고 단번에 하나님의 자녀가 되는 것인데, 어찌하여 하나님의 자녀가 되는 일을 반복한다는 것인가? 하나님의 자녀가 되었다는 것은 영원한 천국의 기업을 이미 누리게 되어 있다는 것이 아닌가!(참조. 요 8:35) ② 바르트의 이 같은 견해에 의하면 신자는 중생하여 하나님의 자녀가 되는 일을 반복해야 된다는 것인데, 이는 성경과 부합하지 않는 가르침이다.[29]

내가 복음을 부끄러워하지 아니하노니(16절). 바르트는 이 말씀에 대하여 강해하기를, "복음은 사람들이 종교적 투쟁이나 철학적 논쟁에 뛰어들 것을 요구하지도 않지만 그렇다고 해서 그런 논쟁에 무관심할 것을 요구하지도 않는다."라고 하였다.[30] 즉 복음은 사람들에게 어떤 형태로든 하나님의 복음을 위한 바른 태도를 가질 것을 요청하지 않는다는 것이다.

---

28) *Römerbrief*, 10. "Denn wer Könnte letztlich sagen, dass er die Heilsbotschaft schon gehört hat?"

29) 요 5:24; 6:47; 10:28-29; 눅 10:20; 롬 8:35-39; 11:29; 엡 4:30; 빌 1:6; 3:20; 살후 3:3; 히 10:14; 벧전 1:5; 계 3:5; 13:8; 20:21; 21:27; 시 138:8; 렘 31:3; 32:40.

30) K. Barth, *Römerbrief*, 11. "Die Heilsbotschaft braucht den Streit der Weltreligionen und Weltanschauungen weder aufzusuchen noch zu fliehen."

다시 말해 복음은 시공간 세계에 속하는 어떤 매개체(아무리 선한 것이라 하더라도)를 통해 전파되는 것이 아니라는 뜻이다. 그러나 바르트는 여기서 복음의 주인이신 하나님의 초월성을 강조한다는 명목하에 하나님의 내재성을 배제한다. 하나님의 초월성은 그의 내재성을 배제하는 것이 아니라 오히려 그것을 포함함으로써 성립되는 것이다. 따라서 시공간 세계와 하나님의 관계는 이원적 대립이 아니다. 하나님께서 복음을 전하실 때 인간의 제도나 기관을 사용하시는 것은 그들을 의뢰하시는 것이 아니라 통치자로서 그들을 거룩하게 구별하셔서 이용하시는 것이다. 시공간 세계에도 하나님께서 거룩하게 구별하신 일정한 체계로서의 정통 복음주의가 존재하는 것은 분명하다. 하나님께서 복음을 전하시기 위해 기쁘게 사용하시는 방편이 바로 연약한 시공간적 실존인 것이다. 사도 바울은 "우리가 이 보배를 질그릇에 가졌으니 이는 심히 큰 능력은 하나님께 있고 우리에게 있지 아니함을 알게 하려 함이라"(고후 4:7)라고 하였다. 그러므로 시공간 세계에는 하나님께서 성별하신 정통 복음주의가 확립되어 있는 동시에(갈 1:8-9), 그것을 옹호하기 위한 변증도 존재하는 것이다. 그러나 이러한 변증은 혈육을 대상으로 하는 것이 아니고(엡 6:12) "영들"을 분별하는 일이다(요일 4:1-2; 계 2:3, 6, 24; 참조. 고후 6:14-18; 요이 7-11).

믿는 자(16절). 바르트는 신앙에 관하여 다음과 같은 견해를 표명하였다. 한마디로 신앙은 우리가 전혀 알지 못하는 것을 대상으로 삼는다는 것이다. 다시 말해 신자나 불신자가 자신의 지각으로 깨달을 수 없는 것일수록 더욱 신뢰할 만한 신앙의 대상이라는 것이다.[31] 그가 여기서 우리가 전혀 알지 못하는 것이라고 표현한 대상은 인간의 감각적 경험에 모순되는 것을 가리킨다. 여기서 우리는 바르트의 신앙 교리를 개혁교회의 원리와 대조한 후에 성

---

31) *Römerbrief*, 14. "Damit also Gelegenheit für den Glauben ist, muss alles, was geglaubt wird, verborgen sein."

경의 교훈으로 돌아가고자 한다. 신앙의 대상은 과연 인간의 지각에 전적으로 모순되는 성질의 것이어야만 하는가? 그렇지 않다. 첫째로, 신앙의 대상 곧 하나님은 신자들의 중생한 지각에 모순되지 않는다. 신자들의 지각은 하나님에게서 유래하고 하나님께 의존하는 것이기 때문에 그 지각으로 우리는 하나님을 어느 정도 파악할 수 있는 것이다.[32] 그러므로 하나님은 참신자의 이성과 지식에 모순되는 존재가 아니시다. 개혁교회의 모든 신학자들이 확증하는 바는 신자에게 있어서 신앙과 이지의 작용이 서로 모순되지 않는다는 점이다. 워필드(B. B. Warfield)는 말하기를, "믿음의 대상을 인식하지 못한다면 진정한 믿음이 발생할 수 없다."라고 하였다.[33]

그렇다면 성경은 신앙의 대상이신 하나님과 신자의 지성의 관계를 어떻게 보는가? 부활하신 주님께서는 자신이 바로 부활하신 그리스도이심을 확증하시기 위해 제자들에게 다음과 같이 말씀하시면서 손과 발을 보여주셨다. "예수께서 이르시되 어찌하여 두려워하며 어찌하여 마음에 의심이 일어나느냐 내 손과 발을 보고 나인 줄 알라 또 나를 만져 보라 영은 살과 뼈가 없으되 너희 보는 바와 같이 나는 있느니라"(눅 24:38-39). 이것은 확실히 그들의 지성을 신앙의 근거로 대하시는 말씀이다.

하나님의 의가 나타나서(17절). 바르트는 여기서 "나타난 하나님의 의"가 인간과 관련을 맺는 의가 아니라고 생각하였다. 그는 말하기를, "사람들이 부활 이편에서 하나님이라고 부르는 대상은 사실상 가장 하나님과 거리가 먼 존재다."라고 하였다.[34] 이렇게 바르트는 "하나님의 의"라는 표현이 하나님

---

32) C. Van Til, *Prolegomena*, 11.

33) B. B. Warfield, *Studies in Theology*, 341. "No true faith has arisen unless there has been a perception of the object to be believed in."

34) K. Barth, *Römerbrief*, 15-16. "Was der Mensch diesseits der Auferstehung Gott nennt, das ist in charakteristischer Weise Nicht-Gott."

께서는 언제나 사람들이 아는 대로가 아니라 자기 자신의 뜻대로 존재하신다는 사실을 의미하는 것으로 보았다. 이것은 그릇된 해석이다. 그는 이와 같은 해석을 지지하며 다음과 같이 말하였다. "하나님은 자신과 우리 사이에 거리를 창조하시며 또 그 거리를 유지하심으로써 자신이 우리의 하나님이심을 확증하신다. 그는 스스로를 올바로 가지심으로써 우리를 의롭게 만드신다."[35)]

믿음으로 믿음에 이르게 하나니(17절). 이 구절에 대해서도 바르트는 다시 그릇된 해석을 제시하였다. 그는 여기서도 변증법적인 사고를 적용하여 "믿음으로"라는 표현이 하나님의 신실하심을 의미하는 것으로 보고 다음과 같이 말하였다. "참된 하나님은 인간을 잊어버리지 않았다. 비록 그 비밀이 모든 시대를 통하여 영원토록 비밀일지라도 사람에 대한 하나님의 진실은 그대로 머물러 있다."라고 하였다.[36)]

그는 여기서 "믿음에"라는 단어만 인간의 믿음을 가리키는 것으로 여기고 그것에 대하여 다음과 같이 말한다. "직접적인 소통을 포기하는 자들에게 소통의 길이 열린다. 하나님 편에서의 부정을 짊어지는 자들은 하나님 편에서의 긍정을 짊어지게 될 것이다."라고 하였다.[37)] 그러나 여기서 "믿음으로"라는 표현과 "믿음에"라는 두 표현을 서로 분리하여 전자는 하나님께, 그리고 후자는 사람에게 돌리는 것은 자연스럽지 않다. 이 두 가지 표현은 모두 신자와 관련된 것이다.

의인은 믿음으로 말미암아 살리라(17절). 이 구절에 대해서도 바르트는 그의 상

---

35) *Römerbrief,* 16. "Er bekennt sich zu uns, indem er die Distanzen zwischen uns und ihm schafft und wahrt....Er 'rechtfertigt' uns, indem er sich selbst rechtfertigt."

36) *Römerbrief,* 16. "'Aus Treue' ...Der wahre Gott hat des Menschen nicht vergessen. Der Schöpfer hat die Schöpfung nicht aufgegeben. Mag das Geheimnis 'durch Weltalter hindurch verschwiegen' gewesen sein und verschwiegen werden, ...es beharrt doch die Treue Gottes zum Menschen."

37) *Römerbrief,* 16. "Jenen, die verzichtet haben auf direkte Mitteilung, wird es mitgeteilt...Die die Last des göttlichen Nein auf sich nehmen, werden getragen von dem grösseren göttlichen Ja."

투적인 변증법적 사색을 적용하여 그릇되게 해석하였다. 그는 다음과 같이 말한다. "의인은 포로로서 파수병이 되는 자다. 그는 신적 실재의 문턱에 서 있는 문지기다. 자기 자신을 심판 아래 두는 자, 또는 놀라고 소망하는 자 외에는 의로운 자가 없다."[38] 바르트의 이 같은 표현은 신앙이라는 것을 언제나 가능과 불가능 사이에서 분투하는 실질적인 내용이 없는 실존적 사색에 불과한 것으로 간주한 것인데, 이것은 그리스도께서 나를 위하여 행하신 실질적이고 역사적인 사실을 배제하는 위기 신학적 사색이다. 신앙을 이처럼 진공상태로 간주하는 것은 성경적이지 않다.

하나님의 진노(18절). 바르트는 이것을 철학적 의미로 받아들였는데, 그의 설명은 다음과 같다. "이것은 다름 아닌 부정을 의미하는데, 우리가 그것을 긍정하지 않을 때 우리에게 임하는 것이다."[39] 바르트에게 부정이란 시공간 세계에 대한 영적, 항구적 세계의 접촉(die Tangente einen Kreis)을 의미할 것이다. 그는 이 같은 접촉을 계시로 보는 동시에 하나님의 진노와도 동일시한 셈이다. 왜냐하면 그에게는 영적, 항구적 세계를 시공간 세계에 계시할 때 부정을 그 내용으로 하기 때문이다. 그러나 이것은 기독교의 진리를 부정적 효과의 소유자로 여기는 것이 아닌가? 하나님의 진노가 이 세상에 임한 것은 바르트가 말하는 것처럼 이 세상의 피조성 때문이 아니라 인간의 죄악 때문이라는 것이 성경의 교훈이다. 로마서 중에서도 이 단락이 그러한 진리를 밝혀준다. "하나님의 진노가 불의로 진리를 막는 사람들의 모든 경건하지 않음과 불의에 대하여 하늘로부터 나타나나니"(롬 1:18). 하나님께서 이 세상을 정죄하신 이유는 그것이 피조물이기 때문이 아니다. 성경은 창조된 세상이 하나님 보시기에 좋았다고 말씀한다(창 1:4, 10, 12, 18, 21, 25, 31).

불의로 진리를 막는 사람들의 모든 경건하지 않음과 불의(18절). 바르트에 따르면 여

---

38) *Römerbrief*, 17. "Der 'Gerechte,' ist der zum Wächter gewordene Gefangene der Hüter an der Schwelle der göttlichen Wirklichkeit. Eine andere Gerechtigkeit gibt es nicht als die des Mannes, der sich in das Gericht Gottes stellt, des Erschrockenen und Hoffenden."

39) *Römerbrief*, 18. "Das Nein, das uns entgegen-gestellt ist, sofern wir es nicht bejahen."

기 기록된 죄악은 인생이 영적이고 항구적인 것과 시공간적인 것을 혼동함으로써 말미암은 것이다.[40] 영속적인 차원에 속하신 하나님을 시공간의 지각을 통해 소유하려고 시도하는 모든 종교적 행동은 심지어 가장 경건하고 정통적인 기독교의 것이라 해도 우상숭배적이라는 것이 바르트의 견해다. 왜냐하면 하나님의 시공간 세계의 사고로는 구성될 수 없다고 생각되기 때문이다.

바르트는 계시를 바탕으로 형성된 기독교의 정통 신조들에 대해서도, 설사 그것이 하나님에게서 유래했다 하더라도 일단 시공간 세계로 들어온 이상 그것을 계시 자체로 여길 수는 없다고 말한다. 그렇다면 바르트의 사상은 이원론과 유사하지 않는가? 도대체 어째서 절대적 주재자가 시공간 세계의 내부에까지 효력 있게 간섭할 수 없다는 것인가? 전능자께서 우리 내부의 속사람까지 통솔하실 권능이 없으시겠는가? 사랑이신 하나님께서 우리 안에 거하실 긍휼이 부족하시겠는가? 정통 복음주의에서 하나님을 "우리의 하나님"이라고 부르는 것은 영원하신 하나님의 언약(렘 20:17; 31:33)을 믿고 순종하겠다는 고백이다. 우리가 "하나님은 우리의 기업이다."라고 말한다고 해서 하나님을 우리에게 소속된 존재로 여기는 불경스런 생각을 가지는 것은 아니다. 사실상 그러한 선언은 우리가 하나님의 소속이 되었기 때문에 하나님이 우리의 소망이 되신다는 의미를 담고 있다. 그러므로 그러한 선언은 성경적일 뿐만 아니라 하나님을 기쁘시게 하는 것이기도 하다(참조. 수 13:33; 시 16:5).

하나님을 알 만한 것이 그들 속에 보임이라(19절). 바르트는 이 구절을 다음과 같이 설명하였다. "우리의 인격이 아닌 그 인격은 하나님이다. 우리가 아닌 그 인격이 우리를 파괴하고 또 우리를 건설한다. 우리 위에 있는 절대의 타율성

---

40) *Römerbrief*, 20. "Wir verwechseln die Ewigkeit mit der Zeit. Das ist das Ehrfurchtslose unsres Gottesverhältnisses."

을 인정하는 것이 바로 우리의 자율성을 인정하는 일이 된다."라고 하였다.[41] 이것은 한계 개념(grenzbegriff)에 속하는 사상이다. 한계 개념은 현상계(과학세계)에 대치되는 규범을 전제하게 하는 조정 개념(regulative concept)이다. 인간의 지식이 그것을 추구하기는 하지만 파악하지는 못한다는 것이다. 이것은 하나님을 우주의 구성자[42]로 여기는 구성 개념과 반대된다. 이것은 임마누엘 칸트(Immanuel Kant)의 사상이다. 버틀러(Butler)의 추론에 만족하지 못하는 자들이 칸트의 사상에서 하나님에 대한 신앙의 사상적 지위를 재건하려 하였으나 그것도 불가능하다. 칸트가 생각한 것처럼 과학세계를 신앙세계에서 분리하여 보존시키려는 이와 같은 사고방식을 다른 말로는 현상주의(Phenomenalism)라고 한다. 이러한 사고방식은 참 하나님에 대한 믿음을 가져다주지 못한다. 그 이유는 칸트가 만들어 놓은 조정 개념, 곧 비경험적 개념(Noumenona, nonempirical concept)은 가상의 자율적 인간(would-be- autonomous man)의 제조품이며, 그것은 하나의 불합리(irrational)이기 때문이다. 참 하나님은 합리성을 가지신 분이다. 물론 그의 합리성은 인간의 합리성을 초월한다.

그렇다면 한계 개념은 감각세계와 영적, 항구적 세계 사이에 융통성이 전혀 없는 한계를 두는 것이니, 그 한계는 인간의 이성과 지식이 넘어설 수 없는 것이다. 인간의 이성과 지식은 다만 감각세계, 곧 시공간 세계의 것만 감지할 수 있다. 바르트는 이 같은 한계 개념으로 하나님을 상상하고 정의하면서, 그분을 "우리 인격이 아닌 그 인격"(감각 세계의 극한을 넘어서는 존재자)이라고 불렀다. 이것은 감각 세계가 하나님으로부터 독립하여 존재한다는 사상

---

41) *Römerbrief*, 21. "Wir wissen, dass Gott die Persönlichkeit ist, die wir nicht sind, und dass eben dieses unser Nicht-Sein unsre Persönlichkeit aufhebt und begründet. Dieser Gottesgedanke, die Einsicht in die absolute Heteronomie, unter der wir stehen, ist autonom."

42) "God as constitutive creator and interpreter of the facts of the universe."

을 포함하는데, 이것은 감각 세계 안에서 하나님의 섭리와 통치를 배제하는 잘못된 사상이다. 감각 세계는 하나님으로부터 독립하여 존재하는 것이 아니라 그의 창조와 섭리에 의존한다. 사도 바울도 이와 관련하여 증언하기를, "창세로부터 그의 보이지 아니하는 것들 곧 그의 영원하신 능력과 신성이 그가 만드신 만물에 분명히 보여 알려졌나니 그러므로 그들이 핑계하지 못할 지니라"(롬 1:20)라고 하였다. 성경에는 감각 세계에 대한 하나님의 내재적 통치를 증언하는 구절이 적지 않다(참조. 행 14:7; 17:24-28; 마 10:29-30).

설교 복음에 빚진 자(14-17절)

바울은 스스로를 가리켜 복음에 빚진 자라고 하였다. 그것은 바울에게만 해당하는 말이 아니라 모두에게 해당하는 말이다.

1. 사람은 다른 사람에 대하여 연대책임을 진다

모든 사람은 하나님의 형상으로 지음받았다. 따라서 그는 자신과 동일하게 하나님의 형상으로 지음받은 다른 사람들을 자기 자신과 같이 사랑할 책임이 있다. 사람이 혼자서는 사람으로서의 의미를 가질 수 없다. 사람이 짐승과 다른 점은 첫째, 하나님을 공경할 수 있다는 것이고 둘째, 다른 사람을 나 자신과 같이 사랑할 수 있다는 것이다. 로빈슨 크루소가 무인도에 거하면서 가장 사모하고 갈망하게 된 것은 사람이었다고 한다.

2. 복음은 개인의 소유가 아니라 모든 사람의 공동 소유다

공동의 소유물을 혼자만 사용하는 것은 도둑질이다. 복음은 개인에게만 주신 것이 아니고 천하 만민에게 주신 것이다. 요한복음 3:16에서 이것을 분명하게 증거하고 있다. 선교 역사를 보면 다른 민족들을 위하여 생명을 바친 선교사들이 적지 않다. 아도니람 저드슨(Adoniram Judson)은 버마에 파견되어 선교하였는데, 7년 만에 신자 한 명을 얻을 정도로 어려운 상황이었으나 인내하고 견디면서 복음을 전하였다. 7년이 다 되어가도록 한 사람의 회심자도 생기지 않았을 때 미국 선교부에서는 버마 선교를 포기하려고 하였으나 저드슨은 낙심하지 않고 30년을 더 기다려달라고 요청하였다. 복음은 야만인에게나 문명인에게나, 잘난 사람에게나 못난 사람에게나 모두 동일하게 은혜로 주어진 선물인 것이다. 그러므로 복음을 전하는 자는 민족을 차별해서도 안 되며, 사람의 외모를 보고 차별해서도 안 된다. 복음을 전하는 자는 악한 사람들 가운데에도 아무 거리낌 없이 열린 마음으로 찾아들어 갈 수 있어야 한다.

3. 우리가 복음을 거저 받았으니 거저 줄 책임이 있다

예수님께서 말씀하시기를 "너희가 거저 받았으니 거저 주라"라고 하셨다. 복음의 은혜는 이렇게 사람들에게 거저 나누어주어야 할 선물이다. 이사야 55:1에 말하기를, "너희 모든 목마른 자들아 물로 나아오라 돈 없는 자도 오라 너희는 와서 사 먹되 돈 없이, 값없이 와서 포도주와 젖을 사라"라고 하였다.

복음은 멸망받을 사람에게 구원을 가져다주는 것이기 때문에 값으로 계산할 수 없는 가치를 지닌다. 인간은 그 값을 치를 능력이 없기 때문에 하나님께서는 그것을 거저 주신다. 그러므로 복음을 전하는 자는 자신도 거저 받았기 때문에 남들에게도 거저 전할 책임이 있다. 거저 받은 복음을 남들에게 거저 주지 않는 자는 배은망덕의 죄를 짓는 것이다. 물론 성경 말씀에도 "일꾼이 자기의 먹을 것 받는 것이 마땅함이라"라는 구절이 있기는 하지만 (마 10:10), 그 말씀은 전도자가 보수를 강요하라는 의미가 아니라, 그가 보수를 받게 되는 상황에는 받는 것이 정당하다는 의미다.

설교 믿음으로 믿음에 이름(17절)

"믿음으로 믿음에"라는 표현은 우리가 믿음으로만 구원을 받는다는 사실을 강조하고 있다. 믿음으로만 구원받는 이유는 무엇인가?

1. 모든 인간은 죄인이므로 하나님 앞에 설 수 없다.

인간이 죄인이라는 사실은 아무도 부인할 수 없다. 이 세상의 저명한 도덕가들도 자신이 죄인임을 자백하였다. 공자(孔子)는 말하기를, "나이 오십이 되어 사십구 세의 잘못을 깨닫는다."(伍十而知四十九年之非)라고 하였다. 하물며 하나님의 완전하신 율법 앞에서야 어느 누가 죄 없다고 할 수 있겠는가? 인간으로서 스스로 죄 없다고 주장하는 자는 ① 그같이 주장함으로써 한 가지 죄를 더 지은 것이며, ② 자기 자신의 마음속에 있는 죄가 얼마나 큰지를 깨닫지 못한 것이다. 마르틴 루터(Martin Luther)는 말하기를, "우리가 마음속에 있는 죄를 깨닫는다 해도 완전하게 깨닫지 못한다. 만일 우리가 마음속에 있는 죄를 완전히 깨달을 수 있다면 우리는 지옥을 느끼고 경험하게 될 터이니 그렇게 되면 살 수 없을 것이다. 우리가 우리 죄악을 그처럼 깊이 깨닫지 못하는 것 역시 하나님의 은혜다."라고 하였다. 우리는 자신의 죄를 깊이 깨닫지 못했을 뿐이지, 결코 죄가 없는 것이 아니다. 이런 죄인은 스스로 하나님 앞에 설 수 없으며, 따라서 구원받을 수도 없다. 죄인은 하나님의 선물인 그리스도의 의를 믿음으로 받아들임으로써만 구원을 얻을 수 있다.

2. 그는 신자가 된 후에라도 자신의 행실로는 구원받지 못한다

사람은 결신하는 순간에만 믿음이 필요한 것이 아니고 평생토록 믿음을 가지고 살아야만 구원을 얻는다. 우리는 회심한 후에도 우리의 행실이 구원을 얻기 위한 공로가 아니라는 사실을 매 순간 기억해야 한다. 설교자 매클

라렌(Maclaren)은 임종 시에 평생 동안 작성했던 원고를 모두 다 불태우면서 다음과 같이 말했다고 한다. "나는 나의 행실을 하나도 의지하지 않고 오직 그리스도의 공로만 의지하노라." 이 세상에서 우리가 선을 행한다 해도 그것은 불완전하고 허물 많은 선행이다. 그러므로 이사야는 "우리의 의는 다 더러운 옷 같으며"라고 하였다(사 64:6).

3. 그리스도께서만 우리의 구원 공로를 이루셨다

루터는 다음과 같이 말하였다. "신앙은 그리스도의 의를 자기의 것으로 믿으며 자기의 죄는 자기에게 돌리지 않고 그리스도에게 돌리게 됨을 믿는 것이다." 또한 바울은 "사망아 너의 승리가 어디 있느냐 사망아 네가 쏘는 것이 어디 있느냐 사망이 쏘는 것은 죄요 죄의 권능은 율법이라 우리 주 예수 그리스도로 말미암아 우리에게 승리를 주시는 하나님께 감사하노니"라고 하였다(고전 15:55-57).

4. 하나님께서 은혜로 우리를 구원하시니 우리는 다만 그를 믿을 뿐이다

우리의 과거를 돌아보면 우리가 참으로 위태한 자리에서 하나님의 은혜로 구원받아 나왔다는 사실을 깨달을 수 있다. 아우구스티누스(Augustine)는 말하기를, "만일 당신이 어떤 사람에게 '죽기를 선택하겠는가, 아니면 과거에 당한 어려운 일들을 다시 당하기를 선택하겠는가? 둘 가운데 하나를 택하라.'라고 요구한다면 그는 아마 죽기를 선택할 것이다. 왜냐하면 그는 과거에 너무나 어렵고 위태한 환경들을 헤쳐 나왔기 때문이다."라고 하였다. 우리는 과거의 모든 어려운 환경들 가운데서 오직 하나님의 은혜로 구원받아 나왔다. 하나님은 언제나 우리를 도우시기 위해 은혜를 베풀어주신다. 그러므로 우리는 주님만 믿고 의지해야 한다. 인간은 자기 힘으로는 이 세상의 환난과 죽음에서 구원받지 못한다.

설교 하나님의 진노(18-32절)

하나님은 범죄한 자들에 대하여 진노하신다. 이때 하나님의 진노는 혈기로 말미암은 노가 아니라 공의롭고 엄정한 진노다. 진노라는 단어가 로마서에 모두 열두 번 사용되었는데, 모든 용례가 하나님과 관계된 것이다. 하나님은 사람들의 죄에 대하여 진노하신다.[43] 물론 그의 진노보다 그의 사랑이 더 큰 것은 사실이다. 그러나 하나님의 진노를 생각하지 않고 그의 사랑에 대해서만 말하는 자는 그의 사랑의 가치를 제대로 깨닫지 못한 것이다. 우리를 향한 그의 진노가 어떠한 것이었는지를 기억할 때 그의 사랑이 얼마나 고마운 것인지 알 수 있다는 것이다. 그렇다면 하나님의 진노는 죄인들에게 실제로 어떻게 나타났는가?

1. 죄인들이 어두워짐(21-23절)

눈이 어두워져서 하나님을 보지 못하는 것은 큰 벌이다. 어떤 사람이 국법을 어긴 죄로 눈이 뽑히는 형벌을 받는다면, 우리는 눈이 어두워져 만물을 보지 못하게 된 그 사람을 불쌍히 여길 것이다. 만물을 보지 못하는 맹인도 불쌍히 여김을 받는데, 하물며 하나님을 보지 못하는 죄인은 얼마나 더 불쌍한 자이겠는가? 그것은 더 큰 형벌이다. 인간은 마음이 어두워져서 하나님을 보지 못하게 되었으니, 그것이 무엇보다도 큰 불행이다. 이처럼 인간은 심안이 어두워져 하나님을 모르게 된 것이다(21-22절).

2. 죄인들이 내버려짐(24-32절)

범죄한 인간들에 대한 하나님의 또 한 가지 진노는 그들이 죄를 짓도록

43) 출 34:14; 신 29:18-20; 나 1:2-8; 롬 12:19; 히 10:31; 겔 22:14.

내버려두신 것이다. 로마서 1장에는 하나님께서 그들을 "내버려 두"셨다는 말이 세 번 나온다(24, 26, 28절). 우리가 마귀로부터 버림을 받았다면 그것은 큰 행복이라고 할 수 있다. 그러나 우리가 하나님으로부터 버림을 받았다면 그것은 가장 큰 불행이라고 할 수밖에 없다. 하나님은 천지의 주재시며 복의 근원이시니, 그로부터 버림을 받은 자는 영원한 불행에 처하게 된다. 죄라는 것이 처음에는 사람에게 일시적인 기쁨을 미끼로 가져다준다. 그러나 결국에는 그에게 모든 슬픔과 불행을 가져온다.

설교 두 가지 죄악(18-32절)

본문에서 말하는 것처럼 하나님의 진노는 두 가지 죄악을 향하여 나타난다. 그 하나는 종교적 죄악이고 다른 하나는 도덕적 죄악이다.

1. 종교적 죄악

종교적 죄악이란 하나님을 섬기지 않고 우상을 섬기는 죄악을 뜻한다(19-23절). 하나님께서 인간을 지으신 목적은 그들로 하여금 하나님을 섬기게 하려는 것이었다.

그런데 우리가 하나님을 섬기는 방식은 보이는 형상으로 섬기는 것이 아니다. 왜냐하면 눈에 보이는 것은 피조물의 특성이지 창조주의 특성이 아니기 때문이다. 창조주 하나님을 피조물과 같이 여기는 것은 그를 모독하는 행위다. 눈에 보이는 형상을 섬기는 것은 모두 다 우상숭배다. 그것은 하나님께서 순수하게 영이신 사실, 곧 하나님의 신성을 농락하는 죄이며 그의 무한성을 무시하는 어리석은 잘못이다. 하나님의 말씀, 곧 성경을 믿지 않는 자는 누구나 우상숭배적인 사고를 가지고 있다. 흔히 세상 사람들은 하나님이 눈에 보이게 나타난다면 그를 믿겠다고 말한다. 하지만 그것은 하나님이 어떤 분이신지를 모르고 하는 말이며, 하나님을 우상처럼 대하는 망령된 태도다. 인도의 민족 운동 지도자로 유명한 마하트마 간디(Mahatma Gandhi)도 자기의 지혜로는 하나님을 발견할 수 없었다. 그는 영국에서 인도로 돌아오는 배 안에서 우상을 만들고 있었다고 한다. 우리는 하나님이 눈에 보이지 않는 하나님이신 줄 알고 믿어야 한다.

2. 도덕적 죄악

종교가 참모습을 잃어버릴 때 모든 도덕적 죄악이 나타나게 된다. 우상숭배자들은 하나님께 버림받은 자들이기 때문에 아무 거리낌 없이 도덕적인 죄를 범한다. 그들이 아무 거리낌 없이 죄를 범하는 것이 바로 그들이 받은 형벌이다. 죄를 범하는 것은 행복이 아니고 불행이다. 죄는 이 세상에서 사람을 비참하게 만들 뿐 아니라 다가오는 세상에서는 사람을 멸망시키는 역할을 한다. 이처럼 죄에 대한 형벌은 이 세상에서 끝나지 않는다. 마귀는 사람들을 부추겨서 죄를 짓게 만들고 나중에는 그렇게 지은 죄로 그들을 결박하여 망하게 만든다. 게다가 이처럼 무서운 죄는 작은 데서 시작하여 큰 데로 퍼져 나간다. 그것은 강과 같아서 가느다란 물줄기에서 시작하지만 나중에는 큰 바다를 이룬다. 우리가 모르고 지은 죄도 많지만 알고 지은 죄도 적지 않은데, 알고 지은 죄는 더욱더 위험한 것이다. 이렇게 우리는 알게 모르게 짓는 수많은 죄악의 위험에 포위되어 있다. 이것을 느끼지 못하는 자는 더 큰 위험에 처한 자다. 그러므로 우리는 먼저 죄악의 근원을 죽여야 한다. 죄악의 근원은 본문 21절에서 말하는 것처럼 하나님을 영화롭게 하지 않는 우리의 본성이다. 우리의 본성은 악한 것이니 그것을 죽여야 한다. 그것은 길들여지지 않는 것이기 때문에 죽여야만 한다. 우리의 본성은 악하여 죄를 좋아하고 죄를 불러들이는 것이다.

설교 하나님을 마음에 두지 않는 재앙(28-32절)

하나님을 마음에 두지 않는다는 것은 하나님 알기를 싫어한다는 의미다. 인간이 죄를 사랑하게 되었을 때 하나님을 싫어하게 되었다. 왜냐하면 죄와 하나님은 서로 반대이기 때문이다. 이것은 마치 놀기 좋아하는 사람이 일하기 싫어하는 것과 마찬가지다. 하나님 알기를 싫어하는 자는 여러 가지 무서운 죄에 빠진다.

1. 하나님을 마음에 두지 않는 자는 악독한 이기주의에 사로잡힌다

본문 29절에서 "모든 불의, 추악, 탐욕, 악의가 가득한 자"라고 하였는데 이것은 극도로 악한 이기주의적 태도다. 다시 말해 이 죄악들은 남에 대하여 불공정하고 자신의 욕심만 채우는 것이다. 이기주의는 사실상 자신을 유익하게 하는 것이 아니라 도리어 해롭게 한다. 그것은 마음에 불안을 가져온다. 마음의 평안은 내 뜻보다 먼저 하나님의 뜻을 만족시키고자 할 때 찾아오는 것이다. 예수님은 "온유한 자는 복이 있나니 그들이 땅을 기업으로 받을 것임이요"(마 5:5)라고 하셨다.

2. 하나님을 마음에 두지 않는 자는 남을 해치는 모든 악독을 표출한다

본문이 말하는 "시기, 살인, 분쟁, 사기, 악독"은 남을 해치는 악을 가리킨다. 시기하는 자는 남을 해치기 전에 먼저 자신의 뼈를 썩게 하고(잠 14:30), 살인자는 남을 죽이기 전에 자신의 영혼을 죽인다. 그뿐 아니라 분쟁하는 자는 질서를 바로잡지 못하고 도리어 더욱 어지럽게 하며, 속이는 자는 자신의 영혼을 먼저 속이며, 악독을 발하는 자는 자신의 영혼에게 먼저 독약을 먹인다.

3. 남을 해롭게 하는 말을 함

본문에서 "수군수군하는 자요 비방하는 자요"라고 하였는데, 이것은 혀로써 남에게 해를 끼치는 큰 죄악이다. ① 다른 사람에 대하여 마땅히 할 말이 있으면 대면하여 말하는 것이 사랑에서 비롯된 올바른 충고의 자세다. 그러나 수군수군하는 것은 남을 사랑하는 동기에서 난 것이 아닐 뿐 아니라 남에게 해를 끼치는 죄악이 된다. 우리는 다른 사람이 잘못을 범할 때 그를 미워할 필요가 없다. ② 우리가 남을 비평하게 되는 동기 가운데 하나는 그에게서 비판을 받고서 복수하는 마음을 품는 것이다. 그러나 그것은 잘못이다. 우리는 사람들의 입에서 칭찬이나 욕을 받는 일에 대하여 크게 마음을 쓸 필요가 없다. 우리의 인격이 그들의 말에 좌우되는 것이 아니기 때문이다.

4. 오만한 죄

본문에서 "하나님께서 미워하시는 자요 능욕하는 자요 교만한 자요 자랑하는 자"라고 하였는데, 이 말씀은 오만한 죄를 가리키는 것이다. 오만하다는 것은 ① 일개 사람으로서 자신과 동일한 타인을 업신여기는 것이니 어리석은 것이다. ② 하나님의 아들이 세상에 오셔서 사람을 구원하시기 위하여 죽기까지 낮아지셨는데도 불구하고 그 같은 사람을 업신여기는 자는 그처럼 귀한 사람의 가치를 가벼이 여기는 무지한 자다.

5. 배은망덕의 죄

본문 30-31절에서는 배은망덕의 죄를 지적하였다. 이 죄악은 무정한 태도로 표현된다. 기린이라는 동물은 벌레를 밟지 않는다고 한다. 그만큼 이 짐승은 성격이 온순하다고 한다. 짐승도 이처럼 본능에 따라서 애정을 나타낸다. 애정은 우주 만물 가운데 배어 있는 것인데, 인간으로서 애정이 결핍되어 있다면 그는 인간이라고 할 수도 없다. 배은망덕은 사랑에 대하여 감사로 반응하지 않을 뿐 아니라 도리어 사랑을 냉대하며 배척하는 것이니 극히 악독하고 무정한 심사다.

제 2 장

⚜ 내용분해

1. 남을 판단하는 유대인의 착각(1-5절)
2. 하나님의 심판 내용(6-16절)
3. 유대인의 우월감을 공격함(17-29절)

⚜ 개요

1. 사도 바울은 여기서 종교적으로 교만해져서 남들을 판단하는 자들을 책망한다(1-5절). 교만한 자들은 마음이 어두워져서 자기의 허물은 보지 못하고 언제나 남의 허물만 지적한다. 그 당시 유대인들 가운데서는 특히 지도자들이 이런 죄를 범했다. ①그들은 이처럼 남을 판단하면서도 자신들은 심판 받을 대상이 아니라고 생각했다. 이처럼 자신들은 판단 받을 대상이 아니라고 생각하는 것 자체가 가장 악독한 죄악이다. 바울은 사람들이 바로 그 죄악으로 인해 하나님께 심판을 받을 것이라고 경고한다(2절). ② 그들은 오

래 참으시는 하나님의 자비를 기회 삼아 도리어 죄악을 쌓았다(4-5절). 이 점에 대하여 루터는 다음과 같이 강해하였다. "악인들은 이렇게 어둡다. 그들은 가장 큰 유익을 가져다줄 하나님의 선물을 도리어 자신들의 파멸에 악용하고 만다. 반면에 경건한 사람들은 그들에게 임한 재앙마저도 가장 유익한 것으로 변할 수 있도록 선용한다. 하나님은 파괴시키신 후에 구원하시며 죽이신 후에 다시 살리신다."[44]

2. 사도 바울은 종교적으로 완악한 자들에게 하나님의 심판을 선언한다(6-16절). 하나님을 믿는다고 하면서도 마음이 완악해진 자들은 하나님의 심판 외에 다른 방법으로는 처리할 수가 없다. 기독교 신앙은 사람을 교정시키는 최후의 방편이며 또한 가장 완전한 방법이다. 그런데 사람이 소위 신앙인이 되어서도 마음이 여전히 완악하다면, 그에게 남은 것이라고는 하나님의 심판밖에 없다. 하나님의 심판은 두 가지 기준에 따라 행해진다.

1) 율법을 받은 자들은 율법에 따라 심판을 받는다(12절). 율법을 받은 자들은 그들이 율법을 들은 적이 있다는 이유만으로는 의롭다 함을 얻지 못한다. 유대인들은 율법을 듣는 것만으로 충분한 줄로 알았다(23절). 그러니 그들은 모두 멸망할 수밖에 없다. 사도 바울은 누구든지 율법 책에 기록된 대로 모든 것을 항상 행하지 않으면 저주 아래 있다고 선언하였다(갈 3:10).

2) 율법을 받지 못한 자들은 양심에 따라 심판을 받는다(14-15절). 율법에 대해 들어본 적도 없고 율법이 무엇인지 알지도 못하는 이방인들은 그들

---

44) Luther, *Vorlesung über den Römerbrief*, 1965, 54-55. "So gross ist die Verblendung im Sünder, dass er, was ihm zu seinem Besten geschenkt wird, zu seinem Verderben missbraucht. Und wiederum, so hell ist das Licht im gerechten und frommen Menschen, dass er was zu seinem Schaden dienen sollte, doch zu seinem Besten braucht. so weiss der Gottlose nicht, dass Gottes Güte ihn zur Busse leiten will, der Gerechte aber begreift, dass auch die göttliche strenge ihm das Heil wirkt. Denn er zerstösst und heilt, 'er tötet und macht wieder lebendig', 1 Sam. 2, 6."

의 양심에 따라 심판을 받는다는 것이다. 사람은 누구나 하나님이 주신 양심을 가지고 있다. 인류가 타락한 이후에도 사람에게는 형식적으로나마 양심이 남아 있어서 하나님의 말씀에 응답할 위치에 있다는 것이다. 그렇기 때문에 양심은 행위 문제에 있어서 자기 자신에게 명령할 권세를 가지고 있다. 본문에서는 인류가 본래 하나님으로부터 받은 양심에 대한 책임을 추궁하는 것이다. 인류는 타락한 후에 그 양심이 흐려진 사실에 대해서도 책임을 져야 한다. 이처럼 양심에 따른 심판에 있어서도 인류는 그리스도 밖에서는 구원받을 길이 없다. 양심에 대해서는 14-15절의 해석을 참조하라.

3. 바울은 유대인들이 가진 우월감을 책망한다(17-29절). 그 당시 유대인들은 종교적으로 스스로 의롭게 여기는 자들의 표본이었다. 스스로 의롭다 하는 자가 천국의 가장 큰 원수다. 그러므로 구원 문제에 있어서 우리는 무엇보다도 스스로를 의롭게 여기는 사상을 먼저 분쇄해야 한다. 루터는 그의 로마서 강해 첫머리에서 바로 말하기를, "사도의 이 서신에서 주된 요점은 인간 자신의 의와 지혜를 모두 분쇄시키는 데 있다."[45]라고 하였다.

⚜ 해석

1 **남을 판단하는 사람.** 여기서 "판단"한다는 것은 단순히 선악을 분별한다는 의미가 아니라 다른 사람을 가차 없이 정죄하는 것을 뜻한다. 형제의 눈 속에 있는 티를 보고 정죄하면서 자기 눈 속에 있는 들보는 무시하는 것이

---

45) *Vorlesung über den Römerbrief*, 9. "Die Summe dieses Briefes ist: zu zerstören,auszurotten und zu vernichten alle Weisheit und Gerechtigkeit des Fleisches."

바로 인간의 외식적인 태도다(마 7:1-5). 그 당시 유대인은 이방인을 가리켜 죄인이라 하고 자신들을 가리켜서는 의인이라고 생각하는 경향이 있었다.

2 **이런 일을 행하는 자에게 하나님의 심판이 진리대로 되는 줄 우리가 아노라.** 이것은 남을 판단하는 사람이 정죄를 면치 못하는 둘째 이유다. 첫째 이유는 앞절에서 말했던 것처럼 동일한 악을 행하고서도 남의 악행에 대해 정죄했기 때문이었다. 그것은 결국 자기 자신을 정죄하는 셈이 된다. 이어지는 두 번째 이유는 하나님의 심판이 진리대로 된다는 것이다. 남을 정죄하는 자는 이처럼 이중으로(자기 자신의 정죄와 하나님의 정죄) 정죄를 당하기 때문에 심판을 피할 수 없다.

"이런 일"은 1:18 이하에 기록된 모든 죄악을 가리킨다.

"하나님의 심판이 진리대로" 된다는 말은 하나님께서 공의대로 심판하신다는 뜻이다. 유대인들은 구약 시대에 하나님으로부터 은혜를 받았던 사실을 근거 삼아 오늘날에도 그들에게는 심판이 미치지 않을 줄로 알았다. 하지만 그들의 조상이 은혜를 입었다고 해서 그들이 심판 때에 특별한 대접을 받는 것은 아니다. 하나님께서는 은혜를 많이 베푸신 자들에게서 많은 것을 찾으신다(눅 12:48; 약 3:1). 크레다너스는 "하나님의 심판이 그 대상의 본질을 표적으로 삼는다."라고 하였다.

3 **이런 일을 행하는 자를 판단하고도 같은 일을 행하는 사람아, 네가 하나님의 심판을 피할 줄로 생각하느냐.** 여기서 "생각한다"라는 동사는 헬라어로 "로기조마이"(λογίζομαι)인데, "치부한다", 혹은 "여긴다"라는 뜻을 가진다. 그것은 다만 상상이 아니라 구체적인 각오를 가리키는 말이다. 하나님의 심판에 대하여 그처럼 굳어버린 양심을 가지게 된 것은 크나큰 불행이 아닐 수 없다. 그런 양심에는 하나님을 두려워하는 마음이 없다. 하나님의 심판에 대한 두려움이 없으니 그의 삶은 방종할 수밖에 없다. 우리가 신앙생활에서 안식을 누릴 수는 있으나 방종은 금물이다. 안식은 기쁨 가운데 모든 아름다운 덕을

산출하지만 방종은 모든 더러운 악행의 근원이 된다. 안식이라는 것은 사람이 회개와 신앙을 통하여 얻는 것이고, 회개와 신앙은 하나님을 두려워하는 마음에서 생겨나는 것이다.

4-5 혹 네가 하나님의 인자하심이 너를 인도하여 회개하게 하심을 알지 못하여 그의 인자하심과 용납하심과 길이 참으심이 풍성함을 멸시하느냐 다만 네 고집과 회개하지 아니한 마음을 따라 진노의 날 곧 하나님의 의로우신 심판이 나타나는 그 날에 임할 진노를 네게 쌓는도다. 하나님은 죄인들을 당장 멸망시키지 않으시고 그들이 회개하도록 오래 참으신다. 그런데 하나님이 인내하시는 동안에 도리어 죄를 범하는 자들이 있다. 사도 바울은 여기서 그런 자들을 염두에 두고 말한다. 그들은 은혜를 은혜로 받지 않고 도리어 악용한다. 이는 마치 반가운 비가 내릴 때 죽은 초목은 오히려 더욱 부패하는 것과 같다. 하나님의 은혜를 악용하는 죄는 더욱 크다. 그들이 그런 죄를 계속 범하게 되면 그들의 죄에 대한 대가가 쌓이고 쌓여서 마침내 심판 날에는 크나큰 벌이 그들에게 임하게 된다. 스타크(Starke)는 말하기를 "돼지가 도토리는 주워 먹으면서도 도토리나무가 귀한 줄을 모르는 것과 마찬가지로 불경건한 자들은 이 세상에서 하나님의 주신 자비를 누리면서도 그것을 베풀어주신 하나님에 대해서는 생각하지 않는다."라고 하였다.

6 그 행한 대로 보응하시되. 여기서 바울이 말하는 "행위"는 헬라어로 "에르가"(ἔργα)인데, 그것은 외면적으로 드러나는 것만 가리키는 것이 아니라 내면에 숨겨진, 눈에 보이지 않는 본질까지 포함하는 것이다.

여기서 문제가 되는 것은 이러한 표현이 "오직 믿음으로만 구원받는다"는 바울의 구원관과 충돌하는 것처럼 보인다는 사실이다. 이에 대한 설명은 다음과 같다.

1) 구원은 오직 믿음으로만 받는 것이지만, 행위는 믿음의 진실성 여부를 분별하는 증거가 되는 것이기 때문에, 신자도 심판 때에 믿음의 증거인 행위

에 따라서 심판을 받는다고 말할 수도 있는 것이다. 그뿐 아니라 심판 때에 신자의 선행을 따라서 상급을 주시는데, 그것 역시 일종의 심판 행위다. 그런데 하나님께서 선행을 따라 주시는 상급 역시 선행의 대가로 주어지는 것이 아니라 은혜의 원리에 따라 주어지는 것이다. 왜냐하면 신자의 선행은 그가 자신의 힘으로 행한 것이 아니고 하나님의 도우심으로 행해진 것이기 때문이다(Calvin, Bernard).

2) 그러나 이와 같이 해석하기보다는 차라리 이 구절을 다음과 같이 이해할 필요가 있다. 여기서 바울은 아직 은혜의 법칙을 염두에 두지 않고 있다. 은혜의 법칙은 3:21 이하에서 제시되는 것이고, 이 부분에서는 행위 문제와 율법의 본질에 대해 말한다는 것이다. 바울은 여기서 율법의 원칙에 따르면 사람은 자신이 행한 대로 갚음을 받는다는 진리를 말한 것뿐이다. 찰스 하지(Charles Hodge)는 말하기를, "바울은 여기서 율법의 원리를 설명하는 것이며, 복음의 본질에 대해 말하는 것이 아니다."라고 하였다.[46]

7 참고 선을 행하여. 여기서 "참는다"라는 말은 헬라어로 "휘포모넨"(ὑπομονήν)인데, 이것은 소극적으로 고난을 당하기만 하는 태도를 가리키는 것이 아니라 적극적으로 고난을 무릅쓰고 의를 행하는 것을 가리킨다. 인내는 모든 선을 이루는 힘이라고 할 수 있다. 선을 행하는 것은 쉬운 일이 아니며 다양한 시험과 역경을 통과해야만 성과를 볼 수 있는 것이기 때문에 인내가 절대적으로 필요하다. 그러므로 인내는 모든 선의 모체라고 할 수 있다.

영광과 존귀와 썩지 아니함을 구하는 자. "영광"은 헬라어로 "독사"(δόξα)인데, 이 단어는 ① 하나님의 존엄성을 가리키는 적도 있고(1:23; 6:4), 하나님의 이런 속성(존엄성)을 영화롭게 하는 것(경건한 생활)을 의미하기도 한다. 여기서 "영광 …을 구하는 자"라고 한 것은, 하나님을 알고 또 하나님을 영화롭게 하

---

46) Charles Hodge, *Commentary on The Epistle to The Romans.*

기 위하여 경건하게 삶을 말함이다(고전 6:20). "존귀"란 말은 헬라어로 "티메"(τιμή)인데, 이것은 귀한 것(롬 9:21; 12:10; 13:7), 혹은 보배(벧전 2:7)를 가리킨다.

그런데 "존귀를 구"한다 함은 무한히 존귀하신 하나님을 찾음이고, "썩지 아니함"은 잠깐 있다가 없어지는 이 세상 것이 아니고(고후 4:18), 천상적인 것, 곧 위에 있는 것(골 3:1-14; 엡 4:22-24)을 의미한다. ② 그러나 어떤 해설에는 이 말들이 다음과 같이 해석되었는데, 곧 "영광"은 내세에 성도가 받을 축복의 화려함을 가리키고, "존귀"는 그 축복의 값짐을 의미한다는 것이다. 내세의 영생과 축복은 참으로 이 세상의 그 무엇과도 비교할 수 없는 값진 것이다. 그러므로 순교자들은 그것을 얻기 위하여 이 세상의 생명을 분토와 같이 버렸던 것이다. "썩지 아니함"은 성도가 받을 내세의 축복이 쇠하지 않음을 가리킨다.

8 당을 지어 진리를 따르지 아니하고. 우리말 성경에서 "당"이라고 번역된 단어는 헬라어로 "에리테이아"(ἐριθεία)인데, 어원은 "에리토스"(ἐριθός = 고용된 사람)라는 단어다. 그렇다면 "당을 지어"라고 번역하기보다는 차라리 "고용된 처지에서 당파가 되어"라고 하는 것이 원문의 의미를 잘 드러낸다. 사람들이 하늘나라를 대적하여 세속적인 당파를 이루고 그것을 지지하는 이유는 그들이 세속주의가 제공하는 미끼에 매수되었기 때문이다. 그들은 이 세상에 매수되었기 때문에 세상에 대한 달콤한 꿈에서 깨어날 생각이 조금도 없으며, 설령 피안의 세계(하늘나라)가 진정한 나라인 줄 안다 해도 세속주의자로 살아가기를 선택한다. 그것이 바로 진리를 거역하는 행동이다. 그러나 진리를 위하여 성령으로 하나 되어 단결하는 일은 그 모임이 크든지 작든지 간에 당을 짓는 일이 아니다.

제2차 에베소 공의회는 디오스코로스(Dioscorus)라는 악당이 주재한 것인데, 그는 파당을 만들기를 좋아하는 자였으며 공의회를 부추겨서 경건한 플라비아누스(Flavianus)를 축출하는 한편 유티케스(Eutyches) 이단을 포용하였다.

칼빈은 말하기를, “이 공의회는 성령께서 주장하신 것이 아니었다. 나는 그것이 정통 교회의 모임이 아니라고 생각한다.”라고 하였다.[47)]

교회 역사에서 교황 그레고리오 11세(Gregory XI)가 선종한 후에(AD 1387) 교황권 쟁탈전이 일어나서 교황 우르바노 6세(Urban VI)는 로마에서, 클레멘스 7세(Clement VII)는 프랑스 아비뇽에서 각각 교도권을 주장하며 거의 30년을 분립하였다. 이것은 순전히 권력을 차지하기 위한 당쟁이었다.

불의를 따르는 자. 복음의 진리를 따르지 않고 행한 일은 다만 불의(곧 모든 죄악)일 뿐이다.

진노와 분노. “진노”는 외적으로 표현되고 실현된 마음속의 노기를 의미하며, “분노”는 아직 밖으로 드러나지 않은 것을 가리킨다. 스토아학파에서도 분노는 진노의 근원(ὀργη ἀρχομένη)이라고 하였다. 하나님께서는 노와 분을 함부로 발하지 않으시며, 오직 하나님을 거슬러서 세속주의와 결탁하고(8상) 진리를 끝까지 거역하는 자들에게만 발하신다. 이사야 45:9-10에 말하기를, “질그릇 조각 중 한 조각 같은 자가 자기를 지으신 이와 더불어 다툴진대 화 있을진저 진흙이 토기장이에게 너는 무엇을 만드느냐 또는 네가 만든 것이 그는 손이 없다 말할 수 있겠느냐 아버지에게는 무엇을 낳았소 하고 묻고 어머니에게는 무엇을 낳으려고 해산의 수고를 하였소 하고 묻는 자는 화 있을진저”라고 하였다(참조. 히 10:26-31).

9 악을 행하는 각 사람의 영에는. 이것은 앞절에 나온 “진리를 따르지 아니하고 불의를 따르는 자”라는 표현과 동일한 내용을 전달한다. “영”이라는 말은 외모가 아니라 본질로서의 인간을 가리키는데, 다시 말해 혈통적 구분이나

---

47) Calvin, *Institutes of Christian Religion*, Book Ⅳ. Chap. 9,13.

지위상의 차별을 초월한 인간 본성을 의미한다. 심판이라는 주제를 다루는 이 구절에서 사람을 가리켜 "영"이라고 부르는 이유는 유대인이나 헬라인이나 모두 동일한 본성을 가진 인간으로서 함께 심판 아래 있다는 사실을 보여주기 위함이다.

환난과 곤고. "환난"이란 말은 헬라어로 "틀립시스"(θλῖψις)인데 문자적으로는 내리누르는 것(Pressing down)을 의미한다. 일단 하나님의 징벌이 임하면 아무도 그것을 피할 길이 없다. 그것은 마치 하늘에서 내리누르는 것처럼 임한다. "곤고"는 수고를 의미하는데, 하나님의 징벌이 가져다주는 결과가 수고스러운 삶으로 나타난다는 것은 피할 수 없는 사실이다.

먼저는 유대인에게요. 유대인은 복음을 가장 먼저 받을 위치에 있었는데(참조. 1:16 해석), 그것은 어떤 의미에서 특별한 은총이었다. 그런 의미에서 그들은 심판도 가장 먼저 받는 것이 마땅하다. 누가복음 12:48에 말하기를, "알지 못하고 맞을 일을 행한 종은 적게 맞으리라 무릇 많이 받은 자에게는 많이 요구할 것이요 많이 맡은 자에게는 많이 달라 할 것이니라"라고 하였는데, 이것은 공의의 심판이다.

10-11 선을 행하는 각 사람. 여기서 "선"은 율법에 따른 선을 의미한다.

영광과 존귀와 평강. "영광"과 "존귀"는 영생의 속성이며(참조. 7절 해석), "평강"도 그러하다. **먼저는 유대인에게요 그리고 헬라인에게라.** 이 구절에 대하여는 9절 해석을 참조하라.

외모로 사람을 취하지 아니하심이라(참조. 신 10:17; 엡 6:9; 골 3:25; 약 2:9; 행 10:34). 하나님은 빈부귀천 같은 외형적 조건에 따라 사람을 불공평하게 대우하거나 심판하지 않으시고 편견을 갖지도 않으신다는 뜻이다. 하나님께서는 유대인이나 헬라인이나 차별하지 아니하시고 각 사람의 행위대로 심판하신다(참조. 롬 2:6-10). 하나님께서 사랑하셨던 모세조차도 단 한 번 범죄한 일로 인해 약속의 땅인 가나안에 들어가지 못했다. 그리고 다윗 왕도 하나님 앞에서 선을 많이 행했지만 우리아의 아내를 빼앗은 범죄로 인해 많은 징벌을 받았다. 성경에는 이런 일에 대한 증거가 적지 않다.

12절. 이 구절 이하에서는 모든 사람이 율법의 소유 여부와 무관하게 공정한 심판을 받는다는 사실을 지적한다.

율법 없이 범죄한 자. 이 말은 양심의 법을 어긴 자를 가리킨다.

"범죄한"이라는 말은 헬라어로 "헤마르톤"(ἥμαρτον)인데, 동사의 시제는 세상 끝날 행해질 심판의 관점에서 과거의 사건을 회고하고 있음을 보여준다. 여기 사용된 동사는 확실히 끝날 심판을 연상시킨다.

망하고. 여기 사용된 헬라어 "아폴뤼미"(ἀπόλλυμι)는 존재의 멸절을 가리키는 것이 아니라 하나님과의 복된 관계에서 단절된 불행한 상태를 가리킨다. 마태복음 10:28에도 "지옥에 멸하신다"라는 말이 나오는데, 그것은 회개하지 않은 죄인이 내세에 불행한 결말을 맞을 것을 가리킨다.

율법으로 말미암아 심판을 받으리라. 이것은 율법 때문에 심판을 받는다는 뜻이 아니라 율법의 기준에 따라 심판을 받는다는 것이다.

"심판을 받으리라"라는 표현은 헬라어로 "크리테손타이"(κριθήσονται)로 미래 시제가 사용되었다. 이것은 일반적이고 섭리적인 심판을 가리키는 것이 아니라 최후 심판을 가리킨다. 이 말씀을 보더라도 인간의 영혼이 멸절되지 않음을 알 수 있다. 그 이유는 다음과 같다. 본문에서 심판을 받는다는 말은 어느 한 시대 사람만 심판을 받는다는 것이 아니라 모든 시대 사람들이 받는다는 것이다. 살아 있는 사람이나 죽은 사람을 구별하지 않고 모두가 최후 심판에 참여한다. 따라서 우리는 이 말씀을 통해 죽은 자들도 소멸된 것이 아니라 그 인격이 영원히 존속한다는 것을 알 수 있다.

13 하나님 앞에서는 율법을 듣는 자가 의인이 아니요 오직 율법을 행하는 자라야 의롭다 하심을 얻으리니. 이 구절은 인간이 자신의 힘으로 구원받을 수 있다고 주장하는 것이 아니다. 이 말씀은 다만 율법으로 말미암아 의를 얻을 수 있다고

가정할 때 율법이 사람에게 요구하는 표준이 무엇인지에 대해 말하는 것뿐이다. 은혜와 믿음으로 구원을 받는 도리에 대해서는 3:21 이하에서 별도로 가르친다.

"하나님 앞에서는." 이것은 심판이 사람의 표준에 따라 시행되지 않고 하나님의 표준대로 시행됨을 말한다.

"율법을 듣는 자가 의인이 아니요." 여기서 듣는 자는 율법을 한 번 들은 자를 뜻하는 것이 아니라 상습적으로 반복해서 듣고 있는 자를 말한다. 율법을 듣기만 하고 그 말씀대로 순종하지 않는 잘못을 상습적으로 저지르는 자들이 하나님을 믿는다고 하는 종교인들 가운데 상당히 많다. 예를 들어 구약 시대(특히 선지자들의 시대) 유대인들이 그러했고, 예수님과 사도들의 시대에 살았던 유대인들 역시 그러했다.

율법을 듣는 일은 행동하기 위한 예비 단계다. 누구든지 듣기는 하면서도 행동하지 않으면, 도리어 그가 들은 것에 대해 행위를 빚지게 되는 셈이다. ① 그러므로 누가복음 12:48에 말하기를, "무릇 많이 받은 자에게는 많이 요구할 것이요 많이 맡은 자에게는 많이 달라 할 것이니라"라고 하였다. 히브리서 2:1에서는 "그러므로 우리는 들은 것에 더욱 유념함으로 우리가 흘러 떠내려가지 않도록 함이 마땅하니라"라고 하였다. ② 듣기만 하는 자는 자신을 속임으로써 스스로에게 해를 끼치게 된다. 야고보서 1:22에 말하기를, "너희는 말씀을 행하는 자가 되고 듣기만 하여 자신을 속이는 자가 되지 말라"라고 하였다. 사람들은 흔히 도를 듣기만 하는 것으로 안심하지만, 그것은 거짓된 위안이다. ③ 도를 듣고 그것을 실행에 옮기는 자는 기쁨과 즐거움을 얻지만, 듣기만 하고 실행하지 않는 자에게는 그가 들은 바가 오히려 짐이 되어 기쁨이 없다.

"율법을 행하는 자라야 의롭다 하심을 얻으리니." 여기서 이른바 "율법을 행하는 자"(ποιηταὶ νόμου)라는 말도 율법을 어쩌다 한 번 지키는 것을 염두에 둔 것이 아니라 습관적으로 항상 지키는 것을 가리킨다. 인간으로서는 율법을 항상 행하는 것이 불가능하다(갈 3:10). 그러나 사람이 하나님 앞에서 의롭다는 판단을 받기 위해서는 그렇게까지 행하여야 한다.

"의롭다 하심을 얻으리니." 이것은 헬라어로 "디카이오테손타이"(δικαιωθήσονται)인데, 여기서 미래 시제로 표현된 이유는 세상 끝날 심판 때에 의롭다 하심을 얻는 일을 가리키기 위해서다.

14-15 본성. 이것은 헬라어로 "퓌세이"(φύσει)인데, 훈련이나 경험을 통하여 얻어진 것이 아니라 태어날 때부터 타고난 본성을 말한다. 또한 이것은 뒤에 나오는 "양심"을 가리키기도 한다.

그 양심이 증거가 되어. "양심"이라는 말은 헬라어로 "쉰에이데시스"(συνείδησις)인데, "함께 안다"는 뜻이다. 양심이 하나님의 음성 자체는 아니다. 그러면 양심은 무엇인가? 하나님의 형상으로 지음받은 인생은 하나님 앞에 서서 하나님의 말씀에 응답하여 순종하고자 하는 마음을 갖는데, 그것이 바로 양심이다. 양심은 본능적으로 작용하는 것으로서 우리의 의지와 사상에 반대되기도 한다. 의지가 양심에 순종하지 않을 때 양심은 약해지고 마침내 소멸하고 만다. 성령은 우리의 양심을 통하여 우리의 죄를 책망하시고 우리에게 믿음을 주신다(요 16:8). 만일 신자가 죄를 범하여 양심이 약해지면 그의 믿음이 상처를 입는다. 디모데전서 1:19에 말하기를 "믿음과 착한 양심을 가지라 어떤 이들은 이 양심을 버렸고 그 믿음에 관하여는 파선하였느니라"라고 하였다. 양심은 인간이 타락한 후에 여러 모양이 되었다. 예컨대 ① 더러워진 양심(고전 8:7; 딛 1:15)은 불신자의 양심이고, ② 화인 맞은 양심(딤전 4:2)은 타락한 신자의 뻔뻔스러운 양심이고, ③ 선한 양심과 깨끗한 양심(딤전 1:19; 3:9)은 진실한 신자의 양심이다.

그렇다면 여기서 바울은 이방인들이 양심에 따라 선을 행함으로 구원받을 수 있다고 주장하는 것인가? 그렇지 않다. 그들이 양심의 증거를 받고도

의를 행하지 못하였으니 핑계할 수 없다고 선언할 뿐이다. 어떤 사람들은 이 구절을 오해하여 복음을 받지 못한 사람들도 구원 얻을 가능성이 있다고 주장한다. 그러나 실상 이 구절은 그런 의미가 아니다. 이 말씀은 양심의 증거대로 행하지 못한 자들이 멸망할 것을 가르친다. 사람은 자기 양심을 어기는 외적 행동에 대해서만 책임이 있는 것이 아니고, 양심 자체의 부패성에 대해서도 책임을 져야만 한다. 따라서 모든 사람은 은혜로 말미암는 구원이 아니고서는 정죄밖에 받을 것이 없다. 율법이 없는 이방인이 매사에 양심에 따라 살아갈 수 없는 것은, 마치 율법을 소유한 유대인이 매사에 율법에 순종하면서 살아갈 수 없는 것과 마찬가지다. 그러므로 이 구절은 특별계시 바깥에 있는 사람들의 구원 가능성에 대해 말하지 않는다. 사도행전 17:30에 말하기를, "알지 못하던 시대에는 하나님이 간과하셨거니와 이제는 어디든지 사람에게 다 명하사 회개하라 하셨으니"라고 하였다. 이 말씀을 근거로 특별계시 바깥에 있는 사람들의 구원 가능성을 논하는 자들도 있다. 그러나 여기서 간과하셨다는 말은 "내버려 두셨다"는 의미니, 곧 그들이 죄를 범하는 대로 방치하시고 그들에게 회개를 선포하지 않으셨다는 뜻이다.

서로. 이 말은 헬라어로 "메타크쉬 알렐론"(μεταξὺ ἀλλήλων)인데, 문자적으로는 "서로서로 생각에"라고 번역할 수 있다. 이것은 어떤 관념이나 행동에 대하여 어떤 생각이 촉발되는 현상을 말한다. 다시 말해 어떤 생각이나 행동에 대하여 비판하는 심리를 가리킨다.

16절. 이 구절은 문맥상 앞절 말씀과 잘 조화되지 않는다. 앞절에서는 불신자의 양심이 평상시에 언제든지 행위의 법칙이 된다고 말씀하는데, 본 절에서는 이 세상 끝날에 심판이 있을 것을 가리킨다. 그러므로 이 두 구절은 서로 직접적인 연관성이 없다. 이 구절은 문맥상 앞절에서 이어지는 것이 아니라 12절의 사상으로 돌아가서 그에 대해 결론을 내리는 것이다. 그러므로 13-15절은 괄호로 묶어야 할 문단으로 간주한다.

17 율법을 의지하며 하나님을 자랑하며. 유대인들은 율법을 하나님으로부터 직접 받았다. 그것은 그들이 하나님과 특별한 관계에 놓여 있다는 증표다. 그러므로 그들은 자신들이 그처럼 하나님과 특별한 관계를 누리고 있다고 자랑한 것이다. 그러나 그들의 "자랑"은 다른 사람들에 대한 우월감의 표현일 뿐이며 교만한 태도다. 신자는 두 가지 형식으로 자랑할 수 있다. 하나는 "자기에게만 있는 자랑"(갈 6:4)인데, 이것은 교만이 아니라 그가 받은 은혜를 영광으로 여기고 감사하는 것이며, 다른 하나는 주 안에서 자랑하는 것이다(고전 1:31). 주 안에서 자랑하는 것은 유대인들이 우월감을 가지고 하나님을 자랑하는 것과는 다르다. 주 안에서 자랑하는 것은 사실상 자기 자랑이 아니라 자기를 낮추고 주 예수를 높이는 것이다.

18 율법의 교훈을 받아 하나님의 뜻을 알고. "율법의"라고 번역된 헬라어(ἐκ τοῦ νόμου)는 "율법에서"로 고쳐야 한다. 누가 하나님의 말씀에 능통한 자가 될 수 있을까? 우리가 하나님의 말씀을 부분적으로 알지만 전부 다 알 수는 없으며, 또 안다고 해도 모두 순종할 수 있는 것은 아니다. 그렇기 때문에 우리는 아는 가운데도 겸손해야 한다. 그러나 유대인들은 자기들이 율법을 다 알기라도 하는 것처럼 교만하였다.

19-20 맹인의 길을 인도하는 자요 어둠에 있는 자의 빛이요 율법에 있는 지식과 진리의 모본을 가진 자로서 어리석은 자의 교사요. 다른 사람을 인도할 자격이 있는 자는 스스로 "맹인의 길을 인도하는 자"로 자처하는 자가 아니다. 스스로 "나는 맹인이라"고 인정하는 자가 오히려 인도자의 자격을 갖춘 자다. 스스로 맹인이라고 인정하는 자는 자기가 보지 못하는 세계를 하나님의 말씀에 의지하여 믿는 동시에 그것을 다른 이에게 가르칠 수 있다. 그러나 유대인들은 스스로를 진리를 아는 지도자로 자처하였다(요 9:39-41).

21 다른 사람을 가르치는 네가 네 자신은 가르치지 아니하느냐. 이런 사람의 교훈은 남을 불쌍히 여기는 동기에서 비롯된 것이 아니고 다른 사람을 업신여기

는 마음에서 나는 것이다. 그런 교훈은 가르침을 받는 자에게 감화를 주지 못하고 도리어 반감을 일으킨다. 그뿐 아니라 그런 교육자는 자기 허물을 감추고 스스로 의인인 척 외식하는 자다. 그런 교육자는 하나님 앞에 받을 형벌이 크다(약 3:1).

도둑질하지 말라 선포하는 네가 도둑질하느냐. "도둑질"한다는 것은 불의한 방법으로 이익을 취하는 것인데, 재물의 이익, 명예의 이익, 권력의 이익 등이다. 스승 된 자들 중에는 재물을 탐하는 자들도 없지 않지만, 특히 명예와 권세를 도둑질하는 자들이 많다. 도둑질하는 방식에는 두 가지가 있다. 하나는 절도인데, 그것은 남이 모르게 도둑질하거나 자신도 모르게 도둑질하는 것이다. 자신도 모르게 한다는 것은 양심이 어두워져서 그러한 행위가 불의한 줄도 모르고 하는 경우를 가리킨다. 도둑질하는 또 하나의 방식은 강도인데, 그것은 남이 알게 강탈하는 행위를 가리킨다. 게다가 사람에게서만 도둑질하는 것이 아니라 하나님의 것을 도둑질하는 경우도 있는데, 하나님께 마땅히 드려야 할 것을 드리지 않는 것이 곧 도둑질이다. 사람의 물건을 훔치고서는 부끄러운 줄 알면서도 정작 하나님의 것을 도둑질하고서는 부끄러운 줄도 모르는 사람이 많다.

22 간음하지 말라 말하는 네가 간음하느냐. 말과 행동이 서로 어긋나는 것은 거짓말쟁이의 처사다. 사람들은 겉과 속이 다른 그런 사람의 말을 귀 기울여 듣지 않을 뿐 아니라 그가 하는 올바른 교훈까지도 헛된 말로 여긴다. 그러므로 진리를 교훈하는 자는 반드시 그 진리를 몸소 행하는 자여야 한다.

우상을 가증히 여기는 네가. 이어지는 말씀을 읽어 보면 그들이 우상을 배척한 것은 하나님을 사랑하는 동기에서 우러나온 행동이 아니라 사람에게 보이려고 경건의 모양을 갖추기 위한 행동이었다. 그렇다면 그들은 하나님을 위하는 자들이 아니고 자기 자신만을 위하는 종교 사업자에 지나지 않는다.

신전 물건을 도둑질하느냐. 이 말씀은 여러 방향으로 해석된다. ① 하나님의 성전을 더럽히는 행위를 가리켜 말한 것이라고도 하고(마 21:13), ② 하나님께 마땅히 드릴 바를 드리지 않는 것을 가리켜 말한 것이라고도 하며(말 3:8), ③ 회당의 공금을 횡령한 것을 가리켜 말한 것이라고도 한다. ④ 그러나 이교 신당의 물건을 도둑질하는 것을 가리킨다고 함이 가장 옳은 해석이다. 신당 물건을 도둑질하는 일은 예로부터 강력하게 금기시되고 있다.[48)]

23-24 율법을 자랑하는 네가 율법을 범함으로 하나님을 욕되게 하느냐. 유대인들은 자신들이 율법을 하나님으로부터 받았으며 그 율법을 가지고 하나님을 공경한다고 주장한다. 그러나 그들은 율법을 범하면서 그 같은 주장을 펼치고 있으니, 이는 하나님께 욕을 돌리는 것이다. 하나님의 이름을 빙자해서 죄를 범할 때 하나님의 이름은 모욕을 받는다. 하나님을 전혀 모른다고 말하는 자들보다 오히려 하나님을 안다고 하면서 외식하는 자들로 인해 하나님은 더 큰 모욕을 당하신다.

하나님의 이름이 너희 때문에 이방인 중에서 모독을 받는도다. 이 구절 말씀은 이사야 52:5을 인용한 것이다. 유대인들이 여호와 하나님을 공경하노라고 하면서 하나님의 율법대로 행하지 않을 때 이방인들이 하나님을 욕하게 된다. 이런 경우에 이방인들의 죄도 물론 크지만 유대인들의 죄는 더욱 크다 할 수 있다. 하나님의 이름 아래 거하는 자들은 하나님께 영광이 돌아가도록 죽기까지 충성해야 한다.

25 할례. "할례"는 구약 시대에 사내아이가 태어난 지 8일 만에 행하는 것이었는데, 이것은 사람이 출생하는 순간부터 죄악 가운데 있음을 가리키기도 한다. 이 예식은 그 자체로 하나님의 백성이 되는 자격 요건을 충족시키는 것이 아니다. 이것은 다만 외형적인 의식일 뿐이며 하나님의 백성이 된 자는 영적으로나 윤리적으로 불결한 것을 멀리해야 한다. 따라서 할례는 하나

---

48) 신 7:25; 행 19:37; 참조. 마카베오하 4:42; 요세푸스, 『유대고대사』 4:10.

님의 백성이 거듭나야 함을 보여주는 의식이라 할 수 있다.[49]

그 당시 유대인들은 자신들이 할례를 받았다는 사실로 인해 구원을 얻을 줄로 생각했다. 랍비 메나헴(Rabbi Menachem)은 "우리의 랍비들이 가르치기를, 할례 받은 자들은 지옥에 가지 않는다고 하였다."라고 하였다.[50] 그러므로 바울은 이런 그릇된 사상을 반박한 것이다.

네가 율법을 행하면 할례가 유익하나. 할례 받음은 하나님이 택하신 백성이 되었다는 표식이다. 할례를 받은 자가 율법을 잘 지키면 그는 그 표식과 일치하게 하나님의 백성이 되었음이 증명된다.

26-27 그런즉 무할례자가 율법의 규례를 지키면 그 무할례를 할례와 같이 여길 것이 아니냐. 이 말씀은 실제를 제일로 여기는 교훈이다. 사람은 명목이 좋으면 그것만으로 만족하는 악한 근성이 있다. 유대인들은 할례자에게 요구되는 순종의 삶을 살지 않으면서도 "할례자"라는 이름만 가지고 있으면 족한 줄로 알았는데, 바울은 그런 그릇된 생각을 책망한다. 그와 마찬가지로 오늘날 기독교 사역자들 가운데는 정통주의 신앙을 고수하지도 않으면서 정통주의 교단의 목사라는 이름을 유지하고자 힘쓰는 자들이 있다. 정통주의 목사라면 정통이 무엇인지 확신 있게 알고 그대로 실천해야 하며, 또 그들이 가진 정통주의 신앙을 남들에게 전하지 않으면 "나에게 화가 있으리라"는 불타는 열정을 가지고 있어야 한다. 오늘날은 명목만 가진 신자가 필요한 것이 아니라 실제로 정통 복음을 효과적으로 전하는 자가 필요하다. 기독교에 적대적인 공산주의는 그들의 사상을 선전하는 일에 최대한의 노력을 기울이고 있다. 모스크바에서는 1965년에 세계 68개국을 향하여 공산 사상을 선전하는 책자를 발간하기 위해 8억 달러의 거액 예산을 책정했다고 한다. 우리는 지금

---

49) Vos, *Biblical Theology*, 105. 참조, 신 10:16; 30:6; 렘 4:4; 6:10; 9:25; 겔 44:7.

50) *Commentary on The Books Moses*, fol. 43, col. 3.

무엇을 하고 있는가?

너를 정죄하지 아니하겠느냐. 이것은 "너를 판단하리라"라고 고쳐야 한다. 특히 크레다너스(Greijdanus)는 이 구절에 부정(否定)의 의미가 없음을 올바로 지적하였다.[51)]

28 표면적 유대인이 유대인이 아니요. 우리는 가시적인 교회의 회원이 되었다는 사실만으로 우리가 반드시 하나님의 은혜를 받은 자라고 보장하지 못한다. 이름으로만 하나님의 백성이라고 주장하는 것은 그 자신에게도 해롭고 그의 이웃 사람에게도 해로운 것이다(22-24절). 종교와 종교적인 봉사는 마음으로부터 우러나와야만 하나님께 기쁨이 된다. 그리스도인들은 그들 자신이 예수 그리스도의 편지라는 사실을 기억해야 한다. 다시 말해 그들은 많은 사람이 그들의 모습을 통해 하나님을 발견할 수 있는 거룩한 사람이 되어야 한다.

29 그 칭찬이 사람에게서가 아니요 다만 하나님에게서니라. 육신적이고 외면적인 생활을 중시하는 자들은 사람들의 인정과 칭찬을 사모한다. 그러나 신령한 자들은 하나님의 인정과 칭찬을 구한다. 그는 마음의 할례, 다시 말해 심령이 거듭나는 일을 귀중하게 생각한다.

평주

네가 핑계하지 못할 것(1절). 이 말씀에 대하여 바르트(K. Barth)는 다음과 같이 말하였다. "알 수 없는 하나님을 모르는 자들은 자기 자신들을 직시할 기회나 가능성을 가지지 못한다. 하나님을 아는 자들도 그러하다. 그 이유는

---

51) Greijdanus, *Romeinen*, 1, 157.

그들도 사람이고 시공간 세계에 속하였기 때문이다."라고 하였다.[52)]

이것은 바르트가 종교 윤리와 시공간 세계를 혼동함으로써 범한 착오다. 바울은 남을 정죄하는 자가 "핑계하지 못한다"고 말할 때 종교 윤리적 관점에서 남을 정죄하는 그 자신도 죄인이기 때문에 핑계하지 못한다는 뜻이었지, 그가 시공간 세계의 실존이기 때문에 핑계하지 못한다는 의미는 아니었다. 루터는 이 구절을 종교 윤리적 관점에서 바로 이해하여 다음과 같이 말하였다. "이 결점(남을 정죄하고도 핑계하는 것)은 그리스도 밖에 있는 모든 사람의 공통점이다. 의인은 그 입과 행실과 마음으로 자기 자신의 허물을 책망하는 반면에, 불의한 사람은 적어도 마음으로 언제나 이웃 사람의 허물을 책망한다."[53)]

판단하는 네가 같은 일을 행함이니라(1절). 이 말씀에 대해서도 바르트는 또다시 본문이 실제로 의도하지 않는 의미를 도출해낸다. 그는 다음과 같이 말하였다. "구원 역사는 수많은 사건 중 하나가 아니다. 그것은 모든 역사에 대한 위기다. 죄인들의 무리 중에 성자는 없다. 사람들이 성자라고 주장하는 자들은 실제로 성자가 아니다. 소위 성자들의 고발도 남을 도우려는 여유에서 나는 것이 아니고, 그들 자신의 불가피한 처지에서 나온 것이다. 그것은 바울이나 선지자나 천국의 사도들이나 예레미야나 루터나 키에르케고르나 블룸하르트에게 있어서도 마찬가지다. 사랑이나 천진난만함이나 순전함에 있어서 예수보다 뛰어나다고 하는 프란체스코도 그렇고, 탁월하게 성스러운 톨스토

---

52) K. Barth, *Römerbrief*, 31. "Kein Grund und keine Möglichkeit, sich aufzunehmen, weder für die Nicht-Wisser des unbekannten Gottes (1:18f) - noch für die Wissenden! Auch die Wissenden gehören der Zeit an, auch sie sind Menschen."

53) Luther, *Vorlesung über den Römerbrief*, 49.

이도 그렇다."[54] 바르트는 여기서 또다시 변증법적 사색을 도입한다. 그는 역사의 모든 시대를 통틀어 거룩한 것이 전혀 없다고 하였는데, 그것은 하나님께서 선하게 창조하신 시공간적인 실존 자체가 악하다는 그릇된 학설이 아닌가? 하나님께서 자신이 지으신 것을 거룩하게 하시고자 계획하신다면 못하실 리가 있겠는가? 시공간 세계의 특정 대상이 완전히 거룩하다고 할 수는 없겠지만 특정 부분이나 특정 방면이 거룩할 수는 있다.

그리고 앞에서 바르트가 말하기를 성자 프란체스코가 "사랑"에 있어서 예수님보다 우월하다고 하였는데, 그가 프란체스코의 사랑을 조롱하는 의미에서 한 말이라면 모르지만, 그렇지 않다면 그는 예수님을 오해한 것이다. 바르트가 이처럼 정상적이지 않은 사고방식을 가진 이유는 그가 성경보다 실존 철학의 사색을 더욱 의존하고 거기에 몰두해 있기 때문이다. 실존 철학 사색은 무엇인가? 그것은 ① 원형적 실존을 파악하는 체계적 사색은 불가능하며, 따라서 소위 원형적 실존에 대한 이해라는 것은 보편적이지 않은 개별적인 이해일 뿐이라는 사색이며, ② 원형적 실존에 대한 이해가 사람들에 따라 다를지라도 그 차이가 문제되지 않는다는 사색이다. 이런 사고방식은 성경적이지 않다. 성경에 의하면 계시를 통한 진리 지식은 단순한 의미의 깨달음에 불과한 것이 아니다. 그것은 부분적이지만 참된 지식이다.

판단하고도 같은 일을 행하는 사람(3절). 이 책망의 말씀은 신자라는 명색을 지니고 있으면서도 중심이 바르지 못하여 다른 사람들이 자기보다 못한 줄로 아는 자들을 가리켜 말한 것이다. 믿음이 신실하고 다른 사람에 대하여 겸

---

54) *Römerbrief*, 32. "Es gibt keine besondere Gottesgeschichte als Partikel, als Quantität in der allgemeinen Geschichte.…Die sog. „Heilsgeschichte " aber ist nur die fortlaufende Krisis aller Geschicht, nicht eine Geschichte in oder neben der Geschichte. Es gibt keine Heiligen unter Unheiligen.…Innerweltlich ist diese Anklage, aus der not kommt sie, nicht aus der Hilfe,…Gilt auch von Paulus, dem Propheten und Apostel des Gottesreiches! Gilt von Jeremia wie von Luther wie von Kierkegaard wie von Blumhardt! Gilt auch vom hl. Franziskus, der an. „Liebe ", Kindlichkeit und Srenge Jesus weit übertrifft."

손한 참신자들은 이러한 책망의 대상이 아닐 것이다. 그러나 바르트는 일체의 분별을 거부하고 이 책망 아래 일체의 모든 인생을 몰아넣었다. 그는 말하기를, "심지어 이 세상을 부정하는 것, 모순적 인생과 심판에 순종하는 것, 하나님에 대한 관망, 파쇄, 성경 속 인물의 덕행까지도 그것들이 어떤 일정한 의미나 방법이나 체계에서 온 것이라면 인간적인 의에 불과한 것이다."라고 하였다.[55] 바르트의 이 같은 발언은 성경적 주장마저도 절대적 가치를 가지지 못한다는 의미다. 그가 의도한 바는 이 세상에서 인간이 표상하는 모든 이념은 비록 그것이 성경주의라 하더라도 고정된 형식으로 존재할 수 없다는 것이다. 다시 말해 일정한 주의(主義)로서의 진리 체계는 성립할 수 없다는 것이다. 만일 진리가 주의화하거나 체계화하면 그것은 이미 비진리가 된다는 말이다. 하지만 우리는 바르트의 이 같은 주장을 받아들이기 어렵다. 하나님께서는 이 세상의 "주의"(主義)에 대립하는 진리의 말씀으로 성경을 주신 것이다. 이 같은 견해에 대해 바르트는 아마도 다음과 같이 답변할 것이다. 곧 "시공간 세계에 존재하는 모든 것은 심지어 성경마저도 상대성을 지닌 것이기 때문에 인간으로서 시공간 세계에 있는 성경에서 정통 복음주의의 일정한 체계를 세우고 그것을 절대적 진리로 받아들인다면 그것은 모순이다."라고 할 것이다.

그러나 바르트의 이 같은 사상은 성경의 위상을 과소평가하는 것이다. 전능하신 하나님께서 하시고자 하시면 그의 말씀을 인간에게 있는 그대로 전달해주시지 못할 이유가 무엇이겠는가? 하나님께서는 친히 그리스도 예수 안에서 임마누엘(우리와 함께하심)이 되셨다(마 1:23). 예수께서 말씀하시기를, "진

---

55) *Römerbrief*, 32. "Auch das Neinsagen, die Einsicht in das Paradox des Lebens, die Beugung unter Gottes Gericht ist's nicht, auch das Warten auf Gott, auch die „Gebrochenheit ", auch die Haltung des „biblischen Menschen " ist's nicht, sofern sie Haltung, Standpunkt, Methode, System, Sache sein sofern der Mensch sich damit von andern Menschen abheben will."

실로 너희에게 이르노니 천지가 없어지기 전에는 율법의 일점 일획도 결코 없어지지 아니하고 다 이루리라"라고 하셨는데(마 5:18), 이것은 하나님의 말씀이 곧이곧대로 틀림없이 기록되었음을 인정하시는 말씀이다. 우리도 예수님처럼 성경의 절대 권위를 인정하는 성경주의적 자세를 가져야 한다. 그러므로 우리가 성경의 진리에 아무것도 더하거나 빼지 않고 우리가 깨달은 바대로 체계화하는 것은 합당한 일이다. 그것은 결코 하나님의 영을 그 체계 속에 가두어 두는 불경스런 일이 아니다. 하나님의 영의 초월성과 독립성, 그리고 그 영의 임의적 활동은 우리가 측량하기 어렵고 우리의 뜻대로 좌지우지할 수 없다. 그러나 우리에게 나타내신 그의 말씀(성경)은 우리에게 주신 것이기 때문에 우리가 합당하게 다룰 수 있다(신 3:11-14; 롬 10:5-8). 신명기 29:29에 말하기를, "감추어진 일은 우리 하나님 여호와께 속하였거니와 나타난 일은 영원히 우리와 우리 자손에게 속하였나니 이는 우리에게 이 율법의 모든 말씀을 행하게 하심이니라"라고 하였다.

그 날에 임할 진노를 네게 쌓는도다(5절). 이 말씀에 대하여 바르트는 또다시 잘못된 해석을 제시한다. 그는 말하기를, "오해는 뭉치고 굳어져서 결국 오해덩어리가 된다."라고 하였다.[56] 그는 이 구절에서 "그 날에 임할 진노"라는 표현이 세상 끝날에 있을 심판을 가리키는 것으로 해석하지 않고 단지 하나님에 대한 인간의 오해가 축적되는 상태를 가리키는 것으로 이해하였다. 이것은 주어진 본문을 자신의 그릇된 신학적 관점에서 바라봄으로써 본문의 진정한 의미를 오해한 것이다. 그는 이처럼 위기신학적인 인식론을 바탕으로 성경 말씀을 가감하고 단순히 부분적인 의미만 취사선택하려고 하였다. 이것은 우리가 신뢰할 수 없는 인본주의 철학적 사색이며, 계시 의존 사색은 아

---

56) *Römerbrief*, 35. "Dieses missverstehen, verdichtet, verdickt und verhärtet sich nämlich sofort zu einem Klumpen von Missverstand."

니다.

하나님께서 각 사람에게 그 행한 대로 보응하시되(6절). 이에 대하여 바르트는 다음과 같이 말하였다. 곧 "우리의 행함과 행하지 않음은 단지 역사적 사건으로서의 의미만 가질 뿐이다. 우리의 행위가 아무리 고귀한 것이라 해도 우리는 그것을 과대평가해서는 안 된다. 우리의 행위는 영속적인 세계로 고양시킬 수 없다. 오직 하나님만이 영속적인 세계의 표준으로 우리의 행위들을 평가하실 수 있다."라고 하였다.[57] 바르트는 여기서 신자의 행동이 비록 선한 것이라도 인간 스스로 그것을 선하다고 평가할 수는 없다고 주장한다. 이것은 시공간 세계의 선행을 극단적으로 영속적인 세계와 단절시키는 초절주의(超絶主意)적 사색이다. 바르트의 초절주의는 성경적이라 할 수 없다.

참고 선을 행하여(7절). 이 구절에 대해 바르트는 "이것은 분주하게 기다리는 마음을 절제하고 참아 기다리는 태도인데, 그것이 선한 행동의 지표가 될 수는 있지만 진정한 선은 아니다. 이 같은 태도가 드러나는 곳에서는 이 세상에 속한 사람이나 하나님의 사람이나 헬라 사람이나 모두 함께 일직선상에 자리하게 된다. 그들은 다 함께 하나님의 약속에 참여하는 것이다."라고 하였다.[58]

하지만 여기서도 바르트는 잘못 생각한 것이다. 그에게는 시공간 세계의 참된 선이라는 것도 단지 형식이고 공허한 껍데기일 뿐이다. 사람이 거기에 무슨 내용을 채우든지 아무 차이가 없다는 것이다. 그에게는 세상 사람이나

---

57) *Römerbrief*, 37. "Die, 'Werke', unser Tun und Lassen als Menschen, unsre Haltung und Verfassung in ihrer seelischeh und geschichtlichen Gestalt, sie haben auch nur seelische und geschichtliche Bedeutung Mag diese so hoch sein als sie will, Wir dürfen sie nicht überschätzen, nicht ins Ewige erheben, der ewige Käufer, der Eine und Einzige, der sie ewig bezahlt, ewig wertet, ist Gott und immer wieder Gott."

58) *Römerbrief*, 37. "Es kann geschehen, dass die Beharrlichkeitmenschlichen Wartens und Eilens das Kennzeichen des guten Werkes ist, das in einem Menschen und durch ihn geschieht....Sie besteht, wenn sie besteht, ganz und gar nur als Möglichkeit von Gott aus. ihr gegenüber rücken Jude und Grieche, Gottesmensch und Weltmensch auf eine Linie:der Verheissung und nur der Verheissung sind beide teilhaftig."

하나님의 사람이나 마찬가지다. 이 같은 그의 사상은 성경에 위배되는 초절 주의적인 사상이다.

하나님께서 외모로 사람을 취하지 아니하심이라(11절). 바르트는 이 말씀에 대하여 다음과 같이 주석하였다. 곧 "한 사람이 다른 사람과 비교하여 우수한 면이 있다 해도 그것은 다만 그의 인격, 외모, 형식, 다시 말해 그가 활동하는 영역에 관계된 것들뿐이다. … 이러한 우수성은 모든 위기를 극복하지 못한다."라고 하였다.[59] 여기서 바르트는 또다시 인간에게 있는 참된 선(하나님께서 능력으로 행하게 하신 것)마저도 하나님 앞에서 아무런 가치를 지니지 못한다는 의미로 말한 것인데, 그의 이 같은 관점은 성경이 제시하는 인생관과 다르다.

율법 없는 이방인이 본성으로 율법의 일을 행할 때에는 이 사람은 율법이 없어도 자기가 자기에게 율법이 되나니(14절). 이 구절에 대하여 바르트는 "율법은 시간과 역사와 사람의 생활에 남겨놓은 계시의 인상이다. 이것은 과거에 불과 같은 이적이 나타났음을 표시하는 흔적이요, 하나님의 말씀이 폭발했던 사실을 알리는 불탄 자취요, 과거의 신앙과 바른 깨달음의 생수로 가득했던 마른 운하다."라고 하였다.[60]

여기서 바르트는 하나님께서 주신 율법이 계시의 말씀 자체임을 부인한다. 그는 율법을 가리켜 물 없는 운하와 같다고 말한다. 한마디로 그는 성경이 그 자체로 하나님의 말씀이라는 성경적 교훈을 무시한 것이다. 그는 성경

---

59) *Römerbrief*, 38. "Was seelisch und geschichtlich sichtbar werden kann als Vorzug eines Menschen vor einem andern, das ist nur die Person, die Gestalt, die Maske, die übernommene Rolle im Schauspiel. ...Es hat seinen Wert in sich, es bedeutet aber keine ewige Auszeichnung, Keine, die über die Krisis alles Vergänglichen am Unvergänglichen hinausresicht."

60) *Römerbrief*, 40. "'Das Gesetz' ist die von Gott gegebene, aber eben gegebene und für einmal abgeschlossene Offenbarung, der von göttlicher Offenbarung hinterlassene Eindruck in der Zeit, in der Gesahichte, im Leben des Menschen, die heilige Schlacke geschehenen Wunders, der ausgebrannte Krater göttlicher Rede,…der leere Kanal, in dem zu anderer Zeit unter andem Umständen Für andere Menschen das lebebdige Wasser des Glaubens, des vernünftigen Schauens floss."

이 다만 옛날 어떤 사람들이 하나님의 말씀에 접촉한 사실이 있음을 증언하는 문서에 불과하다고 주장하며, 그것이 오늘날 사람들에게 살아 계신 하나님 말씀이라는 사실을 부인한다. 그러나 칼빈(Calvin)은 말하기를 누구든지 성경을 읽을 때는 하늘의 하나님께서 지금 그에게 말씀하시는 줄로 알라고 하였다. 성경에 기록된 율법은 오늘 우리에게도 임하는 하나님의 말씀이다.

유대인이라 불리는 네가 율법을 의지하며 하나님을 자랑하며… 그러면 다른 사람을 가르치는 네가 네 자신은 가르치지 아니하느냐(17-21절). 이 단락은 하나님의 율법을 받아서 소유한 유대인들이 율법을 행하지 않고 도리어 교만해진 사실을 꾸짖는 말씀이다. 이것은 그처럼 타락한 유대인들에게 주시는 말씀이며, 참된 신자들까지 꾸짖는 말씀은 아니다. 그러나 바르트는 이 구절의 말씀을 진실한 신자들에게까지 무리하게 적용한다. 이는 그가 성경을 잘못 해석할 뿐만 아니라 자기 주장을 세우기 위하여 성경을 오용한다는 것을 보여준다. 그는 다음과 같이 말하였다. "이 말씀은 보이지 않는 저편으로부터 역사의 현상계로 침투한 하나의 놀랄 만한 교란이다. 하나님은 깨어 있는 자를 잠든 자라 하시고, 신자를 불신자라 하시고, 의인을 불의한 자라고 하신다."라고 하였다.[61] 우리는 여기서 바르트가 어떻게 역사와 원역사를 대립시키는지 확인할 수 있다. 그는 역사계의 모든 것은 최상의 진선미를 갖춘 것이라 해도 모두 다 하나님과 단절된 것이라고 말한다. 이것은 키에르케고르(Kierkegaard)의 초절주의적이고 변증법적인 사색과 유사하다. 키에르케고르는 헤겔보다 더욱 예리하게 변증법적 사색을 적용하였다. 그는 실존 세계를 파악하고자 하는 헤겔의 체계적 사색을 반대한다. 그의 말에 따르면 긍정이나 부정은 하나의 운동으로서는 참되다. 다시 말해 건너편의 실재를 표상하는 한에서만

---

61) *Römerbrief*, 45. "Eine anstössige, verwunderliche, unanschauliche Mitteilung von der andern Seite: Hier sind die Wachenden, und in Gottes Urteil sind sie Schlafende, die Gläubigen und sind ungläubig, die Gerechten und sind ungerecht."

참되다는 것이다. 그렇다면 실존은 언제나 긍정과 부정의 건너편에 있다.[62]

이런 변증법적 사색은 성경이 우리에게 보여주는 인식론과 다르다. 성경은 하나님이 자충족(自充足)적이라고 말한다. 자충족적인 하나님은 역사의 세계를 가치 있게 지으셨고 역사를 통하여 사람에게 말씀하시고 또 구원하시는 참 신이시다. 우리는 하나님과 역사가 서로 단절된 것처럼 가르치는 초절주의 인식론을 받아들일 수 없다.

설교 남을 판단하지 말라(1-11절)

남을 판단한다는 것은 타인의 허물을 보고 그를 미워하여 정죄해버리는 것을 의미한다. 본문에서는 남을 판단하지 말아야 할 이유를 두 가지로 말씀한다.

1. 우리는 모두 동일한 죄인이기 때문에 남을 판단할 수 없다

1절 하반절에 말하기를, "남을 판단하는 것으로 네가 너를 정죄함이니 판단하는 네가 같은 일을 행함이니라"라고 하였다. 우리는 우리 자신이 죄인임을 알아야 한다. 이 사실을 깨닫는다면 우리는 차마 다른 사람을 판단할 용기를 낼 수 없다. 우리가 남을 판단함으로써 우리 자신에게 끼치는 손해가 막대하다. 예컨대 우리는 남을 판단함으로써 ① 교만해지고, ② 악독해지며, ③ 자신을 살피지 않고 남의 허물을 찾아내는 일에 분주하게 된다. 우리는 자신에게 손해를 끼치는 죄악, 곧 남을 판단하는 죄를 범하지 않기 위해 먼저 우리 자신이 크나큰 죄인임을 깨달아야 한다. 무디 선생은 "우리가 알지

---

62) If every yes and every no are true only because of their movement, that is, true only as pointers toward that which is beyond them, then that which is beyond now will always be beyond them.

못하고 범하는 죄는 셀 수 없이 많으며, 우리가 알고 짓는 죄는 받을 벌이 더욱 크고 위험한 것임을 알아야 한다."라고 하였다.

2. 우리는 다 함께 하나님의 판단을 받게 될 것이기 때문에 남을 판단할 처지가 못 된다

하나님의 판단은 진리대로 이루어진다. 따라서 사람은 그것을 피할 수 없다(2-3절). 사람들이 하나님의 판단을 의심하며 비난하는 일이 있으나, 결국은 그 판단이 진리대로 이루어진다. 성경은 하나님의 판단을 기록한 것인데, 결국 그 말씀대로 모두 이루어지고야 만다. 성경에 기록된 하나님의 판단은 크게 두 가지로 나타나는데, ① 회개하지 않는 죄인들은 모두 다 멸망할 것이며, ② 그리스도를 믿는 자들은 구원을 받을 것이다. 이 두 가지 판단은 결코 변하지 않는다. 따라서 천지가 없어질지라도 우리는 이 두 가지 사실을 믿고 흔들리지 않아야 한다. 오래전에 부산 국제시장에 화재가 발생했을 때 모든 것이 불타버렸지만 방화창고 하나는 타지 않았다. 불이 한창 타올라서 창고 근처까지 번져왔을 때 사람들은 창고를 열고 물건을 옮기기 위해 열쇠를 찾았다. 그때 열쇠를 가진 창고 주인은 이미 도망하여 숨어 있었다. 그가 숨은 이유는 열쇠를 내어 주지 않기 위해서였다. 그는 그 창고가 불에 타지 않는 내연재로 건축되었음을 알고 있었기 때문에 그렇게 담대히 행동할 수 있었던 것이다. 만일 그때 창고 주인이 열쇠를 내어주었다면 엄청난 혼란이 발생할 뻔하였다. 화재가 진화된 후에 그 창고가 불타지 않은 것을 발견한 물건 주인들은 창고 주인에게 찾아와 감사했다고 한다. 이같이 우리는 하나님의 두 가지 판단(심판과 구원)이 변함없는 것인 줄 확신하고 세상을 이겨야 한다. 다시 말해 우리는 최후 심판이 도래할 것을 확신하고 그리스도만 전적으로 신뢰하고 안심해야 한다. 그리스도는 우리를 구원하시는 중보자시다. 중보자는 양편 사이에서 화목을 중재하는 자니, 그는 양편 모두로부터 신임을 얻어야만 화목을 이룰 수 있는 것이다. 하나님은 그리스도를 중보자로 보내시고 그를 전적으로 신임하셔서 그에게 모든 일을 맡기셨다. 따라서 우리가 그리스도를 불신하는 것은 너무도 큰 죄를 범하는 것이다. 하나님께서 전적으로 그리스도를 신임하시는데 어떻게 우리가 그를 불신임한다는 말인가? 우리가 중보자를 불신임한다면 어떻게 하나님과 화목을 누리는 축복을 받겠는가? 우리는 그리스도께서 십자가에 못 박히신 사랑으로 우리를 돌보아 주실 것이라는 확신 가운데 그만 의지하고 안심해야 한다.

설교 하나님의 인자를 무시하는 죄(1-4절)

완고한 죄인은 폭력이나 위협 앞에서는 깨닫는 일이 있지만, 사랑과 인자에 대해서는 감격할 줄 모른다. 그러나 사랑과 인자는 실제 교훈에 있어서 무엇보다 유력한 것이다. 교훈을 받는 자들이 진정으로 회개하고 변화되는 일은 대부분 사랑과 인자를 통해서 이루어졌다. 하나님께서는 이런 방법을 중요하게 사용하신다.

1. 회개하지 않는 것은 하나님의 인자를 멸시하는 큰 죄다

본문 4절은 "혹 네가 하나님의 인자하심이 너를 인도하여 회개하게 하심을 알지 못하여 그의 인자하심과 용납하심과 길이 참으심이 풍성함을 멸시하느냐"라고 하였다. 하나님께서 범죄한 자에게 당장 벌을 내리시지 않는 이유는 그 죄인을 회개케 하시기 위함이다. 그러나 죄인이 회개하지 않는다면, 그것은 하나님의 인자를 멸시하는 죄다. 인간은 은혜를 저버리는 악한 습성이 있다. 크리스토퍼 콜럼버스(Christopher Columbus)는 자기가 발견한 땅에서 추방당했고, 단테(Dante)는 이탈리아의 통일을 위하여 힘쓰다가 유배당했다. 이런 일은 인류의 역사에서 얼마든지 찾아볼 수 있다. 특히 인간은 하나님의 사랑을 저버린 자들이다(요 1:10-11). 땅 위에 가득한 모든 무리의 회개하지 않는 마음은 하나님의 인자하심을 멸시하는 괴악한 현상이다. 회개하지 않는 자는 완고한 악인이다. 잠언 21:29에 말하기를, "악인은 자기의 얼굴을 굳게 하나니"라고 하였고, 잠언 26:11에는 "개가 그 토한 것을 도로 먹는 것 같이 미련한 자는 그 미련한 것을 거듭 행하느니라"라고 하였다.

2. 회개하지 않는 것은 하나님의 진노를 자신에게 쌓는 일이다

인간이 하나님 앞에서 지은 죄를 깨끗이 씻는 길은 오직 회개밖에 없다. 그러나 그가 죄짓기를 계속하면서 회개하지 않으면 그의 모든 죄는 하나도 지워지지 않고 결국 그대로 쌓여 하나님 앞에서 심판을 받을 수밖에 없다. 그처럼 가증스럽게 쌓여 있는 죄에 상응하는 하나님의 진노가 나타날 것이다. 우리는 하나님의 진노가 얼마나 두려운지 알아야 한다. 하나님의 진노가 임할 때 심판 받는 죄인들은 너무 두려워 쳐다볼 수 없어서 산과 바위가 자기들을 매장해 주기를 원하게 될 것이다(계 6:15-17). 인간은 이처럼 두려운 진노의 날이 이를 것을 미리 알고서 바로 지금 회개해야 할 것이다. 장차 올 심판을 두려워하는 마음은 우리로 하여금 범죄의 발걸음을 멈추게 한다. 그러므로 잠언 1:7에 말하기를, "여호와를 경외하는 것이 지식의 근본"이라고 하였다. 토마스 아 켐피스(Thomas a Kempis)는 "지옥 불의 연료는 너의 죄밖에 없다. 네가 지금 육체를 따를수록 너는 지옥 불의 연료를 더욱 많이 저축하는구나. 장차 오는 세상에서 받을 하루의 고통은 이 세상에서 죄를 회개하기 위해 천 년간 치르는 고생보다 심하다. 우리가 이 세상에서 잠시 받는 고통을 참지 못한다면 장차 올 영원한 지옥 불은 어떻게 견딜 것인가? 오직 하나님을 전심으로 사랑하는 자는 죽음도 두렵지 않고 형벌도 두렵지 않다."라고 하였다.

설교 하나님의 심판에 대하여(1-11절)

성경에는 하나님의 심판에 대한 가르침이 많다. 그러나 인간은 이 말씀을 보면서도 하나님의 심판을 두려워할 줄 모른다. 그 이유는 인간의 마음이 세상에 몰두하여 내세를 생각하지 못하기 때문이다. 인간의 마음이 한 가지 일에 열중할 수 있으나 두 가지 일에 똑같이 집중할 수는 없다. 옛날에 주매신(周買臣)이라는 사람은 독서에 열중하느라 마당에 널어놓았던 곡식이 소낙비에 떠내려가는 줄도 몰랐으며, 아르키메데스(Archimedes)라는 수학자는 기하학 문제를 푸는 데 집중하여 그날 큰비가 내리고 벼락이 치는 것도 몰랐다고 한다. 이렇게 인간이 한 가지 일에 집중하면 다른 것은 깨닫지 못한다. 그런데 인간은 이 세상에 지나치게 마음을 쏟고 있다. 그리하여 하나님의 심판에 대하여 아무런 경계심을 가지지 못하는 것이다. 우리는 성경 말씀이 가르치는 심판을 마음 깊이 새기고 두려워해야 한다. 하나님의 심판에 대한 예언의 말씀이 확실하다는 것을 다음 몇 가지로 알 수 있다.

1. 양심의 증거

양심이 있는 자는 악한 일을 하고서 안심하지 못한다. 그는 조만간 자신이 범한 죄에 대해 값을 치를 줄 알고 두려워하는 법이다. 성경에서 극도로 간사한 인물이었던 가룟 유다에게도 양심의 증거가 있었다. 그는 선생을 팔아넘긴 것이 크나큰 죄악인 것을 깨닫고 자살까지 하였다. 양심은 보편적으로 누구에게나 있는 것이니 그 증거는 참되다. 사람에게 있는 양심은 장차 찾아올 하나님의 심판에 대해 경고한다.

2. 섭리의 증거

하나님께서 장차 범죄자를 모조리 벌하시는 최후 심판의 날이 있다. 그러나 최후 심판 이전에도 하나님께서는 극악한 죄인들을 벌하심으로써 그 위엄을 나타내신다. 이것을 섭리적 심판이라고 부른다. 윌리엄 헤이그 우드(William Hague Wood)는 부흥회를 반대하기 위하여 따로 집회를 시작하고 하나님을 훼방하는 말을 하다가 혀가 말라 죽을 지경에 이르렀다. 그러한 일을 겪게 된 그는 말을 못하게 되어 글로 고백하기를, "나는 이제 지옥이 있는 줄을 믿는다"(I now believe that there is a hell)라고 하였다.

1908년 12월 28일에 이탈리아 메시나(Messina)라는 도시가 지진으로 말미암아 멸망하게 되었는데, 그 원인은 그 지진이 있기 전에 "일 텔레포나"(Il Telefona)라는 이름의 잡지가 하나님을 훼방하는 기사를 게재하면서, 하나님이 존재한다면 이 도시를 지진으로 멸망하게 하라고 악담하였기 때문이었다. 프랑스에서는 가톨릭교회 주교가 루이 11세(Louis XI)에게 제안하기를, 죄인을 가둘 만한 상자를 만들되 편안히 누울 수 없도록 길이를 짧게 하고, 앉을 수도 없게 높이도 낮게 만들라고 하였고 왕은 그의 제안대로 상자를 만들었다. 그런데 그것을 제안한 주교가 범죄하였고, 자신이 제안한 상자에 갇혀서 14년을 고생했다고 한다. 이런 일들도 역시 섭리적 심판에 속하는 사건이다. 이처럼 섭리적 심판이 엄연히 존재하는데 세상 끝날에 최후의 심판이 없겠는가?

3. 우리는 무엇보다도 성경의 증거를 믿는다

성경의 증거는 우리가 눈으로 직접 목격한 것보다 더욱 확실하다. 왜냐하면 그것이 하나님의 말씀이기 때문이다. 사람은 다 거짓되되 오직 하나님은 참되시다(3:4). 성경은 하나님께서 각 사람에게 그가 행한 대로 심판을 베푸실 것이라고 수없이 가르친다.

설교 양심(12-16절)

양심은 무엇인가? 위기 신학자 에밀 브루너(Emil Brunner)는 양심에 대하여 다음과 같이 잘못된 견해를 제시하였다. 그는 "양심은 도덕률에 대한 의식이 아니며 옳은 법칙에 부합하는 여부를 판단하는 지능도 아니다."라고 하였다.[63] 이것은 양심과 도덕률을 지나치게 갈라놓는 그릇된 발언이다. 헤르만 바빙크(Herman Bavinck)는 양심에 대하여 바로 말하였다. 그는 말하기를, "아담과 하와는 타락 후에 즉시 자기들의 벌거벗은 상태를 인식하게 되었다고 한다. 그것이 바로 그들이 잘못한 것에 대한 그들의 죄책감이다. 부끄러움이라는 것은 자신이 저지른 과오에 대한 공포심이며, 일이 잘못된 것에 찬동하지 않는 괴로운 감정이다. 그들은 하나님 앞에서 느끼는 부끄러움과 두려움 때문에 하나님을 피하여 숨고자 하였다. … 타락 이전에는 인간의 존재 상태와 그의 의식 상태가 조화를 이루고 있었는데 타락 후에는 그 조화가 깨어지고 말았다. … 다시 말해 인간이 마땅히 그리하여야 할 상태로 존재하지 못하게 된 것이다. 이 같은 사실에 대한 증거가 바로 양심의 존재다. 양심은 하나님과 사람 간의 교통에 대한 의식이 아니라 도리어 그 교통의 파열에 대한 증거다."라고 하였다.[64] 양심은 경우에 따라 그릇된 지식 작용으로 말미암아 선악을 잘못 분별하여 가책을 주는 일도 있다. 하지만 그것조차도 "우리는 선을 행해야 한다."라는 명령과 확실히 일맥상통한다.

1. 인격과 양심

양심은 인간과 짐승을 구별하는 표징 중 하나다. 바른 양심을 소유한 자

---

63) Emil Brunner, *Divine Imperative*, 156.

64) Herman Bavinck, *Gereformeerde Dogmatiek* III, 1910, 175-176.

는 인생에 주어지는 합당한 복을 받을 수 있지만, 바른 양심을 가지지 못한 자는 사람으로서의 자격을 상실하고 짐승처럼 타락하고 만다. 현대인은 과학을 잘못된 방식으로 사용함으로써 인간을 맹목적인 물질이나 에너지의 산물로만 취급하는 결과를 낳고 말았는데, 이것은 심각한 문제다. 과학은 인생의 주인이 아니라 종이다. 만일 과학적 방법이 우리의 경험에서 참된 것을 부인한다면, 우리는 그 같은 과학의 판단을 거부해야 한다. 우리는 그릇된 과학에 대해서 거부권을 행사할 수 있는 초과학적인 인격이다. 인간은 동물과 달라서 자신의 행동과 사랑에 대하여 생각하고 반성하며 심지어 판단까지 할 수 있는 존재다. 다시 말해 그는 양심을 가진 인격이다. 인간이 가지는 자기초월적 성격은 인간을 짐승과 구별하는 덕목이다. 죄로 말미암아 양심에 불안이 생기는 것은 진정한 회개를 재촉하기 위한 작용일 뿐 회개 자체는 아니다. 그러나 그러한 불안도 사람에게만 있는 것이며 짐승에게서는 발견되지 않는다. 양심의 불안 자체도 귀한 것이지만 거기서 한 걸음 더 나아가 양심이 회개를 이루고 결과적으로 그리스도를 믿고 받아들이는 데까지 이르러야 한다.

2. 양심도 새로워져야 함

인간이 범죄한 후에는 그 지혜가 어두워져서 선악을 바로 분별하지 못하며, 결과적으로 그 양심도 바르지 못하다. 시계가 고장 나면 수선공에게 가지고 가서 수리하여 시간이 맞게 하는 것처럼 인간의 양심은 하나님의 말씀을 통하여 회개와 신앙으로 치료받아 착한 양심이 되어야 한다. 착한 양심은 하나님의 말씀으로 거듭난 새 양심이다. ① 그것은 하나님 앞에서 올바른 관계(회개와 신앙의 관계)만 가지기를 힘쓰며, ② 하나님과 올바른 관계를 확실하게 맺고 있으니 환난 가운데서도 기뻐하고 사람의 비난을 두려워하지 않으며, ③ 죽음을 맞이하여 모든 것이 물러가고 이별하더라도 끝까지 남아서 그를 위로한다. 세상의 영광은 걱정과 근심을 가져오지만, 그리스도인의 정결한 양심(회개하고 신앙하는 양심)은 죽는 순간에도 그 자신에게 기쁨과 위안을 준다. 착한 양심의 소유자(그리스도 신자)는 착한 양심 자체를 평안과 위안으로 삼는다. 그러나 그리스도를 믿지 않는 자들은 양심으로부터 고소당하고 가책을 받을 뿐이며 양심의 평안을 누리지 못한다. 그러므로 본문 15절은 "그 양심이 증거가 되어 그 생각들이 서로 혹은 고발하며 혹은 변명하여 그 마음에 새긴 율법의 행위를 나타내느니라"라고 하였다. 이 말씀은 이방인들이 양심의 고소와 가책을 받아 결국 죄인이라는 신분을 벗어나지 못할 것이라고 말한다.

설교 사실주의에 입각하여 살자(25-29절)

우리는 종교적인 의식으로 만족해서는 안 된다. 종교의식은 단지 사람을 종교의 내부로 인도하는 기능을 가질 뿐이다. 하지만 사람들은 종교의식을 거행하는 것으로 만족하고 만다.

1. 행함이 있어야 한다(25-27절)

행함이 없는 믿음은 죽은 믿음이다(약 2:17). 행하는 것은 물론 어려운 일이다. 그러나 거기에는 상응하는 열매가 따르는데, 그것은 바로 살아 계신 하나님의 성령과 함께하는 일이다. 성령님과 동행하는 일은 마침내 기쁨을 가져다준다. 토마스 아 켐피스(Thomas a Kempis)는 말하기를, "네가 가고 싶은 곳 어디든지 가서 찾아본다 해도 십자가의 도와 같이 고귀하고 안전한 길은 없다. 네가 십자가를 기쁘게 지면 십자가가 너를 져줄 것이다. 네가 십자가를 내던지면 다른 십자가가 또 생길 것인데 그 십자가가 이전 것보다 더 무거울 것이다. 우리가 그리스도와 더불어 친구가 되고자 한다면 사모하는 마음으로 십자가를 져야 한다."라고 하였다.

2. 하나님의 칭찬만 받으려고 힘쓰자(29절)

사람이 사람을 기쁘게 하려고 하면 외식하는 자가 되기 쉬우며, 생활이 복잡해지고 불결해진다. 그러나 오직 하나님의 칭찬만 구하는 자는 단순하고 순결하다. 신앙이 단순하고 순결한 자들은 성령의 능력을 받아 힘 있게 나아간다. 단순성은 하나님을 향하여 힘 있게 나아가는 원동력이 되며, 정결성은 하나님을 맛보게 하며 영원을 내다보게 한다. 따라서 이 두 가지를 소유한 신자는 능력을 행할 수 있었다. 단순한 신앙의 소유자였던 베텍스는 남아메리카에서 말을 타고 다니면서 전도하였다. 그는 일정한 거처도 없이 유랑하면서 밤에는 말안장에서 자고 낮에는 전도하였다. 그는 중국에까지 가서 전도하다가 마침내 순교하였다. 캠벨은 사하라 사막에서 낙타를 타고 다니면서 전도하였다. 그의 생활은 단순하였다. 그는 황막한 사막에서 낙타를 타고 이동할 때 음식을 조리할 나무가 없어서 낙타 똥을 말려서 싣고 다녔다고 한다. 어떤 경우에는 황막한 사막을 9일 동안이나 홀로 다니며 사람 하나 만나지 못하였다고 한다. 그가 45년 동안 사하라에서 전도하다가 최후에 남긴 말은 "내가 40년만 더 살았으면"이었다고 한다. 그의 신앙은 단순하였으며 그는 오로지 믿고 전하는 일에만 열중할 뿐이었다.

제 3 장

⚜ 내용분해

1. 유대인이 심판 받는 일은 그들이 가졌던 종교적 특권과 상충하는 것이 아님(1-8절)
2. 모든 사람은 죄인이라는 결론(9-20절)
3. 하나님의 의의 출현(21-31절)

⚜ 개요

1. 바울은 스스로 의롭다고 하는 유대인들이 마침내 심판을 받고 망하게 된다 해도 그들이 종교적으로 특혜를 받았다는 사실과 모순되는 것은 아니라고 말한다(1-8절). 그들이 망하게 된 이유는 그들이 거짓되고 주님을 믿지 않았기 때문이다. 그들은 거짓되되 하나님은 참되시다(4절).

2. 바울은 모든 사람이 죄인이라고 결론짓는다(9-20절). 특별히 12절은

이 같은 사실을 강조하는 의미에서 “다”(πάντες)라는 표현을 사용하는 한편 “하나도 없도다”라는 말을 덧붙이고 있다. 또한 “무익하게 되고”라는 표현은 인류가 하나님을 떠나서 무가치한 것들을 사랑하였기 때문에 하나님 보시기에 무가치한 자들이 되었음을 시사한다. 마르틴 루터는 이와 관련하여 아우구스티누스(Augustine)의 말을 다음과 같이 인용하였다. “사랑이란 것은 사랑하는 자와 사랑받는 자를 똑같이 만들어 하나 되게 하는 힘이다.”[65)]

3. 하나님의 의가 출현하였다(21-31절). 율법은 우리 죄를 지적하여 우리 자신이 소망 없는 죄인임을 깨닫게 하는 반면, 은혜는 그처럼 죄에 대한 자각이 있는 자들이 주님을 믿게 만들어주는 역할을 한다. 21절 첫머리에 나오는 “이제는”이라는 부사는 우리를 살리시는 하나님의 의의 출현을 알리는 나팔소리와 같다. 율법으로 말미암아 죽은 자가 아니고서는 이 나팔 소리를 들을 수 없다. 율법으로 말미암아 스스로 의롭게 여기는 마음을 완전히 버린 자만이 소리를 들을 수 있다.

그렇다면 “이제는”이라는 말이 가리키는 것은 무엇인가? 그것은 율법 외에 하나님의 의가 나타났다는 사실이다. 이것은 선행을 통해 얻어지는 의가 아니고 그리스도의 보혈로 말미암아 신자들이 받는 무궁한 하나님의 의다. 이것이 율법을 통해 주어지는 것은 아니지만 율법과 선지자들을 통해 증거되고 있다(21하). 다시 말해 이것은 율법의 지지를 받고 있다. 그러므로 우리는 다음과 같이 말할 수도 있다. 곧 “오늘날 만일 누군가가 율법으로 의를 얻는다고 주장한다면 그는 율법을 반대하는 것이다. 율법 자체도 그런 주장에 반대한다.”라는 것이다. 그러면 율법과 선지자는 어느 정도로 율법 외에 나타

---

65) Luther, *Vorlesung über den Römerbrief*, 1965, 114. “Die Liebe nämlich ist eine einigende Kraft, die aus dem Liebenden und dem Geliebten etwas Einziges schafft.”

난 하나님의 의를 말해 주는가? 그것은 몇몇 구절에만 나타나는 것인가? 그렇지 않다. 구약성경 전체가 율법을 초월한 하나님의 의를 증언한다.

아돌프 슐라터(Adolf Schlatter)는 다음과 같이 말한다. "하나님의 의는 율법과 선지자들로 말미암아 증거되었다. 이 증거는 우리로 하여금 예수 그리스도를 믿도록 만들어준다. 율법과 선지자는 사람들의 죄에 대하여 말할 뿐 아니라 하나님의 의를 찬송한다. 또한 율법과 선지자는 사람이 하나님을 알고 하나님의 소유가 되는 일이야말로 하나님의 뜻이라는 사실을 선포하는 동시에 하나님께서 사람을 구원하여 세우실 은혜의 왕국에 대해서도 증언한다."라고 하였다.[66]

⚘ 해석

1 **나음.** 이것은 헬라어로 "페리손"(περισσόν)인데 "과하여 넘침"을 의미한다. "유대인의 나음이 무엇"인가라는 질문은 유대인에게 던지는 가상의 질문이다. 유대인은 하나님의 말씀을 받았다는 사실로 인해 다른 민족들에 비해 외형적으로 독특하고 우월한 지위를 차지하고 있었다. 그것은 그들이 본질적으로 우수한 성품과 자질을 가졌음을 의미하지 않는다. 그들의 우수함은 그들 자신의 것이 아니고 하나님의 것이기 때문에 그들은 오히려 겸손한 자세를 취했어야 한다. 그러나 그들은 불행하게도 교만하였다.

2 **범사에 많으니.** 유대인은 이방인과 비교할 때 질적으로 우수한 점은 없으나 외형적으로 받은 은혜는 많다. 그리하여 바울은 여기서 외형적 은혜의 유익에 대해 말한다. 그들이 받은 외형적 은혜를 그들이 제대로 감당했더라

---

66) Schlatter, *Gottes Gerechtigkeit*, 136.

면 그것이 그들에게 많은 유익을 가져다줄 수도 있었을 것이다. 하지만 그들은 그 은혜를 제대로 사용하지 못했기 때문에 심판에 처하게 되었다.

우선은. 이것은 숫자상의 순서를 말하는 것이 아니라 중요도에 있어서 우선순위를 갖는다는 의미로 쓰였다(Greijdanus).

말씀을 맡았음. 여기서 "말씀"이라고 번역된 단어는 헬라어로 "로기아"(λόγια), 곧 영감된 하나님의 말씀을 가리킨다. 그렇다면 여기서 하나님의 "말씀"은 구체적으로 어느 범위까지를 가리키는 것일까? 크레다너스(Greijdanus)는 이것이 구약성경을 가리킨다고 하였다.

"맡았음"이라는 표현은 헬라어로 "에피스튜테산"(ἐπιστεύθησαν)인데, 어순상 목적어에 선행하여 강세의 의미를 지니고 있다. 유대인이 하나님의 말씀을 받은 것은 특별히 다른 민족들을 위하여 맡은 직임으로서의 의미를 가진 것이었다. 그들은 모든 민족을 위한 제사장 직분을 맡은 것이다(출 19:6).

다른 사람에게 진리를 나누어주는 직분을 맡은 자에게는 혜택이 주어지는데, 그는 ① 먼저 자신이 진리에 접근하는 기회를 얻었으며, ② 진리대로 실천하지 않고 가르칠 수는 없기 때문에 진리대로 실천하고자 하는 동기와 책임감을 가지게 되었고, ③ 맡은 직분에 충성함으로써 커다란 상급과 영광을 받을 기회와 특전을 소유한 것이다. 그러므로 유대인이 다른 민족들을 가르쳐서 하나님께로 인도할 책임을 맡은 것은 특별한 은혜다. 다니엘 12:3에 말하기를, "지혜 있는 자는 궁창의 빛과 같이 빛날 것이요 많은 사람을 옳은 데로 돌아오게 한 자는 별과 같이 영원토록 빛나리라"라고 하였고, 잠언 11:30에 말하기를, "지혜로운 자는 사람을 얻느니라"라고 하였다. 하나님의 말씀을 맡은 자가 그 사명에 순종하여 충성하면 자신이 받는 은혜가 크다.

3절. 이 구절은 두 번째 가상의 질문을 던진다. "어떤 자들"은 헬라어로 "티네스"(τινες)인데, 이 대명사는 믿지 않는 유대인을 가리키며, 숫자상으로 많고 적음을 고려하지 않은 표현이다. 어떤 학자는 이 구절을 풀어 설명하기를, "이 대명사가 소수를 가리킨다는 주장은 추측에 불과하다. 그리스도에 대한 하나님의 예언적 말씀이 성취되었음에도 불구하고 어떤 이들이 그것을 사실로 믿지 않는다면, 그들의 불신앙으로 말미암아 하나님의 언약이 유명무실해지는가? 다시 말해 하나님의 언약이 참되지 못한 것으로 간주될 것인가?"라고 하였다. 이 질문에 대해 다음 구절이 답한다.

4 그럴 수 없느니라. 이것은 헬라어로 "메 게노이토"(μὴ γένοιτο)인데, 이 어구는 강한 부정의 의미를 가지고 있다. 이 단어가 신약성경에 열다섯 번 나타나는데 그중 열네 번은 바울이 사용한 것이다.

사람은 다 거짓되되. 이것은 앞절에 나오는 "어떤 자들"의 불신앙(거짓됨)을 가리켜 말한 것이라고 하는 학자들도 있으나, 그보다는 천하 모든 사람이 다 거짓되다는 뜻으로 이해하는 것이 바람직하다. 예레미야 17:9에 말하기를, "만물보다 거짓되고 심히 부패한 것은 마음"이라고 하였다. 인간의 마음에 대하여 어떤 시인은 다음과 같이 말한다. "인간의 마음을 들여다보면, 그곳은 타락한 세계요, 어느 한 부분도 성한 곳이 보이지 않는다. 거기는 지, 정, 의 모든 방면으로 우상이 가득하였고, 어두움의 권세가 다스린다. 거기는 거짓 선지자가 날뛰는 곳이고, 정욕, 증오, 잔혹함이 터져 나오는 곳이다"(참조. 잠 28:26).

하나님은 참되시다 할지어다. 이 어구는 헬라어로 "기네스토 데 호 테오스 알레테스"(γινέσθω δὲ ὁ θεὸς ἀληθής)인데, 이것은 "하나님은 참되신 분으로 나타난다고 할지어다"라고 하는 것이 더욱 적절한 번역일 것이다. 하나님의 언약에 대해 인간이 신실하지 못한 반응을 보인다고 해서 하나님의 신실성이 폐해지거나 가려지는 것이 아니라 오히려 더욱 뚜렷이 드러나게 된다는 것이다. 그 이유는 인간의 죄악으로 인한 하나님의 심판이 인간의 불의를 밝히고 하나님의 의를 더욱 드러내기 때문이다.

주께서 주의 말씀에 의롭다 함을 얻으시고 판단 받으실 때에 이기려 하심이라. 이 말씀은 시편 51:4을 인용한 것인데 이 시편은 다윗이 자기의 죄를 깨닫고 회개하면서 했던 말이다. 그는 자신이 하나님께 범죄한 사실을 깨달음으로써 하나님의 의로우심을 더욱 절실히 깨닫게 되었다. 인간은 자신의 죄악을 깊이 깨달을수록 하나님의 의로우심을 더욱 밝히 알게 된다. 이 구절은 70인역에서 인용한 것인데, 히브리어 시편 원문과 일치하지 않는 것처럼 보이는 부분이 있다. "이기려 하심"(νικήσεις)이라는 말은 히브리어 "자카"(זָכָה 순전함)를 오역한 것이라고 생각할 수도 있다. 하지만 여기서 "이기려 하심"이라는 표현은 주의 말씀이 순전하므로 옳게 여겨져서 승리함을 가리키는 것이다. 따라서 델리치(Delitzsch)는 말하기를, "여기 사용된 문구는 히브리어 원문과 비교할 때 의미상으로 실질적인 차이가 없다."라고 하였다.

5절. 여기서부터 세 번째 가상의 질문이 등장한다. 만일 유대인의 불신앙이 결국 하나님의 신실하심을 드러낸다면(다시 말해 인간의 불의가 하나님의 의를 드러낸다면), 하나님은 "불의"의 편에 속하신 분인가 하는 질문이다.

내가 사람의 말하는 대로 말하노니. 이 말씀은 하나님의 논리를 따르는 것이 아니라 인간의 논리를 따라 말한다는 뜻이다.

진노를 내리시는 하나님이 불의하시냐. "진노"는 여기서 혈기로 말미암은 노가 아니라 거룩한 분노를 가리킨다. 하나님의 진노는 평상시에도 나타나지만 특히 최후의 심판 때는 극도의 진노가 나타나는 것이다. 유대인의 관념에서도 하나님의 거룩한 진노는 거룩한 것으로 여겨졌다. 그러므로 이런 성품의 소유자이신 하나님은 본질상 불의를 행하실 수 없는 분임이 그들에게 밝히 알려져 있었다.

6-8절. 이 단락은 5절의 질문에 대한 답변의 논리를 보여준다. 여기 제시된 이론의 요점은 "만일 그렇다면 하나님께서 어떻게 심판자가 되실 수 있겠는가?" 하는 것이다. 다시 말해 하나님께서 우리의 불의로 인해서도 영광을 받으신다고 해서 우리가 불의한 일을 그대로 계속해도 된다고 말할 수는 없

다는 것이다. 하나님은 전적으로 의로우시기 때문에 우리의 불의를 일순간도 좋아하지 않으신다.

9 그러면 어떠하냐 우리는 나으냐. 어떤 학자는 이 문구를 "그러면 우리가 나은 점이 무엇이냐?"라고 읽기도 한다. 그러나 윌리엄 샌데이(William Sanday)는 개역개정과 동일한 의미의 독법을 취하였다.[67)]

10 기록된 바. 이 구절부터 18절까지 인용된 말씀은 성경 여러 본문에서 선별하여 종합한 것이다(시 5:10; 10:7; 14:1-3; 53:2-4; 140:3; 사 59:7).

"기록된 바"라는 표현은 뒤에 이어지는 발언(모든 사람이 죄인이라는 말씀)이 진리임을 보증한다. 모든 인간이 죄인이라는 말씀은 인간의 생각이 아니라 "기록된 바" 곧 하나님의 말씀이기 때문에 이는 만고에 변치 않을 진리다. 인류 역사에 출현한 모든 지혜로운 철학자들과 과학자들의 말이 무위로 돌아간다 해도 "기록된" 말씀인 성경은 영원토록 진리다.

의인은 없나니 하나도 없으며. 미카엘리스(Michaelis)는 이 문구가 구약성경의 인용이 아니고 바울이 친히 한 말이라고 주장한다. 그러나 "카토스 게그라프타이"(καθὼς γέγραπται, 이렇게 기록한 것처럼)라고 말한 뒤에 저자 자신의 말을 제시한다는 것은 부자연스러운 일이다. 아마도 이 어구는 전도서 7:20에 기록된 "선을 행하고 전혀 죄를 범하지 아니하는 의인은 세상에 없기 때문이로다"라는 말씀에 기초한 인용일 것이다.

11 깨닫는 자도 없고. 이 구절은 시편 14:2에서 그 의미를 추출하여 인용한 것이다. 여기서 "깨닫는 자"라는 말은 하나님을 참되게 아는 지식을 소유한 자를 의미한다. 참된 지식을 가진 사람은 모든 사물에서 하나님의 존재와 영광을 발견한다. 사람이 설령 과학적으로 모든 것을 안다 해도 모든 것을 창조하신 하나님을 알지 못한다면 그는 아무것도 모르는 자와 같다. 시편 111:10

---

67) *Epistle to the Romans*, 76.

에 말하기를, "여호와를 경외함이 지혜의 근본이라 그의 계명을 지키는 자는 다 훌륭한 지각을 가진 자이니 여호와를 찬양함이 영원히 계속되리로다"라고 하였다(참조. 잠 1:7; 욥 28:28).

하나님을 찾는 자도 없고. 앞절이 하나님을 아는 지식에 대하여 언급했다면 여기서는 하나님을 찾는 열심에 대해 말하고 있다. 따라서 이 두 구절은 먼저 사상, 그다음에는 행동에 대해 단계적으로 말하는 것이다. "찾는다"라는 것은 사색적으로 하나님의 존재 여부를 탐구한다는 것이 아니라 하나님을 이미 알고 있는 자가 하나님께 가까이 나아가기 위하여 행위상으로 경건한 생활을 해나가는 것을 말한다. "찾는 자"(ὁ ἐκζητῶν)라는 말은 특별한 열심을 갖고 간절히 찾는 자를 의미한다. 히브리서 11:6에서도 같은 표현을 사용한다. 그렇다면 원칙적으로 간절함을 갖춘 행위만이 비로소 하나님을 찾는 행위로 인정될 수 있다는 것이 분명하다. 세상의 다른 일에 있어서는 간절하지 않은 행위도 간혹 목적을 이룰 수 있지만, 하나님을 찾는 일에 있어서는 간절함이 뒷받침되어야만 비로소 목적을 달성할 수 있다. 왜냐하면 하나님은 살아 계셔서 무성의한 자를 배척하시기 때문이다. 그것 역시 그의 거룩한 심판의 일부다.

12절. 이 구절은 시편 14:3의 인용이다.

다 치우쳐. 이것은 하나님을 찾을 수 있는 길로 가지 않고 탈선하여 방황하는 것을 의미한다. 하나님을 찾는다고 하면서 탈선하는 일도 있는데, 그 이유는 ① 하나님만을 찾지 않고 다른 것도 겸하여 찾거나, ② 하나님보다 세상을 먼저 찾거나, ③ 하나님을 찾되 성의 없이 찾거나, ④ 하나님을 찾되 하나님의 말씀대로 찾지 않거나, ⑤ 기회가 주어졌을 때 하나님을 찾지 않기 때문이다.

함께 무익하게 되고. 여기서부터는 앞에서 제시한 사상을 발전시켜 그 필연적인 결과를 지적한다. 하나님만이 참된 선과 능력의 원천이시기 때문에 오직 하나님을 알고 그를 찾는 자라야 진정한 도덕을 실행할 수 있다. 그러니 참된 선은 참된 종교의 결과다.

"함께"라는 말은 헬라어로 "하마"(ἅμα)인데, "모두 다"라는 의미다.

"무익하다"라는 단어의 어근은 "아크레이오"(ἀχρειόω)인데, 이는 "나쁘게 귀결됨"(to go bad)을 의미하는 것이다. 하나님을 찾는 삶에서 탈선한 자는 날이 갈수록 인생의 가치를 상실하여 하나님과 사람에게 해로운 존재가 되는 것이다.

선을 행하는 자는 없나니. 여기서 "선"이라는 말은 "크레스토테타"(χρηστότητα)인데, 이것은 하나님이나 인간에게 행하는 선을 가리키는 "아가토스"(ἀγαθός)와 달리 오로지 인간에게 행하는 선만을 가리킨다. 앞절은 하나님을 사랑하라는 계명을 위반하는 일에 대해 말하였는데 여기서는 사람에 대하여 잘못하는 일을 지적한다.

13 그들의 목구멍은 열린 무덤이요(참조. 시 5:9). 이것은 사람이 입으로 모든 악을 토해내는 것을 비유적으로 표현한 것이다. 그들이 토해내는 악담은 목구멍을 경유하기 때문에 여기서 목구멍을 언급한 것이다.

"열린 무덤"에서 악취가 끊임없이 새어 나오는 것처럼 악인의 입에서도 끊임없이 악담이 흘러나온다. 칼빈(Calvin)은 이 비유에서 한 가지 다른 의미를 발견하는데, 그는 이 구절이 악한 자가 항상 남을 해치고 집어삼키는 것을 가리킨다고 하였다. 다시 말해 열린 무덤이 사람을 더 잡아넣으려 하는 것처럼 악인은 쉬지 않고 사람들을 해하여 자기 배를 채우려 한다.

그 혀로는 속임을 일삼으며. 재담이 나쁜 결과를 가져올 수도 있지만, 남을 속이는 간사한 말은 더욱 악하다. 말하는 자는 곧이곧대로 말해야 한다. 그렇다고 해서 거칠고 무례하거나 우직하게 말해야 한다는 뜻은 아니다.

그 입술에는 독사의 독이 있고. 이것은 시편 140:3에서 인용한 말씀이다. 인간의 악담은 지극히 독한 것이어서 한번 그것으로 상처를 입은 자는 완치되기 어렵다. 독사의 독은 가까이 접근한 자에게만 해를 끼칠 수 있지만, 사람의 입술에서 나오는 독은 수만 리 밖에 있는 사람도 해칠 수 있다.

14 그 입에는 저주와 악독이 가득하고. 이 구절은 시편 10:7의 의미를 추출하여 인용한 것이다. 여기서 "가득하고"라는 말은 헬라어 "게메이"(γέμει)인데, 강조를 위해 문장 끝자락에 놓였다. 사람의 입에는 저주와 악독이 가득하여 기회만 있으면 넘쳐 나온다.

"저주"라는 것은 남이 망하기를 바라는 마음으로 내뱉는 악담을 뜻하고, "악독"은 남을 해치는 독한 말을 가리킨다. 악인은 이처럼 그가 가진 악을 무엇보다 먼저, 그리고 무엇보다 많이 입으로 토해낸다(마 15:17-19). 그러므로 사람의 입은 악이 활동하는 가장 강력한 요새다. 야고보는 "우리가 다 실수가 많으니 만일 말에 실수가 없는 자라면 곧 온전한 사람이라 능히 온 몸도 굴레 씌우리라"라고 하였다(약 3:2). 악인은 그 입에 "저주"가 가득하여 까닭없이 남을 저주하지만 그 저주가 상대방에게 임하지는 않는다(잠 26:2).

15 그 발은 피 흘리는 데 빠른지라(참조. 사 59:7). 앞절에서 인간의 악이 입으로 표출되는 상황을 묘사했다면, 여기서는 그의 악이 행위로 표출되는 상황을 보여준다.

"발"은 사람의 행위를 상징하는데, 그것이 "피 흘리는 데 빠르다"는 것은 증오, 잔인, 혈기가 가득한 행동을 아무런 제재 없이 행하는 것을 가리킨다. 다른 사람을 사랑하는 것이 모든 도덕의 근본이라면(롬 13:8), 남을 미워하는 것은 모든 부도덕의 근원이라고 할 수 있다.

16-18 파멸과 고생이 그 길에 있어. 이것은 그들이 가는 길에 패망과 곤고가 있다는 뜻이 아니라 그들이 어디를 가든지 남들에게 패망과 곤고를 끼친다는 의미이다.

평강의 길을 알지 못하였고(17절). 그들은 포학하고 잔인한 일을 일삼기 때문에, 그들 자신에게나 남에게도 평화를 주지 못한다는 것이다.

하나님을 두려워함이 없느니라(18절). 이 구절은 본 단락의 총괄적 결론이다. 저희가 하나님을 두려워하였다면 사랑을 실천했을 것이다.

19 율법 아래에 있는 자들에게 말하는 것이니. "율법 아래"라는 말을 문자적으로 직역하면 "율법 안에"라는 의미다. 이것은 "그리스도 안에"라는 구원의 영역에 대비되는 정죄의 영역을 보여주는 문구다. 율법은 언제 어디서나 정죄하는 일밖에 할 수 없는 것이다. 그러므로 그리스도 안에서 피난처를 찾지 못한 모든 사람은 유대인이나 헬라인이나 구별 없이 모두 다 율법 안에 있다. 그들은 단 한 사람도 예외 없이 모두 다 하나님의 정죄 아래 있다.

20 율법의 행위. 이 개념에 대해 몇 가지 해석이 존재한다.

1) 펠라기우스(Pelagius)의 교리. 그는 "율법의 행위"라는 것이 모세의 율법에 제정된 외형적 의식을 의미하는데, 예컨대 할례를 행하거나 짐승을 죽여 제물로 드리는 행위와 같은 것들이라고 가르친다. 사람이 의롭다고 인정되는 것은 이러한 외형적 의식으로 말미암지 아니하고 다만 율법의 윤리 조항들을 행함으로써 의롭다고 인정된다는 것이다.

2) 로마 가톨릭교회의 교리. 그들은 "율법의 행위"라는 것이 자연적 양심의 인도를 따라 행하는 일들을 의미한다고 가르친다. 이러한 양심의 행위로는 구원받을 수 없으며, 다만 예수를 믿은 후에 거듭난 사람으로서 행한 일들로 말미암아 구원받을 수 있다고 한다.

3) 아르미니우스(Arminius)학파의 교리. 여기서는 "율법의 행위"라는 것이 율법에 대한 완전한 복종을 의미한다고 가르친다. 자세한 설명은 다음과 같다. 곧 하나님이 아담에게 영생의 조건으로 율법에 대한 완전한 복종을 명령하셨으나, 복음 시대에는 그리스도의 공로로 인해 하나님께서 이처럼 완전한 복종은 요구하지 않으시고 다만 불완전한 복종이라도 기쁘게 받으셔서 그것으로 인해 사람이 구원을 받을 수 있다는 것이다.

4) 프로테스탄트(개신교)의 교리. "율법의 행위"라는 말에는 율법의 의식

적 조항에 대한 완전한 순종만 포함되는 것이 아니며 영적인 조항이나 기타 내밀한 동기에 속하는 것들까지도 포함된다는 것이다. 이것이 성경적인 바른 교리다.[68)]

의롭다 하심. 이것은 헬라어로 "디카이오오"(δικαιόω)라는 동사에서 파생한 것인데, ① 어떤 학자들은 말하기를, 이것은 다만 용서하는 것을 의미할 뿐이라고 주장하지만 그런 해석은 옳지 않다. 왜냐하면 용서한다는 것은 단순히 벌을 주지 않는 것을 의미할 뿐 의인으로 대우해주는 것을 의미하지는 않기 때문이다. ② 또 어떤 학자들은 말하기를, 이것은 사람을 내면적으로까지 옳게 만드는 것을 의미한다고 한다. 그러나 이런 해석 역시 옳지 않다. 가장 바람직한 해석은 다음과 같은 것이다. ③ 의롭다 하심은 법정 판결 행위에 사용되는 용어다. 이것은 구원의 도리에 있어서 불의한 죄인을 의롭다고 선언하는 것인데, 하나님의 공의를 만족시키고 용서할 뿐 아니라 그리스도의 의를 입혀 주어 의인으로 간주하는 것을 의미한다(Charles Hodge).

21 이제는. 이것은 헬라어로 "뉘니"(νυνί)인데, 강조의 의미를 가진 시간 부사다. 이 표현은 기쁨에 넘치는 새 시대의 출현을 지시한다. 이 용어는 삼중으로 강조되어 있는데, 첫째는 단어 자체가 "뉜"(νυν, 이제)이라는 부사에 "이오타"(ι)를 더하여 강조하였고, 둘째는 어순상 문장의 첫머리에 위치함으로써 강조의 효과를 더하였으며, 마지막으로는 "데"(δε)라는 용어의 수식을 받음으로써 강조의 의미를 지닌다. 여기 등장한 "이제는"은 오랜 가뭄 끝에 단비가 내리는 것과 같은 "이제는"이고, 캄캄한 어둠 끝에 밝음이 도래하는 것과 같은 "이제는"이며, 죽었다가 다시 살아나는 것과 같은 "이제는"이다. "이제는"이야말로 거대한 환희의 폭발이며 크나큰 감사의 표출인 것이다. 그러니 여기서 "이제는"이라고 말하는 사람은 할 수 있는 만큼 힘주어 외칠 필

---

68) Charles Hodge, *Commentary on The Epistle to The Romans*, 130.

요가 있는 것이다.

율법 외에. 이것은 20절에 나온 "율법의 행위로"라는 표현에 대립하여 나타난 것이다. 사람이 율법의 행위로는 의를 얻을 수 없지만(20절), 율법 외에 다른 길이 있다는 것이다. 이 어구는 문장의 첫머리에 위치하여 강조의 의미를 갖는데, 율법으로는 할 수 없는 그것을 율법이 아닌 것으로 할 수 있다고 힘주어 말하는 것이다. "율법"이라는 말이 헬라어에서 관사 없이 사용되었으니 이는 구약 율법뿐 아니라 기타 이방인의 모든 도덕률까지 포괄하는 일반적인 통칭임이 분명하다. 그렇다면 구원은 어떤 도덕률을 실행함으로써 얻는 것이 아니고 순전히 그것 외에 다른 길로 얻을 수 있는 것이라는 사실을 다음의 문구들이 가르쳐준다.

하나님의 한 의. 이것은 우리 죄인들에게 보여주신 하나님의 객관적인 의를 가리킨다. 이것은 하나의 기이한 의로서 우리에게 정죄를 가져오지 않고 도리어 영생을 가져다주었다. 그러므로 본문이 그것을 특이하게 여기는 의미에서 관사 없이 "디카이오쉬네 테우"(δικαιοσύνη θεοῦ "하나님의 한 의")라고 한 것은 합당하다. 여기서는 심판자의 "의"가 인생들 위에 임했음에도 그들을 정죄하는 대신 도리어 사죄하고 영생을 주시기 때문에 우리는 그것을 가리켜 특별한 의라고 할 수 있는데, 그 의는 그리스도 자신이시다.

나타났으니. 여기 사용된 헬라어 "페파네로타이"(πεφανέρωται)는 현재완료 시제인데, 그것은 "나타나 있는 상태"를 가리킨다. 여기서 "나타나 있는 상태"는 언제 어디서나 누구라도 볼 수 있고 또 얻을 수 있는 것이다.

율법과 선지자들에게 증거를 받은 것. "증거를 받은 것"이라는 표현은 헬라어로 "마르튀루메네"(μαρτυρουμένη)인데, 현재 분사 형태다. 현재 분사가 여기 사용된 이유는 율법과 선지자들이 증거한 내용이 여러 세대에 걸쳐 계속해서 효력을 갖는 것임을 가리키기 위해서다.

22절. 이 구절에 대한 자세한 해설은 앞절 "하나님의 의"에 대한 설명을 참조하라.

예수 그리스도를 믿음으로 말미암아. 여기서 "말미암아"라는 말은 헬라어로 "디아"(διά)인데, 이는 수단이나 방편을 의미한다. 믿음은 구원받는 일에 필요한 공로로 여겨지는 것이 아니고 다만 인간 편에서 구원받는 방편으로 사용될 뿐이다. 우리는 믿음을 구원받기 위한 공로로 오해하면 안 된다.

"믿는 자"는 헬라어로 "피스튜온타스"(πιστεύοντας)라는 현재 분사인데, 계속해서 믿음을 가지고 있는 자들을 가리킨다. 참신앙은 한두 번 믿고 그만두는 것이 아니고 계속하여 믿는 것이다.

하나님의 의. 21절의 해석을 참조하라.

차별이 없느니라. 헬라어 원문에는 이 문구의 초두에 "왜냐하면"(γάρ)이라는 접속사가 있다. "차별이 없"다는 말은 그리스도를 믿어야만 구원받는다는 점에서 누구나 일반이라는 뜻이다.

23절. 이 구절 이하에서는 하나님이 주시는 구원의 성격이 어떠한지 설명하여 준다. 마르틴 루터는 23-24절이 본서 혹은 성경 전체의 핵심이라고 하였다.

모든 사람이 죄를 범하였으매. 여기서 말하는 "모든 사람"이라는 범주에서 제외되는 사람은 한 명도 없다. 예로부터 죄인이 아닌 사람이 누가 있었던가?

"죄를 범하였으매"라는 말은 헬라어로 "헤마르톤"(ἥμαρτον)인데, 부정과거 시제 동사로서 이미 지난 일을 가리킨다. 인간의 범죄는 그 근원이 과거에 속한 것이다. 인류의 시조 아담 안에서 모든 사람은 이미 범죄하였다(5:12).

하나님의 영광에 이르지 못하더니. "하나님의 영광"은 무엇을 가리키는가? 이 문제에 대하여 몇 가지 해석이 있는데, ① 올스하우젠(H. Olshausen)은 인생이 최초에 가졌던 하나님의 형상을 가리켜 "하나님의 영광"으로 이해했고, ② 테오도르 찬(Theodor Zahn)은 "하나님의 영광"이란 하나님께서 인간에게 베푸시는 호의를 의미한다고 보았다. ③ 한편 "하나님의 영광"이 하나님으로부터 나오는 영적 축복을 의미한다고 주장하는 학자들도 있다. 이것은 인류가 타락 이전에 누리던 것이었는데, 타락 이후에 사라졌다가 예수를 믿음으로 하나님과 연합하는 사람들에게 다시 임하였다는 것이다. ④ 그러나 크레다너스(Greijdanus)와 리델보스(H. N. Ridderbos)는 "하나님의 영광"이 내세의 하늘 영광을 가리킨다고 말한다(참조. 8:17).

24 그리스도 예수 안에 있는 속량. 이 문구의 헬라어(τῆς ἀπολυτρώσεως τῆς ἐν Χριστῷ Ἰησοῦ)를 직역하면 "그리스도 예수 안에 있는 그 속량"이다. "그"(τῆς)라는 관사는 구속의 독특성을 나타내는 것인데, 그리스도 예수 외에는 죄인이 속량받을 길이 도무지 없다는 사실을 가리킨다(행 4:12). 세상에 많은 종교가 있으나 구속의 종교는 기독교뿐이다.

"속량"이라는 말은 헬라어로 "아폴뤼트로시스"(ἀπολύτρωσις)인데 이것은 노예를 해방할 때 주인에게 값을 치르고 노예를 사는 것을 의미한다.[69] 그리스도께서는 우리를 죄에서 해방시키기 위해 자신의 피로 우리가 저지른 죄의 대가를 지불하셨다. 이것이 바로 구속적인 구원이며, 이런 구원은 오직 그리스도 안에만 있다.

하나님의 은혜로. 여기 사용된 헬라어(τῇ αὐτοῦ χάριτι)를 직역하면 "그의 그 은혜"다. "그의"라는 대명사 소유격(αὐτοῦ)이 강조의 위치에 있는데, 그렇게 함으로써 우리의 구원이 오직 그(하나님)의 은혜로만 가능하게 되었다는 것을 역설한다. 게다가 "그"라는 단어(τη)가 부가된 이유는 이 은혜가 오직 나사렛 예수 안에서 단 한 번만 주어진다는 것을 강조하는 한편 그 은혜가 지극히 크다는 사실을 지적하기 위해서다. 단번의 행위로 영원한 효력을 갖는 지극한 은혜가 예수 그리스도의 십자가 처형에서 나타난 것이다.

여기서 "은혜"라는 용어는 하나님께서 독자적인 의지로(혹은 그 기쁘신 뜻

---

69) 행 20:28; 고전 6:20; 7:23; 갈 3:13; 벧전 1:18-19; 벧후 2:1; 계 5:9.

대로) 죄인들을 사랑하시는 호의를 표현한다. 그가 우리를 구원하신 것은 우리에게 무슨 의가 있었거나 혹은 우리의 요청을 막아낼 방법이 없었거나 혹은 무슨 부득이한 일이 있어서 그리하신 것이 아니다. 그가 우리를 구원하신 것은 전적으로 그의 무조건적인 호의로 말미암아 그리하신 것이다.

값 없이 의롭다 하심. 이 칭의의 선언은 하나님의 단순한 창조적 행위 이상의 호의다. 이것이야말로 무에서 유를 창조하신(Creatio ex nihilo) 불가항력적이고 지고한 명령의 결과다. 그가 우리에게 칭의를 베푸시는 데 우리의 어떤 선행을 조건으로 삼으셨다면, 그것은 창조적 행위가 아니고 기존의 것을 재료로 사용한 일종의 가공 행위일 것이다. 그러나 기독교의 칭의 교리는 그런 것이 아니다. 만일 기독교의 칭의가 보상 행위였다면 그것은 우리에게 있는 어떤 공로를 재료로 사용했기 때문에 다시 파손될 수도 있다. 하지만 칭의는 그런 것이 아니며 순전한 하나님의 의를 우리의 의로 여기는 것이다. 이것은 영원히 파괴되거나 훼손될 수 없는 것이다.

25 그의 피로써 믿음으로 말미암는 화목제물. 이 말씀은 그리스도께서 우리를 구속하신 방법을 잘 보여준다. 그것은 바로 그리스도의 피를 믿는 믿음으로 말미암는 것이다. 히브리서 9:22에 말하기를, "피흘림이 없은즉 사함이 없느니라"라고 하였다. "피"를 흘리는 "죽음"은 인생 최고의 희생이며 그보다 큰 희생은 없다. 하나님께서는 가장 위대한 사랑으로 우리의 구속을 위한 대가를 지불하시기 위해 독생자를 보내셨고, 이 세상에 오신 독생자께서는 가장 존귀한 보배로 구속의 값을 치르시기 위해 피 흘리는 죽음의 희생을 당하셨다. 이 같은 희생을 통한 구속은 하나님께서 아담과 하와의 가정에서 아벨이 양을 제물로 잡아 바치게 하실 때 시작하신 것이다. 구약 시대에는 이렇게 짐승의 피를 하나님께 드려 예수 그리스도의 피를 상징하는 표지로 삼았다. 물론 그 당시에도 짐승의 피가 사람의 죄를 담당한 것은 아니며, 짐승의 피로 예표된 그리스도의 피가 담당한 것이다. 그러므로 예수 그리스도의 피로 인

하여 우리가 구속받는 것은 태고부터 변하지 않고 내려온 진리다. 우리는 이 진리를 믿지 않을 수 없다. 신구약 성경의 사상 체계는 그리스도의 피를 중심으로 세워진 것이다. 누구든지 기독교 사상의 그 어느 한 조각이라도 바로 깨달으려면 그리스도의 피를 통한 구속을 핵심으로 삼아야 한다. 그런데 이 구절에서 "그의 피로써"라는 요소와 "믿음으로 말미암는"이라는 요소는 모두 "화목제물"이라는 개념과 관련되어 있다. 그리스도의 보혈과 인간의 신앙이 결합하여 화목제물의 효력을 발생시킨다. 그리스도께서 보혈을 흘리신 일이 아니고서는 인간이 아무리 위대한 신앙을 가졌다 해도 하나님과의 화목은 불가능하다. 더욱이 그리스도께서 우리 죄인들을 대신하여 보혈을 흘리셨다 해도 우리가 하나님의 선물인 신앙을 가지기 전에는 역시 하나님과 화목을 이룰 수 없는 것이다. 그러므로 예수 그리스도께서 흘리신 보혈과 우리의 신앙, 이 두 가지는 하나님과 인간 사이에 화해를 성립시키는 불가결의 요소이다.

"화목제물"이라는 개념은 헬라어로 "힐라스테리온"(ἱλαστήριον)인데, 이 용어는 시은소(mercy seat)를 의미할 수도 있지만, 여기서는 "피"와 관련하여 사용되었기 때문에 화목제물(속죄제물)이라는 의미를 갖는다.

세우셨으니. 여기 사용된 헬라어 동사(προέθετο)에는 두 가지 의미가 있다. 하나는 목표로 삼는다는 뜻이고, 다른 하나는 공공연하게 높이 들어 올림으로써(요 3:14) 모든 사람이 보고 믿게 한다는 뜻이다.

하나님께서 길이 참으시는 중에 전에 지은 죄를 간과하심으로. 이것은 "사람이 전에 지은 죄를 하나님께서 길이 참으셔서 벌하지 않으시고"라는 뜻이다(행 14:16; 17:30). 다시 말해 그리스도께서 오시기 전에 사람들이 지은 죄를 하나님께서 벌하시지 않은 역사가 있었는데, 이제 그리스도의 피가 그것을 대속하신다는 것이다. 특히 구약 시대에 형벌을 당하지 않은 성도들의 죄악이 여기에 해당한다.

26 이 때에. 이것은 그리스도 예수의 탄생과 함께 시작된 새 시대(신약 시대)를 가리키는 말이다.

자기의 의로우심을 나타내사. 하나님께서 우리의 죄를 용서하시되 창조세계의 정의를 무시하시면서 그리하신 것이 아니며, 자기 독자의 보혈을 우리의 죗값으로 지불하시고 용서하셨다. 하나님은 이로써 자기의 의로우심을 나타내신 것이다.

예수 믿는 자를 의롭다 하려 하심. "의롭다 하려 하심"이라는 어구에 해당하는 헬라어 표현(δικαιοῦντα)은 의의 성취(질적으로 의롭게 만듦)를 의미하는 것이 아니라 칭의(예수님의 공로로 불의한 자를 의롭다고 인정해줌)를 의미한다. 이러한 칭의는 일시적으로만 유효한 것이 아니고 영원무궁토록 유효한 것이다. 더욱이 그것은 결코 독재자가 임의로 무질서하게 시행하는 것이 아니며, 그가 친히 공의를 만족시키고도 남을 만큼 무한한 속죄의 대가(독생자의 피)를 치르시고 의롭다고 하여 주신 것이다.

"예수 믿는 자"라는 말은 헬라어로 "톤 에크 피스테오스 예수"(τὸν ἐκ πίστεως Ἰησοῦ)인데, 여기서 단수 명사가 사용된 것은 많은 사람 중 하나를 대표로 삼아 표현한 것이다. 테오도르 찬(Theodor Zahn)은 여기서 단수 명사가 사용되었다는 사실에 흥미를 가지고 말하기를, 이것은 하나님께서 칭의의 은혜를 베푸실 때 개개인을 대상으로 삼으신다는 의미라고 하였다.[70] 하나님께서 우리에게 칭의를 베푸실 때 우리를 집단으로 다루시지 않고 자상하게 한 사람 한 사람을 따로 부르신다는 것이다.

27절. 여기서부터 31절까지는 오직 믿음으로만 하나님의 의를 얻는다는 사실을 설명한다.

자랑할 데가 어디냐. "자랑"은 자기가 무엇이라고 생각하는 데서, 혹은 자기

---

70) Aber in der Anwendung der Regel handelt Gott mit dem einzelnen Menschen.

가 무엇을 행하였다든가 혹은 자기가 무엇을 소유하였다고 생각하는 데서 생기는 것이다. 인간이 하나님의 의를 얻게 된 것은 자기 자신에게 어떤 선한 것이 있어서도 아니고, 무슨 의를 이루어서도 아니며, 혹은 무슨 귀한 소유가 있어서도 아니다. 그렇다면 하나님의 의를 얻은 자가 자랑할 수 있는가? 본문은 "있을 수가 없느니라"라고 단언하였다.

있을 수가 없느니라. 여기 사용된 헬라어 "엑세클레이스테"(ἐξεκλείσθη)는 "완전히 닫혀버렸다"(It is shut out once for all)라는 뜻인데, 우리가 자랑할 것이 없다는 사실을 극도로 강조하는 표현이다. 하나님께서 그리스도 예수로 말미암아 오직 믿음으로만 얻을 수 있는 의를 나타내셨을 때, 인간은 자기에게 의가 전혀 없음을 깨달았을 것이니 자랑하는 일은 이미 그쳤어야 마땅하다. 예수 그리스도께서 오시기 전에는 인생들이 진리를 밝히 몰랐기 때문에 자기 의를 자랑했을 수도 있지만 이제 그리스도 예수께서 오신 것을 밝히 아는 자가 어찌 헛된 망상을 품고 자기 자랑을 펼칠 수 있겠는가?

무슨 법으로냐. 앞에서 인간은 자랑할 수 없게 되었다고 했는데, 그렇다면 그것은 "어떤 법칙에 따라서 그렇다는 말인가?"라는 의미다.

28 그러므로. 어떤 사본(ℵ A D)에서는 이 문장이 "그러므로" 대신에 "왜냐하면"(γάρ)이라는 단어로 시작한다. 샌데이(W. Sanday)와 크레다너스(Greijdanus)는 "왜냐하면"으로 시작되는 사본을 지지한다. 그들의 해석이 옳다면 이 구절은 앞절에 대한 이유를 제시하는 문장이다.

의롭다 하심을 얻는 것. 24절 하반절 해석을 참조하라.

우리가 인정하노라. "인정하노라"라고 번역된 헬라어 "로기조메타"(λογιζόμεθα)는 "간주한다", "여긴다", "인정한다" 등의 의미를 지닌다.

29-30절. 이 구절들은 22절에 나오는 "차별이 없느니라"라는 말씀을 다시 설명하는 것이 분명하다. 유대인에게나 이방인에게나 동일한 하나님이 계신다는 말은 그들에게 똑같은 구원의 방편(오직 믿음으로 구원받음)이 적용된

다는 것을 의미한다.

31절. 이 구절은 믿음으로 구원받는다는 교리가 율법과 어떻게 연결되는지를 밝힌다. 믿음으로만 구원받는다면 율법은 무가치한 것이 되고 마는가? 그렇지 않다. 신앙이 있는 곳(하나님과 바른 관계가 성립된 곳)에서는 하나님의 말씀인 율법도 그 존재가치를 충분히 발휘한다. 다시 말해 우리는 신앙을 통해서 율법을 바로 깨닫고 질적으로 바르게 실행할 수 있다는 것이다.

평주

그들이 하나님의 말씀을 맡았음이니라(2절). 이 구절 말씀은 "유대인의 나음이 무엇이냐?"라는 질문에 대한 답변이다. 바울은 유대인들이 "하나님의 말씀"을 맡았다는 점에서 모든 다른 민족들보다 특이하다고 말한다. 바울은 여기서 "하나님의 말씀"이 갖는 독특성을 지적한 것이다.

그러나 바르트(K. Barth)는 바울의 이 문구를 해석할 때 바울과는 다른 태도를 보이는데, 그는 "그들이 소유한 것이 모세였든지, 세례 요한이었든지, 혹은 황폐한 인생 가운데서 발견되는 도덕적 신념이었든지 간에 모두 마찬가지다. 이 가운데 어떤 것이라도 그것은 더 깊은 지각으로 인도하는 비유적 가능성을 가진다."라고 하였다.[71] 이 문장을 보면 바르트는 플라톤이나 사회주의가 모세와 동등한 자격을 가지기라도 한 것처럼 말한다. 그것은 구약 계시의 독특성을 무시한 말이다.

사람은 다 거짓되되 오직 하나님은 참되시다(4절). 이 말씀에 대하여 바르트는

---

71) K. Barth, *Römerbrief*, 53. "Ob das, was sie haben und hüten, Mose ist oder Johannes der Täufer, Plato oder der Sozialismus oder auch einfach die dem schlichten alltäglichen Tun innewohnende sittliche vernunft, gleichviel: es ist Berufung, Verheissung, Gleichnisfähigkeit in diesem Haben und Hüten, Angebot und offene Türe tiefster Erkenntnis."

"하나님과 사람과의 사이에 존재하는 모순적인 대조가 인식될 때, 비로소 하나님을 아는 지식이 발현되는 동시에 하나님을 향한 인간의 새로운 교제와 예배가 나타난다."라고 하였다.[72] 바르트의 이 말은 사람과 하나님 사이의 대조가 존재론적으로 "전적 타자성"(totaliter aliter)을 드러낸다는 의미다. 그러나 바울이 여기서 사람은 다 거짓되다고 말했을 때 그는 존재론적 차원에서 말한 것이 아니라 종교윤리적 관점에서 말한 것이다.

의인은 없나니 하나도 없으며 깨닫는 자도 없고 하나님을 찾는 자도 없고(10-11절). 바울은 여기서 인간이 본래부터 하나님을 모른다는 의미에서 이런 말을 하는 것이 아니다. 그는 인간이 타락한 이후의 일을 말한다. 그러나 바르트는 여기에서 인간은 피조성 때문에 죄인이며 또한 하나님을 알 수 없다는 해석을 덧붙인다. 그는 말하기를, "피조물이 영원에 이르는 길은 존재했던 적이 없다. 그것에 이르는 길은 오직 부정(否定)의 것이다. 이것이 바로 역사의 가르침이다."라고 하였다.[73] 이 말은 하나님의 세계와 역사의 세계를 모순 관계로 대립시키는 것이니 성경적이지 않다. 그의 주장은 인간의 피조성이 하나님을 아는 일에 장애가 되는 것처럼 간주하는 그릇된 견해다. 인간은 비록 지음을 받은 존재이지만 그들도 범죄하기 전에는 하나님을 알았다.

모든 입을 막고 온 세상으로 하나님의 심판 아래에 있게 하려 함이라(19절). 바르트는 이 말씀에 대하여 다음과 같이 해석한다. "경건은 우리가 사상 체계를 세울 수 있는 모든 근거를 제거하는 가능성이다."[74] 이것은 모든 체계적 사색을 배척하기 위해 올바른 체계적 사색까지도 배척하는 말이다. 그러나 하나님의

---

72) *Römerbrief*, 55. "Eben aus der Einsicht in diesen umfassenden Gegensatz des Menschen zu Gott, aus ihr allein, entspringt Gotteserkenntnis, neue Gottesgemeinschaft, neuer Gottesdienst."

73) *Römerbrief*, 62. "Anders als in der Negation des Geschöpfes ist die Position des Schöpfers und der ewige Sinn des Geschöpfes noch nie erkannt worden. Das sagt uns die Geschichte."

74) *Römerbrief*, 63. "Frömmigkeit ist die Möglichkeit, dass uns der letzte denk-und vorstellbare Boden auch noch unter den Füssen wegezogen wird."

말씀인 성경은 체계적 사색이 아닌가? 그것이 하나의 체계임을 누구도 부인하지 못할 것이다.

예수 그리스도를 믿음으로 말미암아(22절). 여기서 "예수 그리스도"에 대하여 바르트는 다음과 같이 말한다. "그의 최대의 성취는 부정적인 것이다."[75] 이것은 바르트가 예수 그리스도의 모든 역사적 성취를 긍정적인 공로로 대하지 않는 잘못된 사상이다. 하나님께서는 역사를 가치 있게 지으셨고 그 안에서 드러나는 선한 행동도 가치 있게 여기신다. 예수님께서 역사적으로 행하신 일들은 그 자체로 무한한 선의 가치가 있는 것이다.

모든 믿는 자에게(22절). 이 말씀과 관련하여 바르트는 계시 문제를 언급한다. 그는 다음과 같이 말한다. "하나님의 계약이 예수 그리스도에게서 성취되었다. 그러나 여기서 성취된 것이 자명한 진리는 아니다. 진리는 역사적인 것이 아니고, 심리적인 것도 아니며, 자연계 안에서 이루어지는 것도 아니고, 우리의 성찰의 대상이 될 만한 어떤 탁월한 사건도 아니다. 그것은 우리가 인식할 수 없는 사건이다. 이것은 우리가 가르칠 수도 없고, 전승할 수도 없고, 또한 연구의 대상으로 삼을 수도 없는 것이다."[76]

이것은 성경이 가르치는 계시의 원리와는 다른 학설이다. 성경의 계시 원리에 따르면 인간은 진리를 그 무한한 측면까지 파악하지는 못하지만(finitum non capax infinitum) 하나님께서 우리에게 알게 하신 범위 안에서는 올바로 알 수 있다. 개혁주의 신학에서만 이렇게 주장하는 것이 아니라 마르틴 루터도 같은 견해를 가지고 있었다. 그는 이렇게 말한다. "이단자들은 그리스도를 믿는다고 하면서 그리스도께 속한 것은 믿지 않는다. 그리스도

---

75) *Römerbrief*, 72. "Er ist auf der Höhe, am Ziel seines Weges eine rein negative Grösse."

76) *Römerbrief*, 72. "Dass die Verheissungen der Treue Gottes in Jesus dem Christus erfüllt sind, ...das alles ist nicht selbstverständlich und wird es nie. Es ist keine seelische, geschichtliche, kosmische, naturhafte Gegebenheit, auch nicht eine solche höchsten Ranges. ...Es kann weder überliefert, noch gelehrt, noch erarbeitet werden."

께 속한 것은 무엇인가? 그것은 그리스도가 제자들에게 가르치신 말씀이다. 그들의 말을 듣는 것이 곧 그리스도의 말씀을 듣는 것이다."라고 하였다.[77] 루터의 이 같은 발언은 확실히 진리의 전승 가능성을 인정하는 말이다.

바르트는 이 구절에서 믿음에 대하여서도 그릇되게 말하였는데, 그는 "장성하고 확신하는 믿음을 소유한다는 것은 있을 수 없는 일이다."라고 하였다.[78] 그러나 성경 말씀은 신앙생활에서 장성한 분량에 이를 수 있음을 가르친다(벧전 2:2; 벧후 3:18).

차별이 없느니라(22절). 이 말씀에 대하여 바르트는 다음과 같이 말한다. "하나님과 사람이 서로 갈라짐으로써 사람과 사람이 서로 연합한다. 이 같은 역리(逆理)는 절대적인 것으로 다루어져야 한다. 그리하여야만 거치는 돌이 불분명하게 남아 있지 않을 것이고, 기독교가 본질상 수수께끼와 같이 감추어진 것으로 남아 있을 수 있으며, 역사의 모든 인간적 성취에 대하여 의문을 제기할 수 있을 것이다."[79] 이 같은 바르트의 주장을 살펴보면, 그가 기독교를 역사적으로 이해되어 온 형태로 생각하고 있지 않음이 분명하다. 그는 기독교에 대한 정통적인 이해를 만족스럽게 여기지 않을 뿐 아니라 비정통적인 이해마저도 불만족스럽게 여긴다. 그는 어디까지나 위기 신학적인 사색, 다시 말해 불안정한 사색을 통해 기독교를 바라본다. 그러나 그런 사색은 성경적이지 않다. 예수님과 그의 사도들은 역사에 나타난 그대로의 하나님의 계시를 확고하게 붙잡고 그 말씀대로 가르쳐왔다.

모든 사람이 죄를 범하였으매 하나님의 영광에 이르지 못하더니(23절). 이 말씀에

---

77) Luther, *Vorlesung über den Römerbrief*, 126.

78) K. Barth, *Römerbrief*, 73. "Glaube ist darum nie fertig, nie gegeben, nie gesichert."

79) *Römerbrief*, 75. "Es ist ja notwendig, dass das Paradox absolut, dass der Abgrund zwischen Gott und Mensch ganz aufgerissen, dass das Argernis ganz gegeben, dass das Christentum ganz als das hingestellt wird, was es ist, als 'ein in der Geschichte alles in Frage stellendes Problem von fundamental rätselhafter Natur.'"

대하여 바르트는 다음과 같이 말하였다. "적극성을 띤 모든 요소, 곧 종교적 경고, 도덕적 의식, 인도주의는 그 자체로 벌써 붕괴의 씨앗을 품고 있다. 적극성을 띤 요소라는 것은 공연히 사람과 사람 사이에 차별과 거리감을 만들 뿐이다. 사람들 사이의 진정한 사귐은 그들의 무조건성에 근거해야 한다. 다시 말해 우리가 함께 죄인이라고 느끼는 때에야 우리는 서로 간에 형제로서의 연민을 느낀다."[80] 이것은 진정한 신앙생활에 적극적인 덕행이 존재함을 부인하는 그릇된 사상이다. 그는 모든 시공간적 실존은 하늘로부터 타고난 것이라도 부정적인 성격 아래 있는 것이라고 잘못 판단하였다.

그리스도 예수 안에 있는 속량으로 말미암아(24절). 바르트는 이 말씀에 대하여 설명하기를, "나사렛 예수는 역사의 모든 가능성 중에 하나다. 그러나 그는 불가능에 대한 모든 징후를 소유한 가능성이다. 그의 생애는 역사의 테두리 안에서만 역사라고 할 수 있다. 그것은 모든 구체적인 사항 중 하나이며, 시간적인 제약을 받는 일개 사건이다. 그러나 그것은 의미를 포괄하고 있는 역사이며, 시초와 결말을 감추어둔 사건이고, 영원을 암시하는 시간이며, 하나님의 음성으로 충만한 인생이다."라고 하였다.[81] 바르트의 이 같은 주장은 그의 위기 신학을 드러내는 것으로서, 예수 그리스도를 불완전한 역사의 실재로만 대하는 그릇된 의견이다. 우리가 믿기로 예수 그리스도는 역사에 들어오셔서 역사가 되신 동시에, 역사의 오류에는 동참하지 않으신 하나님이시다. 그러나 바르트는 이 같은 성경적 교훈을 망각한 채 그렇게 주장하는 것이

---

80) *Römerbrief*, 75. "Es kann nicht etwas menschlich Positives sein, worn unsre Solidarität untereinander begründet ist. Denn in allem menschlich Positiven('religiöse Anlage', 'sittliches Bewusstsein', 'Humanität')stecken immer schon die Keime sozialer Zersetzung. Was positiv ist an diesem Positiven, das ist etwas Differenziertes und Differenzen Begründendes. Reale Gemeinschaft zwischen Menschen findet statt im Negativen, in dem, was ihnen fehlt."

81) *Römerbrief*, 78. "Eine Möglichkeit unter andern Möglichkeiten ist Jesus von Nazareht, der 'Christus nach dem Fleische', aber die Möglichkeit, die alle Symptome des Unmöglichen an sich trägt. Eine Geschichte in der Geschichte, dinglich unter Dingen, zeitlich in der Zeit, menschlich in der Menschheit ist sein Leben, aber Geschichte voll Sinn, Dinglichkeit voll Hinweis auf Ursprung und Ende, Zeit voll Erinnerung der Ewigkeit, Menschlichkeit voll redender Gottheit."

니 우리는 그의 주장을 받아들일 수 없다.

하나님의 은혜로 값 없이 의롭다 하심을 얻은 자(24절). 이 말씀에 대하여 바르트는 "하나님의 긍휼은 우리를 향하여 내려 부어지는 의미에서만 참되며, 또한 이적으로서만 참되게 존속할 수 있다. 그것을 역사적 존재나 영적 경험의 단편으로 생각한다면, 우리는 그것이 참되지 않다는 사실을 부각하게 되는 것이다."라고 하였다.[82] 바르트의 이 같은 주장은 하나님의 은혜를 인간의 체험으로부터 완전히 단절시켜버린, 그릇된 초절주의 사상이다.

그의 피로써(25절). 이 말씀에 대하여 바르트는 다음과 같이 말한다. "구속은 예수님에게서도 이루어진다. … 다시 말해 그의 피로 인하여 이루어진다. 곧 ① 그가 육신의 불행이나 연약, 혹은 죄악과 완전한 연대 관계를 이루는 지옥에서 이루어진다. ② 인간의 광채인 영웅, 선지자, 이적 수행자로서의 예수가 사라짐으로써… 구속이 발생한다."라고 하였다.[83] 우리는 여기서 바르트가 말한 "예수님에게서도"라는 표현에 주의해야 한다. "예수님에게서도"라는 말은 "오직 예수님에게서만" 구속이 이루어진다는 성경적 교훈과 다른 색채를 보인다. 그는 역사적 예수와 원역사적 그리스도를 구분하여 생각한다. 그는 구속이 원칙적으로 원역사에서 이루어진다고 생각한다. 그는 역사적인 예수님은 원역사에 대한 표징이나 암시일 뿐이라고 생각한다. 이것은 그의 그릇된 생각이다. 성경은 예수와 그리스도를 구별하지 않으며 서로 다른 존재로 대하지 않는다. 성경은 예수가 곧 그리스도시라고 말씀한다. ③ 그는 예수님의 역사적 행동과 사역이 상징적인 의의만을 갖는다고 생각하며, 그것 자체로 가치 있는 공로가 됨을 인정하지 않는다. 그러나 예수님의 행동

---

82) *Römerbrief*, 77. "Wahrheit ist und bleibt die uns zugewendete göttliche Barmherzigkeit nur als Wunder('senkrecht von oben'), ihre geschichtliche und seelische Seite ist immer ihre Unwahrheit."

83) *Römerbrief*, 80. "Versöhnung geschieht auch in Jesus nur 'durch Gottes Treue in seinem Blut', d.h. aber in der Hölle seiner vollkommenen Solidarität mit aller Sünde, aller Schwachheit, allem Weh des Fleisches, im Geheimnis seiner für uns rein negativen Grösse, im Abblenden und Auslöschen aller Lichter-Held, Prophet, wundertäter."

과 사역이 단지 상징적 의미를 가질 뿐이고 그것들이 지시하는 내용이 별개로 존재한다는 것은 성경의 가르침이 아니다.

설교 의인은 없음(9-20절)

진리의 종교인 기독교는 모든 사람이 소망 없는 죄인이라는 사실을 가르친다. 동양의 유교는 인간이 수양을 통해 선한 사람이 될 수 있다고 가르쳤는데, 이것은 인간이 뼛속 깊이 죄인이라는 사실을 알지 못한 데서 생겨난 교훈이다. 또한 서양 철학자 플라톤(Plato)은 인간이 지혜를 사랑하는 마음을 통해 완전해질 수 있다고 생각했으니 이것 역시 인생의 진정한 처지를 깨닫지 못한 것이다.

1. 인생 중에 의인은 하나도 없다

죄는 한 사람 아담으로 말미암아 세상에 들어왔고, 사망도 한 사람으로 말미암아 세상에 들어왔다(5:12). 이 말씀을 보면 아담이 범죄로 인해 죽은 것이 사실이며, 죽은 자의 자손 역시 죽은 자라는 것도 확실하다. 사람이 죽었다는 것은 그가 하나님을 떠났다는 것이다. 아담의 후손은 태어나면서부터 모두 다 하나님에게서 떠난 자들이다. 하나님과 단절된 자들은 부패성을 본질로 가지고 있다. 그런 면에서 그들은 본질상 진노의 자식들인 것이다(엡 2:1-3). 본래 거룩하게 창조된 아담이 타락했다는 사실을 생각할 때, 타락한 아담의 후손으로 태어난 자 중에 죄를 범하지 않을 자가 누구겠는가? 여기서 우리는 성경 인물 가운데 대체로 선하고 의로운 자라 할 수 있는 에녹에 대해 생각해 볼 필요가 있다. 우리는 성경 말씀 한마디로 에녹 역시 죄인임을 알 수 있다. 다시 말해 히브리서 11:6에 이르기를 "믿음이 없이는 하나님을 기쁘시게 하지 못하나니"라고 하였는데, 이 말씀의 의미는 에녹조차도 믿음이 없이는 하나님을 기쁘시게 할 수 없는 죄인이라는 것이다. 선하고 의로운 에녹도 오직 믿음으로만 하나님을 기쁘시게 할 수 있었다. 그리고 믿음은 본래 인간들에게 내재해 있는 것이 아니고 하나님이 주시는 선물인 것이다 (엡 2:8).

2. 인간의 죄상

본문 11-18절 말씀은 모든 인간의 죄상을 묘사한다.

1) 사상의 죄(11절). 하나님을 아는 것이 지식의 근본인데, 하나님을 모르는 자들의 심령에 무슨 빛이 있겠는가? 하나님을 완강하게 부인하는 자일수록 심령이 어둡다. 무신론자들은 임종 시에 "나는 흑암 가운데로 빠져든다."라는 말을 남긴다고 한다. 데이비드 흄(David Hume)이 그랬고, 토머스 홉스(Thomas Hobbes), 레오 스트라우스(Leo Strauss), 미라보 백작(Honoré Gabriel Riqueti, Comte de Mirabeau) 등이 그리하였다. 하나님을 아는 지식이 없는 마음은 아무것도 모르는 어리석음이고 어두움이다. 인간이 범죄한 이후로 받는 형벌이 그러하다. 그는 하나님을 잃어버림으로써 자기 자신을 잃어버린 것이다.

2) 행위상의 죄(12절). 본문 12절은 "다 치우쳐 함께 무익하게 되고 선을 행하는 자는 없나니 하나도 없도다"라고 하였다. 이 말씀의 내용은 순서 있게 나타난다. 하나님에게서 떠난(11절) 인생은 무익한 자가 되었다. 인생의 본분은 하나님을 경외함인데(전 12:13) 그들이 거기서 떠났으니 소용도 없고 소망도 없이 되었다. 하나님을 모르는 인간은 진정한 인간미를 잃었다. 그는 짐승보다 타락된 방면을 가지고 있다. 그가 가지는 외식(外飾)은 짐승에게서도 찾을 수 없는 비열한 행동이다. 그들은 선을 행할 수도 없거니와 선을 행한다고 해도 선이 아니다. 하나님을 떠난 자리에는 참된 선이 없다.

3) 언사의 죄(13-14절). 본문은 말하기를 "그들의 목구멍은 열린 무덤이

요 그 혀로는 속임을 일삼으며 그 입술에는 독사의 독이 있고 그 입에는 저주와 악독이 가득하고"라고 하였다. 열린 무덤에서 악취가 나듯이 사람의 목구멍은 더러운 말과 시끄러운 말을 끊임없이 토해낸다. 말이 많은 것은 크나큰 허물이다. 혀는 인체의 조직에서도 긴요한 것이다. 혀는 사람의 신체 가운데서 가장 활동을 많이 하는 기관이기도 한데, 그 활동은 맹렬하며 따라서 사람이 혀로 범하는 실수가 많다. 혀는 거짓을 꾸미는 일에도 자주 관여하는데, 따라서 모든 죄를 배양하는 온상이요, 모든 죄의 앞잡이라 할 수 있다.

또한 혀는 독사의 독과 같은 악독을 만드는 공장에 비견되기도 한다. 악독한 입술은 사람의 마음을 상하게 하며 낙담시킨다. 어떤 시인이 다음과 같이 노래했다. "너의 말 한마디, 노여운 말 한마디가 친절한 마음을 상하게 만들었고, 한마디의 날카로운 책망이 아픈 눈물을 흐르게 만들었고, 부지중에 나온 실언이 앞날을 캄캄하게 만들어 찌르는 가시를 일평생 남겼도다. 남의 마음을 무겁게 만드는 것은 네가 발표한 말뿐이 아니라, 말하지 아니하는 태도에도 많은 마음이 아픈 상처를 입었도다. 네가 또한 말했더라면 많은 아픈 가슴을 풀어 주었으리니."

4) 발로 짓는 죄(15-17절). 인간의 이기적인 발걸음은 타인을 희생시키면서까지 자신의 유익을 추구하고자 한다. 그는 자신 때문에 남들이 고통받는 것을 깨닫지도 못한다. 그는 남들을 짓밟고 넘어간다. 그가 다른 사람과 접촉할 때는 반드시 그에게 고통과 불화를 안겨준다. 왜냐하면 그는 언제나 자기중심적으로 생각하고 행동하기 때문이다.

5) 눈으로 짓는 죄(18절). 사람의 눈은 하나님의 영광을 보고 그를 두려워하기 위해 존재하는 것이다. 그런데 인간은 타락하여 정작 하나님의 영광은 보지 못하고 오히려 세상의 영광만을 추구한다. 그리하여 그는 염려와 근심과 공포가 가득한 불행한 인생이 되고 말았다. 인간은 하나님을 두려워해야만 진정한 담력과 평강과 기쁨을 누릴 수 있다. 세상을 두려워하는 마음

은 사람을 세상의 종으로 만드는 반면 하나님을 두려워하는 두려움은 사람을 세상에서 해방시킨다. 우리는 어떤 대상의 진면목을 볼 줄 알아야 한다. 사람이 눈을 뜨고 있다 해서 참으로 눈을 뜬 것이 아니며, 바라본다고 해서 참으로 보는 것이 아니다. 우리는 우주 만물을 조망할 때도 그것의 참모습을 볼 수 있어야 한다. 우주는 너무 크고 복잡하여 우리가 제대로 파악하기 어렵다. 그것을 바로 보는 것은 부패한 인간에게는 불가능한 일이다. 하나님이 만드신 창조세계를 바로 보기 위해서는 하나님의 계시가 필요한데, 이 계시가 곧 하나님의 말씀인 성경이다.

설교 하나님의 의의 출현(20-21절)

하나님은 자비로우신 하나님이시며 인간의 멸망을 방관하지 않으신다. 그는 인간을 구원하시기 위하여 최선의 방침을 세우셨는데, 그것은 그리스도로 말미암아 그의 의를 믿는 자에게 구원을 주시는 것이었다.

1. 하나님의 의는 무엇인가?

본문은 명백하게 율법으로 말미암는 의와 하나님으로 말미암는 의를 대비시키고 있다(20-21절). ① "율법의 의"는 사람이 하나님의 법을 실천함으로써 성취하는 의를 뜻하기 때문에 실제로는 불가능한 것이다. "하나님의 의"는 하나님 자신이 이루신 의를 뜻하는데, 이는 절대로 완전하며, 또한 믿는 자에게 거저 주시는 것이다. ② 율법은 의를 행할 수 없는 자에게 행하라 지시하고 이에 실패하면 정죄하지만, 하나님의 의는 의가 없는 자에게 임하여 그것으로 말미암아 영생과 하늘나라의 영광을 누리게 한다.

2. 하나님의 의가 나타난 시대

바울 사도는 여기서 "이제는 율법 외에 하나님의 한 의가 나타났으니"라고 말한다. 이 말씀의 의도는 신약 시대 이전에는 하나님의 의가 존재하지 않았다는 뜻이 아니다. 하나님의 의는 은혜 언약이 체결되던 때, 다시 말해 "내가 너로 여자와 원수가 되게 하고 네 후손도 여자의 후손과 원수가 되게 하리니 여자의 후손은 네 머리를 상하게 할 것이요 너는 그의 발꿈치를 상하게 할 것이니라"(창 3:15)하고 하셨던 때부터 존재해온 것이다. 아담이 타락한 이후에 하나님의 모든 백성은 은혜 언약 아래 거하게 되었다. 아브라함도 그러하고 모세도 그러하였다. 아브라함이 믿음으로 구원받는 모든 자의 조상이 된다는 말은(롬 4:17) 그가 은혜 언약 아래서 하나님의 의를 받았다는 말과 같다. 모세 역시 시내산에서 율법을 받았지만, 그것은 과거의 은혜 언약을 폐지한다는 의미에서 새로이 율법을 받은 것이 아니다. 로마서 5:20에서 "율법이 들어왔다"고 하였는데, 이것은 과거의 은혜 언약에 율법이 부가되었다는 뜻이다. 다시 말해 율법은 은혜 언약을 돕기 위해 임했다는 것이다. 우리는 신약과 구약의 구원론이 서로 일맥상통한다는 사실을 성경의 증거로 잘 알 수 있다. 성경은 구원받는 길이 오직 하나이며 복음도 하나라는 사실을 확언한다(갈 1:8-9; 행 4:12). 구약 시대에도 믿음과 회개는 구원받는 자에게 절대적으로 요구되는 태도였다(시 51:12). 신약 시대의 복음과 구약 시대의 복음이 원리상으로 동일하다는 것은 확실하다. 다만 구약 시대의 복음은 율법과 선지자들에 의해 증언되었을 뿐 아직 드러나지는 않았으나, 신약 시대의 복음은 밝히 나타났다는 점에 차이가 있다. "나타남"은 신약 시대 복음의 특징이다. 그리스도는 세상에 오셔서 십자가에서 죽으시고 다시 살아나셨다. 신약 시대의 신자들은 이처럼 성취된 사실(나타난 사실)을 다루고 있다. 그러므로 신약 시대의 복음을 듣고도 회개하지 않는 자들을 향하여 그리스도께서 말씀하시기를, "심판 때에 니느웨 사람들이 일어나 이 세대 사람을 정죄하리니 이는 그들이 요나의 전도를 듣고 회개하였음이거니와 요나보다 더 큰 이가 여기 있으며"(마 12:41)라고 하셨다. 신약 시대의 성도들은 밝히 나타난 하나님의 의를 만났으니 구약 시대의 성도들보다 얼마나 더 잘 믿어야 하겠는가?

3. 하나님의 의를 받는 방법

우리는 하나님의 의를 받는 방법인 믿음에 대하여 생각해야 할 점들이 있다.

1) 믿음과 지식과의 관계. 믿음은 진실한 역사적 사실에 근거하고 있다. 다시 말해 믿음은 복음에 대한 사도들의 참된 증거에 기초한다는 것이다. 로마서 10:14에 말하기를, "듣지도 못한 이를 어찌 믿으리요"라고 하였다. 우리가 들음으로써 믿어지는 말씀이란 바로 성경을 가리킨다. 하나님께서 우리에게 주신 성경은 확고부동한 지식으로서 나타난 말씀이다. 따라서 우리는 믿음에서 지식적 요소를 배제할 수 없다. 신앙의 도리에서 인간의 지식으로 이해하기 어려운 점이 있다는 것은 분명한 사실이다. 그러나 우리가 이해하기 어려운 말씀에 대해서는 이해를 초월하시는 하나님께 의존하여 믿음을 가질 수 있다.

2) 믿음과 성령. 우리는 지식이라는 방편으로만 믿음을 얻을 수 있는 것이 아니다. 성경은 믿음이 하나님의 선물이라고 분명히 증거하고 있다(엡 2:8). 우리는 허물과 죄로 죽었기 때문에 성령을 받지 않고는 하나님과 사귈 수 없다. 다시 말해 우리는 성령의 감화를 받기 전에는 하나님을 믿을 수 없다.

3) 믿음과 순종. 우리는 성령께서 우리로 하여금 그리스도를 믿게 하실 때에 순종할 책임이 있다. ① 우리는 믿음의 대상이 누구인지에 대해 원칙적으로 해답을 얻었다면, 궁극적 난제들에 대해서는 문제 삼지 말고 순종하는

믿음의 자세를 보여야 한다. 모든 궁극적 난제들이 해결되기까지 믿지 않고 기다리겠다는 태도는 어리석은 것이다. 우리는 기독교에 대해 믿음을 가질 만한 진리들을 많이 알고 있으며, 그러한 지식만 가지고서도 그리스도를 받아들이기에 충분하다. ② 우리는 미래에 성취될 일들이 지금 눈앞에 나타나지 않았다 해도 그에 대해 믿음을 가질 수 있다. 미래에 성취될 일은 미래에 이루어지도록 하나님께서 작정하신 것이다. 우리는 모든 영적 진리들과 내세에 이루어질 사건들을 지금 눈앞에서 확인하려고 할 필요가 없다. 믿음은 보이지 않는 것들을 대상으로 하는 것이다. 노튼(W. K. Norton) 선교사 일행 18명은 인도에 선교하러 갈 때 생활비도 마련되지 않은 상태에서 배를 탔다. 노튼 선교사는 배에 오를 때만 해도 염려하지 않다가 대서양 한복판에 이르러 염려하기 시작했다. 그런데 그는 어느 날 밤에 꿈을 꾸었다. 그는 꿈속에서 널판에 올라 바다를 표류하고 있었고 사방에는 물밖에 없었다. 주위 사방에 물만 보였다. 그런데 그가 발걸음을 옮기려 하니 새로운 널판이 앞에 나타나는 것이 보였다. 그는 이 꿈을 통해 깨달음을 얻었다. 하나님께서는 그때그때 도움의 손길을 보내주신다는 것이다. 우리는 미래를 염려하지 말고 오직 하나님만 믿을 뿐이다. 우리가 그리스도를 믿고 의지하면 하나님의 의는 우리 것이 된다.

설교 구속(24절)

"구속"이란 말은 다른 주인에게 팔린 종을 위해 값을 치르고 다시 사서 그를 해방시키는 것을 의미한다. 예수님께서는 우리를 구속하시되 첫째, 죄 가운데서 구속하시고, 둘째, 환난 중에서 구속하시고, 셋째, 사망 중에서 구속하신다.

1. 죄 가운데서 구속하심

고린도전서 15:3에 말하기를, "그리스도께서 우리 죄를 위하여 죽으시고"라고 하였다. 거듭난 우리는 죄로부터 멀리 벗어나기를 원한다. 우리 가운데서 어떤 이들은 우리에게서 한 가지의 죄라도 없앨 방법이 있다면 가진 재산 전부라도 내어줄 마음을 가지고 있다. 그만큼 거듭난 우리는 죄를 멀리하고자 한다. 그렇다면 그리스도께서는 우리를 모든 죄에서 구속하셨으니 얼마나 감사한 일인가?

2. 환난 중에서 구속하심

요한복음 16:33에 말하기를, "세상에서는 너희가 환난을 당하나 담대하라 내가 세상을 이기었노라"라고 하였다. 예수를 믿는 자는 환난 중에도 구속받을 뿐 아니라 영적 축복을 많이 누린다. 그들은 환난 중에 신앙이 견고해지는 복을 받는다. 이는 마치 산꼭대기에 자리 잡은 나무가 바람을 많이 맞아서 뿌리가 깊어지는 것과 같다. 그들은 환난 중에 자기의 결점과 약점을 발견하고 겸손해지며 더욱 굳은 마음으로 주님을 의지한다. 집에 비가 새는지 알려면 비가 내려야 한다. 이같이 성도들은 환난 중에 자기의 약점을 발견하게 되고 신앙을 굳게 가질 수 있다. 게다가 그들은 환난 가운데 승리하는 삶을 살아갈 때 주님께서 동행하시는 은혜를 받는다. 이렇게 신자에게는 환난도 유익한 것이 된다.

3. 사망 중에서 구속하심

히브리서 2:15에 말하기를 "또 죽기를 무서워하므로 한평생 매여 종노릇하는 모든 자들을 놓아 주려 하심이니"라고 하였다. 사람은 누구나 죽음을 무서워한다. 그러나 그리스도의 구속의 은총을 받은 신자는 죽음의 관문을 통하여 영광의 내세에 들어가기 때문에 죽음을 무서워하지 않는다. 윌리엄 부스(William Booth)의 아내는 죽으면서 말하기를, "물결이 높으나 나는 잠기지 않는다."라고 하였다. 구속의 은혜를 많이 체험한 성도는 인생의 가장 큰 환난인 죽음 앞에서도 이처럼 담대한 모습을 보일 수 있는 것이다. 데이비드 리빙스턴(David Livingstone)은 아프리카 사막에서 사자와 마주했을 때도 두려움을 보이지 않고 "저 짐승이 나의 어느 부분을 먼저 먹을 터인가?"라고 잠잠히 생각했다고 한다. 월터 랠리 경(Sir. Walter Raleigh)은 순교하는 순간에 그를 처형하는 자가 용서해 달라고 빌었을 때 그를 포옹했으며, 형장의 이슬로 사라지기 직전에 "이 죽음은 고통스러운 것이지만 모든 병을 고치는 약이다."[84]라는 말을 했다고 한다. 죽음이 아무것도 아님을 알고 평안한 죽음을 맞이하기를 평생 기도했던 찰스 웨슬리(Charles Wesley)는 80세가 되던 해에 아무 지병 없이 잠자듯 주님 품에 안겼다고 한다.

설교 믿음으로 의를 얻는 근거와 그 결과(26-31절)

1. 하나님의 공의에 근거함(26절)

그리스도께서는 우리를 구속하기 위하여 죽으심으로써 하나님의 공의를 나타내셨다(25절). 하나님께서 독생자를 희생시키신 것은 우리의 죗값을 담당하시기 위함이었는데, 그것은 공의를 위한 큰 희생이었다. 아무리 위대한 성공이라도 공의에 근거한 것이 아니면 든든하지 못하며, 머지않은 장래에 무너진다. 세상 어떤 문제든지 공의대로 해결되지 않은 것은 참된 해결이 아니다. 그러나 인간은 공의에 근거하지 않고 정당한 값을 치르지 않은 행복을 누리려고 한다. 그것은 모래 위에 집을 짓는 것과 마찬가지다. 인간은 요행수를 바라지만 요행수는 없는 법이다. 요행수처럼 보이는 것도 실상 알고 보

84) This is a sharp medicine but a sound cure for all disease.

면 요행수가 아니다. 우리가 노력하지 않고, 희생하지 않고, 공의대로 행하지 않으면서 큰 소득을 바란다면 그것은 일종의 도박 행위다. 우주 만물은 모두 다 법칙에 순종하고 있다. 그들 중에 심지어 티끌 하나까지도 엄연한 법칙에 순응하고 있다. 우리는 눈에 보이는 법칙에도 복종하지만, 보이지 않는 무수한 법칙들로부터도 벗어나지 못하고 복종할 수밖에 없다. 요행수라는 것은 우주 가운데 전혀 없는 것이다.

여기서 우리가 생각할 것이 있다. 그것은 우리가 믿음으로 값없이 의를 얻는 것은 요행수가 아니라는 것이다. 만일 우리가 구원받는 것이 요행수로 되는 일이라면, 그런 구원은 모래 위에 지은 집과 같아서 견고하지 못할 것이다. 왜냐하면 하나님의 법칙은 요행수를 허용하지 않기 때문이다. 우리가 믿음으로 얻는 의는 공의대로 주어지는 것이다. 하나님께서 보내신 독생자 예수님이 십자가에 못 박히심으로 우리의 죗값이 치러졌다. 따라서 하나님께서는 우리에게 의를 주실 때 완전한 대가를 치르신 것이다. 다시 말해 하나님께서 믿는 자를 의롭다고 하실 때 자기의 공의를 나타내신다.

결과적으로, 이런 구원을 받은 우리는 자랑할 수 없다(27절). 고린도전서 4:7에 말하기를, "네게 있는 것 중에 받지 아니한 것이 무엇이냐 네가 받았은즉 어찌하여 받지 아니한 것 같이 자랑하느냐"라고 하였고, 고린도전서 6:19-20에 말하기를 "너희는 너희 자신의 것이 아니라 값으로 산 것이 되었으니 그런즉 너희 몸으로 하나님께 영광을 돌리라"라고 하였다.

2. 오직 믿음으로만 의를 얻는 것은 하나님이 한 분이신 사실에 근거함(27-30절)

만일 하나님이 여럿이라면 구원을 얻는 방법도 여럿일 것이고 서로 충돌할 것이다. 그렇다면 신앙의 원리라는 것이 세워질 수 없다. 신앙이란 하나님이 한 분이시며 진리도 하나뿐이라고 믿는 것이다. 하나님께서 죄인을 구원하실 때는 과거의 사람과 오늘날의 사람을 다르게 취급하지 않으시며, 유대인과 이방인도 다르게 대하지 않으신다. 하나님께서는 옛사람 아벨에게도 믿음을 요구하셨고(히 11:4), 현대인들에게도 믿음을 요구하신다.

결과적으로, 믿음을 소유한 자는 율법을 지키게 된다(롬 3:31). 우리는 믿음을 통해서만 하나님과 연결되며, 하나님의 것을 소유함으로써 율법도 지키게 된다. 신앙이 있어야만 율법에 합당한 행실이 이루어진다. 믿음을 강조했던 드와이트 무디(D. L. Moody) 선생이 미국에서 활동하던 시절에는 감옥에 죄수가 별로 없었다고 한다. 그러나 율법으로 의를 얻는다고 주장했던 바리새인들은 얼마나 부패했었던가? 그들은 외식하였고, 과부의 재산을 빼앗았고, 의인들을 죽였다. 그들은 예수님을 십자가에 못 박았다. 율법은 율법주의로 세워지는 것이 아니라 오직 믿음의 운동으로만 참되게 세워진다. 다시 말해 사람이 믿음으로 하나님과 연합해야만 율법에 나타난 하나님의 성결을 세울 수 있다. 율법주의자였던 사울은 스데반을 죽이는 일에 찬성표를 던졌었다. 그러나 믿음으로 돌아온 바울은 남들을 위하여 예수님의 십자가를 자기 어깨에 짊어졌다(고후 4:10). 그는 모든 신자의 모범이 되었다(고전 11:1). 마르틴 루터는 믿음으로 의를 얻는다는 복음을 알기 전에는 겁도 많고 미신도 많았었다. 그는 세상을 떠난 성도에게 기도한 적도 있었고, 사죄받기 위하여 꿇어앉아서 로마 대성당의 계단을 무릎으로 올라간 일도 있었다. 그러나 믿음으로 의를 얻는다는 진리를 깨달은 후에 그는 담대해졌다. 그는 신성 로마 제국 황제 카를 5세의 압박도 두려워하지 않았고, 교황도 두려워하지 않았다. 그의 담대함은 어디에 근거한 것이었는가? 그가 믿음으로 하나님과 연합하여 성령의 능력을 받았다는 사실에 근거한 것이었다.

제 4 장

내용분해

1. 아브라함의 칭의를 사례로 들어 칭의의 원리를 보여줌(1-3절)
2. 칭의에 대한 통속적 설명과 칭의가 가져다주는 행복(4-9절)
3. 아브라함이 칭의를 얻은 사건은 계약의 의미를 가짐(10-25절)

개요

1. 아브라함의 칭의를 사례로 들어 칭의의 원리를 보여줌(1-3절). 아브라함을 예로 든 이유는 유대인들의 입을 막기 위해서였다. 유대인들은 아브라함을 그들의 조상으로 여기고 자랑했다. 그런데 아브라함이 의롭다는 이름을 얻은 방법은 믿음이었다(3절). 그는 무엇을 믿었는가? 본문에 "하나님을 믿었다"라고 했는데 이것은 메시아를 약속하신(창 15:5) 하나님을 믿었다는 뜻이다. 하나님이 주시는 약속의 말씀은 사람들이 하나님을 믿을 수 있게 만들어준다. 신앙이란 하나님께 속한 사실들을 통하여 하나님 자신을 파악하

는 것이다.

2. 칭의에 대한 통속적 설명과 칭의가 가져다주는 행복(4-9절). 여기서 바울은 예리한 논리로 칭의의 진리를 밝힌다. 특히 "일을 아니할지라도 경건하지 아니한 자를 의롭다 하시는 이를 믿는 자에게는 그의 믿음을 의로 여기시나니"라는 바울의 진술(5절)은 매우 날카롭다. 이것은 우리가 받을 구원이 우리 자신의 의와는 관계없음을 보여 준다. 그러므로 칭의를 받았다는 것은 지극히 복된 일이다. 바울은 여기서 다윗의 입을 빌려 다시 한 번 그 행복이 어떠한 것인지를 설명한다. 그는 이처럼 구약성경을 인용함으로써 칭의의 원리가 구원사적 진리임을 보여 준다. 칭의의 원리는 결코 인간의 우연한 발명품이 아니다.

3. 아브라함이 칭의를 얻은 사건은 계약의 의미를 가짐(10-25절). 그가 칭의를 얻은 시점은 할례가 시행되기 이전이었다(10절). ① 이와 같은 사실은 아브라함 사건이 할례자나 무할례자를 구별하지 않고 모든 믿는 자에게 모범이 된다는 것이다. 다시 말해 믿음으로 의를 얻는다는 원리는 후대의 모든 신자에게도 마찬가지라는 것이다(12-13, 16-18, 23-24절), ② 아브라함이 할례 받기 전에 칭의를 얻었다는 사실은 또한 사람이 아무런 공로 없이 오직 믿음으로만 구원받는다는 사실을 예시하는 역할을 한다. 이는 구원이 다만 언약과 은혜와 믿음이라는 경로를 통해 임하게 될 것을 보여준다(13-16, 18-22절). 그러므로 아브라함이 칭의를 얻은 사건은 은혜 언약에 속한 것이다.

⚜ 해석

본 장은 믿음으로만 의를 얻는다는 주제(3:21-31)의 연속이다.

1-2 육신으로. 이 말이 바로 다음에 나오는 "우리 조상인"이라는 말에 연결된다고 보는 학자도 있지만, "무엇을 얻었다 하리요"라는 어구를 수식한다고 보는 것이 더욱 자연스럽다. 그렇다면 그 의미는 아브라함이 육신으로(사람의 힘으로) 의를 얻은 것이 아니라는 뜻이다.

만일 아브라함이 행위로써 의롭다 하심을 받았으면 자랑할 것이 있으려니와 하나님 앞에서는 없느니라. 칼빈(Calvin)은 이 문장을 가리켜 "에피케일레마"(ἐπιχείλημα), 다시 말해 약식논법이라고 불렀다. 보충 설명을 하자면 다음과 같다. 곧 "아브라함이 행위로 말미암아 의롭다 하심을 받았다면 자랑할 것이 있을 수 있다. 그러나 그가 자랑할 것이(하나님 앞에서) 없다고 했으니, 그렇다면 그의 의가 행위로 말미암아 얻어진 것이 아님이 분명하다."라는 것이다. 어느 누가 자신의 행위를 자랑의 근거로 삼을 수 있겠는가? 인간의 의라는 것이 더러운 옷과 같다고 성경이 이미 말하였다(사 64:6).

3 아브라함이 하나님을 믿으매(참조. 창 15:6). 아브라함이 하나님을 믿었다는 말은 단순한 지적 승인을 가리키는 것이 아니다. 신앙이란 그 대상이 이해가기 어려워도 전인격을 동원하여 신뢰하는 것이다. 아브라함이 하나님의 언약, 다시 말해 "네 몸에서 날 자가 네 상속자가 되리라 하시고 그를 이끌고 밖으로 나가 이르시되 하늘을 우러러 뭇별을 셀 수 있나 보라 또 그에게 이르시되 네 자손이 이와 같으리라" 하신 말씀(창 15:4-5)을 이성적으로 소화하기는 어려웠다. 그러나 그의 지성을 초월하여 그에게 임하시는 성령의 역사에 의지하여 아브라함은 그 말씀에 승복하였다. 창세기 17:17-18에 말하기를, "아브라함이 엎드려 웃으며 마음속으로 이르되 백 세 된 사람이 어찌 자식을 낳을까 사라는 구십 세니 어찌 출산하리요 하고 아브라함이 이에 하나

님께 아뢰되 이스마엘이나 하나님 앞에 살기를 원하나이다"라고 하였다. 이 말씀을 보면 마치 아브라함이 하나님의 약속을 믿지 않고 비웃었다고 증언하는 것처럼 보인다. 그러나 그의 웃음은 비웃음이 아니었고 놀라 기뻐하는 웃음이었다.

그것이 그에게 의로 여겨진 바 되었느니라. 이 말씀으로 볼 때 아브라함이 하나님으로부터 칭의를 얻은 것은 그에게 어떤 의로움이 있어서 그렇게 된 것이 아니다. 그에게는 의가 없었으나 그의 신앙이 하나님 앞에서 의로 여겨진 것이다. 이처럼 구약 시대의 가장 위대한 신앙의 인물도 자기 행위를 의지하지 않고 다만 오직 은혜로 의롭다 함을 얻었다. 이것을 보아도 사람이 은혜와 믿음으로만 구원받는 것이 확실하다. 신앙이라는 것은 행위 혹은 업적과는 정반대의 개념이다(참조. 5절). 신앙으로 의를 얻는다는 말은 아무런 공로나 행위 없이 의를 얻는다는 말과 같다. 그리고 "여겨진 바 되었느니라"(ἐλογίσθη)라는 용어는 대리적 인정의 의미를 내포한다. 다시 말해 아브라함에게는 의가 없으나 그의 신앙이 의로 여겨졌다는 것이다. 우리가 여기서 주목할 점은 그의 신앙이 의로 여겨질 수 있었던 이유다. 그의 신앙이 의로 여겨진 이유는, 아브라함의 신앙의 대상인 하나님의 약속에 포함된 그리스도가 바로 의의 원천이시기 때문이다. 더욱이 믿음 자체도 하나님의 선물이기 때문에(엡 2:8) 신자는 믿음이 있다고 자랑해서는 안 되며, 오히려 그도 남과 같은 죄인이면서 특별히 그런 선물을 받은 것을 황송하게 생각하고 겸손한 마음을 가져야 한다.[85]

4 일하는 자. 여기서는 행함을 통해 의롭다고 여겨지기를 도모하는 자를 "일하는 자"에 비유하는 한편, 믿음으로 칭의를 얻는 자를 "일을 아니하는 자"(5절)에 비유한다. 하나님 앞에서 선을 행하고 그에 대한 보수로 구원

---

85) Charles Hodge, *on The Epistle to Romans*, 169-173.

을 얻고자 하는 이들이 적지 않다. 그러나 그들의 노력은 헛될 뿐이니, 일에 대한 보수로 천국에 들어갈 자는 아무도 없다. 천국은 오직 "일을 아니하는 자", 다시 말해 자기 힘으로 의를 얻으려고 헛수고하지 않고, 오직 하나님의 의를 구걸하는 영적 걸인들만 들어갈 수 있다. 이렇게 구원 얻는 자들만 참된 선을 행할 수 있다.

5 **일을 아니할지라도 경건하지 아니한 자를 의롭다 하시는 이.** 하나님이 구원을 일종의 보상으로 주시는 분이 아니시라는 사실을 강조하기 위하여 본문은 "일을 아니할지라도"라는 말씀에 또다시 "경건하지 아니한 자"라는 설명을 첨부한다. 사람이 어느 정도로 구원받을 자격이 없는가 하면, 단지 선을 행하지 못하는 정도가 아니라 거기서 더 나아가 "경건하지 아니한" 자라는 말이다. 그렇다면 하나님께서는 단순한 무자격자가 아니라 자격에 반대되는 자를 대상으로 구원을 베푸셨으니 이는 사랑으로 말미암아 나타난 은혜다. 하지만 이 같은 구원은 선악 간에 보응하시는 하나님의 심판을 무시하거나 부정하는 것이 아니다. 이것은 신자의 칭의 문제에 국한하여 하나님께서 취하시는 특별한 처사다. 우리가 여기서 주의할 점은, 구원 문제에 관하여 우리가 자신이 유익한 일꾼인 것으로 착각하고 정당한 보수를 기대하는 어리석음을 버리고 철두철미 하나님께 의를 구걸하는 영적 걸인 의식을 가져야 한다는 것이다. 사람이 만일 자기 공로로 구원받기를 바란다면 그는 은혜로 구원받기를 거부하는 자다.

믿는 자. 이것은 헬라어로 "피스튜온티 에피"(πιστεύοντι ἐπί)인데, 하나님과 그 말씀 위에 온몸을 던져서 업히는 상황을 묘사한다.

믿음을 의로 여기시나니. 3절 하반절의 해석을 참조하라.

6 **복.** 여기 사용된 헬라어 "마카리스몬"(μακαρισμόν)은 "복되다"라는 뜻을 가지고 있다. 아리스토텔레스(Aristotle)는 신에게 가장 가까운 사람의 복됨을 가리킬 때 이 말을 사용하였다. 그러므로 에우티미우스 지가베누스

(Euthymius Zigabenus)는 말하기를, "복되다는 것은 존귀와 영예의 최고 상태를 가리킨다."라고 하였다. 그렇다면 "마카리스몬"(μακαρισμόν)은 누구라도 인정할 수밖에 없는 확실한 행복을 가리킨다.

7-8 불법이 사함을 받고 죄가 가리어짐을 받는 사람들은 복이 있고 주께서 그 죄를 인정하지 아니하실 사람은 복이 있도다. 이 말씀은 시편 32:1-2의 70인역(LXX) 본문을 인용한 것이다. 히브리어 마소라 본문에 따르면, 여기서 "불법"이라고 번역된 단어는 "페샤"(פֶּשַׁע)인데, 패역한 죄로서 공공연하게 드러내놓고 범하는 것이다. 그다음에 나오는 "죄"는 히브리어로 "하타아"(חֲטָאָה)인데, 이것은 하나님의 뜻을 정확히 맞추지 못하고 과녁을 빗나가는 행위를 저지름으로써 범하는 죄를 가리킨다. 그리고 마지막으로 "죄"라고 번역된 단어가 하나 더 나온다. 히브리어로 "아본"(עָוֹן)은 구부러짐이나 불공정을 의미하는 것으로서 인생의 정도를 따르지 않는 윤리적 죄악을 가리킨다. 이 세 가지 용어는 인생의 모든 죄악을 망라한다고 말할 수 있을 것이다. 그리고 여기서는 각각의 죄악들이 용서받는 것을 묘사하기 위해 서로 다른 동사가 사용되었다. "사함을 받는다"라는 말은 히브리어로 "네수이"(נְשׂוּי)인데, 이것은 치워버린다는 뜻이다. 그리고 "가리어진다"라는 말은 히브리어로 "케수이"(כְּסוּי)인데, 이것은 하나님께 보이지 않도록 그 죄를 가린다는 뜻이다. 그다음 동사인 "죄를 인정하지 아니한다"라는 말은 히브리어로 "야하쇼브"(יַחְשֹׁב)인데, 이것은 죄로 여기지 않고 목록에서 지워버린다는 뜻이다. 이 세 가지 동사는 사죄의 성격이 어떠한 것인지를 상세히 밝혀 주는데, 범죄의 흔적이나 뒤탈이 없도록 말끔하게 용서하신다는 것이고, 모든 것을 아시는 하나님께조차도 보이지 않도록 전능하신 하나님께서 친히 가려버리신다는 것이며, 죄가 있음에도 그것을 죄로 여기지 않으시는 철저한 속죄를 보여주신다는 것이다. "복이 있는 자"라는 선언을 받은 자는 누구인가? 그는 모든 공로를 소유한 성자(聖者)가 아니라 회개하고 믿음으로써 하나님의 의를 얻은 자다.

9절. 이 구절부터 12절까지는 믿음으로 칭의를 얻는 행복이 할례와 무관하게 주어진다는 점을 설명하고 있다. 칭의가 할례와 무관한 이유는, ① 칭의의 행복이 오직 신앙으로만 얻어지기 때문이며(참조. 9절 하반절 해석), ② 아브라함이 의롭다고 인정받은 것도 그가 할례 받기 이전에 이루어진 일이기 때문이다(10절).

그 믿음이 의로 여겨졌다 하노라. 이 말씀은 9절 앞부분에서 던진 "이 복이 할례자에게냐 혹은 무할례자에게도냐"라는 질문에 대한 답변이다. 할례자도 오직 믿음으로 칭의의 행복에 참여할 수 있다.

10 그런즉. 헬라어 접속사 "운"(οὖν)은 직역하면 "그러므로"다. 이것은 앞 절 "그 믿음이 의로 여겨졌다 하노라"라는 구절에 대한 결론을 이끄는 말이다. 아브라함이 의로움을 얻었던 것은 믿음으로 말미암은 것이며, 그가 할례를 받기 전에 일어난 일이었다.

그것이 어떻게 여겨졌느냐. 여기서 "어떻게"라는 단어는 "어떤 방식으로"라는 의미를 지니고 있으며, 아브라함의 칭의가 어떤 시점에 이루어졌는가 하는 질문이다.

무할례시니라. 창세기 15:6에 아브라함이 의롭게 여겨졌다는 말씀이 있고, 창세기 17:10 이하에 그가 할례 받은 사실을 기록한 것으로 볼 때, 아브라함의 칭의는 그의 할례보다 앞서는 것이 사실이다. 그렇다면 아브라함의 칭의는 그의 할례로 말미암은 것이 아니다. 따라서 우리는 이 말씀을 통해 무할례자도 칭의의 복을 얻을 수 있다는 사실을 알 수 있다. 아브라함이 하나님께 부르심을 받은 시점은 그가 이방인이었을 때였으며, 그가 이스라엘 민족의 족장이었을 때가 아니었다.

11 할례의 표. "할례"는 아브라함이 칭의를 얻었다는 증표에 불과한 것이며, 할례가 곧 칭의의 본질은 아니다. "표"(σημεῖον)는 그 자체에 목적을 가지는 것이 아니다. 그러므로 만일 우리가 표에 시선을 집중하거나 표를 목적으

로 삼고 결국 표에 머물러 있다면 그것은 어리석은 일이다. 표는 단순히 표로 대해야 하며 그것을 본체로 여겨서는 안 된다. 그러나 많은 유대인이 이처럼 표에 불과한 할례를 본체로 오해하고 그것을 과도하게 중시했다. 결과적으로 할례는 유대인들에게 표로서의 역할도 제대로 하지 못하고 도리어 본체를 발견하는 데 장애물이 되고 말았다. "표"를 본체로 여기는 일에 익숙해진 유대인들은 구약의 모든 예표가 가리키는 예수 그리스도를 발견할 수 없었다. 종교의 외적 형태 중 어떤 것은 이같이 표로서의 의미를 가질 뿐이다. 그것들이 표로 여겨지지 않고 본체로 오인될 때는 상당히 큰 위험이 찾아온다.

무할례자로서 믿는 모든 자의 조상이 되어. 아브라함이 후대 그리스도 신자들의 조상이라고 말할 때, 그들 사이의 관계는 혈통에 따른 것은 분명 아니다. 그 관계는 다만 ① 아브라함이 받은 영적 은혜에 후대의 그리스도 신자들도 똑같이 참여한다는 의미이고, ② 이 영적 은혜를 받은 자가 아브라함 한 사람으로 그치는 것이 아니라 이후로도 수없이 나타날 것인데, 이는 마치 육신적으로 한 사람의 조상에게서 수많은 후손이 출현하는 것과 같다는 의미다 (17-18절).

12 또한 할례자의 조상이 되었나니 곧 할례 받을 자에게뿐 아니라 우리 조상 아브라함이 무할례시에 가졌던 믿음의 자취를 따르는 자들에게도 그러하니라. 이 말씀의 정확한 번역은 다음과 같다. "또한 할례의 조상이니 곧 할례를 받을 뿐 아니라 우리 조상 아브라함이 무할례 시에 가졌던 믿음의 자취를 따르는 자들에게도니라"(Theodor Zahn). 다시 말해 유대인들은 그들이 유대인이라는 사실만으로 아브라함의 자손이 될 수 없으며 그들도 아브라함의 믿음의 자취를 따라야만 아브라함의 자손이 된다는 뜻이다. 아브라함이 유대인의 조상이지만, 그들이 아브라함의 신앙을 따르는 경우에만 그러하다는 말이다. 유대인이라는 사실만으로 아브라함의 자손이 되는 것은 아니다. 아브라함의 자손이 되는 자격은 오직 신앙뿐이다. 아브라함의 자손이 되려는 자는 이 세상에서 끊

임없이 신앙의 발자취를 따르는 영적 순례자여야 할 것이다.

"자취를 따르는 자들"이라는 표현에서 "따르는 자들"이라는 단어는 헬라어로 "스토이쿠신"(στοιχοῦσιν)인데, 가로 혹은 세로로 나란히 줄을 이루는 것을 가리킨다.[86] 그러므로 여기서 "자취를 따른다" 함은 한 줄로 서서 앞선 자가 가는 대로 보조를 맞추어 따라감을 의미한다(Zahn). 아브라함의 자손이 되는 자는 아브라함과 신앙의 보조를 맞추는 자다.

13절. 이 구절부터 17절까지는 아브라함이 유대인에게만 아니라 이방인에게도 조상이 된다는 사실을 증명한다. 여기서 바울이 제시하는 증거는 아브라함에게 주신 약속이 율법에 의존하는 것이 아니라 순전히 신앙의 길에 의존한다는 사실이다. 이 구절은 이유 접속사 "가르"(γάρ)로 시작한다.

세상의 상속자. 상속자(차지하는 자)는 누구를 의미하는가? 다음 구절을 살펴보자. "하나님이 그들에게 복을 주시며 하나님이 그들에게 이르시되 생육하고 번성하여 땅에 충만하라, 땅을 정복하라, 바다의 물고기와 하늘의 새와 땅에 움직이는 모든 생물을 다스리라 하시니라."(창 1:28). 여기 기록된 축복이 그대로 실현되었다면 인류는 세상을 기업으로 누리는 자, 곧 세상의 상속자로서 행복한 삶을 살아갈 수 있었을 것이다. 그러나 인류가 범죄함으로 말미암아 만물은 인류에게 이상적인 행복을 가져다주지 않게 되었다(창 3:17, 19; 4:12; 롬 8:20-22). 그러므로 하나님께서 아브라함에게는 구속을 통해 주어질 "세상의 상속자"라는 신분을 약속하신 것이다. 하나님께서 아브라함에게 약속하신 내용은 이렇다. ① "땅의 모든 족속이 너로 말미암아 복을 얻을 것이라"(창 12:3) 하셨고, ② "너는 여러 민족의 아버지가 될지라"(창 17:4) 하셨고, ③ "네 씨가 크게 번성하여 하늘의 별과 같고 바닷가의 모래와 같게 하리니"(창 22:17) 하셨고, ④ "네가 거류하는 이 땅 곧 가나안 온 땅을 주어 영

86) W. Pape, *Griech-Deutch Handwörterbuch*. "In einer Reihe neben oder hinter einander stehen."

원한 기업이 되게 하고"(창 17:8) 하셨다. 이 네 가지 약속은 그리스도를 통하여 이루어진 것인데, 그 약속들은 그리스도께서 신자들로 "영원한 기업"을 얻게 하시고 세상의 상속자가 되게 하심으로써 완성된다.

"땅의 모든 족속이 너로 말미암아 복을 얻을 것이라"(창 12:3)라는 말씀은 아브라함의 자손 중에서 그리스도가 탄생하실 것을 가리킨다(갈 3:7). 그리스도께서 오시지 않으면 인류에게 영원한 축복이 임할 수 없다. 그리고 "너는 여러 민족의 아버지가 될지라"(창 17:4)라는 말씀과 "네 씨가 크게 번성하여 하늘의 별과 같고 바닷가의 모래와 같게 하리니"라는 말씀은 그리스도로 말미암아 모든 나라에 아브라함과 같은 복(믿음으로 의롭게 됨)을 누릴 자들이 많으리라는 것을 시사한다. 그리고 가나안 땅이 영원한 기업이 된다는 말은 그리스도 신자들이 세상의 상속자가 될 것을 예표한 말씀이다.[87] 그리스도로 말미암아 "세상의 상속자"가 되는 축복이 우리에게 완전히 실현되는 때는 하나님께서 만물을 새롭게 하시는 그때(계 21:5), 곧 "다시 저주가 없"는 그때다(계 22:3).

율법으로 말미암은 것이 아니요. "율법"이라는 단어에 관사가 없는 것을 보면 여기서는 모세의 율법만 가리키는 것이 아니라 세계의 일반적 도덕률을 의미하는 것으로 보인다. 아브라함이나 그 후손(모든 그리스도 신자들)이 세상의 상속자가 되는 일은 그들의 율법 준수를 조건으로 삼지 않는다.

14절. 이 구절은 앞절에서 말한 "언약은 율법으로 말미암은 것이 아니요" 라는 주장에 대한 변증이다.

믿음은 헛것이 되고 약속은 파기되었느니라. "세상의 상속자"가 되게 하리라는 약속이 율법을 준수한 공로로 얻어지는 것이라면, 세상 어느 누가 이에 해당

87) Greijdanus, *Romeinen*, 1-8, 234. "Het ontvangen van alles, de geheele wereld, wordt er mee aangewezen, zooals dat door Israëls bezit van Kanaän werd gesymboliseerd."

한다고 자부할 수 있겠는가? 우리는 이미 모든 사람이 스스로 율법을 지킬 수 없다는 점을 인정하였다. 따라서 율법을 지킴으로 말미암아 "세상의 상속자"가 되는 것이라면, 믿음도 헛것이요 약속도 거짓이 되고 말 것이다. 약속과 신앙은 오직 은혜로만 칭의를 얻고 "상속자"가 되는 제도하에서만 유효한 것이다.

15절. 이 구절은 앞절 말씀에 대한 원인을 제공하기 때문에 헬라어 이유 접속사인 "가르"(γάρ)로 시작한다.

율법은 진노를 이루게 하나니. 이러한 이치는 7:5 이하에서 더욱 명백하게 설명되었다. 율법은 우리가 하나님의 진노를 면하게 해주는 것이 아니고 도리어 진노를 이루게 하는 것이다. 따라서 율법으로 말미암아 천국의 "상속자"가 될 수 있다는 말은 성립될 수 없다. 그런데 율법은 어떤 방식으로 하나님의 진노를 이루게 하는가? ① 율법은 죄가 무엇인지를 밝혀 주기 때문에 율법의 가르침을 받고서 그것을 위반하는 자에게는 죄가 구속력을 갖는다. ② 또한 율법은 범죄자를 추적하여 그의 죄를 규정하는 역할도 한다. 이와 같은 두 가지 율법의 작용은 인간이 하나님의 진노를 면하게 해주는 것이 아니라 도리어 하나님의 진노에 붙잡히게 만든다. 그것은 율법이 선하지 못해서가 아니라 인간의 본성이 악하기 때문이다.

16 은혜에 속하기 위하여 믿음으로 되나니. 이 구절은 다시 14절의 말씀에 연결된다. 만일 "세상의 상속자"가 되게 하는 약속이 율법으로 말미암는다면, 그 약속은 결코 성취될 수 없다. 왜냐하면 율법을 완전히 준수할 수 있는 자는 인류 중에 한 사람도 없기 때문이다. 결론적으로 상속자가 되는 일은 은혜로 말미암지 않고는 성립될 수 없다. 따라서 상속자가 되는 일을 하나님 편에서는 은혜로 주시게 되었고, 인간 편에서는 신앙으로 받아들이게 되었다.

그 약속을 그 모든 후손에게 굳게 하려 하심이라. 인간의 구원이 인간 자신의 힘에 달렸다면 그 같은 구원은 견고하지 못할 것이다. 왜냐하면 인간은 본질상 진노의 자식이기 때문이다(엡 2:3). 그러므로 우리의 연약함을 아시는 주님은 우리의 구원을 성취하시는 일에 우리에게서 어떤 도움도 받기를 기대하지 않으셨다. 하나님께서는 구원받을 자들의 연약함이나 부패 여부와 무관하게 불가항력적으로 그들에게 구원을 베푸셨다.

율법에 속한 자에게뿐만 아니라 아브라함의 믿음에 속한 자에게도 그러하니. 이 구절은 "상속자"가 되는 방법이 두 가지라고 말하는 듯하다. 다시 말해 유대인과 같이 율법에 속하는 길과 아브라함의 믿음에 속하는 길이 있다는 말처럼 들린다. 그러나 실상 이 말씀은 그런 의미가 아니다. 이 구절을 상반절 말씀과 긴밀히 연결해서 살펴보면 여기에는 어떤 난제도 존재하지 않는다. 상반절 말씀은 "상속자"가 되는 일이 은혜와 믿음으로 말미암는다고 설명하는데, 하반절에서는 그 진리가 적용되는 구체적인 실례를 설명한다. 다시 말해 은혜와 믿음으로 "상속자"가 된다는 원칙은 율법에 속한 유대인에게나 이방인에게나 마찬가지라는 것이다.

아브라함은 우리 모든 사람의 조상이라. 이 문구는 아브라함의 믿음을 따르는 자, 곧 이방인 그리스도인의 "상속권"을 명확히 하기 위해 덧붙여진 말씀이다. 아브라함은 유대인 그리스도인에게만 조상이 아니라 이방인 그리스도인에게도 조상이 된다. 사실상 그는 모든 믿는 자의 조상이다.

17 기록된 바. 이 문구는 16절 끝자락에 있는 "아브라함은 우리 모든 사람의 조상이라"라는 말씀을 구약성경으로 확증하는 역할을 한다. 이것은 창세기 17:5 말씀인데, 히브리어 원문을 직역하면, "내가 너를 많은 나라의 조상으로 세웠다."라는 뜻이다. 테오도르 찬(Theodor Zahn)은 이 말씀에 내포된 의미가 아브라함이 그의 육체적 후손들의 조상(die leibliche Nachkommenschaft Abrams und Sarahs)이 된다는 것이라고 설명한다. 그러나 이 말씀을 해석할 때는 반드시 창세기 18:18-19과 22:17-18을 참조해야 한다. 거기서는 이스라엘뿐 아니라 모든 나라가 아브라함의 육체적 후손으

로 말미암아 복 받을 것을 예언하였다. 그렇다면 아브라함의 육체적 후손이신 그리스도로 말미암아 영적 축복이 모든 나라에 미칠 때 아브라함은 그 모든 나라의 영적 조상이 된다는 의미다.

그가 믿은 바 하나님은 죽은 자를 살리시며 없는 것을 있는 것으로 부르시는 이시니라. 이것은 아브라함과 모든 그리스도 신자들이 영적으로 하나의 계통임을 지적한다. 이 구절에서 말씀하는 대로 아브라함이 가진 신앙의 특색은, ① "죽은 자를 살리시는" 하나님을 믿은 것이다. 아브라함은 이삭을 드리라는 하나님의 명령에 순종함으로써 이 같은 믿음을 증명하였다. 히브리서 11:17-19에 말하기를, "아브라함은 시험을 받을 때에 믿음으로 이삭을 드렸으니… 그가 하나님이 능히 이삭을 죽은 자 가운데서 다시 살리실 줄로 생각한지라 비유컨대 그를 죽은 자 가운데서 도로 받은 것이니라"라고 하였다. 아브라함의 이러한 신앙은 우리 그리스도 신자들이 예수님의 부활을 믿는 신앙과 비슷하다. ② "없는 것을 있는 것으로 부르시는" 하나님을 믿은 것이다. "없는 것을 있는 것으로 부르시는 이"라는 말씀은 없는 것을 있게 만드시는 분이라는 뜻이다. 아브라함은 100세가 되도록 아들이 없었지만, 후손이 하늘의 별들과 해변의 모래같이 많게 하시겠다는 하나님의 약속을 믿었다. 이 신앙은 무수한 죄인들을 중생시키시는 하나님의 능력을 믿는 그리스도 신자들의 믿음과 흡사하다.

하나님은 "죽은 자를 살리시며 없는 것을 있는 것 같이 부르시는" 분이라고 믿는 신앙에 대하여 바르트(K. Barth)는 다음과 같은 주해를 붙였다. 곧 "신앙은 역사적 창조력을 갖는다는 점에서 신화나 신비처럼 몽롱한 세계관을 가진 유사 신앙과는 판이하다. 신앙은 고차원의 세계를 이 세상으로 끌어들여서 이 세상을 부요하게 만드는 것이 아니다. 인간의 죽음과 비존재 외에는 아무것도 보이지 않는 바로 그곳에서 신앙은 생명과 존재를 보며, 사람들이 충만한 생명을 보는 바로 그곳에서 죽음과 비존재를 본다. 아브라함은 이런 위기의 경계선상에 처해 있었던 것이다. 이 경계를 넘어서기 위해 이쪽에서 무언가를 연장하거나 발전시키고 건축하는 것은 헛수고다. 건너편에서 볼 때 그런 연장, 발전, 건축은 오직 죽음이요 비존재일 뿐이다."라고 하였다.[88] 이것은 바르트가 그의 위기 사색적 원리에 따라 신앙을 바라본 것이며 그릇된 학설이다. 그가 신앙을 순수하게 모순된 개념의 작용으로 여긴 것은 잘못된 접근이다. 신앙은 하나님의 능력으로 시공간의 세계에서 일정한 상태로 존재할 수 있는 것이다.

18절. 이 구절에서 25절까지는 아브라함의 신앙 및 그가 받은 칭의가 그리스도 신자들과 어떤 연관성을 가지는가에 대하여 밝힌다.

바랄 수 없는 중에 바라고 믿었으니. 이 구절의 헬라어 원문(παρ' ἐλπίδα ἐπ' ἐλπίδι ἐπίστευσεν)을 직역하면 "소망을 거슬러 소망 위에 믿었으니"라는 뜻이다. "소망을 거스른다"는 말은 인간적인 전망으로는 도저히 소망할 수 없는 것이라는 뜻이고, "소망 위에 믿었다"는 말은 하나님이 약속해 주신 소망에 근거하여 믿었다는 뜻이다. 리츠만(Lietzmann)도 이 문구에 대하여 해석하기를, "처음 나온 소망은 인간적인 타산을 가리키는 말이고, 그다음에 나오는 소망은 하나님께 의거한 소망을 가리키는 말이다."라고 하였다. 칼빈은 두 번째 소망, 다시 말해 "소망 위에"라는 어구에 포함된 "소망"이라는 말도 인간적인 전망에서의 소망이라는 뜻으로 이해했기 때문에, "소망 위에" 믿었다는 구절의 의미에 대해 "우리는 인간적인 헤아림이 낳아주는 소망에 붙어 있지 말고 그것 위로 신앙을 승화시켜야 한다. 신앙이라는 것은 천상의 날개로 날아올라야만 육체적 감각을 멸시할 수 있다. 그렇지 않으면 그것이 언제나 이 세상에 달라붙어 있게 된다. 소망의 근거를 얻기 위해 눈에 보이는 것에

---

88) K. Barth, *Römerbrief*, 117.

마음을 묶어놓는 것만큼 신앙에 큰 적은 없다."라고 하였다.[89)]

네 후손이 이같으리라 하신 말씀대로. 이 말씀은 창세기 15:5에서 주신 약속이다. 아브라함이 이 구절 앞부분에서 보여주는 것처럼 인간적인 헤아림을 거슬러 가면서까지 신앙을 고수할 수 있었던 유일한 근거는 하나님이 약속하신 말씀에 있었다. 약속하신 이가 하나님이시기 때문에 그는 그것을 굳게 믿었다. 다시 말해 인간적인 헤아림으로 그럴듯하기 때문에 믿은 것이 아니라, 하나님의 말씀이 그렇다고 말하기 때문에 믿었다는 것이다. 신앙의 생명은 인간의 헤아림을 초월하는 데 있다. 인간의 헤아림을 초월한 지점에서 비로소 신앙은 머물 자리를 발견한다.

여기서 우리가 명심할 점은 신앙의 근거가 오직 하나님의 말씀뿐이라는 것이다. 하나님의 말씀이 활동하지 않는 곳에서는 진정한 신앙이 생겨날 수 없다. 하나님의 말씀에 근거하지 않는 모든 신념은 미신일 뿐이다. 그러므로 하나님의 말씀은 신앙의 근거인 동시에 신앙을 규정하는 요소다.

19 약하여지지 아니하고. 우리가 신앙을 굳세게 하는 참된 방법은 하나님께서 주신 약속의 어려움을 바라보는 대신 그 일을 약속하신 하나님 자신의 신실하신 성품을 생각하는 것이다. 아브라함은 하나님의 약속을 믿기 어려운 형편에 처해 있었지만, 그럼에도 그로 인해 그의 신앙이 약해지지 않았다. 이 어구는 다음 절의 "의심하지 않고"라는 표현과는 의미가 다르다. 약하여지지 않는다는 것은 이성적으로 의심하지 않음을 뜻하는 것이 아니라 의지적으로 동요하지 않음을 의미한다. 오직 하나님의 약속에만 의지하여 자식이 태어날 것을 믿어야 했던 아브라함의 상황은 노쇠하여 죽은 자와 유사한 것이었다. 진정한 신앙은 순전히 하늘에서 온 것이기 때문에 불가사의한 상황을 거리낌으로 여기지 않고 도리어 그것을 즐긴다. 왜냐하면 신앙의 길을

---

89) Calvin, *Commentary upon the Epistle to the Romans*, 115.

열어주는 것처럼 보이는 소위 유리한 환경은 실상 신앙의 방해물이 되는 경우가 많기 때문이다. 다윗이 골리앗을 치러 나갈 때 입어보았던 갑옷은 도리어 거리끼는 것이었기 때문에 다윗은 그것을 벗어버린 것이다. 신앙의 길을 방조하는 일은 때로 하나님과의 접촉을 막는 장벽이 된다. 이러한 중간체라는 장벽이 사라질 때 인간은 비로소 자신의 전체가 끝 모를 깊은 구렁에 던져진 자임을 깨닫게 된다. 그가 던져진 구렁에는 인간적인 방법으로 그를 구원할 구명정도, 손잡이도, 발 디딜 돌부리도 없는 것이다. 거기에 던져진 자는 오직 인간이 아닌 존재, 피조물이 아닌 존재, 곧 창조주이신 절대자의 손만을 의지해야 한다. 그렇다고 해서 신앙이 언제나 불리한 환경에만 처하게 되는 것은 아니다. 신앙은 유리한 환경에 처할 수도 있다. 그러나 그런 신앙은 정체를 드러내지 못하고 잠재성을 띠게 된다. 그런 신앙은 아직 신랑을 대면하지 못하고 신랑의 친구들에게 포위되어 감춰진 신부와 같은 형태로 존재한다고 볼 수 있다.

20 의심하지 않고. "의심한다"라고 번역된 헬라어 "디에크리테"(διεκρίθη)는 "분리"를 의미한다. 이것은 마음의 생각이 양분되어 이리 흔들리고 저리 흔들리는 상태를 말한다. 이것은 지성의 작용으로 발생하는 심리적 현상인데, 사상의 단순성을 특징으로 하는 신앙과는 배치되는 것이다. 우리가 신앙생활을 해나갈 때 유혹을 당하지 않을 수는 없다. 하지만 우리가 그런 유혹을 극복하면 신앙은 도리어 힘을 얻는다.

믿음으로 견고하여져서. 견고하여졌다는 말은 아브라함이 신앙으로 인하여 신체가 강건해졌음을 의미한다고 여기는 학자도 있으나 그것은 자연스러운 해석이라고 볼 수 없다. 우리말 번역 성경이 보여주는 대로 이것은 신앙이 견고해진 것을 의미한다. 아브라함과 사라가 노쇠해진 상황에서 자식을 생산하리라는 약속을 믿은 것도 큰 신앙이지만, 그렇게 얻은 독자 이삭을 제물로 잡아 바치라는 명령에 순종한 것은 더욱 위대한 신앙이다. 전자는 이성으로 이해할 수 없는 일을 신앙한 것이지만 후자는 이성뿐만 아니라 감정과 의지마저 거스르는 일에서도 하나님께 순종한 위대한 신앙이다. 신앙은 이처럼 점점 견고해져야 하나님을 영화롭게 한다(20하).

하나님께 영광을 돌리며. 하나님께 영광을 돌린다는 말은 하나님을 하나님답게 알고(1:21) 그 앞에서 행하는 것을 가리킨다. 인간이 하지 못하는 일을 하나님은 하실 수 있다. 이 같은 사실을 인정하는 생활은 신앙으로 하나님을 하나님답게 여기는 일이 된다. 그러므로 신앙이 강하면 강할수록 하나님을 더욱 영화롭게 할 수 있다. 하나님을 하나님답게 여기는 일은 앞서 말한 바와 같이 그의 권능에 있어서만 아니라, 그의 성결, 지혜, 자비 등 모든 품성에 대해서도 동일하게 이루어져야 한다. 우리의 신앙이 아무리 강하다고 해도 하나님을 하나님으로 경외하는 일에 흡족할 만큼 강할 수 있을까? 그럴 수는 없다. 아무리 강한 신앙이라도 하나님을 하나님으로 여기는 표준에는 도달하지 못할 것이다. 그렇다면 그런 신앙으로 어떻게 하나님께 영광을 돌릴 수 있을 것인가? 그처럼 미흡한 신앙으로 하나님께 영광을 돌리기 위해서는 우리의 신앙이 하나님 앞에서 부족하다는 것을 인식하고 겸손한 마음을 가져야만 할 것이다.

21-22 확신하였으니. 여기 사용된 헬라어 "플레로포레테이스"(πληροφορηθείς)는 어떤 사실이 참된 것이라고 이미 충분히 증명되었기 때문에 그에 대한 신앙이 굳건하게 확립되었음을 뜻한다. 아브라함이 이와 같은 신앙의 단계에 이르게 된 것은 그가 받은 하나님의 말씀이 부분적으로 성취되는 것을 경험했기 때문일 것이다. 바르트는 말하기를, "이 같은 확신은 종교적 경험이나 직관, 혹은 어떤 소명감에 자극을 받아 얻는 것인가? 비역사적 확신이 필연적으로 역사적 확신을 수반하지 않는다고 말할 필요는 없다. 그러나 아브라함에게는 역사적 현상이 수반되지 않았다고 보는 것이 더욱 자연스럽다. 그에게는 오히려 상실, 파쇄, 불확실, 자신 및 자기 소유와 행위에 대한 부정적

인 감정이 가득했을 것이다. 앞에 말한 바와 같이 역사적 확신이 수반되지 않았다 해도 이런 상실, 파쇄, 불확실성 등으로 말미암은 기아 상태는 그보다 못할 것이 없다. 은혜의 풍성함은 역사적 소유나 상실의 저편에서 심령의 빈핍함으로 존재한다."라고 하였으니,[90] 이것은 위기 신학의 성격을 나타내는 말이다. 이것은 신앙의 현실적 경험의 필요성과 가치를 무시하는 그릇된 해석이다.

그에게 의로 여겨졌느니라. 4:3의 유사한 표현에 대한 해석을 참조하라.

23 아브라함만 위한 것이 아니요. 아브라함이 믿음으로 칭의를 얻었음을 논증하는 성구들은 아브라함 개인의 행적을 기록하는 데 목적이 있는 것이 아니다. 그것은 칭의 제도가 영구적이고 보편적으로 실시될 것을 예언하는 말씀이다. 아브라함은 칭의 받을 자들의 조상으로서 칭의를 얻은 것이다. 따라서 그의 수많은 영적 후손들이 동일한 원리로 칭의를 얻을 것이 확실하다.

24 의로 여기심을 받을 우리도 위함이니 곧 예수 우리 주를 죽은 자 가운데서 살리신 이를 믿는 자니라. 이 말씀은 아브라함의 칭의에 대한 성경의 기록이 말세에 나타날 우리까지도 염두에 둔 계시라는 뜻이다(참조. 롬 15:4; 고전 10:11). 그리스도 안에서 인생을 구원하시는 하나님의 진리는 절대적으로 참되며 동서고금을 막론하고 보편적인 진리다(딤후 1:9-10). 그것은 우리가 생명까지도 맡길 만큼 진실한 것이다.

25절. 이 구절은 헬라어 원문에서 예수님을 가리키는 관계 대명사 "호스"(ὅς)로 시작하는데, 이것은 이 구절이 문맥상 앞절에 이어지는 것임을 가리킨다.

우리가 범죄한 것 때문에 내줌이 되고.[91] "내줌이 되"는 것은 예수님께서 십자

---

90) *Römerbrief*, 121.

91) 참조. 3:23-26; 5:8-10; 고후 5:18-21; 갈 3:13; 벧전 2:21-25.

가에 달리시기까지 여러 차례 당하신 일이다. ① 하나님께서는 인간을 사랑하사 자신을 희생하셔서 독생자이신 예수 그리스도를 내주시기까지 하셨고(요 3:16), ② 유다는 돈을 사랑하여 탐심으로 자기 스승이신 예수님을 대제사장들에게 내주었으며(마 26:15-16), ③ 대제사장들과 장로들은 시기심 때문에 그들이 원수로 여긴 예수님을 십자가에 못 박도록 내주었고(마 27:24-26), ④ 빌라도는 예수님을 무리에게 내주었다.

우리를 의롭다 하시기 위하여 살아나셨느니라. 이 말씀에 대하여는 뒤의 설교를 참조하라.

평주

아브라함이 하나님을 믿으매 그것이 그에게 의로 여겨진 바 되었느니라(3절). 바르트(K. Barth)는 이 구절에 대해 강해하기를 "아브라함이 뜻하지 않게 만난 이적으로서의 신앙은 하나님 앞에서 그의 의로 여겨졌다. 이것은 인간적 존재, 인간적 소유, 인간적 행위에 모순되는 것이니, 한마디로 자유로운 데다가 따라서 신임할 만한 하나님의 행동이다. 인간은 자신의 소유가 아닌 것을 통하여 하나님께 참여한다."라고 하였다.[92] 여기서 바르트는 신앙이 인간의 소유권을 벗어나는 하나님의 행위라고 간주한 셈이다. 그러나 성경의 교훈에 따르면 신앙은 하나님께서 주시는 선물인 동시에 인간이 자신의 심령에 소유한 것임을 밝히 말한다(엡 2:8; 눅 7:50).

---

92) K. Barth, *Römerbrief*, 97. "Das an Abraham sich ereignende Wunder des Glaubens wird von Gott als göttliche Gerechtigkeit zu seinen Gunsten gebucht. Eine allem Sein, Haben und Tun des Menschen gegenüber freie und gerade in ihrer Freiheit kräftige, reale Tat Gottes. Durch das, was er nicht ist, nimmt der Mensch teil an dem, was Gott ist."

경건하지 아니한 자를 의롭다 하시는 이를 믿는 자에게는 그의 믿음을 의로 여기시나니(5절). 이 문구에 대하여 바르트는 말하기를, "아브라함은 모든 다른 사람과 같이 부정(否定) 아래 있었다. 그가 자신의 처지를 깨닫고 위기를 느꼈다는 사실, 위기 가운데 그가 하나님을 두려워했다는 사실, 그가 하나님이 주시는 부정(否定)의 말씀을 듣고서 그것을 자신의 긍정으로 받았다는 사실에서 그의 신앙을 발견할 수 있다."라고 하였다.[93] 바르트의 이 같은 진술은 신앙에 대한 그의 견해를 다시 한 번 밝히 보여 준다. 그는 신앙에 역사적 성격과 심리적 측면이 있음을 부인한다.[94] 그는 인간 의식으로서의 신앙은 참신앙이 아니며 신앙은 진공(Ein Hohlraum)을 의미한다고 주장하였다. 바르트의 이 같은 사상은 성경의 진리와 부합하지 않는다. 성경은 우리의 믿음이 심리적 요소와 관계되어 있다고 말한다(롬 10:9-10).

일한 것이 없이 하나님께 의로 여기심을 받는 사람의 복에 대하여 다윗이 말한 바(6절). 이 구절에 대하여 바르트는 다음과 같이 말한다. "의로 여기심을 받는 행복한 사람도 심리 세계에 있어서는 하늘나라의 실재에 대해 소유권을 갖지 못하고 순수하게 진공상태다."[95] 바르트의 이러한 사고는 하나님이 주시는 은혜가 역사의 영역에 전혀 침투할 수 없다는 초절주의 사상이니 그릇된 견해다.

그런즉 그것이 어떻게 여겨졌느냐 할례시냐 무할례시냐 할례시가 아니요 무할례시니라(10절). 이 말씀은 아브라함이 칭의를 얻은 것이 역사적 사건으로서의 할례보다 앞선다는 사실을 강조하는 역할을 한다. 그러나 바르트는 이 말씀을 오해하여 주장하기를, 아브라함의 신앙은 역사적 사건이 아니고 모든 역사에

---

93) *Römerbrief*, 99.

94) *Römerbrief*, 97, 103, 105-106. "Erlebnis, Erkenntnis und Glaube."

95) *Römerbrief*, 100. "Psychologisch betrachtet, nur leerer Raum sein kann."

선행하는 원역사적 사건이라고 하였다. 또한 그는 다음과 같이 말하였다. "종교 자체도 칭의의 시점이 전적으로 자유로우며 아무런 속박도 받지 않는 순수한 시초라는 것을 자인한다."[96] 여기서 이른바 "시초"(Anfang)라는 용어는 바르트에게 있어서 원역사적 순간(Moment), 다시 말해 찰나를 의미할 것이다. 이것은 본문의 문맥을 고려하지 않은 그릇된 해석이다. 본문에서는 칭의의 시기를 원역사의 표준에 따라 논하는 것이 아니라 순전히 일반 역사의 개념으로 다룬다.

그가 할례의 표를 받은 것은 무할례시에 믿음으로 된 의를 인친 것이니(11절). 바르트는 이에 대하여 말하기를, "계시에 관한 모든 인상들의 실제적 의의는 현상계 건너편에 있는 계시를 표상하는 작용으로서의 기능을 수행하는 것이다. 다시 말해 그러한 인상들은 초월 세계의 원역사에 대한 증거, 추억, 혹은 표상임이 틀림없다. 할례, 종교, 교회, 이것들은 적극적인 의미를 소유하지 못한 것으로서 단순한 표상들에 불과하며 단지 소극적인 의미를 가질 뿐이다."라고 하였다.[97] 이 같은 해설에서 바르트는 한 가지 착오를 범하고 있는데, 그는 구약의 할례와 신약의 종교가 동류인 듯이 혼동한 것이다. 할례는 구약 시대 거룩한 백성들이 행한 의식으로서 단순히 신약 종교의 영적이고 본질적인 요소(예컨대 중생)들을 예표할 뿐이다(빌 3:3; 골 2:11). 그러므로 할례는 신약 시대에 이르러 사실상 무의미한 것이 되었다(히 10:1; 고전 7:19). 하지만 그와 달리 신약 종교는 모든 예언이 목표한 바를 실현하는 것으로서 중요성을 띤다. 여기서도 바르트의 논지는 신약 종교의 적극적인 중요성을 무시한 것이다.

만일 율법에 속한 자들이 상속자이면 믿음은 헛것이 되고(14절). 여기서 "율법"이라

---

96) *Römerbrief*, 103. "Erkennt sie nicht selbst dieses Verhältnis als frei und ungebunden, als reinen Anfang?"

97) *Römerbrief*, 105-106. "Zeichen, Zeugnis, Abbild, Erinnerung, Hinweis ist die geschichtliche Wirklichkeit alles Offenbarungseindrucks, Hinweis auf die Offenbarung selbst, die immer wieder jenseits aller geschichtlichen Wirklichkeit liegt.…Beschneidung, Religion und Kirche sind zeigende Zeichen und Zeugnisse, nicht als positive Inhalte, sondern sofeun sie in ihrer Negativität, in ihrem Abehmen, in ihrem Sterben begriffen und bejaht werden."

는 말은 행위의 법칙을 의미하지만, 바르트는 이것이 모든 가시적인 세계와 역사를 의미하는 것으로 오해한다. 더욱이 그는 신앙의 본질을 오해하여 그것이 순수하게 창조의 활동이라고 정의함으로써(Glaube ist Schöpfung) 신앙을 심리 세계와 단절시켰다.[98] 이것은 성경의 교훈과 부합하지 않는다(롬 10:8-9).

확신하였으니(21절). 아브라함에게 임한 은혜는 그가 하나님을 향하여 굳센 신념을 가지도록 만들어주었다. 이것은 하나님의 은혜로 말미암아 역사상의 아브라함이 성화되었음을 보여주는 일면이다. 그러나 바르트는 이것이 역사 내에서 실현 가능한 확신이라고 여기지 않는다. 그는 다음과 같이 말한다. "아브라함의 확신은 단지 그가 하나님의 약속을 받는 자로서 보여주었던 태도를 의미할 뿐이다."[99] 이것은 사람이 은혜로 말미암아 심리적으로 가질 수 있는 확신을 부인하는 그릇된 견해다.

그에게 의로 여겨졌다 기록된 것은 아브라함만 위한 것이 아니요 의로 여기심을 받을 우리도 위함이니(23-24절). 바르트는 이 구절들을 다음과 같은 뜻으로 오해했다. 그는 "역사상의 개별적인 사건들은 보편적 중요성을 가질 수 있다. 과거는 현재를 향하여 말한다. 왜냐하면 말하지 못하는 과거와 듣지 못하는 현재를 치료하는 동시성이 과거와 현재 사이에 존재하기 때문이다. 이 같은 동시성이 성립하는 이유는 보편적 중요성을 띠는 말씀이 비역사적인 동시에 불가사의한 것들이기 때문이다."라고 하였다.[100] 바르트가 여기서 하나님의 말씀을 "비역사적인 것"(Unhistorische)으로 이해한 것은 착각이다. 하나님의 말씀은 "비역사적"인 것이 아니고 "초역사적"인 것이다. 따라서 그것은 보편성

---

98) *Römerbrief*, 110.

99) *Römerbrief*, 121. "Abrahams 'Fülle' ist ganz und gar die des Empfängers göttlicher Verheissung."

100) *Römerbrief*, 121.

과 영원성을 동시에 가진다. 하나님의 말씀을 "비역사적인 것"으로 대하는 바르트의 견해는, 하나님께 속한 것이 본질적으로 역사와 모순된다는 그의 신학 사상에 기초한 것이다. 그러나 하나님을 아는 우리의 지식 체계는 하나님의 지식에서 유래한 것이기 때문에 신자 된 우리의 지식과 하나님의 지식은 서로 모순되는 것이 아니다. 하나님의 말씀이 역사계를 초월(초절[超絶]이 아님)한다고 말할 수는 있으나, 그 말씀이 역사계와 모순된다고 말하는 것은 잘못이다. 하나님의 말씀은 초역사적이기 때문에 영속적이고 보편적인 적응성을 가진다. 아브라함에게 임한 하나님의 말씀은 우리에게도 동일한 하나님의 말씀이다.

설교 칭의를 얻게 하는 믿음의 가치(3절)

칭의를 얻게 하는 믿음의 가치는 어디 있는가? 이것은 우리가 반드시 알아야 할 문제다.

1. 믿음의 가치는 신앙 자체에 있는 것이 아니다

왜냐하면 성경은 우리가 그리스도의 피로 말미암아 구속함을 얻는다고 말하기 때문이다. 더욱이 신약성경에서 구원의 교리를 제시할 때 "믿음"이라는 용어는 수단을 나타내는 "말미암아"라는 전치사와 함께 사용되고, 공로를 나타내는 "인하여" 혹은 "때문에"라는 전치사와 함께 사용되지 않는다. 믿음은 구원을 얻게 해주는 공로가 아니다. 구원을 얻기 위한 공로는 오직 예수 그리스도의 피밖에 없다. 따라서 믿음을 의로 여긴다는 말은 믿음의 대상인 예수 그리스도를 의로 여긴다는 말과 같다.

그렇다면 아브라함도 예수 그리스도를 믿었다는 말인가? 우리는 먼저 성경 말씀을 통해 이 질문에 답변할 수 있다. 예수께서 말씀하시기를 "너희 조상 아브라함은 나의 때 볼 것을 즐거워하다가 보고 기뻐하였느니라"라고 하셨다(요 8:56). 이것은 아브라함이 자손의 번창에 대한 거룩한 약속을 믿었던 사실을 가리킨 말씀이다(창 15:5-6; 22:17-18). 특히 창세기 22:18에서 "또 네 씨로 말미암아 천하 만민이 복을 받으리니"라고 하신 말씀에 나타난 "씨"라는 표현은 예수 그리스도를 가리킨 것이라고 성경은 말한다.

갈라디아서 3:16에 말하기를, "이 약속들은 아브라함과 그 자손에게 말씀하신 것인데 여럿을 가리켜 그 자손들이라 하지 아니하시고 오직 한 사람을 가리켜 네 자손이라 하셨으니 곧 그리스도라"라고 하였다. 그러므로 아브라함이 믿은 거룩한 약속의 내용은 바로 그리스도시다. 아브라함은 이 약속을 받았을 당시에 그리스도에 대하여 아마 신약 시대 신자들처럼 깨닫지는 못했을 것이다. 하지만 믿음의 대상에 대한 신자들의 깨달음이 부분적인 것에 불과하고 거울로 보는 것같이 희미하지만(고전 13:9-13), 그럼에도 그것이 하나님의 권위로 임하는 말씀이기 때문에 신자들은 그것을 완전히 신뢰할 수 있다. 아브라함의 믿음도 그런 것이었다. 어린아이는 병들었을 때 그에게 처방되는 약의 내용물을 잘 알지 못한다. 그러나 부모의 말에 순종하여 그것을 먹기만 하면 치유의 효력이 발생한다. 아브라함은 하나님의 권위에 의지하여 그의 말씀을 전적으로 믿었다. 그가 외아들 이삭을 번제물로 바쳤던 순종도 그러한 믿음에서 일어난 행동이었다.

2. 믿음의 가치는 그 근거가 되는 하나님의 말씀에 있다

하나님의 말씀은 하나님의 권위인 동시에 그의 약속이다. 그는 그 말씀을 반드시 실현시키신다. 그러므로 그 말씀 자체가 가치를 독점한다. 참된 믿음은 하나님의 말씀에 근거한다. 하나님의 말씀은 우리에게 절대적 권위가 된다.

그러므로 우리는 그 말씀 앞에 엎드려야 한다. 우리가 복음을 믿는다고 하면서도 "나는 나대로, 복음은 복음대로" 분리되어서는 안 된다. 우리는 믿음을 가지고 하나님의 말씀을 바로 대해야 한다. 하나님의 말씀을 바로 대하기 위해서는 믿음이 필요하다. 주경 신학자 고데(Godet)는 말하기를 "옛 복음이 시대에 따라 새로워져야 할 것이 아니라 우리 인간이 복음으로 새로워져야 한다."라고 하였다. 그는 믿음으로 성경을 대하고 성경 공부를 예배 행위로 대했던 믿음의 신학자였다.

설교 신자와 그 업적(4-8절)

사람들은 업적을 남겨 그것으로 위로를 받고자 한다. 그들은 구원마저도 업적을 쌓음으로써 얻으려고 한다. 그러나 그것은 공명심과 인본주의라는 미몽에서 비롯된 착각이다.

1. 사람들의 소위 선행과 업적

이사야 64:6에 말하기를, "우리의 의는 다 더러운 옷 같으며"라고 하였다. 인간은 시조 아담 때부터 이미 죄인이었고 하나님 보시기에 부정한 자였다. 그러므로 인간이 선을 행함으로써 구원받고자 하는 것은 마치 구스 사람이 그 피부를 희게 만들거나 표범이 그 반점을 없애려고 시도하는 것과 같이 어리석은 행동이다(렘 13:23). 그가 선을 행한다 해도 그것은 죽은 나무에 만들어 붙인 조화에 불과하다. 그것은 하나님을 모르는 죽은 사람을 외면적인 행위로 단장하여 마치 살아 있는 것처럼 보이게 만든 것일 뿐이다. 여호와 하나님을 알지 못하고 인간이 제일인 줄로 착각한 채로 선이 무엇인지 가르쳤던 공자나 석가는 단지 죽음의 세계에서 생명 없는 선행을 가르쳤을 뿐이다. 죽음의 세계에서는, 악은 죽음을 면치 못하지만 소위 선이라는 것도 죽음을 면할 수는 없다. 모든 인간은 죽음의 자리에 처한 자신을 발견하고 그리스도의 성령으로 다시 살아남으로써 하나님을 알아야 한다. 하나님을 참되게 아는 것이 진정한 삶이다. 우리는 성령으로 거듭나야만 이런 삶을 살아갈 수 있다.

2. 사람이 그 소위 선행과 업적을 의지함으로 받는 해독

앞에서 살펴본 것처럼 인생은 진정한 의미에서 구원의 공로가 될 만한 선을 행할 수 없다. 그러나 그들은 자신의 힘으로 진정한 의와 선을 소유할 수 있는 것처럼 생각하여 그것을 목표로 달음질한다. 하지만 그들은 그렇게 달음질함으로써 더욱 미련해지고 자기중심적인 교만에 더 깊이 빠져든다. 그것은 하나님을 향한 믿음에서 우리를 점점 더 멀어지게 만드는 행동이다. 유교의 군자 사상은 인간 자신의 힘으로 덕성과 교양을 겸비한 군자가 될 수 있다고 여기기 때문에 하나님을 향한 신앙을 가르치는 기독교의 복음을 반대한다. 군자 사상은 인간이 어찌할 수 없는 죄인이라는 엄연한 진리를 알지 못한다. 불교도 인간이 자신의 힘으로 공덕을 세움으로써 윤회를 피할 수 있다고 가르치는데, 그것 역시 어리석은 교훈이다.

3. 인간은 선이 없어도 그리스도를 믿음으로 의를 얻는다

사람이 그리스도를 믿기만 하면 구원을 얻을 뿐 아니라 의를 행할 수 있게 된다. 이때 그가 행하는 도덕의 수준은 자기 힘으로 의를 얻으려고 하던 때와는 비할 데 없이 높다. 왜냐하면 ① 그는 이제부터 성령님의 도우심을 받기 때문이고, ② 이제부터 감사하는 마음으로 선을 행하기 때문이다. 그러므로 믿음은 율법을 폐하는 것이 아니라 도리어 굳게 하는 것이다(롬 3:31). 사람이 믿음으로 구원받는다는 진리를 힘써 가르친 청교도의 역사에는 이혼한 자가 하나도 없었다고 한다.

4. 믿음으로 의를 얻는다는 것은 믿음을 가진 자가 죄를 용서받고 구원 얻는 것을 의미한다

본문 7-8절은 이러한 사실을 가르친다. 이 말씀은 다윗의 시편에서 인용한 것인데, 구약 시대의 성도들도 믿음으로 의를 얻는다는 사실을 밝히 보여준다. 시내산에서 하나님이 도덕법을 주신 이유는 사람이 그것을 행함으로써 영생을 얻게 하려는 것이 아니었다. 도덕법은 택하신 백성들이 죄를 깨닫게 만들기 위한 것이었다. 그때에도 이스라엘 백성은 그리스도의 표상인 양의 피로 속죄함을 얻었는데, 그것은 결국 그리스도로 말미암아 죄 사함을 받은 것이었다. 그렇다면 신약 시대에나 구약 시대에나 사람이 영원한 구원을 얻는 길은 오로지 그리스도를 믿는 것뿐이다. 진리는 이렇게 옛적부터 내려오는 것이며 영원히 변치 않는 것이다. 우리는 오직 그리스도를 믿는 데 집중해야 한다.

설교 언약과 믿음(9-25절)

하나님께서는 죄인들을 구원하시는 일에 처음부터 계약의 원리에 따라 역사하셨다. 한마디로 하나님은 죄인들이 구원에 대해 상상하기도 전에 먼저 그들을 택하시고 그들에게 나타나셔서 구원을 약속하신 것이다. 아담이 범죄한 후에 그에게 주신 약속과(창 3:15) 아브라함에게 하신 약속(창 12, 15, 22장)은 모두 다 계약의 원리에 따른 것이다. 다시 말해 그 약속들은 죄인들의 행실을 조건으로 삼지 않고 다만 하나님께서 솔선하여 그들에게 구원을 주시기로 약속하신 것이다. 하나님의 약속을 받는 자들은 단순히 그 약속을 믿음으로 받을 뿐이다. 여기서 우리는 은혜 언약의 성격에 대하여 몇 가지 생각할 점이 있다.

1. 오직 은혜로 되었음(16절)

하나님께서 죄인 중에서 어떤 사람들에게 구원을 주신 것은 그들의 행위를 보시고 하신 일이 아니다. 그것은 전적으로 그가 미리 어떤 자들을 택하시고 구원을 주신 것이다. 아브라함도 할례를 시행함으로써 의를 얻은 것이 아니었다. 그는 할례 받기 전에 벌써 의를 얻었다(10절). 이것은 하나님의 사랑으로 말미암은 것이며, 오직 믿음으로만 받을 수 있는 구원이다. 이것은 사랑으로 말미암은 것이기 때문에 우리에게 믿어지는 것이다. 믿음은 그 대상의 진실성을 중요한 조건으로 삼는다. 더불어 믿음은 우리가 믿는 대상의 사랑에 이끌리는 것이다. 우리는 우리를 사랑하는 어머니를 신뢰한다. 마찬가지로 우리는 하나님께서 무한하신 사랑으로 구원을 약속하시고 이루시는 일에 대하여 우리의 전인격을 기울여 신뢰할 마음을 가져야 한다. 다시 말해 우리는 하나님의 은혜로운 계약에 근거한 구원을 확신하지 않을 수 없다. 은혜 언약은 하나님께서 친히 설계하셨고 그리스도께서 몸소 성취하셨으며, 성령께서 언약과 관련하여 우리가 할 일을 행하게 하여주신다. 이 언약은 삼위일체 하나님께서 은혜로운 역사로 처음부터 끝까지 이루어 주신다.

2. 이 언약은 영원한 소망을 가져다줌(창 17:19; 히 13:20)

본문을 보면 이 언약은 믿는 자가 세상의 상속자, 다시 말해 영원한 나라의 기업을 누리는 자가 되게 해준다고 말한다(13절). 소망이 있는 것은 무엇이든지 우리에게 믿음을 가져다준다. 영원한 기업이란 우리가 생각만 해도 가슴 뛰는 선물이다. 옛말에 "무항산 무항심"(無恒産 無恒心)이라고 하였다. 곧 이 세상 사람들도 소망이 없는 곳에는 마음을 두지 않는다는 것이다.

3. 이 언약은 유일한 것임

본문에서는 반복해서 이방인이나 유대인이나 차별 없이 모두 다 믿음으로 의롭다 함을 받는다고 가르친다.

1) 11-12절에 말하기를 "이는 무할례자로서 믿는 모든 자의 조상이 되어

그들도 의로 여기심을 얻게 하려 하심이라 또한 할례자의 조상이 되었나니 곧 할례 받을 자에게뿐 아니라 우리 조상 아브라함이 무할례시에 가졌던 믿음의 자취를 따르는 자들에게도 그러하니라"라고 하였다. 이 말씀은 이방인이나 유대인이나 다 함께 아브라함과 마찬가지 방식으로 의롭다 함을 받는다는 의미다(11-12절 해석 참조).

2) 16-17절의 말씀도 같은 의미를 전달한다. 이 말씀을 보면 구약 시대의 성도들도 신약 시대의 성도와 마찬가지로 오직 믿음으로만 의롭다 함을 받은 것이다. 아브라함이나 노아와 같은 위대한 사람들도 믿음으로 구원을 받았다면, 다른 평범한 사람들이야 말해 무엇 하겠는가? 갈라디아서 3:15에 말하기를, "형제들아 내가 사람의 예대로 말하노니 사람의 언약이라도 정한 후에는 아무도 폐하거나 더하거나 하지 못하느니라"라고 하였고, 17절에는 "하나님께서 미리 정하신 언약을 사백삼십 년 후에 생긴 율법이 폐기하지 못하고 그 약속을 헛되게 하지 못하리라" 하였고, 19절에는 "그런즉 율법은 무엇이냐 범법하므로 더하여진 것이라 천사들을 통하여 한 중보자의 손으로 베푸신 것인데 약속하신 자손이 오시기까지 있을 것이라" 하였고, 21절에는 "그러면 율법이 하나님의 약속들과 반대되는 것이냐 결코 그럴 수 없느니라"라고 하였다. 우리는 이 모든 말씀을 통해 구약 시대에나 신약 시대에나 구원받는 길은 오직 하나밖에 없음을 잘 알 수 있다. 구약 시대에 구원받는 방법이 신약 시대의 그것과 다르다는 주장은 펠라기우스파, 소키누스파, 그리고 항론파(Remonstrants)에서 가르친 그릇된 교훈이다.

그렇다면 우리가 여기서 생각해야 할 것이 있다. 은혜 언약에 따른 구원의 도리는 믿음으로 구원받는다는 것으로, 예나 지금이나 유일한 진리라는 사실이다. 따라서 우리는 이러한 진리를 온 마음으로 믿어야 하고 사수해야 한다. 우리가 구원받는 길은 오직 이 길 하나뿐이니 우리는 다른 잡다한 이론에 마음을 빼앗길 필요가 없다.

4. 이 언약은 전능하신 하나님께서 이루심

본문 17절에 말하기를 "그가 믿은 바 하나님은 죽은 자를 살리시며 없는 것을 있는 것으로 부르시는 이시니라"라고 하였다. 은혜 언약은 사람의 힘으로 성취하는 것이 아니다. 그것은 하나님께서 전적으로 이루어 주시는 것이니, 그 언약을 대하는 우리의 자세는 오직 믿음의 태도여야 한다. 하나님은 전능하시니, 우리의 믿음은 그에 합당한 신뢰를 담고 있어야 할 것이다. 우리는 예수께서 실패하시는 일이 없음을 늘 기억해야 한다. "예수님은 실패가 없으시다"(Jesus never fails)라는 격언은 경건한 성도들의 표어요, 좌우명이다.

설교 아브라함의 참된 자손(13-17절)

아브라함의 자손은 영적 이스라엘, 다시 말해 구원받을 모든 사람을 뜻한다. 여기에는 육신으로 아브라함의 혈통에 속한 자들만 포함되는 것이 아니다. 그렇다면 그들은 어떤 사람들인가?

1. 아브라함의 자손은 하나님이 주신 약속을 받은 자들이다

하나님께서는 구원의 약속을 택한 자들에게만 주신다. 그들에게 약속을 주시는 이유는, ① 구원이 내세의 것이기 때문이다. 신자들이 현세에 머무는 동안에는 내세라는 선물이 신자들에게 약속의 방식으로 관계를 맺을 수밖에 없다. 그러나 그것은 성령으로 말미암아 신자들에게 알려지는 것이기 때문에, 그들은 현세에서도 이미 그들에게 약속된 내세적 구원의 축복을 영적으로 누리게 된다. 아브라함은 그리스도의 날을 내다보고 기뻐하였다(요 8:56). 그처럼 신자들은 내세를 소망하는 중에 즐거워한다. ② 신자는 구원의 약속 아래 거하기 때문에 보이지 않는 미래의 축복을 눈에 보이는 것처럼 여기는 훈련을 지금부터 해나갈 수 있다. 신자는 육신의 눈에 보이지 않는 영적 실재를 믿음의 눈으로 보아야 하는 자들이다. 따라서 그는 그런 일에 연단받을 필요가 있다. 육신의 눈에 보이는 현세의 일들로 만족하는 인생들은 에서와 같이 영적인 삶과는 거리가 먼 자들이다. 그는 멀리 보지 못하고 깊이 보지 못하기 때문에 하나님과 사귐을 가질 수 없다. 하나님의 약속은 성도들의 신앙 훈련에 근거가 되는 지점이다. 어린아이가 어머니 손에 있는 과자를 움켜쥐기 위해 한 걸음 한 걸음씩 어머니에게로 나아간다. 이와 마찬가지로 하나님께서는 내세의 약속으로 성도들의 믿음을 단련하신다. 내세는 아직 알려지지 않은 나라지만, 성도는 그 나라에 대한 하나님의 약속으로 인해 달음질한다.

2. 아브라함의 자손은 하나님의 약속이 성취될 것을 믿는 자들이다

본문에 "언약"이나 "약속"이라는 단어가 자주 나타나며, 그와 더불어 "믿음"이라는 표현도 많이 나온다. 이제까지 하나님의 약속이 성도들에게 선함과 자비하심으로 이루어졌던 것처럼 내세에 대한 그의 약속도 그렇게 이루어질 것이 분명하다. 찰스 스펄전(Charles Spurgeon)은 하나님의 약속이 참된 것임을 알았기 때문에 요한1서 1:9에 기록된 말씀, 곧 "만일 우리가 우리 죄를 자백하면 그는 미쁘시고 의로우사 우리 죄를 사하시며 우리를 모든 불의에서 깨끗하게 하실 것이요"라고 하신 말씀을 그대로 믿고 두려워 떨면서 하나님 앞에 죄를 자복하였다. 그는 이 일로 인해 말할 수 없는 평화를 마음속에 가지게 되었다고 한다. 하나님께서는 택하신 자들에게 주신 약속들을 홀로 이루어 나가신다. 이것이 약속을 성취하시는 하나님의 원칙이다.

스펄전은 다음과 같이 덧붙인다. "하나님이 약속을 이행하시는 일은 우리 인간의 능력에 따라 제한받는 것이 아니다. 하나님의 은혜의 역사는 인간의 연약함으로 말미암아 지장을 받는 것이 아니다. 우리의 연약함이 하나님께서 약속을 이루시는 일을 실패하게 만들지 못한다. 우리의 능력과 하나님이 약속을 성취하시는 일은 별개의 문제다. 그러니 이 두 가지를 한데 묶어 생각해서는 안 된다. 우리가 연약하기 때문에 하나님도 약해지신다고 생각하는 것은 하나님을 모욕하는 일이다. 우리의 정서와 감정과 기분이 하나님을 좌지우지할 수 있다고 생각해서는 안 된다. 우리의 기분은 조석 간에 달라질 뿐 아니라 날마다 변한다. 우리의 기분은 바람과 같고 물거품과도 같다. 우리의 기분은 건강 상태에 따라서도 변할 수 있다. 우리는 하나님께서 행하신 일과 나타내신 사실에 근거하여 구원받는 것이지, 우리의 상상이나 기분에 의하여 구원받는 것이 아니다.

아브라함의 진정한 자손은 아브라함의 믿음의 자취를 따르는 자들이다. 그들은 하나님의 선택으로 말미암아 성령을 받았으며 신앙으로 생활한다. 그들은 '스스로 만들어낸 종교인'(Self-religionist)이 아니다. 스스로 만들어낸 종교인들도 진정한 신자들과 함께 교회에 모인다. 그러나 그들은 에서처럼 하나님의 약속보다 팥죽을 더욱 탐한다. 그들은 현세의 것에 마음을 빼앗긴 자들로, 성령으로 행하지 않으며 믿음으로 행하지 않는다. 그들은 이삭과 달리 영원한 축복에 대한 약속을 묵상할 줄 모르고 이스마엘처럼 육신의 것을 생각한다.

이처럼 서로 다른 종자들이 섞여서는 행복을 이루지 못할 것이다. 그들은 결국 서로 나눠질 수밖에 없다. 이스마엘과 이삭은 서로 갈라서게 되었다. 그렇다면 아브라함의 진정한 자손은 아브라함처럼 믿는 자들이다"(According to Promise).

신앙이란 무엇인가? 그것은 성경에서 ① "주리고 목마름"에 비유되었고, ② "먹고 마시는 일"에 비유되었으며, ③ "섭취하는 행위"에 비유되었다. 이로 볼 때 믿음이란 우리가 그리스도를 실제 삶에서 영접하여 그와 연합하는 것이다. 이 믿음은 우리가 근신하지 않고 죄를 가까이하거나 범죄할 때 약해진다. 서구의 대표적인 회의주의자로 알려진 데이비드 흄(David Hume)은 본래 신앙을 가진 소년이었지만 토론회에서 기독교를 비판하는 편에 가담했던 일이 있었다고 한다. 그런데 그때부터 그는 회의주의자가 되고 말았다. 볼테르(Voltaire)는 다섯 살 때 배교자의 시를 암송한 일이 있었는데 그때의 인상이 깊게 남아서 마침내 회의주의자가 되었다.

설교 아브라함의 자손이 되는 자격(18-25절)

아브라함이 "우리 조상"이라는 말은 로마서 4장에 여러 번 나온다. 11절에서는 그가 "믿는 모든 자의 조상"이라고 말했고, 16절에서는 "아브라함은 우리 모든 사람의 조상"이라고 했으며, 17절에서는 그를 "많은 민족의 조상"이라고 불렀다. 이처럼 아브라함이 우리 조상이 되고 우리는 아브라함의 자손이 된다는 사실을 반복해서 언급하는 이유는, 우리가 아브라함처럼 믿음으로 구원의 행복을 누릴 것을 강조하기 위해서다. 그렇다면 아브라함의 자손이 되는 자격은 무엇인가?

1. 바랄 수 없는 중에 바라고 믿음

18절에 말하기를, "아브라함이 바랄 수 없는 중에 바라고 믿었으니"라고 하였다. 이것은 ① 하나님께서 그에게 하늘을 우러러 뭇별을 셀 수 있나 보라고 하시면서 "네 자손이 이와 같으리라" 하셨던 말씀(창 15:5)과 "땅의 모든 족속이 너로 말미암아 복을 얻을 것이라" 하신 약속(창 12:3), 그리고 사라에게 아들이 있으리라는 약속(창 17:16)을 믿었던 사실을 가리킨다. 이런 약속들은 믿기 어려운 것이다. 그러므로 누구든지 그것을 믿는다면, 그것은 "바랄 수 없는 중에 바라고 믿음"이다. 이런 약속을 믿기 어려운 이유를 아브라함의 경우와 관련해서 생각해 보자면 다음과 같다.

첫째, 별과 같이 많은 자손을 주시겠다는 약속은 미래에 관한 것이다. 미래의 일은 현실에서 체감할 수 없는 것이기 때문에 긴장감 있는 믿음을 불러일으키지 못한다. 그러나 깊이 생각해 보면 미래의 일일수록 더욱 믿음을 불러일으킨다. 현재와 현세는 부패한 것이며 또한 더욱 부패하게 될 것이다. 오직 현세 너머에 있는 세계, 다시 말해 미래의 일들이야말로 소망의 대상이 될 만하다.

둘째, 아브라함은 백세의 노인이었고, 사라에게는 자식이 없었다. 그러니 사라에게 아들이 있으리라는 약속은 자연적 조건으로는 믿기 어려운 것이었다. 그러나 그때 아브라함에게는 믿음을 갖기에 유리한 조건도 있었다. 그것은 그 약속이 자연 만물을 창조하신 하나님의 말씀에 근거한 것이라는 점이었다. 자연은 부패하여 사라지지만 하나님의 말씀은 자연을 창조하는 능력이라는 것이다.

2. 아브라함 신앙의 실제적 진행

사라에게 아들이 있으리라는 하나님의 약속이 임하였을 때 아브라함은 엎드려 웃었다고 한다(창 17:17). 아브라함이 "엎드려 웃었다"라는 말씀은 불신앙이 아니라 신앙의 증표다. 엎드림은 경배의 의미를 담고 있는데, 하나님의 말씀을 비웃는 자가 경배할 수는 없다. 예수님도 이 사건을 가리켜 말씀하시기를 "너희 조상 아브라함은 나의 때 볼 것을 즐거워하다가 보고 기뻐하였느니라"라고 하셨다(요 8:56).

여기서 우리가 한 가지 주목해야 할 사실은 아브라함이 자식을 얻을 소망이 전혀 없는 상황에서도 역경을 문제시하지 않고 오히려 낙관했다는 점이다. 이처럼 역경은 신자에게 있어서 신앙의 기틀이 되는 유익한 기회로 여겨져야 한다. 비행기를 타고 여행할 때 강한 기류로 인해 기체가 흔들리면 어떤 사람은 겁을 내지만, 이에 익숙해진 사람은 오히려 그런 상황을 즐길 수 있다. 신자는 역경에 부딪힐 때 비관하거나 염려하지 말고 도리어 그 순간에 믿음의 은혜를 기다려야 한다. 우리가 과거에 어려운 일을 당하여 염려하였으나 우리가 염려했던 것만큼 일이 잘못되지는 않았던 경험이 있을 것이다. 만일 그 당시에 우리가 염려하는 대신 주님을 믿고 찬송했더라면 얼마나 좋았겠는가! 일이 지나간 후에는 공연히 염려했다고 후회될 뿐이다.

그러므로 우리는 역경과 난관을 만날 때 더욱 겸손한 자세로 사태를 낙관할 필요가 있다. 그러나 지나치게 영웅주의적인 낙관은 피해야 한다. 왜냐하면 그것은 교만이기 때문이다. 우리는 어디까지나 겸손한 낙관주의적 자세로 믿음의 은혜를 기다려야 한다. 아브라함은 겸손한 낙관주의를 체득하여 역경을 즐겼기 때문에 믿음의 은혜를 더 많이 받았다. 믿음은 사람이 능동적으로 불러일으킬 수 있는 심리가 아니라 수동적인 자세로 받아들이는 것이다. 그러므로 본문은 아브라함의 믿음이 수동적인 성격을 지니고 있음을 지적한다. 다시 말해 로마서 4:20의 "견고하여져서"(ἐνεδυναμώθη)라는 동사도 수동태이고, 21절의 "확신하였으니"(πληροφορηθείς)라는 동사도 직역하면 "확신하게 되었으니"라는 의미를 지니는 수동태다. 사람이 하나님 앞에서 겸손하게 연약한 모습으로 역경에 대하여 불평하지 않고 낙관적인 태도를 보일 때 하나님은 강한 모습으로 그에게 나타나셔서 그를 강하게 만드신다. 그런 힘은 하나님이 주시는 것이다. 역경을 겸손히 받아들이고 낙관적인 자세로 기다리는 자에게는 신앙의 새 힘이 찾아오는 법이다. 왜냐하면 하나님께서는 성도들에게 구원의 약속을 주신 후에 그가 믿음을 보이는지를 확인하기 위해 시험을 보내시는 것이기 때문이다. 사람은 시험을 당해야만 하나님의 약속을 기억하게 되고, 그 약속에 대해 어떤 태도를 보일지 결정할 기회를 가지게 된다. 신앙과 역경은 서로 분리될 수 없다. 신자가 역경을 잘못 다루면 그의 믿음이 약해지지만, 그것을 올바로 다루면 그의 믿음이 강해진다.

앞을 보지 못했던 헬렌 켈러(Helen Keller)는 말하기를, "앞을 보지 못하는 자가 그 손을 하나님께 맡기면 그는 눈이 성한 사람보다 안전한 길을 찾는다."라고 하였다. 음악가 게오르크 프리드리히 헨델(Georg Friedrich Händel)은 몸을 움직이지 못하게 된 후에 위대한 믿음을 얻어서 오라토리오 메시아의 합창곡 가운데 하나인 "할렐루야"를 작곡했다. 역경 가운데서도 하나님의 약속을 의심치 않고 끝까지 믿음을 지키는 것이 하나님을 하나님으로 대하는 올바른 태도다. 그런 믿음이 하나님을 영화롭게 한다.

3. 의를 얻음

기독교의 구원론은 생리적 구원을 무시하지 않으나, 그보다는 종교윤리적 구원을 강조한다. 종교윤리적 구원이란 하나님 앞에 의를 얻어서 하나님을 모시는 것을 말한다. 하나님 자신이 우리의 의가 되시며 우리의 구원과 생명이 되신다. 이것은 어둠 속에서 주먹을 내미는 것처럼 아무 근거 없는 우연한 사실이 아니다. 이것은 구약 시대에 계시되었던 대로 성취된 하나님의 진리에 근거한 것이다. 아브라함이 의롭다 함을 얻었다는 창세기의 말씀(창 15:6)은 신약 시대의 우리를 위한 것이기도 하다. 아브라함이 장차 성취될 일을 믿음으로써 의를 얻었다면, 우리는 그 약속의 성취로 오신 그리스도를 믿음으로써 의를 얻는다. 약속대로 이루어진 사실을 믿는 일은 약속 자체를 믿는 일보다 쉬운 것이다. 그리고 신약 시대의 신자들이 의를 받는 것은 창고에 비축되어 있던 생명 없는 의를 받는 것이 아니라 살아 계신 그리스도 자신으로 말미암은 의를 받는 것이다. 이 의는 추상적인 의가 아니고 살아 계신 그리스도와 연합함으로써 얻는 생동하는 의다. 그리스도께서 살아 계심으로 우리는 그분을 믿게 되었고, 또한 그분을 믿음으로써 의를 얻는다.

설교 예수의 부활을 믿음에 대하여(23-25절)

우리는 예수님께서 죽으시고 다시 사신 것이 기독교의 핵심 진리라는 것을 잘 알고 있다. 이 두 가지 사실은 기독교가 다른 종교보다 탁월한 것임을 입증한다. 여기서는 이 두 가지 사실을 깊이 성찰해보자.

1. 예수님의 죽음

인간은 죄로 말미암아 하나님 앞에서 형벌을 받아 죽음을 당하게 되었다. 생리학자들도 인간의 몸이 7년에 한 번씩 완전히 새로워진다고 설명한다. 그러니 과학자들의 이론을 따르더라도 사람이 죽는 것은 하나님의 형벌로 말미암은 것이지 몸의 생명력이 저절로 쇠하여져서 죽는 것은 아니다. 사람이 죄의 대가로 죽는다는 사실은 성경이 무수히 증언하는 사실이기 때문에 우리는 이 점을 의심할 필요가 없다. 이처럼 인간은 하나님의 형벌로 말미암아 죽음에 이르게 되었기 때문에 하나님의 사죄가 없으면 인간은 죽음에서 구원받을 길이 없다. 우리가 감사할 것은 하나님이 우리를 용서하시기 위하여 그의 독생자를 죽음에 내어주셨다는 사실이다. 여기서 우리는 그리스도의 죽음이 어떠한 죽음인지 생각해야만 한다. 그의 죽음은 첫째로 육체적인 죽음이었다. 그가 육체의 죽음을 당하셨을 때 그가 맛보신 고통은 보통 사람들이 느끼는 것보다 더욱 큰 고통이었다. 그 이유는 그가 죄 없으신 분인데도 죄인이 받아야 할 죽음의 고난을 당하셨기 때문이다. 비유컨대 돼지는 돼지우리에서 괴로움을 느끼지 못하는 반면 사람은 돼지우리에서 괴로워 살지 못하는 것과 마찬가지다. 둘째로 그의 죽음은 영원한 죽음, 곧 하나님 앞에서 버림받는 죽음이었다. 이것은 시간상으로 영구한 것은 아니었으나, 질적으로는 영원한 죽음에 해당한다. 다시 말해 그리스도께서 십자가에서 죽임을 당하신 사건은 죄인들이 영원한 죽음을 겪는 것과 마찬가지로 괴롭고 어려운 일이었다. 그리스도의 죽음은 모든 신자의 죽음을 죽이는 죽음이었다. 그가 죽으심으로 신자들은 참죽음으로부터 해방되었다. 주님께서 고난과 수욕을 당하신 것은 우리의 범죄로 말미암은 것이었다. 이로 인하여 그를 믿는 자의 죄와 형벌은 없어졌다. 이처럼 복된 결과는 하나님의 창조적 권위의 발동에서 비롯되었다기보다는 그의 무서운 심판에서 비롯된 것이다. 만일 이 같은 결과가 하나님의 창조적 권위에서 비롯되었다고 말한다면 그것은 그리스도께서 우리 대신 받으신 무서운 죽음의 심판을 무시하는 처사다. 그러나 에밀 브루너(E. Brunner)는 죄인을 의롭게 하시는 일이 창조적 권위로 말미암아 성립되었다고 막연하게 표현하였다.[101)]

이런 점에서 브루너는 유감스럽게도 그리스도가 고난받으신 사건의 가치를 정당하게 취급하지 않았다. 성경에 따르면 그리스도께서는 신자들을 대신하여 십자가 위에서 하나님의 심판을 받으셨다.

2. 그리스도의 부활

본문은 그리스도께서 "우리를 의롭다 하시기 위하여 살아나셨느니라"라고 하였다(25절). 예수님께서는 우리를 대신하여 우리의 중보자가 되셨다. 그것은 영원 전에 하나님 앞에서 약속되어 있었던 사실이다. 만일 그리스도께서 이 계약을 실행하지 않으셨다면 하나님 아버지 앞에서 신실하심을 보이셨다고 말할 수 없을 것이다. 그러나 그는 영원하신 계약대로 중보자의 책임을 완수하셨다. 그는 하나님이시면서 인간이 되시고 신자들을 대표하여 모든 의를 이루셨다. 이러한 사실이 십자가 위에서 그가 당하신 죽음에서 절정을 이루며 드러났다. 하나님께서 그를 죽은 자 가운데서 살리셨는데 그것은 의로운 중보자를 가리켜 의롭다고 일컫는 선언이었다. 아무리 의로운 자라도 심판자가 그를 가리켜 의롭다고 선언하시기 전에는 상급이 주어지지 않는다. 하나님께서 예수 그리스도를 가리켜 의롭다고 인정하신 증표는 그가 무덤에서 육체로 부활하신 사실이다(4:25). 우리가 그리스도의 부활을 믿는

---

101) E. Brunner, *The Mediator*, 522-523.

여러 이유가 있는데 그중 몇 가지를 살펴보겠다.

1) 우리는 예수님이 부활하신 사실을 자연적 원리에 비추어서 믿는다. 이 세상에서 우리가 깨닫는 사실은 ① 선이 악을 이기며, ② 빛이 어두움을 이기고, ③ 진리가 비진리를 이기며, ④ 따라서 생명도 죽음을 이긴다는 것이다. 우리는 하나님께서 지어내신 생명력이 결단코 죽음의 세력에 패배할 것이라고는 생각할 수 없다.

2) 예수님이 부활하신 사실을 성경이 증언한다. 우리는 성경이 어떠한 책인지 잘 알고 있다. 성경은 예수님께서 영원불변한 진리의 말씀으로 여기신 책이다(요 10:34-35). 우리가 예수님을 믿는다는 것은 무슨 의미인가? 그의 말씀을 믿지 않고서야 어찌 그를 믿는다고 말할 것인가?

3) 예수님이 부활하신 사실을 기독교가 가르치는 진리 체계가 증언한다. ① 그리스도는 죄를 이기신 분이니, 사망도 이기셨을 것은 명백한 사실이다. 그가 사망을 이기지 못하셨다고 말하는 것은 그가 죄에게도 패배하셨다고 말하는 셈이다. 그 같은 일은 기독교의 진리 체계에 맞지 않는다. ② 기독교의 성경은 진리만을 가르친다. 성경의 교훈 체계는 내용에 있어서 일맥상통하는 유기체다. 그러므로 성경의 다른 부분이 옳다면 그리스도가 부활하셨다는 교훈 역시 옳은 것이다. 성경은 하나님의 말씀이기 때문에 이 책의 증언은 우리가 직접 눈으로 목격한 사실보다 더욱 확실한 것이다. 그런데 예수님이 부활하신 사실로 말미암아 우리가 의롭다 함을 받는 이유는 무엇일까? 다음과 같이 설명할 수 있다. 예수님께서 우리를 대신하여 죽음으로 의를 완수하셨고, 하나님 앞에서 몸의 부활을 성취하시는 동시에 의롭다 하심을 받으셨다. 그러므로 예수로 대표되는 신자들도 그를 믿을 때 값없이 의롭다 하심을 받는 것이다.

제 5 장

내용분해

1. 칭의의 결과(1-4절)
2. 칭의가 신자에게 보장하여 주는 구원(5-11절)
3. 그리스도와 아담(12-21절)

개요

1. 칭의의 결과(1-4절). 그리스도 신자가 믿음으로 의를 얻으면 결과적으로 영적 화평과 기쁨을 누리게 된다. 마르틴 루터(Martin Luther)는 이 같은 화평에 대하여 다음과 같이 강해하였다. ① 믿음으로 의를 얻은 자는 하나님과의 관계에서 화평을 누리지만 세상에서는 근심과 고통을 겪는다. 왜냐하면 그들은 영으로 살아가기 때문이다. ② 불신자는 세상에 대하여 화평을 누리지만 하나님과의 관계에서는 근심과 고통을 맛본다. 왜냐하면 그들은

육으로 살아가기 때문이다.[102)]

2. 칭의가 신자에게 보장하여 주는 구원(5-11절). 칭의를 받은 사람은 성령으로 말미암아 그리스도의 대속적인 죽음의 사랑을 입은 것이다(5-8절). 이 사랑을 깨닫는 자는 구원의 확실성을 실감하게 된다. 바울은 여기서 "강이유 논법"(a fortiori)으로 신자의 구원을 보장한다. 말하자면 하나님 앞에 원수 되었던 자가 그리스도의 피로 말미암아 칭의를 받았으니, 이렇게 칭의를 받은 의인이 영광의 구원을 받을 것은 더욱 명백하다는 것이다. 바울은 이러한 논증을 강화하기 위해 중언체를 사용한다(9-11절).

3. 그리스도와 아담(12-21절). 이 부분의 말씀은 언약 사상을 염두에 둔 것이다. 크로샤이데(F. W. Grosheide)는 말하기를, "여기서 언약이라는 용어가 사용되지 않은 것은 놀랄 만한 일이다. 그러나 여기에는 언약 사상이 농후하게 배어 있다. 여기서는 인간이 죄악의 통치 아래 놓인 것이 어떠하며, 그가 은혜의 통치 아래 놓인 것이 어떠한지에 대해 진술한다. 교리적으로 말하면 이 같은 사상은 언약이라는 말로 더욱 잘 설명될 수 있다."라고 하였다.[103)]

"아담은 오실 자의 모형이라"는 표현은 한 사람 아담으로 말미암은 행위 언약과 예수 그리스도로 말미암은 은혜 언약 간의 유사성을 지적한다. 유사성이라고 표현한 것은 양자가 서로 일치하는 것이 아니라 다만 한 사람이 많은 사람을 대표한다는 의미에서만 유사하기 때문이다. 여기서 유사성이라는 표현은 양자의 상호 관련성을 대변하는 것이기도 하다. 여기서 양자의 상호

102) Luther, *Vorlesung über den Römerbrief*, 1965, 180. "Der Gerechte hat Frieden mit Gott, aber Bedrängnis bei der Weit, weil er im Geiste lebt. Der Ungerechte hat Frieden mit der Welt, aber Bedrängnis, Trübsal bei Gott, Weil er im Fleische lebt."

103) F. W. Grosheide, *De Openbaring Gods in Het Nieuwe Testament*, 171.

관련성은 우연에 의한 것이 아니고 영원 전에 결정된 하나님의 계획에 따른 것이다.

1) 바울은 행위 언약과 은혜 언약을 비교하면서 두 언약의 우두머리가 각각 한 사람이라는 점을 지적한다. 그런 이유로 이 단락에서는 "한 사람", 또는 그와 유사한 표현이 자주 등장한다. 구체적으로 12절에 한 번, 15절에 두 번, 16절에 두 번, 17절에 세 번, 18절에 두 번, 19절에 두 번 나온다. 따라서 언약의 우두머리가 한 사람이라는 사실이 여기서는 대단한 중요성을 지닌다. 우리가 명심해야 할 사실은 엄밀히 말해 바울이 여기서 인류 역사에서 인종의 단일성을 염두에 두었다는 점이다. 바울이 여기서 인류의 근원을 하나로 간주한 사실은 철학적 사변으로 꾸며낸 이야기가 아니다. 그가 인류의 조상이 한 사람이라고 말할 때 그 한 사람을 역사상 실제 인물이신 예수 그리스도와 병립시켰던 만큼, 그 한 사람도 역사상 실제 인물임을 짐작할 수 있다. 인류가 하나의 조상에게서 발원하였다는 사실은 아무도 부인하지 못한다. 이러한 주장에는 여러 가지 근거가 있다. 3대 칼빈주의 학자 중 하나인 벤저민 워필드(B. B. Warfield)는 다음과 같이 말하였다. "모든 인종이 심리적 통일성을 가지고 있다. 또한 그들은 모두 동물과 달라서 합리적 자질과 도덕적 성품을 가졌으며, 언어에서도 유사한 법칙을 공유한다. 더욱이 모든 민족이 공통 전승을 소유하였다. 이런 모든 사실들은 그들이 본래 하나의 근원에서 유래했다는 것을 보여준다."[104] 헤르만 바빙크(H. Bavinck)도 말하기를, "바빌로니아와 아시리아 문화를 연구하는 학자들뿐 아니라 적지 않은 인류학자들도 강력한 근거를 들어 인류의 발원지가 중앙아시아라고 추정한다."라고 하였다.[105] 우리는 인종의 단일성과 관련하여 앞에서 말한 바와 같은

---

104) B. B. Warfield, *Studies in Theology*, 255-256.

105) H. Bavinck, *The Philosophy of Revelation*, 180.

합리적 증거들을 중요하게 여긴다. 그러나 그것보다 더욱 확실하게 성경 말씀이 이 문제에 대해 최종적인 결론을 제시한다. 성경은 어디에서나 인류가 단일한 근원에서 유래했음을 지적하며, 그들의 천성도 하나요 죄악도 하나일 뿐 아니라 구원에 대한 요청도 하나임을 강조한다. 사도행전 17:26에 말하기를, "인류의 모든 족속을 한 혈통으로 만드사 온 땅에 살게 하시고 그들의 연대를 정하시며 거주의 경계를 한정하셨으니"라고 하였다.

2) 바울은 여기서 언약론을 제시하면서, 한 사람이 많은 사람을 대신하여 책임을 지고 그들의 운명을 좌우하는 대리 행동의 원리를 강조한다. 바울이 대리 행동의 원리에서 특별히 중요하게 강조하는 교훈은 그리스도로 말미암은 생명의 은혜가 아담으로 말미암은 사망보다 더욱 풍성하다는 점이다. 본문 15절에는 "한 사람 예수 그리스도의 은혜로 말미암은 선물은 많은 사람에게 넘쳤느니라"라고 하였으며, 17절에는 "더욱 은혜와 의의 선물을 넘치게 받는 자들은 한 분 예수 그리스도를 통하여 생명 안에서 왕 노릇 하리로다"라고 하였다. 이처럼 사망의 정죄보다 생명의 은혜가 더욱 넘치는 이유는 구원자이신 예수 그리스도의 대속적 희생이 무한히 위대하기 때문이다. 하나님은 심판하시기보다 구원하시기를 기뻐하시기 때문에 이렇게 위대한 속죄자를 보내신 것이다.

해석

1 의롭다 하심을 받았으니. 4:3, 25 해석을 참조하라.

하나님과. 이것은 헬라어로 "프로스 톤 테온"(πρὸς τὸν θεόν)이니 "하나님과"라고 하기보다는 차라리 "하나님을 향하여" 또는 "하나님과의 관계에서"라고 하는 것이 좀 더 의미를 분명하게 드러낸다.

화평. 크레다너스(Γρειςδανυσ)는 이 용어가 심령의 상태보다는 오히려 하나님과 신자 간의 관계에서 누리는 화평을 가리킨다고 말하였다. 우리가 그리스도를 믿음으로 말미암아 칭의를 얻은 후에는 하나님의 진노가 더 이상 우리를 향하지 않는다. 전에는 하나님의 원수였던 우리가 이제는 하나님의 자녀가 되었으니, 이것이 바로 하나님과 우리 사이에 맺어진 화평의 관계다(참조. 엡 2:13-19). 이 같은 관계를 누리는 자는 마음에도 하나님으로 말미암은 화평을 소유하고 있어야 한다. 그러나 신자 중에는 공연한 염려와 걱정으로 한평생을 보내는 자가 적지 않다. 어떤 여자가 수많은 염려를 지니고 한평생을 살았는데, 뒤돌아 생각해 보니 그가 염려한 대로 벌어진 사건은 하나도 없었다고 한다. 염려와 걱정은 생명을 죽이는 독약이다. 결국 우리가 염려하는 사건 중 대다수는 일평생 우리에게 닥치지 않는다.

누리자. 이 말은 헬라어로 "에코멘"(ἔχωμεν)인데, 이 동사에 대하여 사본상의 논쟁이 있다. 우리가 채택하는 본문처럼 장모음 "오메가"를 포함하는 형태는 많은 중요 사본들(A B C D E K L)의 지지를 받지만, 단모음 "오미크론"을 포함하는 형태(ἔχομεν)도 있으니, 몇몇 사본(ℵ B)의 교정본들에 의해 지지를 받는다. 리츠만(Lietzmann)은 장모음을 포함하는 형태를 바울의 대서인이었던 더디오(16:22)의 오기로 간주하고 단모음을 포함하는 형태를 지지하면서 이것이 바울의 사상에 어울린다고 주장한다. 그러나 테오도르 찬(Theodor Zahn), 홀츠만(Holtzmann), 벨트후이젠(Veldhuizen) 등은 장모음을 포함하는 형태를 지지하였다. 장모음을 취하는 경우 그 번역은 우리말 성경처럼 "누리자"라고 할 수도 있고, "가지자"(Lasst uns haben, Zahn)라고 할 수도 있다. 만일 단모음을 취한다면 그 번역은 "우리가 누린다"(현재도 누리고 있음을 뜻함)라고 해야 할 것이다. 마이어(Meyer)는 말하기를 "바울은 아직 '누리자', 혹은 '가지자'라는 권면에 이르지 않았으며 다만 교리 문제에 대하여 설명하고 있다. 따라서 장모음을 포함한 권면적 어투를 취하는 것은 적합하지 않다."라고 하였다. 그러나 그의 주장은 근거가 희박하다.

2절. 이 구절은 앞절에서 제시한 "화평"의 유래를 설명한다.

서 있는 이 은혜. 여기서 "서 있는"이라는 동사의 형태는 현재 완료 시상에 속하는데(ἑστήκαμεν), 이것은 우리가 이미 이 은혜에 참여하였고, 현재도 그 은혜의 자리에 있음을 가리킨다. 그런데 "이 은혜"라는 것은 앞서 말한 하나님과의 화평을 누리는 상태를 뜻한다(5:1).

들어감. 여기 사용된 헬라어 "프로사고겐"(προσαγωγήν)은 "인도받아 들어가 대면함"이라고 번역하는 것이 합당하다. 이것은 우리가 중보자 그리스도의 인도를 받아 하나님과 화목하는 은혜에 참여함을 의미하는 표현으로, 에베소서 2:18, 3:12에도 사용되었다. 이 단어는 유력한 중재자의 소개로 지엄한 왕을 대면하는 상황을 묘사하는 데 사용된다. 우리는 하나님의 은혜를 받을 자격이 없는 누추하고 미천한 자들이지만, 중보자이신 예수 그리스도의 인도로 하나님의 존전에 나아가 참여하게 되었다.

하나님의 영광(참조. 3:23의 어구 해석). 이것은 본래 하나님이 임재하신 곳에 나타나는 영화로운 빛을 의미한다(출 24:16; 16:10; 40:34; 대하 5:14; 시 80:1; 롬 9:4). 그런데 여기서는 상징적으로 하나님의 완전성, 하나님의 복되심, 하나님의 계시, 하나님의 권능 등을 가리키는데(요 2:11; 골 1:11에 대한 라이트푸트의 해석 참조; 엡 1:6-12, 17; 3:1, 6), 이 모든 영광이 그리스도로 말미암아 이생에서는 부분적으로, 내세에서는 충만한 분량으로 신자들에게 임한다(고후 3:18; 4:6; 롬 8:30; 딤후 2:1). 특히 여기서는 내세의 영광을 가리켜 말하는 것으로 생각된다.

3-4절. 이 구절들은 "영광을 바라고 즐거워한다"라는 앞절 말씀에 대한 보충적 설명이다. 그리스도인은 내세의 영광을 바라보는 기쁨이 있는 반면에 이 세상에서는 환난을 당하게 된다. 그렇다면 환난이 내세의 영광으로 인한 그의 즐거움을 질식시켜버릴 수 있는가? 그렇지 않다. 환난은 도리어 내

세의 영광으로 인한 기쁨을 더욱 증폭시켜준다. 왜냐하면 환난으로 말미암아 내세적 영광에 대한 우리의 소망이 더욱 성숙해지고 명료해지기 때문이다.

다만 이뿐 아니라. 신자는 내세의 영광에 대한 소망으로 즐거워할 뿐 아니라 환난 가운데서도 즐거워한다.

우리가 환난 중에도 즐거워하나니. 하나님과 화평을 누리는 자들은 환난 가운데서 오히려 즐거움을 찾는다. 새가 날아가는 데 공기가 필요한 것처럼 그리스도인의 신앙생활에는 환난이 필요하다. 왓슨(Watson)은 말하기를, "우리에게 임한 환난은 지붕에서 새는 비와 같다. 비가 내려서 집 안으로 새어 들어오기 전에는 지붕 어디에 구멍이 났는지 알 수 없다. 마찬가지로 우리는 환난을 당해 보아야만 자신의 약점을 발견하고 고칠 수 있다.

"즐거워하나니." 여기 사용된 헬라어(καυχώμεθα)는 자랑한다는 뜻을 가지고 있다(마 5:10-12).

이는. 이 말은 헬라어 원문에서는 발견되지 않고 우리말 성경에 보충된 설명이며, 우리가 환난 중에 즐거워해야 할 이유를 보여준다.

환난은 인내를… 이루는 줄 앎이로다. "환난"이라는 말은 헬라어로 "틀립시스"(θλῖψις)인데, 누른다는 뜻을 가진 "틀리보"(θλίβω)라는 동사에서 파생된 단어다. 이것은 사람에게 압박을 주는 모든 것을 가리킬 수 있는 명사다. 이것은 인내력을 배양해 주기 때문에 우리에게 귀한 것이다.

"인내"라고 번역된 헬라어 "휘포모네"(ὑπομονή)는 견디어나갈 뿐 아니라 적극적으로 모든 장애물을 헤쳐나가는 투지를 의미한다. 인내력이 없는 사람은 아무 데도 쓸모가 없다. 인내는 인간을 인간답게 만드는 귀한 능력이고, 환난은 인내를 생산하는 고마운 어미다. 환난이 우리에게 보배로운 인내를 낳아준다면 그것은 우리에게 삶에서의 승리를 가져다주는 돌다리와 같은 존재다. 우리에게 파괴적인 위협으로 다가왔던 환난은 어느덧 우리에게 건설적인 열쇠가 된다. 환난은 한때 파괴자라는 누명을 쓰고 있지만, 어느 순간 건설자로 드러난다.

인내는 연단을, 연단은 소망을. "연단"이라는 말의 헬라어 원어(δοκιμή)는 특히 환난과 핍박을 슬기롭게 통과해낸 경력을 의미한다. 이 세상에서 쌓은 화려한 경력이 귀하게 여겨진다면, 하늘나라 일에 관련된 경력이야 말해 무엇 하겠는가? 인내 없이는 신앙생활에서 귀한 경력을 얻을 수 없다. 인내심이 없는 자는 어려운 일을 당할 때 결말을 보지 못하고 중도에 포기하고 마는데, 그리하여 하나님의 권능과 내세의 소망을 경험하지 못한다. 그러나 인내로 연단을 얻은 신자는, ① 고난을 겪으면서 그의 심령에 자리했던 오점까지도 털어버렸기 때문에 하늘의 소망을 내다보는 믿음이 더욱 확고해진다. ② 더욱이 그가 하나님의 은혜로 환난을 통과한 경력 때문에 앞으로 당할 환난도 어떤 모양으로든지 하나님의 은혜와 권능으로 선히 통과할 수 있는 줄 알고 안심하며 소망을 가진다.

앎이로다. 헬라어로 "에이도테스"(εἰδότες)인데, 여기서는 인간적으로 배워 얻은 지식을 가리키는 것이 아니라 성령의 가르침을 통해 아는 것을 의미한다. 이같이 강력한 지식이 있기 때문에 신자는 그가 당하는 환난 중에 오히려 기쁨을 누린다.

5 소망이 우리를 부끄럽게 하지 아니함은. 이 말씀은 신자가 소유한 "소망"의 성격이 어떠함을 보여주는데, 곧 당당히 부끄럽지 않게 가질 수 있는 소망이라는 것이다. 어떤 학자는 말하기를, 여기서 "부끄럽게 하지 아니함"이라는 말은 우리가 소망한 대로 세상 끝날에 어김없이 성취될 것이기 때문에 실망치 않게 되리라는 뜻이라고 주장한다. 그러나 "부끄럽게 하지 아니함"(οὐ καταισχύνει)이라는 어구가 헬라어로 미래가 아닌 현재 시상인 점을 고려할 때 그것은 내세에 대한 소망이 현세에도 확고부동함을 가리킬 것이다.

인간은 역경을 당할 때 그가 가지고 있던 소망마저도 내던져버리는 연약한 존재다. 그렇게 될 수밖에 없는 이유는 그가 가진 소망의 동인인 인내심이 사람의 능력에 의존하는 것이기 때문이다. 그들은 수많은 역경을 견뎌낸 후에도 마침내 실망하고 만다. 그러나 신자의 소망은 이와 달라서 순수한 신앙에 근거한 것이니, 인간에게서 유래하는 능력과 운명을 같이하는 것이 아니다. 소망의 근거는 인간의 능력에 있지 않고 하나님의 능력에 있다. 우리 자신의 힘이 모두 소진된 후에도 하나님의 능력은 계속 역사한다.

성령으로 말미암아 하나님의 사랑이 우리 마음에 부은 바 됨이니. 이 구절은 앞에서 말한 "소망이 부끄럽게 하지" 않는 원인을 보여 준다. 이 문구의 뜻은 성령으로 말미암아 우리에게 알려지는 하나님의 사랑은 물 붓듯이 풍성한 위대한 사랑이라는 것이다. 여기서 "하나님의 사랑"이 하나님을 향한 우리의 사랑을 의미한다는 학설도 있는데(Augustine), 이는 합당한 해석이 아니다. "부은 바 됨"은 헬라어로 "에케퀴타이"(ἐκκέχυται)인데, 이 표현은 ① 구원의 은혜를 물 붓듯이 풍족히 주심을 가리키며(욜 2:28), ② 마른 땅에 물을 부어 곡식을 소생시키듯이, 하나님께서 죄로 인하여 해골과 같이 된 인간들에게 구원의 은혜를 부어 주시어 그들을 다시 살리시는 것을 가리킨다(사 44:3).

6절. 이 구절은 헬라어 접속사 "가르"(γάρ)로 시작하는데, 이것은 앞의 말씀에 대한 설명이나 이유를 소개하는 접속사다. 이 구절 이하에서는 하나님의 사랑이 얼마나 큰지를 설명한다.

우리가 아직 연약할 때에. 이것은 복음을 믿어 이미 성령을 받은 처지에서 하는 말이다. 여기서 "연약"이라는 말은 인간이 그리스도를 믿기 전에 가지는 육체적 습관을 가리킨다. 이 어구의 뜻은 다음과 같다. 우리가 지금은 신자로서 육신에 속한 자(연약한 자)가 아니지만, 복음을 믿기 전에는 그리하였다는 것이다. 그리스도께서 우리를 위하여 죽으신 때는 우리가 아직 연약하였던 그때, 다시 말해 우리가 육신에 속하여서 하나님과 원수 되었던 그때다. 이에 대해 바울은 "육신의 생각은 하나님과 원수가 되나니 이는 하나님의 법에 굴복하지 아니할 뿐 아니라 할 수도 없음이라"(8:7)라고 하였다. 하나님의 독생자 예수께서 하나님의 원수였던 우리를 위하여 죽으셨다는 사실만으로도 우리를 향한 하나님의 사랑이 얼마나 큰지 알 수 있다(요 3:16). 이 사랑은 절대적이고 무조건적인 사랑이다. 이 세상의 사랑은 모두 다 조건적인 사랑이니 예컨대 부자간의 사랑이나 이성 간의 사랑, 친구 간의 사랑도 모두 마찬가지다. 부자간의 사랑은 혈통적 조건에 본능적으로 이끌린 것이고, 친구 간의 사랑은 이해관계에 이끌린 사랑이다. 이처럼 조건적인 사랑이라도 진리의 통제를 받는 진실한 것이라면 선하다고 할 수 있다. 그러나 무조건적 사랑은 하나님의 아들이 이 땅에 강림하심으로써 나타난 것이니, 그것은 말할 수 없이 선하고 위대한 것이다. 그것은 신자들에게 참되고 확실한 평화와 기쁨을 제공하는 사랑이다. 시편 27:10에 "내 부모는 나를 버렸으나 여호와는 나를 영접하시리이다"라고 하였고, 이사야 49:15에는 "여인이 어찌 그 젖 먹는 자식을 잊겠으며 자기 태에서 난 아들을 긍휼히 여기지 않겠느냐 그들은 혹시 잊을지라도 나는 너를 잊지 아니할 것이라"라고 하였다.

기약대로. 이 말의 헬라어(κατὰ καιρόν)를 직역하면 "때를 맞추어"라는 의미다. 이에 대하여 칼빈(Calvin)은 "우리가 연약할 때를 맞추어"라는 의미라 하였고, 리츠만(Lietzmann)도 그와 같은 견해를 취하였다. 그러나 이런 해석은 부자연스럽다. 하나님의 사랑이 지극히 크심을 알려주는 이 장면에서 "때를 맞추어"라는 말은 이런 뜻이다. 곧 하나님의 사랑은 우연적인 것이 아니며 임시방편으로 주어진 것도 아니고, 다만 영원 전에 예정하신 대로 나타나야 할 적절한 시기에 나타났다는 것이다(갈 4:4).

그리스도께서 경건하지 않은 자를 위하여 죽으셨도다. 여기서 "경건하지 않은 자"라는 말은 "연약한 자", 곧 육신에 속한 불신자를 가리킨다. 예수님의 모든 교훈이나 행적은 그의 속죄의 죽으심을 향해 집중되어 있다. 그리스도의 죽으심은 그의 모든 교훈과 행적들에 의미를 제공하는 것이다.

7 의인을 위하여 죽는 자가 쉽지 않고 선인을 위하여 용감히 죽는 자가 혹 있거니와. "의인"이라는 말은 헬라어로 "디카이오스"(δίκαιος)이고 "선인"이라는 말은 "아가토스"(ἀγαθός)인데, 이 둘은 다음과 같이 구별된다. 곧 "의인"은 율법의 규정을 준수하는 자로서 다른 사람으로부터 존경을 받고, "선인"은 사랑을 실천하는 자로서 다른 사람으로부터 사랑을 받는다. 다른 사람을 위하여 기꺼이 자진해서 죽는 일은 존경심보다는 애정이 발동할 때 가능한 것이다. 그러므로 의인을 위하여 죽는 일은 쉽지 않아도 선인을 위하여 죽는 일은 약간의 가능성이 있다. 어떤 학자는 여기서 "의인"이라고 번역된 "디카이오스"를 단순히 "의"라고 번역하고 "선인"이라고 번역된 "아가토스"는 단순히 "선"이라고 번역하는 것이 옳다고 주장하였는데, 그의 견해는 옳지 않은 것으로 보인다.

8 우리가 아직 죄인 되었을 때에. 5:6 상반절 해석을 참조하라.

자기의 사랑. 이 말의 헬라어 원문(τὴν ἑαυτοῦ ἀγάπην)을 직역하면 "그 자신의 사랑"이다. "그 자신의 사랑"이라는 말에는 두 가지 뜻이 있다. 곧 ① 7절의 인간적인 사랑과 구별되는 하나님 자신의 사랑을 의미할 수도 있고, ② 하나님의 자발적이고 능동적인 사랑을 의미할 수도 있다.

확증하셨느니라. "확증한다"(συνίστησιν)는 동사는 현재 시상이다. 여기서 바울이 현재 시상을 사용한 목적은 "증거의 강력함을 보여주기 위한 것이다. 그리스도의 죽으심은 현재까지도 그 사랑을 뚜렷하게 보여주고 있다"(H. N. Ridderbos). 인간은 의인이나 선인을 위하여도 죽는 일이 많지 않은데, 하나님의 아들 예수 그리스도께서는 죄인들을 위하여 죽으셨다. 그것은 신적 사랑, 곧 무조건적인 사랑이다(요일 4:9-10).

9절. 사도 바울은 6-8절에서 우리의 소망을 부끄럽게 하지 않는 요소로 하나님의 사랑을 들어 말하였다. 그리고 이 구절 이하에서는 그에 대한 결론을 제시하는데, 큰 것에서 작은 데 이르는 논법을 사용한다. 하나님께서 우리를 위하여 큰일을 하셨으니, 작은 일도 물론 하실 수 있다는 논법이다.

그의 피로 말미암아 의롭다 하심을 받았으니. 이 말씀은 칭의의 은혜가 우리 자신들의 그 무엇에도 의존하지 않고 전적으로 그리스도의 대속적 죽음에 달렸다는 사실을 밝혀준다(엡 2:13; 히 9:12). "그의 피로 말미암아"라는 어구에서 "피"라는 단어는 단순히 십자가의 죽음만을 가리키는 것이 아니라, 그의 부활과 연계되는 보혈을 뜻하는 것이다. 이렇게 주장하는 근거를 로마서 본문에서 제시할 수 있는데, 4:25에서 "예수는 우리가 범죄한 것 때문에 내줌이 되고 또한 우리를 의롭다 하시기 위하여 살아나셨느니라"라고 하신 말씀으로 볼 때 우리의 칭의가 예수님의 부활로 완성된다는 것을 알 수 있다.

더욱. 이것은 헬라어로 "폴로 말론"(πολλῷ μᾶλλον)인데, "더욱 풍성하게"라는 의미라기보다는 "더욱 확실하게"라는 뜻이다. 하나님께서 우리를 위하여 독생자를 희생하셨으니 그보다 더 큰 사랑은 없다. 하나님께서 우리를 의롭게 만드시기 위해 이렇게 큰 희생을 치르셨으니, 앞으로 그런 희생 없이도 성취될 수 있는 구속 사역을 더욱 확실히 이루실 것이라는 뜻이다. 5장에는 "더욱"이라는 표현이 다섯 번 나오는데, 두 번은 우리 구원의 안전성을 강조하기 위해 사용되었고(9-11절), 나머지 세 번은 구원하는 은혜의 풍성함을 강조하기 위해 사용되었다(15-20절).

그로 말미암아. 여기서 "그"는 부활하시고 승천하신 예수 그리스도를 가리킨다.

진노하심에서 구원을 받을 것이니. "진노하심"은 세상 끝날에 나타날 하나님의 종말적 진노를 뜻한다. 우리가 그리스도의 피로 말미암아 의롭다 하심을 얻은 것은, 우리가 의로워서 그렇게 된 것이 아니라 우리가 의롭지 못함에도 그렇게 된 것이다. 따라서 이전에 교만하였던 우리가 이제는 지옥에까지 낮아지고 겸손해져야 한다. 그러나 우리의 겸손은 지옥으로 귀결되는 것이 아니다. 우리의 겸비한 마음은 그리스도의 피로 말미암아 칭의를 얻은 사실을 생각할 때 하늘 위에까지 미치는 감사와 기쁨을 소유하게 된다. 지옥에까지 낮아지는 겸손과 하늘 위에까지 미치는 감사, 이것은 그리스도인의 현재 삶에서 두 축을 이룬다. 이 두 가지는 성도가 입을 세마포 옷(계 19:8)의 날줄과 씨줄이다.

하나님과 화목하게 되었은즉. 인간은 범죄한 후 하나님과 원수가 되었다. 하지만 이것은 하나님께서 인간을 미워하셔서 그들의 소망을 완전히 끊으셨다는 말이 아니다. 인간이 하나님의 원수가 되었음에도 하나님께서는 원수 된 인간을 사랑하셔서 독생자를 보내시어 구원하게 하신 것이다. 이제 그리스도 안에서 그와 하나님 사이에 화목이 이루어졌고, 이렇게 얻어진 화목은 영원히 깨어지지 않는다. 참신자가 혹시 죄를 범한다 해도 이 화목에는 변함이 없다. 하지만 그렇다고 해서 우리가 방종한 마음을 품고서 죄를 범하려고 생각해서는 안 된다. 왜 그런가 하면 신자는 이제 홀로 살아가는 것이 아니라 성령님과 동행하기 때문이다(8:14). 성령님의 감화 아래 있는 우리가 어찌 성령님을 거스르는 생각을 품을 수 있겠는가? 게다가 참신자가 죄를 범할 때 세상에서 받는 벌이 크다. 다윗이 죄를 범한 결과로 그의 집안에 뼈아픈 환난이 있었다.

화목하게 된 자로서는 더욱 그의 살아나심으로 말미암아 구원을 받을 것이니라. 신자는 예수 그리스도의 죽으심을 통해 그가 범한 죄의 값을 하나님의 공의 앞에서 청산받았다. 그러나 그에게는 또한 적극적 구원도 필요하였다. 예수 그리스도는 이러한 요구를 채워 주시기 위해 다시 사셨다. 그가 다시 살아나심으로 그의 의는 우리의 의가 되고, 그의 영광은 우리의 기업이 되었다. 크레다너스(Greijdanus)는 말하기를, "그리스도께서 우리를 위하여 죽으시기까지 하셨는데, 이제 그가 다시 살아나셔서 우리를 멸망에 버려두시겠는가?"라고 하였다. 그리스도는 부활하심으로 우리를 죽은 자 가운데서 살리실 수 있는

모든 권세와 능력을 받으셨다.[106)]

11 화목하게 하신. 화목이라는 표현은 앞절에서도 두 번이나 사용되었는데 바울은 여기서 다시 화목이라는 표현을 사용한다. 바울이 이 표현을 이렇게 거듭 사용하는 이유는 하나님과 인간이 화목하게 되는 은혜야말로 다른 모든 은혜의 토대이자 열쇠라는 사실을 강조하기 위해서다.

그리스도로 말미암아. 여기서 "말미암아"라는 용어는 우리가 경유해야 하는 방편을 가리키는 역할을 한다. 그 방편은 우리의 중보자이신 그리스도시다.

하나님 안에서 또한 즐거워하느니라. 우리에게는 장차 구원을 얻게 될 밝은 미래가 주어졌을 뿐 아니라 현세에 누릴 기쁨이 있는데, 그것은 바로 하나님을 즐거워하는 기쁨이다. 하나님은 그리스도로 말미암아 우리 신자들의 소유가 되셨다(Calvin; 참조. 고전 1:31; 고후 10:17).

12-19절. 아담과 그리스도에게서 나타난 대표 원리

1) 대표 원리의 공의성

아담의 죄는 그의 후손인 모든 인류의 죄로 여겨졌고, 그의 부패성은 모든 인류에게 유전되었다. 왜냐하면 아담은 그의 후손인 모든 인류를 대표하는 자였기 때문이다. 따라서 모든 사람은 그로 말미암아 죄인이 되었고, 모세의 율법이 그들에게 죄를 선언하기 전에 이미 죄책을 지게 된 것이다(12-14절). 예컨대 인류는 아담으로 말미암아 사망에 빠지게 되었는데, 이는 대표 원리에 따른 것이다. 그러므로 공의로우신 하나님께서 타락한 죄인들을 구원하실 때도 대표자 한 사람이 모든 사람의 죄책을 담당하게 하신 것이다. 한 사람으로 말미암아 인류가 멸망했으니 한 사람으로 말미암아 구원받는 것이 마땅하다. 그러나 이 같은 공의는 죄인들이 하나님께 요청할 수 있는 성

---

106) 마 28:18; 엡 1:22; 계 1:18; 히 2:10; 7:25; 고전 15:25.

질의 것이 아니다. 하나님께서 그 같은 공의를 실행하지 않으신다 해도 그것은 불의한 일이 아니다. 따라서 이것은 하나님께서 기쁘신 뜻대로 나타내신 공의다. 하나님의 성결은 사람의 승인을 받아서 존재하는 것이 아니다. 그러므로 하나님이 인류를 구원하실 때 대표 원리를 적용하신 공의로운 사실에 대하여 우리는 그저 감사할 따름이다.

2) 대표 원리의 합리성

타락을 대표하는 자가 한 사람이었던 것과 마찬가지로 구원을 대표하는 자도 한 사람이다. 그렇다면 이 대표자는 어떤 인물이어야 하는가? ① 그는 아담의 육체를 취하신 자여야 한다. 그래야만 그가 아담의 후손인 인류의 대표자로서 관계를 맺고 책임을 떠안을 수 있다. 그러면 그는 누구인가? 그는 바로 예수 그리스도시다. ② 더욱이 그는 아담을 넘어서는 분이어야만 한다. 아담을 넘어서는 존재는 바로 하나님이시다. 예수님은 하나님의 신분으로 죄인들의 구원을 위한 속전이 되셨기 때문에 그 구원의 효력은 무한하다.

3) 죄의 세력과 의의 세력 간의 차이(15-17절)

① 모든 인류는 대표 원리에 의하여 타락하였기 때문에, 마땅히 대표 원리에 의하여 구원받을 수 있다. 그러나 구원을 위한 의의 세력은 타락을 초래한 죄의 세력보다 훨씬 강력하다. 죄의 세력은 인류의 조상 한 사람을 대표로 하여 모든 인류에게 임했으나, 의의 세력은 창조자이시고 하나님이신 예수 그리스도를 대표로 하여 임한 것이다(15절). 죄의 세력이 피조물의 힘이라면, 의의 세력은 창조자의 힘이다. 그러므로 의의 세력은 그 분량이 무한하기 때문에 죄의 세력을 이기고도 남는다. 우리가 보는 대로 죄의 세력은 세상에 편재하여 홍수같이 무서운 힘을 발휘하는데, 이것보다 천양지차로 거대한 의의 세력은 얼마나 강력한 힘을 가졌겠는가? 이것을 생각하면 우리는 기쁨을 주체할 수 없다. ② 죄의 세력은 죄인 한 사람(아담)에 대한 정죄를 기점으로 하여 많은 사람에게 미쳤는데, 그것은 모든 인류의 죗값에 합당한 분량

만큼 주어진 것이다. 그러나 은사는 행한 만큼 갚아 주는 심판의 원칙을 따르는 것이 아니라, 수많은 죄인의 무수한 죄악을 모두 덮고도 남을 만큼 넘치게 주어진다(16절). 아담의 범죄로 인하여 사망이 인류에게 왕 노릇 했으나, 그리스도로 말미암은 의는 신자들로 하여금 생명으로 왕 노릇 하게 한다(17절).

12절. 이 구절 이하에서는 이제까지 제시해온 이신칭의의 원리를 근원적으로 해명한다. 그러므로 크리소스토모스(Chrysostom)는 말하기를, "좋은 의사가 병을 다룰 때 병의 근원을 찾기 위해 전력하는 것과 마찬가지로, 바울은 죄와 구원 문제를 논할 때 그 근원을 밝히기 위해 전력한다."라고 하였다. 로테(Rothe)는 본 장을 칭의론의 연속으로 보지 않고 성화론의 출발로 보았다. 그러나 이 학설은 받아들여질 수 없다.

그러므로. 여기서 결론을 이끄는 접속사는 어디에 연결되는 것인가? 이것이 앞말과 관련하여 사용되었다는 점에는 의심의 여지가 없다. 바울은 한 사람 그리스도로 말미암아 많은 사람에게 미친 구원의 은혜를 생각하다가, 멸망도 한 사람 아담으로 말미암아 모든 사람에게 임했다는 사실을 회고하게 되었다. 거기서 그는 다시 구원론의 뿌리를 다루게 된다.

한 사람으로 말미암아 죄가 세상에 들어오고. 아담이 범죄하기 전에 자녀를 생산하지 않았기 때문에 그의 후손은 모두 다 범죄한 아담에게 속한 것이다. 다시 말해 인류의 조상은 오직 죄인 한 사람이었고, 의인인 다른 조상은 없었다. 이렇게 타락한 조상 아담을 대표자로 가진 인류는 모두 죄인이다. 그러나 펠라기우스주의자들은 말하기를, "사람은 생래적으로 죄인이 아니다."라고 하였다. 그러나 이 학설은 성경의 가르침에 위배되는 것이다.

사망이 들어왔나니. 사망은 죄를 처벌하는 가장 좋은 방법이다. 죄를 범한 아담에게는 그의 피조성과 연약성을 드러내는 형벌이 필요하였다. 그때 하나님께서 그에게 "너는 흙이니 흙으로 돌아갈 것이니라" 하시고(창 3:19) 그를 자신에게서 떼어놓으신 것이다. 따라서 그는 흙이라는 본성을 그대로 드러내는 날이 찾아왔으니 곧 그의 육신이 죽음을 맞이하는 날이었다. 육체적인 죽음도 하나님과의 분리로 말미암은 것이지만, 그보다 더 무서운 것은 영적인 죽음인데, 그의 영혼이 하나님에게서 떠나 지옥에 빠지게 되는 것이다.

이와 같이. 아담이 죄를 범한 결과로 모든 인류가 죽음의 법칙에 매이게 되었다는 뜻이다.

모든 사람이 죄를 지었으므로. 이 어구는 헬라어로 "에프 호 판테스 헤마르톤"(ἐφ' ᾧ πάντες ἥμαρτον)인데, 번역자들의 견해가 다양하다. ① "모든 사람이 아담 안에서 죄를 지은 것이다"라는 번역이 있다. 이 번역은 "에프 호"(ἐφ' ᾧ)를 "그 안에서"라고 보았다. ② 우리 한글 번역 성경과 같이 "모든 사람이 죄를 지었으므로"(Theodoret, Sanday)라는 번역도 있다. 어느 번역을 취하든지 조상 아담 안에서 모든 인류가 범죄하게 된 사실을 가리킨다. 여기서 "모든 사람"의 범위에는 어린아이도 포함된다.

사망이 모든 사람에게 이르렀느니라. 여기서 "이르렀느니라"라고 번역된 헬라어 동사(dih/lqen)는 각 사람에게 분배적으로 두루 미치게 된 상황을 가리킨다. 사망은 죄의 삯이니, 죄 있는 자마다 사망을 당한다. "나는 하나님 앞에서 무죄하다"(3:10)라고 말할 수 있는 사람은 하나도 없다.

13-14 율법 있기 전. 이 시기는 아담으로부터 모세까지의 기간을 가리킨다. 이 시대에도 죄는 계속 활동하고 있었다. 사람이 살아가는 곳에는 죄가 있다.

아담의 범죄와 같은 죄를 짓지 아니한 자들까지도 사망이 왕 노릇 하였나니. 앞서 13절에서 밝히 말한 것처럼 율법이 있기 전(아담으로부터 모세까지)에도 사람에게 죄가 있었기 때문에 그들도 죽음의 권세 아래 있다는 뜻이다.

"사망이 왕 노릇"하였다는 것은 사망이 모든 사람에게 예외 없이 임하였다는 뜻이다.

아담은 오실 자의 모형이라. 다시 말해 한 사람이 많은 사람을 대신하는 대표 원리에 따라 아담은 이미 그리스도의 표상이라는 뜻이다. 하나님께서는 이미 오래전에 첫 사람 아담에게서 그리스도로 말미암은 속죄의 원칙을 예표하셨다. 대표 원리는 우연의 산물이 아니라 구원사적 진리이며, 따라서 절대로 신뢰할 만하다. "모형"(τύπος)이라는 단어는 "예표"의 의미로 해석되기도 하며(Lietzmann) "비유"의 의미를 띠는 것으로 여겨지기도 한다(Calvin).

15 은사. 헬라어로 "카리스마"(χάρισμα)인데, 본 절 하반절에 사용된 "은혜"(χάρις)와는 다른 용어다. "은사"는 은혜로 말미암은 행위를 뜻하는데, 예컨대 그리스도께서 죽임당하신 일을 가리킨다. 반면에 "은혜"는 모든 은혜로운 행위의 원천을 의미한다. 요컨대 이 두 가지 용어는 서로 원인과 결과의 관계를 이룬다.

범죄. 이것은 헬라어로 "파라프토마"(παράπτωμα)인데, 여기서는 인류의 조상 아담의 타락을 가리킨다. 이 구절에서는 인류의 대표자로서 아담이 행한 일과 그리스도의 사역 간의 차이점 중 첫 번째 것을 지적한다. 한마디로 그리스도로 말미암은 은사가 아담으로 말미암은 죄악보다 질적으로나 양적으로 우월하다는 것이다.

더욱. 이 말의 헬라어 원문(πολλῷ μᾶλλον)은 "하물며"라고 번역할 수도 있다. 일개 인생인 아담이 행한 일을 유일한 근원으로 삼는 죄악도 모든 사람에게 두루 영향을 미쳤는데, 하물며 이중 원동력, 곧 하나님의 은혜와 예수 그리스도가 은혜로 주신 선물로 말미암은 의의 세력은 얼마나 강력한 영향력을 미치겠는가? 아돌프 윌리허(Adolf Jülicher)가 주장한 바와 같이 그 세력은 모든 논리적 언변이 중단될 만큼 강하다. 이와 같은 구원의 은혜로 신자들은 범죄 이전의 사람(아담)이 누렸던 복된 상태보다 훨씬 더 탁월한 자리에 이르게 된다. 그리스도 신자들은 옛사람 아담이 소유하지 못했던 중보자 그리스도와 함께 영원한 영광의 기업을 누리게 된다.

16 심판은 한 사람으로 말미암아 정죄에 이르렀으나. 여기서 "심판"이라는 말의

헬라어(κρίμα)는 심판하는 행위를 가리키는 것이 아니라 심판의 결과를 가리킨다(Theodor Zahn). "한 사람"이라는 말은 헬라어로 "헤노스"(ἑνός)인데, 한글 번역 성경처럼 "한 사람"이라고 번역할 수도 있지만 "하나"라고 번역할 수도 있다. 라이트푸트(Lightfoot)나 크레다너스(Greijdanus)는 두 번째 번역을 취한다. 그렇다면 여기서 "하나"라는 것은 한 범죄, 다시 말해 아담의 범죄를 가리킨다고 할 수 있다. 그리고 "말미암아"라는 말의 헬라어(ἐξ)는 "~에서"라고 번역하는 것이 올바르다. 그렇다면 이 구절에서 지적하는 아담과 그리스도의 두 번째 차이점은 다음과 같다. 곧 아담으로 말미암은 심판은 아담의 범죄 하나를 대상으로 한 것이지만, 그리스도로 말미암은 은사는 많은 사람의 많은 범죄를 대상으로 주어진 것이다. 비유컨대 심판은 나무 한 그루에 불을 붙임으로써 광활한 수풀에 화재를 일으키는 것이라면 은사는 불타는 수풀의 모든 불꽃을 넉넉히 잠재우는 소화전이라고 할 수 있다. 그렇다면 심판은 하나에서 출발하여 널리 퍼진 것이고 구원은 많은 사람의 수다한 죄악을 대상으로 삼아 개별적으로 속죄하는 것이다. 만일 구원을 주시는 방법이 개별적이지 않고 단체적이었다면 그것은 사랑과 성의가 부족한 것이라고 할 수 있다. 그리스도로 말미암은 구원의 방법은 개개인을 대상으로 하는 것이다. 나무 한 그루에 붙은 불이 온 수풀에 자연스럽게 번지는 것처럼 인류의 조상인 아담 한 사람이 받은 형벌은 자연스럽게 그의 모든 후손에게 미쳤다. 그러나 수많은 사람의 모든 범죄를 일일이 구속하는 일은 수풀 전체에 붙은 불을 일일이 끄는 것처럼 힘든 일이다. 아담의 범죄와 그가 받은 심판은 무거운 돌을 산꼭대기에서 굴려 버리는 것처럼 자연스러운 일이라고 할 수 있다. 그에 비해 그리스도의 속죄는 굴러 내려온 무거운 돌을 들고 다시 산꼭대기로 올라가는 것과 같은 일이다. 그토록 어려운 일이 그리스도로 말미암아 완성되었다. 그 일을 완성하기 위해 하나님께서 기울이신 사랑의 힘은 범죄와 심판의 세력에 비해 천양지차로 크다. 우리는 죄의 세력으로 말미암아 나타난 현세의 모든 역경과 곤란과 질병을 보고 낙망할 것이 없다. 왜냐하면 구원의 세력은 그에 비교할 수 없이 크기 때문이다.

많은 범죄로 말미암아. 이 문구의 헬라어 원문(ἐκ πολλῶν παραπτωμάτων)은 "많은 범죄에서"라고 번역하는 것이 적절하다.

17절. 이 구절은 이유 접속사 "가르"(γάρ)로 시작하는데, 16절 하반절에 있는 "많은 범죄로 말미암아 의롭다 하심에 이름이니라"라는 말씀을 확실하게 설명한다.

한 사람의 범죄로 말미암아 사망이 그 한 사람을 통하여 왕 노릇 하였은즉. 아담이라는 한 사람의 범죄 하나를 통로로 삼아 사망이 전 인류를 주장했다면, 풍성한 은혜의 지지를 받는 신자들은 생명 안에서 왕 노릇 하리라는 것이 더더욱 확실하다.

생명 안에서 왕 노릇 하리로다. 사망은 인간을 주장할 때는 그들의 의사를 묻지 않고 일방적으로 지배권을 행사했다. 그러나 생명의 통치는 그렇지 아니하여 신자들 자신을 왕으로 세운다. 다시 말해 생명의 통치는 인간을 사망에서 해방하여 생명을 얻게 하는 동시에 영광을 부여하여 생명 안에서 왕 노릇 하게 한다. 그것은 신자들이 마침내 그리스도의 영광에 동참하게 될 것을 가리킨다. 땅 위의 신자들이 이 영광을 인식하고 살아갈 때 그들은 승리의 생활을 영위할 수 있는 것이다.

18-19 그런즉 한 범죄로 많은 사람이 정죄에 이른 것 같이 한 의로운 행위로 말미암아 많은 사람이 의롭다 하심을 받아 생명에 이르렀느니라 한 사람이 순종하지 아니함으로 많은 사람이 죄인 된 것 같이 한 사람이 순종하심으로 많은 사람이 의인이 되리라. 18-19절은 앞선 12-14절을 소환하여 결론을 제시한다(참조. 15-17절에 대한 해석). 이 단락의 말씀은 정죄와 구원에 있어서 동일하게 한 사람을 대표자로 내세우는 대표 원리가 작동하고 있음을 지적한다. 여기 적용된 대표 원리에서 몇 가지 진리를 발견할 수 있다.

1) 사랑의 성격. 인간이 원리상 아담으로 대표되어 모두 함께 정죄 받은 사실은 어찌 보면 너무 무자비한 처사인 것처럼 보인다. 그러나 실상은 여기에 하나님의 사랑이 숨겨져 있다. 아담은 범죄하기 이전에 인류의 대표자로 세워졌다. 그때는 그가 부패하기 전이었으므로 시험을 극복할 수도 있었다. 더욱이 아담의 자손들이 대표 원리에 따라 정죄를 받은 것과 마찬가지로 이제 그들 중에 믿음을 가진 신자들은 그리스도 안에서 대표 원리에 따라 속죄를 받는다.

2) 합리성. 아담이 인류의 자연적 근원이자 머리라면, 그리스도는 인류의 영적 근원이자 머리시다. 죄는 아담에게서 왔으며 아담의 자손들은 유전과 전가의 원칙에 따라 죄인 됨을 면할 수 없다. 그것은 합리적이며 자연법칙에 다른 것이다. 한편 죄인을 죽음에서 살리시는 둘째 아담이신 예수 그리스도가 영적이고 초자연적인 머리가 되신다는 것도 역시 합리적이다. 왜냐하면 그는 죽은 자를 살리시는 머리이시기 때문이다. 죽은 자를 살리는 일은 자연적인 방법으로는 불가능하다. 그리스도는 자연법칙에 따라 인류에게 임하시는 분이 아니라 영적 초월성에 따라 인류에게 임하시는 분이다. 그러나 그도 우리와 인연을 맺으시기 위하여 한때 우리와 같이 되셨다. 로마서 8:2-3에 말하기를, "이는 그리스도 예수 안에 있는 생명의 성령의 법이 죄와 사망의 법에서 너를 해방하였음이라 율법이 육신으로 말미암아 연약하여 할 수 없는 그것을 하나님은 하시나니 곧 죄로 말미암아 자기 아들을 죄 있는 육신의 모양으로 보내어 육신에 죄를 정하사"라고 하였다.

3) 한 사람의 큰 힘. 아담 한 사람으로 말미암아 많은 사람이 정죄에 이른 것처럼, 그리스도 한 분으로 말미암아 많은 사람이 구원을 받는다. 여기서 "하나"는 무기력한 숫자가 아니다. 하나의 역량이 무한하다면 하나로 족한 것이다. 그리스도에게는 이것이 더욱 참되다. 그리스도께서 한 분이시라는 바로 그 사실이 무언중에 그의 무한대성을 시사한다. 그리스도에 대하여 수학

적인 개념을 적용하자면 그는 무한대이시다. 디모데전서 2:5에 말하기를, "하나님은 한 분이시요 또 하나님과 사람 사이에 중보자도 한 분이시니 곧 사람이신 그리스도 예수라"라고 하였다.

20 율법이 들어온 것은. 여기서 "들어온"이라는 말은 헬라어로 "파레이스엘텐"(παρεισῆλθεν)인데, 이미 있는 것들 사이로 나중에 끼어드는 것을 가리킨다. 다시 말해 모세의 율법은 기존의 아브라함 언약(은혜 언약)을 돕기 위해 나중에 끼어든 것이라는 뜻이다. 이러한 사실에 대하여 갈라디아서 3:15-29의 말씀에 자세히 설명되어 있으니 그 말씀을 주의 깊게 살펴볼 필요가 있다. 크레다너스(Greijdanus)와 샌데이(W. Sanday)가 이러한 해석을 지지한다. 일부 학자들은 "율법이 들어온 것"이라는 표현은 율법이 죄보다 늦게 들어왔음을 가리킨다고 하나(Luther, Calvin), 그것은 옳지 않은 해석이다. 율법이 끼어들었다고 할 때는 그것이 영구한 제도로 찾아온 것이 아님을 암시한다. 크리소스토모스(Chrysostom)는 율법이 끼어든 이유에 대해 다음과 같이 말하였다. "그것은 일시적이고 상대적인 필요성만을 지니기 때문이다."

범죄를 더하게 하려 함. 이것은 ① 율법이 우리가 죄를 깨닫게 해주기 때문에 죄책에 대한 감각이 더해진다는 것이며(Calvin), ② 더불어 우리가 악하여서 율법의 명령에 반발하는 경향이 있음을 말하는 것이다(Augustine). 그러나 율법이 악하여서 그 같은 결과를 내는 것은 아니다. 율법은 거룩하고 선한 것이지만 인간의 성품이 너무 완악하기 때문에 선한 것을 통해 도리어 악을 분출한다(7:11-13).

루터(Luther)는 여기서 "범죄를 더하게 하려" 한다는 말에 대해 다음과 같은 예화를 제시한다. "의사가 환자를 고치지 못할 때 환자가 '당신은 나에게 위안을 주러 온 것이 아니라 도리어 실망을 배가시키러 온 것이다.'라고 하는 것과 일반이다."[107)]

죄가 더한 곳에 은혜가 더욱 넘쳤나니. 자연 상태의 인간은 교만하여 하나님을 찾을 필요를 느끼지 못한다. 그러나 율법이 그에게 임할 때 그는 자신의 죄를 깨닫고 그리스도께로 돌아오게 된다. 그것이 바로 넘치는 은혜다.

21 은혜도 또한 의로 말미암아 왕 노릇 하여. 여기서 "의"는 인간의 주관적인 의가 아니라 그리스도의 무궁한 의를 말한다. 이 무궁한 의를 믿음으로 소유한 신자는 은혜의 통치를 받기 때문에 영생을 누린다.

⚜ 평주

우리가 믿음으로 의롭다 하심을 받았으니(1절). 바르트(K. Barth)는 이 구절 이하 11절까지의 말씀을 통해 "새사람"에 대해 논하였다. 물론 이 단락은 새사람, 곧 의롭다 함을 얻은 인간의 상태를 설명한다. 하지만 그 내용에 있어서 본문의 의미와 바르트의 해석은 서로 부합하지 않는다. 본문에서 말하는 새사람은 그리스도를 믿음으로 말미암아 객관적으로나 주관적으로 변화된 사람을 뜻한다. 곧 그가 의롭다 함을 얻었으므로 하나님 편에서의 객관적인 진노가 화목으로 변했으며, 사람의 주관적인 상태도 변화하여 ① 평화를 누리게 되었고(5:5), ② 영광을 대망하게 되었으며(5:2), ③ 성령의 부어 주심을 받게 된 것이다(5:5).

그러나 바르트는 이와 같은 주관과 객관 양편에서의 변화를 인정하지 않고 말하기를, "믿음으로 우리는 우리 아닌 것이 된다. 이 새사람은 우리가 파악할 수 없는 자로서 순수한 부정(Negation)이다. 이 새사람이 신앙의 도박

---

107) Luther, *Vorlesung über den Römerbrief*, 206.

에 속하지 않거나 혹은 위태한 것 이외의 다른 것이어서는 안 된다. 이 새사람은 한마디로 옛사람의 종착역에 불과하다. 이 새사람은 이 종착역 이상으로 더 나아갈 수 없다."라고 하였다.[108] 이것은 사람이 그리스도를 믿음으로 말미암아 영적으로도 새로워진다는 사실을 부인하는 그릇된 학설이다. 그는 새사람을 "우리가 파악할 수 없는 자"라 하였고, "옛사람의 종착역"이라고 했는데, 그것은 새사람(믿음의 사람)에게 내면적으로 아무런 새로운 요소가 없다는 뜻이다. 이것은 성경 말씀에 위배되는 잘못된 가르침이다(고후 5:17).

우리 주 예수 그리스도로 말미암아 하나님과 화평을 누리자(1절). 이 구절에 관하여 바르트는 또다시 이렇게 말한다. "믿음으로 그들은 오직 하나님을 대망한다. 이것이 바로 그들이 하나님과 더불어 누리는 화평이다."[109] 여기서 우리는 바르트가 성경이 가르치는 하나님과 신자 간의 화평을 있는 그대로 받아들이지 않는다는 사실을 발견할 수 있다. 성경이 가르치는 대로 의롭다 함을 얻은 신자와 하나님의 관계는 실질적으로 새롭게 갱신된 관계다. 그것은 주관적으로 신자가 심령에 화평을 누리고 객관적으로 하나님께서 신자를 대하시는 태도에도 변화가 있음을 말한다. 하나님께서 일단 신자를 의롭다고 하신 이후로는 진노의 태도에서 화목의 태도로 전환하신다. 전에는 사람에 대해 진노하시던 하나님께서 이제는 의롭다 함을 얻은 그 사람을 사랑하신다.[110] 그러나 바르트는 본문에서 말하는 "화평"을 인간 편에서 가지는 "기대"로 해석했는데, 이것은 칭의로 말미암아 실현된 주관적 변화를 인정하지 않는 것이다.

---

108) *Römerbrief*, 125.

109) *Römerbrief*, 128. "Er wird aber durch den Glauben ein nur auf Gott Wartender und das eben ist sein Frieden mit Gott."

110) Greijdanus, *Römeinen* 1-8, 255. "Hij is niet meer tegen ons, meer voor ons, 8:21."

그러므로 한 사람으로 말미암아 죄가 세상에 들어오고 죄로 말미암아 사망이 들어왔나니… 한 사람의 범죄를 인하여 많은 사람이 죽었은즉 더욱 하나님의 은혜와 또한 한 사람 예수 그리스도의 은혜로 말미암은 선물은 많은 사람에게 넘쳤느니라(12-15절). 이 구절들에 대하여 바르트는 "죄는 역사 내에서 발생하는 사건이라기보다 역사의 전제라고 볼 수밖에 없다."라고 하였다.[111)]

이 말에 따르면 바르트는 죄의 기원을 역사 내에서 찾는 대신 그것을 원역사(Urgeschichte)의 사태로 보는 셈이다. 이 같은 그의 학설은 세상이 타락한 사건이 구약성경 창세기 첫머리에 등장하는 역사상의 실제 인물 아담의 죄로 말미암은 것이 아니라, 인간적인 상태나 조건에 언제나 선행하는 결정적인 전제로 말미암은 것이라는 뜻이다.[112)]

그러나 성경은 타락한 옛 세계의 기원을 역사적 아담과 그의 역사적 타락에서 찾는다. 바르트가 주장하는 비역사적 전제로서의 죄에 대한 개념은 성경의 가르침과 전혀 맞지 않는다. 바르트(K. Barth)의 견해는 정통 신학에 위반되고 성경에 부합하지 않는다.

우리가 알기로 새 세계는 역사적 그리스도와 그의 의로 말미암아 수립된 세계다. 그러나 이 점에서도 바르트는 앞에서와 마찬가지로 죄악된 옛 세계의 기원에서 추론하여 새 세계도 그리스도의 비역사적 존재에서 기인한다고 주장하였다. 옛 세계의 기원이 비역사적인 만큼 그것과 대립하는 새 세계의 기원도 비역사적인 존재여야 한다는 것이다. 새 세계가 역사적인 실재라면 현상계의 벽을 깨뜨릴 수 없으며 비역사적인 아담과 그의 죄에 대응할 수 없다는 것이다. 따라서 그는 그리스도의 본질이 비역사적이며 그리스도에게서

---

111) K. Barth, *Römerbrief*, 151. "Die Sünde ist in der Welt, sagten wir, nicht als Ereignis und Zustand, auch nicht als die Summe von solchen, nicht als historisch-psychologische Zufälligkeit, sondern als eine immer und überall gleichatig vorausgesetzte Bestimmtheit der menschlichen Ereignisse und Zustände."

112) Ibid. "Als eine immer und überall gleichartig vorausgesetzte Bestimmtheit der menschlichen Ereignisse und Zustände."

나타난 의도 비역사적이라고 생각했다.[113] 그러나 이런 사상은 성경적인 교훈이 아니다. 성경은 성자 예수께서 역사 세계로 들어오신 사건, 곧 성육신을 구속의 유일한 방책으로 알고 귀히 여긴다(참조. 요일 4:2-3).

설교 소망(3-11절)

우리는 소망이 있어야만 삶을 영위할 수 있고 무언가를 행할 수도 있다. 소망이 없다면 인생은 죽은 것과 같다. 그러면 소망이 어디서 생기는가? 사람들은 평탄하고 유쾌하고 안이한 곳에서 소망을 찾는다. 그러나 그것은 잘못된 자세다. 하나님의 말씀은 소망의 출처에 대하여 다음과 같이 말한다. "이는 환난은 인내를, 인내는 연단을, 연단은 소망을 이루는 줄 앎이로다"(3절; 참조. 약 1:1-4, 12; 벧전 1:7).

1. 환난

세상 사람들은 환난을 두려워하며 그것에 대해 말만 들어도 기분 나빠한다. 그러나 ① 사람이 환난을 겪어보지 않으면 고상한 인격을 갖출 수 없다. 시편 119:71에 말하기를, "고난 당한 것이 내게 유익이라 이로 말미암아 내가 주의 율례들을 배우게 되었나이다"라고 하였다. 주님에 대한 믿음으로 고난을 지혜롭게 견뎌내는 자에게는 그것이 반드시 커다란 유익을 가져다준다. 그뿐 아니라 ②고난은 복된 자리로 인도하는 험한 골짜기다. 인간은 언제든지 더 나은 자리로 올라가기 위해서는 고난을 통과해야만 한다. 울음의 골짜기는 더욱 좋은 것이 찾아오려는 신호다. 따라서 인간은 고난을 만날 때 힘써 인내해야 한다.

---

113) *Römerbrief*, 146.

2. 인내

히브리서 10:36에 말하기를, "너희에게 인내가 필요함은 너희가 하나님의 뜻을 행한 후에 약속하신 것을 받기 위함이라"라고 하였다. 인도 선교사 윌리엄 캐리(William Carey)는 여러 해 동안 인도어를 배워서 문법책과 사전을 저술했다. 그런데 그가 그 귀중한 원고를 인쇄하기도 전에 화재가 발생해서 원고가 모두 불타고 말았다. 그런데도 그는 낙심하지 않고 하나님께 감사하기를, "그 책을 다시 한 번 고쳐서 저술하게 하신 것이 하나님의 은혜입니다."라고 고백했다고 한다. 에이브러햄 링컨(Abraham Lincoln)은 미국 대통령이 되기 전까지 여러 번 사업에 실패하였다. 처음에는 일리노이주에서 입법을 위해 일하다가 실패하였고, 그다음에는 정치 활동에 나섰으나 세 번이나 낙선하였다. 그러나 결국에는 미국 대통령이 되었다. 그는 수많은 실패 가운데서도 낙심치 않고 인내하며 나아가다가 마침내 성공하였다. 신자는 신앙생활에서 어떤 어려움을 만나든지 참고 인내해 나가야 마침내 큰 은혜를 받고 성공하는 법이다. 옛날에 동양에서는 선비들이 밤에 글을 읽을 때 불이 없어서 개똥벌레를 잡아다가 책을 비추기도 하였고, 때로는 마당에 쌓인 눈에 책을 비추어 글을 읽기도 했다고 한다. 광형(匡衡)이라는 사람은 너무 가난하여 밤에 불을 켜지 못했으므로 옆방의 불빛으로 책을 읽기 위해 벽을 뚫었다고 한다. 그들은 이처럼 인내하면서 글공부를 해나갔기 때문에 세상 학문에 성공할 수 있었다. 마찬가지로 그것과 비교할 수 없이 고귀한 신앙생활에서도 인내하는 자가 소망을 이룬다.

3. 연단

인내는 결국 연단을 가져다준다. 누구든지 연단을 받지 못하면 실패하는 법이다. 신자가 죄를 이기고 의를 이루려면 연단의 결과로 얻는 지혜와 능력이 있어야 한다. 특별히 복음의 일꾼은 연단이 있어야 한다. 초기 교회의 교부 크리소스토모스(Chrysostom)는 신구약 성경을 암송했다고 한다. 그것은 성경 지식에 있어서 연단을 실천한 모범이다.

설교 구원에 대한 소망의 확실성(5-11절)

사도 바울은 영생에 대한 신자의 소망에 대해 서술한 후, 여기에는 실패가 없다고 결론지었다. 소망이 실패하지 않는 이유는 "성령으로 말미암아 하나님의 사랑이 우리 마음에 부은 바" 되었기 때문이다.

1. 성령으로 말미암아 하나님의 사랑이 우리 마음에 부은 바 되었다는 것은 신약 시대에 성령의 은혜가 풍성하다는 것을 뜻한다.

구약 시대에 성령의 사역은 다음과 같았다. ① 우주적 역사. 이것은 천지를 창조하시고 만물을 보존하시는 성령의 사역을 가리킨다(창 1:1; 시 36:9-10; 욥 33:4; 34:14-15). ② 신정 국가에 대한 역사. 이 점에 있어서 구약 시대 성령의 역사는 신약 시대의 그것과는 다르다. 구약 시대 성령의 역사는 예비적인 것이며 신약 시대 성령의 역사는 완성적이고 풍성한 것이다.[114] 그렇다면 신약 시대는 성령의 역사가 물 붓듯이 풍성히 임한 시대라고 할 수 있다. 이렇게 위대한 성령의 능력은 신약 시대라는 하나의 시대를 창출했다. 이것은 인류 역사상 일찍이 없었던 놀라운 운동이다. 이 운동이 세계 각국에 전개됨으로써 죄인들이 초자연적인 성령의 은혜를 받고 회개하며 교회를 이룬다.

2. 성령으로 말미암아 하나님의 사랑이 우리 마음에 부은 바 되었다는 것은 우리 마음이 성령으로 거듭나서 그리스도를 믿는다는 뜻이기도 하다.

---

114) Warfield, *Biblical Doctrines*, 129.

사람은 이렇게 거듭남으로 하나님의 사랑을 받는다. 미국 대각성 시대의 대표적인 부흥사였던 조나단 에드워즈(Jonathan Edward)는 성령의 은혜를 받은 후로 이전에 두려워했던 천둥소리도 즐겁게 들을 수 있었다고 한다. 하나님께서는 그리스도를 세상에 보내시어 구원의 방침을 세우시고, 우리가 그것을 믿을 수 있도록 성령으로 우리를 거듭나게 하셨다. 우리 안의 거듭난 생명은 예수 그리스도에게로 이끌린다(요 6:44). 작은 나침반이 광활한 바다에서 거대한 배가 나아갈 길을 보여주는 것처럼 우리 안의 거듭난 생명은 우리를 영생 길로 인도한다. 성경에 기록된 객관적 계시(그리스도 사건)가 명시적으로 우리에게 그리스도를 믿으라고 권면한다면, 우리 안의 거듭난 의식은 무언중에 우리에게 권면한다. 양자는 이렇게 서로 일치한다. 구원에 대한 성도들의 소망은 이처럼 이중의 증거로 보장된 것인 만큼 확실하다.

설교 내세 구원의 확실성(6-11절)

1. 하나님께서 죄인 된 우리를 구원하셨으니 구원을 향한 우리의 소망은 확실하다(6-8절).

본문은 우리를 가리켜 "연약한 자", "경건하지 않은 자", "하나님의 원수", "죄인"이라고 묘사한다. 이 네 가지 칭호는 우리가 여지없이 부패하여 소망이 없는 자들이었음을 증언한다. 그가 소망 없는 우리에게 소망을 주셨으니 우리는 예수님을 믿기만 하면 확실한 소망을 보장받을 수 있다. 매클라렌(Maclaren)이라는 목회자는 임종 시에 자신이 작성한 모든 원고와 문서들을 불태우며 말하기를, 자신은 오직 그리스도의 공로만 의지하여 천국에 들어가기를 소망한다고 하였다. 구원은 우리의 행실이나 능력에 달린 것이 아니기 때문에 확실하다. 시편 130:3에 말하기를, "여호와여 주께서 죄악을 지켜보실진대 주여 누가 서리이까"라고 하였다. 그리스도께서 약속대로 우리를 위하여 대속의 죽음을 당하셨으니 우리의 구원은 확실하다. 로마서 5:6-10에 그리스도께서 죄인들을 위하여 죽으셨다는 말씀이 여러 차례 나온다. 이렇게 거듭거듭 그리스도의 죽음에 대하여 말하는 목적은 그리스도의 죽음만이 우리 구원의 소망이라는 사실을 보여주려는 것이다.

2. 그의 죽음은 하나님의 언약을 성취한 것이다(6절)

하나님께서 그리스도를 속죄자로 보내실 것을 약속하는 의미로, 구약 시대에는 짐승의 피로 제사하는 제도를 세우셨다. 구약성경에는 속죄의 제물이 되실 그리스도가 오실 것에 대한 예언이 456회나 나온다고 한다.[115] 이 예언들은 결국 이루어졌다. 하나님의 진실성은 그가 하신 약속의 성취를 통해 증명된다. 그의 약속은 많은 희생을 동반하지만 결국 수백 수천 년이 지나서라도 반드시 이루어지고 만다. 이렇게 그리스도께서 약속대로 우리를 위하여 죽으셨으니 우리의 구원은 두말할 것 없이 확실하다.

3. 신자는 의롭다 함을 받았기 때문에 구원의 소망이 확실하다(9절)

하나님께서는 그리스도의 죽음 안에서 신자들을 어느 정도 의인으로 보시는가? 신약성경을 보면 고린도전서 1:30에서 "너희는 하나님으로부터 나서 그리스도 예수 안에 있고 예수는 하나님으로부터 나와서 우리에게 지혜와 의로움과 거룩함과 구원함이 되셨으니"라고 하였고, 고린도후서 5:21에서는 "하나님이 죄를 알지도 못하신 이를 우리를 대신하여 죄로 삼으신 것은 우리로 하여금 그 안에서 하나님의 의가 되게 하려 하심이라"라고 하였다. 하나님께서는 그 아들을 희생하심으로써 이렇게 위대한 의를 신자들에게 입혀주셨다. 하나님께서 그처럼 값비싼 대가를 치르시고 만드신 신자들

---

115) Bavinck, *Geref. Dog.* III, 256.

을 버리지 않으실 것은 확실하다. 이사야 49:15에 말하기를, "여인이 어찌 그 젖 먹는 자식을 잊겠으며 자기 태에서 난 아들을 긍휼히 여기지 않겠느냐 그들은 혹시 잊을지라도 나는 너를 잊지 아니할 것이라"라고 하였다. 성경에서 우리는 하나님이 친히 의롭다고 하신 백성을 버리지 않으시고 마침내 구원하신다는 가르침을 많이 발견할 수 있다.[116)]

4. 그리스도의 부활 때문에 우리의 구원이 확실하다(10하)

그리스도의 부활과 승천 이후에 성령이 강림하심으로 신약 시대의 운동은 획기적인 전환점을 맞이했다. 신약 시대의 운동은 신약성경으로 말미암아 나타난 진리 운동이며, 중생과 회개로 나타난 교회 운동이다. 이 운동은 예수 그리스도께서 다시 살아나셔서 하나님 우편에 앉으시고 성령을 보내심으로써 시작된 것이다. 그리스도의 부활은 이처럼 승리를 가져왔다. 첫째 아담은 마귀에게 패배하여 사망하였으나, 둘째 아담이신 예수님은 죽음의 권세를 이기시고 부활하셨다. 그의 부활은 그를 통해 대표되는 하나님의 모든 백성의 부활을 성립시킨다. 따라서 우리의 부활은 확실하다.

설교 은혜가 풍성하신 그리스도(15-17절)

1. 그리스도는 아담보다 탁월하시다

그리스도의 구속은 은혜로 임하였다. 우리는 15-17절에서 "은혜"라는 단어 및 유사 개념을 일곱 차례나 접하게 된다. 죄인들을 구원하시는 구속 사역은 이처럼 은혜로 이루어지는 것이다. 그것은 아담으로 말미암은 심판과 다르다. 자연법칙에 따라 아담의 혈통에 속한 사람은 아담의 자손들을 구원할

---

116) 8:29, 35-39; 11:29; 요 6:47, 51; 4:14; 5:24; 10:28; 엡 1:4; 빌 1:6; 딤후 4:18; 히 10:14; 11:29; 요일 5:13.

수 없다. 아담의 혈통에 속한 사람은 그의 모든 자손 가운데 한 개인일 뿐이고 그 자리를 뛰어넘을 수 없다. 그러나 은혜는 하늘에서 내려온 것이다. 하나님의 아들은 초자연적인 방법으로 동정녀에게서 탄생하시고 생명의 성령을 무한히 받으심으로써(요 3:34) 모든 죄인을 구원하는 역사를 이루셨다. 그러므로 고린도전서 15:45에 말하기를, "기록된 바 첫 사람 아담은 생령이 되었다 함과 같이 마지막 아담은 살려 주는 영이 되었나니"라고 하였다.

2. 그리스도로 말미암아 생명이 풍성해진다

17절에 말하기를, "더욱 은혜와 의의 선물을 넘치게 받는 자들은 한 분 예수 그리스도를 통하여 생명 안에서 왕 노릇 하리로다"라고 하였다. 이 말씀은 구원받은 자들의 복된 상태를 가리킨다. 이것은 그들이 종교윤리적 장벽들을 해결하여 의롭다 함을 얻은 후에 받게 될 영혼의 평안과 기쁨과 안식을 말한다. 성경적 구원론은 신자들의 인격에 대한 윤리적 귀결, 곧 칭의에만 관심을 가지는 것이 아니다. 그것은 한 걸음 더 나아가서 그들이 누릴 삶의 복된 환경에 대해서도 말씀하고 있다. 위기 신학자 에밀 브루너(Emil Brunner)는 구원론의 윤리적 측면만을 강조하였으며, 이 둘째 측면을 생리적 구원론이라고 폄하했다. 그는 초기 교회가 이런 생리적 구원론을 가지고 있다고 비판했다.[117] 초기 교회가 이 점에서 다소 편향된 태도를 보였을지는 모르지만, 우리는 구원에서 생리적 측면도 배제할 수 없다. "생명 안에서 왕 노릇 하리로다"라는 말은 복된 생명이 무한하고 무궁하다는 것을 의미한다.

여기서 우리가 생각해야 할 점이 있다. 앞에서 말한 바와 같이 그리스도로 말미암은 생명의 은혜가 그토록 풍성한 이유는 무엇인가? 그것은 그리스도의 속죄의 공로가 무한히 크시기 때문이다. 우치무라 간조(內村鑑三)는 이

---

117) Brunner, *The Mediator*, 150-151.

점에 대해 다음과 같이 말하였다. "그리스도로 말미암은 구원의 은혜가 풍성한 이유는 하나님께서 심판은 마지못해 행하시지만 구원하시는 일에는 열심을 내시기 때문이다."라고 했다.[118]

그는 이 같은 견해를 뒷받침하기 위하여 출애굽기 20:5-6, 시편 30:5, 54:7, 103:11-12, 야고보서 2:13 등을 인용하였는데 그의 견해에는 일리가 있다. 그러나 그보다도 구원의 은혜가 풍성해진 원인은 그리스도의 무한한 속죄의 공로에 있다. 하나님께서 그의 백성을 위하여 아들을 희생시키신 것은 심판의 원리에 따라 집행된 일이다. 그리고 하나님의 아들이 당하신 속죄의 죽음은 무궁한 효력을 가진다. 히브리서 7:26-28에 말하기를, "이러한 대제사장은 우리에게 합당하니 거룩하고 악이 없고 더러움이 없고 죄인에게서 떠나 계시고 하늘보다 높이 되신 이라 그는 저 대제사장들이 먼저 자기 죄를 위하고 다음에 백성의 죄를 위하여 날마다 제사 드리는 것과 같이 할 필요가 없으니 이는 그가 단번에 자기를 드려 이루셨음이라 율법은 약점을 가진 사람들을 제사장으로 세웠거니와 율법 후에 하신 맹세의 말씀은 영원히 온전하게 되신 아들을 세우셨느니라" 하였고, 히브리서 10:14에서는 "그가 거룩하게 된 자들을 한 번의 제사로 영원히 온전하게 하셨느니라"라고 하였다(참조. 히 9:11-28).

구원의 은혜가 풍부하여 넘친다는 사실은 우리의 신앙심을 북돋는다. 인간은 유한한 것에 대해서는 고뇌하는 반면 영원하고 무한한 것에 대해서는 만족감을 느낀다. 그리스도의 구원이 영원하고 무한하기에 우리는 그의 구원을 신뢰하고 안심할 수 있다. 그리스도 자신이 영원하시고 무한하시며, 그의 계시와 구속 역시 무한하기에 우리는 그를 믿을 수 있다. 우리는 인간이나 다른 피조물들을 지식의 대상으로 삼을 수는 있으나 신앙의 대상으로 삼

118) 우치무라, 『로마서 연구 중권』, 54-56.

을 수는 없다. 신앙의 대상은 우리보다 무한히 높으신 절대자, 곧 영원하신 창조주이시며 구원자와 심판자 되시는 하나님뿐이시다.

제 6 장

⚜ 내용분해

1. 그리스도와 교회의 연합(1-11절)
2. 죄에서 해방된 신자는 의의 종이 되어야 함(12-23절)

⚜ 개요

1. 그리스도와 교회의 연합(1-11절). 이 단락의 말씀은 5:12 이하에 나타난 계약 원리의 한 가지 다른 면을 보여 준다. 다시 말해 여기서는 사람이 그리스도에 대한 신앙을 고백함으로써 그의 지체가 되었을 때 그리스도의 죽음의 효력과 부활의 생명을 누리게 된다는 계약 원리를 설명하고 있다. 이는 포도나무 가지가 포도나무에 붙어 있을 때만 열매를 맺을 수 있는 것과 마찬가지다. 예수 그리스도와 연합하는 것만으로 인생의 구원이 성립된다. 왜냐하면 예수 그리스도는 하나님이 세우신 구원 계약의 유일한 중보자시기 때문이다.

다른 종교들에서도 중보자가 사람을 대신하여 신에게 기도와 예물을 드려준다고 가르친다. 하지만 그러한 종교들에는 진정한 중보자가 없다. 석가모니와 공자와 자라투스트라와 무함마드가 새로운 종교를 주창했지만 실상 그들은 신인 간의 중보자가 아니었다. 그러나 그리스도는 단순히 구원의 길을 계시하는 이가 아니며, 그 자신이 구원의 길이시다. 오직 그만이 하나님과 사람 사이에 참되고 완전하신 중보자시다. 그렇다면 로마서 이 단락(6:1-11)의 요점은 사람이 중보자 그리스도와 연합함으로써 그리스도로 말미암은 의와 생명을 소유하게 된다는 것이다.

3-4절에서는 사람이 그리스도와 더불어 연합하는 방편으로 세례를 언급한다. 여기서 신앙이 아니라 세례를 언급하는 것이 얼핏 보기에 의식종교를 제시하는 것처럼 느껴지기도 한다. 그러나 바울이 여기서 세례를 언급하는 것은 의식을 기독교의 본질로 생각해서가 아니다. 세례는 사실상 한 사람이 대외적으로 신앙적 결단을 공표하는 신앙고백 행위다. 그리스도 신자로서 자기를 하나님께 넘기는 상징적 행위가 세례다. 따라서 세례는 한 사람이 예수 그리스도와 더불어 관계를 맺는 획기적인 출발점이라고 할 수 있다. 이것은 세례 자체가 구원을 가져다준다는 의미가 아니다.

이 부분 말씀에 대하여 잘못된 해석들이 있다.

1) 신자가 세례로 말미암아 그리스도와 연합한다는 개념에 대해 어떤 학자들은 그것이 신화 종교에서 유래한 사상이라고 주장한다. 그들은 흔히 이런 개념을 이집트의 이시스 여신 숭배 사상이 기독교에 영향을 미친 증거로 제시한다. 이시스 숭배 집단의 신비적 의식에 사용되는 문구 중에 다음과 같은 구절이 있다. "의식에 참가하는 자들이여 용기를 얻으라. 신께서 구원받

왔도다. 우리를 위한 구원이 가깝도다."[119] 그러나 이것은 해괴망측한 주장이다. ① 바울은 그리스도의 부활과 죽음에 대하여 말할 때, 그것을 오래지 않은 과거에 많은 증인 앞에서 일어난 사건으로 취급했다. 그러나 앞에 언급한 이교 신화의 이야기는 연대가 없으며 특정한 지시 대상도 없다. 요약하자면 그것은 진정한 의미에서 비시간적이며 막연한 신화의 성격을 지니고 있다. 그 이야기가 신의 죽음과 부활에 대해 말한다 해도 그것은 자연계의 역사적 사건에 대한 진술임이 분명하다. 다시 말해 농작물과 초목이 겨울에 죽었다가 봄에 다시 소생하는 이치를 가리킨다는 것이다. 그 이야기는 윤리나 대속의 내용을 담고 있는 것이 아니다. ② 그리고 바울이 말하는 그리스도와 신자의 연합은 믿음과 회개를 필수적인 요소로 삼는다. 그러나 그들의 신화 종교가 가르치는 이야기는 대단히 피상적이며 마술적인 요소로 가득하다.[120]

2) 다른 학자들은 이 단락에서 설명하는 예수의 죽음과 부활에 대한 신자의 연합을 일종의 "동시성"(同時性)에 대한 사색의 산물로 이해한다. 말하자면 그리스도의 죽음과 부활을 우리의 시간관념으로 이해하지 않고 비시간적인 사건들로 대하면서, 어느 시대 사람이든지 동시성을 지닌 채 접근할 수 있는 대상으로 간주하는 것이다. 그러나 바울은 여기서 시간관념을 배제하지 않는다. 그는 그리스도께서 인류 역사의 일정한 시기에 십자가에서 수난당하신 사실을 염두에 두고 이런 말을 하는 것이다. 그리스도의 죽음과 부활이 인간에게 축복을 가져오도록 만들기 위해 그리스도와 인간 사이에서 동시성에 대한 사색이 필요한 것은 아니다.

119) Firmicus Maternus, *De errore profanarum religionum*, XXII. "φαρρεῖρε μύσται τοῦ φεοῦ σεσωσμένου ἔσται γὰρ ημῖν ἐκ πόνων σωτεριὰ"

120) H. Ridderbos, *Paulus En Jezus*, 15.

2. 죄에서 해방된 신자는 의의 종이 되어야 한다(12-23절)

이 단락에서는 그리스도 신자가 죄에 대하여 죽었기 때문에 하나님께 대하여 살아야 할 처지에 있음을 밝혀 준다. 죄에 대하여 죽었다는 말은 신자가 예수 그리스도를 믿음으로 그의 죽으심과 합하여 세례를 받은 그때부터 객관적으로 영원한 정죄를 면하게 되었을 뿐 아니라 주관적으로도 죄를 미워하는 새 생명을 받았다는 사실을 가리킨다(4하). ① 기독교윤리는 선을 행할 만한 아무런 생명력도 없이 그저 표준만을 제시하는 것이 아니다. 그것은 새 생명의 능력을 선물로 받은 자들에게 요구되는 도덕률이다. 신약의 윤리는 이처럼 행위자의 주관적 측면에서도 타율적인 요소를 가지고 있다. 다시 말해 그것은 하나님이 주신 은혜로 말미암아 실행되어야 할 윤리다. ② 덧붙여서 그리스도 신자의 윤리는 언제든지 객관적 요소인 하나님으로부터 주어지는 명령을 따르도록 규정되어 있다. 12-13, 19절 말씀이 이를 잘 보여 준다. 그리스도 신자에게는 그의 지체를 하나님께 드리고 하나님의 종으로 살아가라는 명령이 주어져 있다. 15-22절에서 "종"이라는 단어가 모두 아홉 번 등장한다. 신자는 죄에 대하여 종노릇 하던 자리에서 해방되었다고 해서 절대적인 자율을 누릴 자들이 아니며, 어디까지나 타율적인 하나님의 명령 아래 순종해야 할 자들이다. 그에게 주어진 자유는 하나님을 섬기기 위한 방편이다.

해석

1 **은혜를 더하게 하려고 죄에 거하겠느냐.** 이것은 5:20에서 "죄가 더한 곳에 은혜가 더욱 넘쳤나니"라고 하신 말씀에 대한 가상 질문이다.

2 **그럴 수 없느니라.** 이것은 헬라어로 "메 게노이토"(μὴ γένοιτο)인데, 아주

강한 부정의 의미를 지닌다. 은혜는 인간이 좌지우지할 수 있는 대상이 아니다. 구원 역사에서 인간은 주체가 아니다. 오직 은혜를 주시는 하나님이 주체시며, 인간은 다만 객체일 뿐이다. 객체인 인간은 주체인 은혜에 대하여 아무런 능동적 행동을 취하지 못한다. 인간은 객체이기 때문에 언제나 수동적 위치에 있을 뿐이다. 또한 은혜는 인간의 창작물도 아니다. 따라서 인간이 자신을 위해 만들어낸 것은 결코 은혜가 아니다. 인간 스스로 위로를 구하는 자세는 하나님과 인간을 질적으로 동일시하는 그릇된 철학에서 나온 것이다. 이런 사상을 가진 자는 인간이 하나님의 은혜를 임의로 주관할 수 있는 것처럼 생각한다. 그러나 진리는 그런 망령된 사상을 용납하지 않는다. "죄가 더한 곳에 은혜가 더욱 넘쳤나니"(5:20)라는 말씀은 하나님의 긍휼로 말미암는 구원의 은혜를 찬미하는 표현일 뿐이며 인간 스스로 은혜를 배가시키는 방법을 가르치는 말씀이 아니다.

죄에 대하여 죽은 우리. 여기서 신자가 죄에 대하여 죽었다는 말은 무슨 뜻인가? "죽은"이라고 번역된 헬라어 동사(ἀπεθάνομεν)는 부정 과거 시상으로서 역사적으로 단회적인 사건, 다시 말해 신자가 골고다에서 그리스도께 참여하여 죄에 대하여 죽은 사건을 가리킨다. 이 말씀에 대하여 잘못된 해석들도 존재하는데, 다음과 같다.

① 슈미트(R. Schmidt)는 여기서 "죄에 대하여 죽었다"는 것이 실제적인 죽음을 의미하는 것이 아니라 하나의 이상적인 표현일 뿐이라고 주장한다. ② 완전주의자들은 이것이 신자의 실제 삶에서 "현실"이 되어야 한다고 주장한다. 다시 말해 신자는 이 세상에서 죄에 대하여 마치 죽은 자처럼 관계를 끊어야 한다는 것이다. 이러한 학설들은 사도 바울의 의도와는 다른 것이다.

어찌 그 가운데 더 살리요. 참신자도 간혹 죄악에 빠져서 많은 해를 당하는 경우가 없지 않다(7:15 이하). 그러나 죄에 대해 아무런 저항도 하지 않고 그저 죄 가운데 살아가는 것은 참된 신자라면 해서는 안 되는 일이다. 비유컨대 신자는 길을 가는 사람과 같은데, 그는 길을 가다가 간혹 넘어지는 때가 있으나, 넘어지는 일을 습관으로 당연시 하지는 않는다.

3 **예수와 합하여 세례를 받은.** 여기서 "합하여"라고 번역된 헬라어(εἰς)는 "안으로"라고 번역해야 마땅하다. 신자가 예수님 안으로 세례를 받았다는 것은 그가 예수님 안에서 그와 연합했다는 것을 의미한다. 예수님 안에서 그와 연합한 자는 예수님의 소유로 변화한 것이다. 예수님과 연합함으로 그의 소유가 된 신자는, ① 예수님을 신뢰함으로 염려하지 말아야 하며, ② 자기 중심적인 삶을 버리고 오직 하나님의 영광만을 위해 살아야 하고, ③ 부정한 삶을 용납해서는 안 되고 주님처럼 거룩하기를 힘써야 한다.

그의 죽으심과 합하여 세례를 받은. "죽으심과 합하여"라는 표현도 헬라어 원문에서는 이와 마찬가지로 "죽으심 안으로"라는 의미를 지니고 있다. "죽으심 안으로 세례를 받"는다는 것은 무엇을 의미하는가? 이것은 ①믿는 우리가 예수님이 당하신 죽으심의 공로에 참여한다는 뜻이고, ② 예수님께서 우리 신자들의 죄로 인하여 죽임당하셨으니 죄와 우리의 관계도 단절되어 결국은 죽은 것과 같이 된다는 뜻이다.

4 **그와 함께 장사되었나니.** "장사되었나니"라는 표현은 생명이 완전히 끊어져서 소생할 수 없게 되어 무덤에 묻혀버린 것을 가리킨다. 예수님께서 우리를 위하여 당하신 죽음의 효과는 우리가 죄의 대가로 당해야 할 죽음을 완전히 대신하신 것이다. 이처럼 예수 그리스도의 죽으심이 우리의 죽음을 완전히 대신하셨기 때문에 우리가 당해야 할 죽음이 이제는 완전히 장사되어 다시는 회생할 우려가 없다. 이 죽음은 다시 회생할 여지가 있는 빈사 상태가 아니라 완전히 죽었고 매장되어 사라져버린 것이다.

아버지의 영광. 이것은 하나님의 권능에 대한 표현을 가리키는 말씀이다(요 11:4).

그리스도를 죽은 자 가운데서 살리심과 같이 우리로 또한 새 생명 가운데서 행하게. 그리스도께서 부활하셔서 승천하신 사실은 우리의 영적 중생과 불가분리의 관련성을 가진 것이다(벧전 1:3). 먼저 그리스도께서 부활, 승천하신 후에 성령께서 오셔서 우리를 중생시키신("새 생명 가운데서 행하게" 하신) 것이다(요 16:7). 구원 역사가 왜 이런 순서를 밟게 되었는가? 그것은 다음과 같이 설명할 수 있다. 예수 그리스도는 우리의 머리시고 우리는 그의 몸이니, 그의 부활이 먼저 발생한 후에야 그의 몸인 우리가 부활할 수 있는 것이다. 예수님의 부활은 우리 부활의 전제요 선봉이다(우리가 이 세상에서 영적 중생을 얻는 것은 장래 몸의 부활을 준비하는 일이다. 8:11).

5 그의 죽으심과 같은 모양으로 연합한 자. 이 어구에서 "연합한 자"라는 말은 "쉼퓌토이"(σύμφυτοι)인데, "접붙인다"는 의미를 가지고 있다(Sanday). 접붙인다는 것은 본성이 다른 두 나무가 접합하여 하나의 본성을 가진 나무가 되는 것을 가리킨다. 그리스도와 신자의 관계가 이와 같다. 그리스도께서 우리를 대신하여 죽으셨으니 우리도 그의 죽으심과 연합하였다고 할 수 있는 이유는, 예수 그리스도께서 우리 죄를 대신하여 죽으심으로써 우리에게는 죄의 대가를 치르기 위한 죽음이 더는 필요하지 않게 되었기 때문이다.

그의 부활과 같은 모양으로 연합한 자도 되리라. 그리스도의 속죄를 받은 자들은 장래에 그리스도처럼 다시 살 것이다. 앞에서 말한 것처럼, 우리가 그리스도와 연합하였다는 것은 우리의 개별적인 인격이 모두 사라지고 그리스도의 일부가 되어 버렸다는 의미가 아니고, 개별적 인격은 그대로 남아 있는 채로 생명과 영광을 누리는 일에는 그리스도의 인격에 동참한다는 것이다.

6 우리가 알거니와. 여기서 "알거니와"라는 말의 헬라어 원어(γινώσκω)는 경험적 지식을 가리키는 말이며, 자연적인 앎을 가리키는 단어(οἶδα)와 다르다. 인간은 그리스도의 도를 생래적으로 알 수 없으며 오직 복음을 듣고 성령을 받는 경험을 통하여 비로소 알 수 있다.

우리의 옛 사람. 이것은 아담으로 말미암아 타락하여 유전된 부패성을 가리킨다. 따라서 모든 사람은 그 안에 옛사람을 포함하고 있는데, 오직 참신자만 새사람과 옛사람을 식별할 수 있다. 이것은 신자 한 사람에게 인격이 둘이라는 말이 아니고, 성품이 둘이라는 뜻이다. 진정한 신자는 ① 옛사람의 우매성과 위험성을 깨닫고 그와 완전히 단절하고자 하며, ② 자신이 이제는 그런 옛사람과 구별되는 새사람이 되었다는 복된 사실로 인해 항상 감사한다.

예수와 함께 십자가에 못 박힌 것. 2절에서 "죄에 대하여 죽은 우리"라는 어구에 대한 해석을 참조하라.

죄의 몸. 여기서 "몸"이라고 번역된 헬라어 "소마",σῶμα)는 생리적 신체를 가리킨다. 그렇다면 "죄의 몸"이라는 어구는 인간의 생리적 신체를 죄악시한다는 의미를 내포하는 것인가? 그와 같은 해석은 사람의 몸을 하나님의 성전으로 이해하는 성경 구절(고전 6:19)과 충돌하기 때문에 받아들여질 수 없다. 주석가들은 "죄의 몸"이라는 어구의 의미를 다양하게 해석하였는데, ① 크레다너스(Greijdanus)는 말하기를, "죄의 몸"이란 단순히 생리적 신체를 가리키는 것이 아니라 죄에게 이용당하여 지배받는 생리적 신체를 가리킨다고 하였고, ② 칼빈(Calvin)은 여기서 "죄의 몸"이라는 말이 죄와 부패의 덩어리(the mass of sin and corruption)를 가리킬 뿐이라고 하였다.

죽어. 이것은 신자에게서 죄로 말미암은 저주의 지배가 끊어진다는 뜻이다. ① 예수 그리스도께서 우리의 죗값을 대신 치르셨기 때문에 죄로 말미암은 저주는 우리에 대한 지배권을 상실하고 말았으니, 이것은 객관적 측면에서의 죄의 파멸이다. ② 또한 구속받은 우리 신자들에게 하나님의 주권이 임하고 성령님이 내주하심으로 새 생활이 시작되었으니(6:11), 이것은 주관적 측면에서의 죄의 파멸이다.

죄에게 종 노릇 하지 아니하려 함이니. 노예는 ① 어떤 세력의 압제로 인해 어쩔 수 없이 그를 섬기는 것이며, ② 그가 섬기는 대상과 운명을 같이한다. 인간이 죄에게 노예로 붙잡혀 있는 한 그는 죄에게 굴복하여 범죄하는 자리에 빠지고 마침내 죄와 함께 지옥에 떨어질 것이다. 그러나 이제 그리스도 예수가 흘리신 보혈의 공로로 참신자는 죄에게 굴복하지 않을 수 있고 따라서 죄와 운명을 함께하지 않아도 된다.

7 이는. 이 단어는 이유 접속사로서 앞절의 이유를 제시한다.

죽은 자. 그리스도의 대속적 죽음을 믿고 그 죽음의 효력을 누리는 자를 뜻한다. 우리가 그리스도 예수를 믿는 일은 어떤 의미에서 죽음으로 여겨질 수 있는가? ① 그것은 율법과의 관계에서 죽음을 의미한다(갈 2:19). 다시 말해 율법의 성취자 그리스도께서 율법의 모든 요구를 만족시키셨다는 것이다. ② 그것은 정욕에 대한 죽음을 의미한다(갈 5:24). 다시 말해 신자는 성령을 받았기 때문에 정욕의 노예에서 벗어나 의를 따르는 자가 되었다는 것이다. ③ 그것은 세상에 대한 죽음을 의미한다(갈 6:14). 다시 말해 신자의 유일한 소망은 천국을 향한 것이기 때문에 이 세상에 애착을 갖지 않는다는 것이다. 그리스도의 십자가를 따르는 자들은 세상과 완전히 단절된 자들이다.

의롭다 하심을 얻었음이라. 4:3 해석을 참조하라.

8-9절. 이 구절들은 그리스도와 신자가 공생공사 관계에 있다고 말한다. 신자들이 그리스도와 함께 죽었다는 말은 그리스도께서 그들을 대신하여 죽으셨으며 그들은 믿음으로 그의 죽음에 동참한다는 뜻이다. 또한 그들이 그리스도와 함께 산다는 말은 그들이 그리스도 안에서 그의 부활과 똑같은 부활의 복에 참여한다는 뜻이다.

이는. 여기 사용된 접속사는 신자의 부활에 대한 확실한 근거를 제시한다. 신자의 부활이 확실한 이유는 그리스도 예수의 부활이 확실하기 때문이다. 신자들은 그리스도 예수와 연합한 자들이기 때문에 그리스도 예수와 동일한 운명에 참여하게 된 것이다. 따라서 그들은 주님의 재림 시에 그리스도의 부활체와 똑같은 부활체를 가지게 된다(참조. 빌 3:21).

10 그가 죽으심은 죄에 대하여. 그리스도께서 우리 신자들의 모든 죗값을 그의 목숨으로 지불하셨기 때문에 우리의 죄가 더는 우리에게 범접할 수 없게 되었다. 우리가 그리스도 예수를 믿은 후에도 이따금 죄와 연루되는 때가 없지는 않으나, 그것은 우리에게 남아 있는 옛 성품의 일시적 발작에 불과하다.

단번에 죽으심. "단번에"라는 말은 헬라어로 "에파팍스"(ἐφάπαξ)인데, 단 한 번을 뜻하는 강조형 부사다. 그리스도께서는 하나님의 아들이시기 때문에, 죄인들을 대속한 그의 죽으심은 무한하고 영원한 가치를 지닌다. 그리스도의 단 한 번의 죽으심은 우리의 속죄에 절대적으로 충분하다는 말이다(히 7:27). 따라서 ① 그리스도께서 많은 사람의 죄를 대속하기 위하여 여러 번 죽으실 필요가 없으며, ② 시대의 변화에 따라 다시 죽으실 필요도 없다(히 9:25-28). 그가 단 한 번 죽으신 과거의 사실을 믿는 모든 자에게는 똑같은 방식으로 구원이 임한다(요일 1:3).

하나님께 대하여 살아 계심. 이것은 그리스도께서 하나님을 위하여 사신다는 의미다. 하지만 이 말이 그가 죽으시기 전에는 하나님을 위하지 않으셨다는 암시를 포함하지는 않는다. 그는 언제나 아버지 하나님을 위하신다.

11 너희도 너희 자신을 죄에 대하여는 죽은 자요 그리스도 예수 안에서 하나님께 대하여는 살아 있는 자로 여길지어다. "여긴다"(λογίζομαι)라는 말은 인간의 어두운 심성으로는 깨닫기 어려운 사실에 대하여 맹세로 태도를 결정하고 간주하는 행위를 뜻한다. 이 같은 사실에 대해서는 인상이나 감상을 통하여 관계를 맺기 어렵고 오직 신앙으로 "간주"하는 행위로써만 관계를 맺을 수 있다. 하지만 일단 이렇게 관계를 맺은 후에는 그 사실에 부합되는 모든 영적 열매들을 누리게 된다. 진리는 열매를 맺는 법이다.

12-13 죄가 너희 죽을 몸을 지배하지 못하게. "몸"은 장차 넘어질 장막이며, 거기에는 죄악이 거주한다. 이 몸이 존재하는 한 죄악들도 존재한다는 것이다. 그러나 우리는 영적 전투에 임함으로써 죄악들이 우리 몸을 다스리지 못하도

록 만들 수 있다. 여기서 우리가 기억해야 할 사실들이 있다. ① 우리의 영적 전투에는 휴전이 없다는 것이며, ② 우리의 무기는 우리 자신에게 속한 감정이나 의지가 아니고 순전히 하나님으로부터 오는 영적 능력이라는 것이다.

또한 너희 지체를 불의의 무기로 죄에게 내주지 말고 오직 너희 자신을 죽은 자 가운데서 다시 살아난 자 같이 하나님께 드리며 너희 지체를 의의 무기로 하나님께 드리라. 이 구절은 신자가 모든 지체를 하나님께 드려 의를 행해야 할 것을 가르친다. 신자가 율법의 정죄에서 해방되었다고 해서 자유와 방종을 누릴 수 있는 무법자가 된 것은 아니다. 그는 율법 아래 매여 있지는 않으나 여전히 율법을 가지고 있는 자다. 그가 지체를 하나님께 드려 의를 행할 때 어느 정도로 진지하고 철저하게 행해야 하는가? 우리는 "죽은 자 가운데서 다시 살아난 자 같이"라는 표현에서 답을 발견할 수 있다. 이 말씀은 우리가 새로운 사람이 되어 행하라는 뜻일 뿐 아니라 죽었던 우리를 살려주신 하나님께 은혜의 빚을 진 자로서 전력을 다해 의를 힘쓰라는 뜻이기도 하다. 신자가 추구해야 할 윤리 생활은 현대인이 흔히 말하는 도덕 재무장 수준의 삶이 아니다. 도덕 재무장이란 단지 인본주의적인 개념일 뿐이며, 하나님 중심적인 심오한 의미는 가지지 못한 것이다.

여기서 "너희 지체를 의의 무기로 하나님께 드리라"라는 말씀은 신자들이 죄악과 더불어 싸워야 한다는 사실을 보여준다. 사람이 죄악을 이기기 위해서는 적당히 힘을 써서는 안 되며, 전쟁에 참여하는 군인처럼 결사적으로 죽을힘을 다해야 한다. 그는 피 흘리기까지 죄를 대적해야 한다(히 12:4).

14-15 죄가 너희를 주장하지 못하리니 이는 너희가 법 아래에 있지 아니하고 은혜 아래에 있음이라. 인간이 율법 아래 있는 동안은 다만 정죄를 받을 뿐이며, 사죄받지도 못하고 죄를 범하지 않을 능력도 없다.

은혜 아래에 있으니 죄를 지으리요. 하나님께서 우리를 은혜 아래로 인도하신 것은 우리의 죄를 멸하시기 위한 최후의 방침이었다. 그러니 사람이 은혜 아래 거하면서도 죄를 범하는 것은 ① 무지한 죄요, ② 사랑을 원수로 갚는 악독한 죄다.

16 너희 자신을 종으로 내주어 누구에게 순종하든지 그 순종함을 받는 자의 종이 되는 줄을 너희가 알지 못하느냐 혹은 죄의 종으로 사망에 이르고 혹은 순종의 종으로 의에 이르느니라. 신자는 그리스도의 보혈로 속죄함을 받은 후 이전에 그를 노예 삼았던 억만 가지의 죄악으로부터 해방되었다. 그러니 이제 그는 오직 하나님께만 종이 되어야 한다. 사람이 다른 사람의 종이 되는 것은 비참한 일이지만, 우리는 하나님의 종이 됨으로써 이 세상에서는 성도가 되고 영원한 세계에서는 왕이 된다. 한마디로 그는 "의"와 같이 빛나는 복된 자가 되었다(고후 5:21).

17-18 하나님께 감사하리로다. 로마 교회의 신자들은 앞절에 묘사된 대로 "의의 종이 되어야 한다"라는 명령을 받게 되었다. 그러나 여기서는 바울이 그들로 인해 감사하는 장면이 나오는데 이는 그들이 이미 어느 정도는 "의의 종이 되었다"는 뜻일 것이다. 복음에 순종하는 일은 인간의 능력으로 가능한 것이 아니고, 오직 하나님께서 가능케 하시는 일이다. 만일 그것이 인간의 능력으로 말미암는다면 그것 역시 율법을 준행하는 일처럼 무거운 멍에일 것이다. 그러나 복음을 주신 이도 하나님이시고, 그것을 믿게 하시는 이도 하나님이시며, 의에 순종하도록 힘 주시는 이도 하나님이시다. 그리하여 사도 바울은 복음을 믿고 순종한 로마 교회 신자들로 인해 하나님께 감사한 것이다.

19 너희 육신이 연약하므로 내가 사람의 예대로 말하노니 전에 너희가 너희 지체를 부정과 불법에 내주어 불법에 이른 것 같이 이제는 너희 지체를 의에게 종으로 내주어 거룩함에 이르라. 여기서 이른바 "육신이 연약"하다는 말은 신령한 진리를 깨닫는 지식이 부족함을 의미하는 지적 연약성을 가리킨다(Sanday and Headlam).

"사람의 예대로 말하노니"라는 표현은 영적 지각력이 부족한 그들이 깨달을 수 있도록 불완전한 인간 사회에서 구체적인 사례를 들어 설명한다는 뜻이다. 신령한 이치를 이 세상의 사례로 완전히 설명하기는 어렵다. 인간과 죄의 관계를 노예 관계에 비유하는 것도 "사람의 예대로" 말하는 것이다.

"드려"라는 말은 헌신을 가리킨다. 불신자가 죄를 범하는 일은 사실상 두려운 원수에게 자기 몸을 바치는 어리석은 일이다. 반면에 그리스도를 믿어 의에 대하여 몸을 바치는 것은 거룩함과 영생에 이르는(22절) 기쁜 일이다.

20-21 너희가 죄의 종이 되었을 때에는 의에 대하여 자유로웠느니라. "의에 대하여 자유로웠다" 함은 의를 순종하지 않았다는 뜻이다. 의에 대한 자유는 진정한 자유가 아니며 실상은 진정한 자유에서 이탈하여 끔찍한 노예 생활에 빠지는 것이다.

너희가 그 때에 무슨 열매를 얻었느냐 이제는 너희가 그 일을 부끄러워하나니 이는 그 마지막이 사망임이라. 바울은 여기서 죄악의 노예가 된 자들의 삶에 나타난 결과를 지적한다. 사람이 죄악 가운데서 살아가는 동안에는 그의 삶이 얼마나 비참한지 깨닫지 못한다. 어두움은 어두움을 식별하지 못하는 법이다. 그러나 그의 삶이 결과로 드러날 때는 그 참상을 깨닫게 된다. 특별히 신자는 어두움에서 빛으로 옮겨진 자들이기 때문에 어두움의 참상을 익히 깨달을 뿐 아니라 부끄러워하기까지 한다. 참된 신자는 죄악 가운데서 살아가는 비참한 삶이 결국 사망으로 직행한다는 것을 내다본다.

22-23절. 이 부분에서 주목할 점이 있다. ① 사람이 죄에서 해방되었다는 것은 그가 이제부터 주인 없는 형편에 처하게 되었다는 뜻이 아니라 다른 주인이신 하나님의 종이 된다는 뜻이다. ② 하나님의 종이 되는 일은 곧바로 성결한 삶과 영생으로 이어진다. 그러므로 하나님의 종이 된 자는 얼마든지 기쁘게 순종할 수 있다.

죄의 삯은 사망이요 하나님의 은사는 그리스도 예수 우리 주 안에 있는 영생이니라. 이 말씀은 사망이 인간에게 마땅한 대가지만 영생은 그러한 인과 관계를 초월하여 하나님의 주권적인 은혜로 임한다는 사실을 밝히 보여준다. 따라서 죄인들에게도 소망이 있는데, 그들도 예수 그리스도를 믿기만 하면 영생을 받는다. 이러한 은혜를 받아들이는 데 방해되는 요소들이 있다. ① 믿음보다 공로를 앞세우는 사고방식, ② 믿음보다 자기 결심을 앞세우는 태도, ③ 믿지 못하고 낙심하는 마음, ④ 그리고 자기를 부인하지 않는 교만한 자세다. 사람은 자기 자신의 것을 가지고서는 하나님 앞에 설 수 없다.

⚜ 평주

죄에 대하여 죽은 우리가 어찌 그 가운데 더 살리요(2절). 바르트(K. Barth)는 여기서 "죄 중에 살 수 없는 사람"을 역사상의 존재로 여기지 않는다. 그는 말하기를, "나는 내가 될 수 있는 현재 상태의 나라는 존재로서는 지식이나 의지로 죄를 피할 수 없다. 그러나 내가 아닌 나, 곧 새사람으로서는 한순간이라도 범죄할 가능성이 없다."라고 하였다.[121)]

여기서 바르트는 "죄 중에 살 수 없는 사람"이라는 것이 눈에 보이는 몸과 영혼으로 구성된 전인격을 가리키지 않고 단순한 이상적 인격, 곧 비역사적 인격을 가리킴을 시사한다. 그러나 성경에서는 이런 이상적 인격에 대해 가르치지 않는다. 또한 바르트는 이와 관련하여 죄와 은혜 모두 근본적으로는 비역사적 존재라고 주장했는데 그것 역시 성경에 맞지 않는 견해다. 성경은 역사를 벗어나서 죄 문제를 논하지 않으며, 인간과 접촉점이 없는 추상적 은혜를 가르치지도 않는다. 성경은 역사적 인물인 아담 때문에 세상에 실재하게 된 죄에 대해 논하고 있으며, 역사 세계에 들어오신 그리스도로 말미암아 인간에게 주어진 은혜에 대해 가르친다.

---

121) *Römerbrief*, 180-181.

그러므로 너희는 죄가 너희 죽을 몸을 지배하지 못하게 하여 몸의 사욕에 순종하지 말고… 오직 너희 자신을 죽은 자 가운데서 다시 살아난 자 같이 하나님께 드리며 너희 지체를 의의 무기로 하나님께 드리라(12-13절). 이 부분에서 바르트는 피조물을 새롭게 하시는 하나님의 역사가 인간의 의지를 변화시키는 일이 불가능한 것처럼 말한다. 무엇보다도 다음과 같은 그의 발언에서 그런 사고를 발견할 수 있다. "종교인은 확실히 자신이 받은 은혜와 죄를 범하고자 하는 자신의 성향 사이에 충돌이 있음을 안다. 그러나 그가 경험하는 충돌은 인간적 가능성 사이의 충돌에 불과하다. 우리는 이 충돌이 은혜의 승리라고 말할 수 없다. 왜냐하면 하나님의 역사는 인간적 소원이 작용하는 방식과 다르기 때문이다. 종교적 소원은 우리의 성적 갈망과 지적 욕구, 혹은 기타 소원들과 같은 계열에 속하는 것이다."[122]

이것을 보면 바르트는 확실히 그리스도와 연합한 자의 심령에 성령으로 말미암아 새로워진 측면(새로운 실체는 아니지만)이 있음을 무시한다. 성경은 그리스도 신자의 심령에서 성령이 새롭게 하시는 역사를 진행하시는 것에 대해 자주 이야기한다(고후 5:17; 갈 6:15; 엡 4:23; 롬 12:2). 특별히 골로새서 3:10에서는 "새 사람을 입었으니 이는 자기를 창조하신 이의 형상을 따라 지식에까지 새롭게 하심을 입은 자니라"라고 하였다. 사람이 죄로 말미암아 하나님의 정죄를 받아 그의 심령까지 부패해졌기 때문에, 구원이라는 것도 사죄로만 이루어지는 것이 아니라 성령으로 정결하게 씻어주시는 일도 포함하는 것이다. 그러므로 성경의 말씀은 그리스도 신자를 구체적으로 정의하기를 "신령한 사람"(πνευματικοί)이라고 부르는 반면(고전 2:15; 3:1; 갈 6:1), 불신자를 가리켜서는 육신에 속한 사람이라고 하였다(고전 2:14).

한편 그리스도 신자는 아직 그에게 남아 있는 부패한 성품과 충돌하게

---

122) *Römerbrief*, 194.

된다(벧전 2:11). 앞에 소개한 것처럼, 바르트는 이와 같은 싸움에서 양 세력을 동일하게 육체적인 심리 작용에 불과한 것으로 여겼으며, 하나님을 향한 마음도 아무런 소망이 없는 것으로 치부했다. 그러나 이것은 성경의 메시지를 바로 이해하지 못한 그릇된 해석이다. 성경에 따르면 육체를 거스르는 거듭난 영적 세력이 비록 현세에서는 많은 반대와 장애를 만나지만, 결국은 하나님을 위하는 것이기 때문에 승리한다. 벤저민 워필드(B. B. Warfield)는 로마서 7장에서 바울이 심령에서 경험했던 투쟁에 대하여 다음과 같이 해석하였다.

사람이 거듭나서 변화해가는 과정이 로마서 7장에 나타난 바울의 탁월한 묘사를 통해 명백하게 드러난다. 우리는 거기서 하나님이 사람의 심령에 들어오셔서 그에게 변화의 능력을 제공하신다는 사실을 발견하게 된다. 그의 심령이 누리던 육체적 평화는 깨어지고, 죄악을 향하는 심령의 뿌리 깊은 성향은 선을 행하기 위해 새로이 찾아온 능력과 더불어 투쟁한다. 그러나 죄악의 세력은 너무나 강력한 것이어서 사도 바울도 그것을 깨닫고 거의 절망하여 말하기를, '오호라 나는 곤고한 사람이로다 이 사망의 몸에서 누가 나를 건져내랴'(롬 7:24)라고 하였다. 확실히 그를 건져낼 자는 그 자신이 아니었다. 인간이 그러한 처지에서 자신을 건질 수 없다는 사실을 바울은 너무도 잘 알고 있었다. 그는 지존하신 하나님의 성령께서 그토록 뿌리 깊은 죄악보다 강하신 분임을 확신했다.

그리하여 그는 마음에 갑작스러운 깨달음을 얻고서 부르짖기를, '우리 주 예수 그리스도로 말미암아 하나님께 감사하리로다'라고 하였다(롬 7:25). 그는 자기 마음속에서 일어나는 충돌을 경험하면서 승리의 약속과 가능성을 보았다. 왜냐하면 그 충돌이야말로 그의 마음속에서 성령이 역사하신다는 증거이기 때문이다.

성령이 역사하시는 곳에는 죄악과 사망에서 해방되는 역사가 있다. 그 충돌의 과정은 어렵고 괴로운 노동이자 분투이며 강렬한 싸움이다. 그러나 결과는 이미 보장되어 있다. 비록 완전함에서는 거리가 멀다 할지라도, 우리는 하나님의 성령이 우리 안에 거하시기 때문에 육체의 행실을 죽이고 하나님의 자녀로서 천국 기업을 누리리라는 담대한 마음을 가져야 한다. 우리 안에 시작된 일이 마지막까지 완성되리라는 것을 우리는 안다. 우리 마음속에 이 충돌이 있다는 것은 생명의 증표요 승리의 약속이다."[123)]

설교 신자와 그리스도의 연합(5절)

기독교는 인간이 주관적인 노력으로 구원받는다고 생각하는 자력 종교가 아니다. 기독교는 신자가 그리스도의 죽으심과 연합한다는 것을 핵심적인 진리로 삼는데, 그것은 하나님의 언약을 통해 이루어지는 일이다.

구약 시대에 이스라엘 백성이 받은 할례는 하나님의 백성으로서 언약에 참여한다는 상징적인 증표였다(창 17장). 신약 시대에는 세례가 그와 유사한 의미를 지닌다. 그렇다면 세례는 사람이 구원의 언약에 참여하기 위하여 받는 신성한 예식이라는 것이다. 따라서 세례를 받는 자는 생명을 걸고 그 예식에 참여해야 한다. 왜냐하면 이 계약은 하나님께서 영원 전에 작정하셨고, 역사상의 모든 진실한 사람들에게 나타내신 것이기 때문이다. 믿음의 위대한 선조 아브라함이 이 계약에 참여하였고, 다른 모든 족장과 구약의 성도들도 참여하였으며, 모세와 선지자들도 참여하였다. 이 언약은 너무나 중대하여 천지를 움직일 만한 진실성과 유구한 역사를 지니고 있다. 언약의 중보자이신 예수님을 비롯하여 사도들과 신약 시대 성도들이 모두 다 이 언약에 대하여 "아멘"으로 대답하고 생명을 바친 것이다. 그러므로 그리스도의 이름으

---

123) *Biblical Doctrines*, 1929, 459-460.

로 세례를 받는 자마다 이처럼 중대한 의미를 지닌 언약에 몸을 던진다는 것을 알아야 한다. 이 언약에 진입한 시점부터 그의 생명과 재산을 포함한 모든 것은 자기 소유가 아니고 예수님의 것이다. 사람들은 일개 혼인 계약도 중대하게 여기기 때문에 일단 계약이 체결되면 두 사람이 서로 하나가 되고 생명과 재산에 대하여 각기 내 것이라고 주장하지 않는다.

1. 신자와 그리스도의 연합을 성립시키는 원리

이 연합은 나무를 접붙이는 일에 비유할 수 있다(17-19절). 본문에서도 연합이라는 표현은 접붙임의 의미로 사용되었다(5절). 그리스도는 우리를 자신의 몸에 접붙이시기 위해 해를 당하시고 상함을 입으셨다. 한마디로 그는 십자가에 달리셨다. 그러므로 우리가 그리스도와 연합하고자 한다면 우리도 상함을 입어야 한다. 다시 말해 우리는 스스로 세상과 단절해야 한다. 우리가 세상에 속한 채로는 그리스도의 죽으심에 접붙여질 수 없다. 그러니 우리는 손해를 보는 한이 있더라도 세상과 죄와의 관계를 끊어버려야 한다. 이것은 염세주의를 의미하는 것이 아니고, 세상에 대한 애착과 죄악에 대한 사랑을 극복해야 함을 의미할 뿐이다.

2. 신자와 그리스도의 연합을 가르치는 진리와 우리의 이해

이 진리는 너무나 오묘하고 위대한 것이어서 이해하기가 쉽지 않다. 따라서 우리가 명심할 것은 우리의 편협한 마음으로 이같이 위대한 진리에 대한 극적인 감흥을 기대해서는 안 된다는 것이다. 우리는 다만 이 진리가 가르치는 사실을 믿음으로 받아들이고(11절), 그 안에 깊이 잠겨서 살아갈 뿐이다. 인간은 지나치게 광대한 것에 대해서는 헤아리지도 못하고 느끼기도 어렵다. 우리는 축구공이 굴러가는 것은 느끼면서도 그보다 빠른 지구의 움직임은 느끼지 못한다. 필자는 미국에 가기 위해 선편으로 태평양을 건넌 적이 있는

데, 처음 두어 시간은 배의 위치를 짐작할 수 있었다. 여기저기 섬들이 보이고 물새들도 보였다. 그러나 하룻밤 지나서 갑판에 나와 보니 사방이 물뿐이요 아무것도 보이지 않는 망망대해였다. 거기서는 지리를 분별할 수가 없었다. 왜냐하면 너무나 넓어서 사방을 헤아릴 방법이 없었기 때문이다. 하지만 나는 선장이 나침반의 도움으로 배를 올바른 방향으로 운전하여 목적지에 데려다줄 것을 믿고 안심하였다. 그와 마찬가지로 우리는 그리스도와 연합하는 오묘한 진리가 명백한 사실임을 믿고 안심할 뿐이다. 우리는 이처럼 오묘하고 광대하고 고상한 진리에 대하여 자극적인 감흥을 얻으려고 기대해서는 안 된다. 물론 사람이 이 진리를 깨달을 수 있도록 어느 정도까지는 설명할 수도 있다. 하지만 그 오묘한 이치를 다 설명할 수는 없다.

설교 그리스도와 연합한 자의 헌신(1-18절)

그리스도와 연합한 자의 몸은 부활한다. 이에 대한 말씀이 본문 5, 8절에 기록되어 있는데, 신자의 부활은 주님이 재림하실 때 성취된다. 주님이 약속하신 대로 성령이 우리에게 오셔서 우리 영혼이 거듭난 것은 분명하다. 그러니 그가 약속하신 대로 그가 재림하실 때는 우리의 죽었던 몸도 부활하게 될 것이 확실하다. 이런 의미에서 신자는 죽음을 이긴 것이다. 이것을 생각할 때마다 얼마나 기쁜지 말로 다 표현할 수 없다. 그러므로 신자는 하나님께 헌신하지 않을 수 없다.

1. 구원의 완성을 위하여 헌신해야 한다

우리는 구약 시대의 속죄 원리를 성립시킨 두 가지 행위에 대해 생각해 볼 필요가 있다. 첫째, 구약 시대의 속죄는 짐승을 죽여 그 피를 하나님께 드림으로써 성립되었다. 이것은 죄의 대가가 사망이기 때문에 응분의 대가를 치르는 의미가 있다. 둘째, 구약 시대의 속죄는 희생제물의 피를 제단에 뿌림으로써 성립되었다. 이것은 자기 생명을 하나님께 바친다는 의미가 있다. 속죄를 통한 구원은 이렇게 두 가지 행위를 통해 성립된다. 우리가 예수님을 믿을 뿐 아니라 그에게 헌신해야 구원이 완성된다는 것이다. 헌신은 생명을 하나님의 손에 맡기는 지혜로운 행동이다. 우리가 자신을 하나님께 드리지 않으면 우리는 죄악과 마귀의 지배를 받을 수밖에 없다. 생선을 소금에 절이지 않으면 벌레가 먹는 것처럼 우리가 하나님께 헌신하지 않으면 우리는 마귀의 밥이 된다. 신약 시대를 살아가는 우리는 그리스도의 죽으심과 연합할 뿐 아니라 그의 다시 사심과도 연합하여 이제부터는 하나님을 향하여 살아가야 한다. 그리스도께서도 우리의 구원을 완성하기 위하여 죽은 자 가운데서 다시 살아나셔서 하늘에 오르시어 하나님께 헌신하셨다. 히브리서 9:24-25에 말하기를 "그리스도께서는 참 것의 그림자인 손으로 만든 성소에 들어가지 아니하시고 바로 그 하늘에 들어가사 이제 우리를 위하여 하나님 앞에 나타나시고 대제사장이 해마다 다른 것의 피로써 성소에 들어가는 것 같이 자주 자기를 드리려고 아니하실지니"라고 하였다.

2. 주님께 헌신해야 평안을 누릴 수 있다

인간의 불안은 언제나 자신의 형편에 대한 동요에서 생겨난다. 두 마음을 소유한 자는 결코 평안을 누릴 수 없다. 우리는 이 세상에 마음을 두든지 아니면 하나님께 마음을 두든지 둘 중 하나를 선택해야 한다. 이 세상에 마음을 둔 사람은 세상이 요동할 때 함께 불안해한다. 우리는 영생하시고 참되신 하나님께 마음을 의지하고 살아야만 안식을 얻을 수 있다. 위대한 청교도 신학자였던 사무엘 루터포드(Samual Rutherford)는 다음과 같이 말하였다. "네가 만일 저 거친 나무(십자가)를 취하여 네 등에 단단히 고정하면 그것이 네게 짐이 되겠지만 그것은 새에게는 날개와 같고 범선에는 돛과 같은 짐이다."[124] 예수님께서는 "수고하고 무거운 짐 진 자들아 다 내게로 오라 내가 너희를 쉬게 하리라 나는 마음이 온유하고 겸손하니 나의 멍에를 메고 내게 배우라 그리하면 너희 마음이 쉼을 얻으리니 이는 내 멍에는 쉽고 내 짐은 가벼움이라"라고 하셨다(마 11:28-30).

설교 그리스도와 연합한 자의 책임(12-14절)

신자는 그리스도와 연합한 자들이다. 우리는 이 연합을 최고의 행복으로 여긴다. 왜냐하면 우리는 홀로 살아갈 수 없는 자들로서 다른 사람과의 연합을 구하다가 천상천하에서 가장 위대하신 그리스도와 연합하게 되었기 때문이다. 부부가 연합하여 한 가정을 이루고, 군신이 연합하여 한 나라를 이룬다. 그러나 그리스도와 신자는 합하여 영생의 하늘나라를 이룬다. 부부의 연합은 육신의 정과 서약에 의지하여 성립되고, 군신의 연합은 계약과 법률에 의지하여 성립되며, 그리스도와 신자의 연합은 언약과 믿음과 성령에 의하여 성립되는 것이다. 이것을 보면 모든 연합에는 서약이나 계약이 필수적인 요소가 된다. 우리는 그리스도와 연합하였기 때문에 시종일관 언약을 이행하기 위해 힘써야 한다. 이 조약을 이행하는 방법은 그리스도께 순종하는 것이다.

1. 사욕을 따르지 말 것(12절)

우리가 누군가와 더불어 연합하였을 때는 내 마음대로 무엇이나 하려고 해서는 안 된다. 연합을 유지하기 위해서는 상대방의 의사를 존중해야 한다.

---

124) "If you take that crabbed tree, fasten it carefully on your back, it will be to you such a burden as wings to a bird, sail to a ship."

우리가 주님의 뜻을 무시한 채 내 욕심만 채우려고 하면 (그리스도와 연합한) 우리의 신앙생활에 여러 가지 부조화가 발생하고 평화가 깨어진다. 그런데 세상에는 자기 욕심을 채우려고 예수를 믿는 자들이 적지 않다. 하지만 그들은 애초에 계획했던 바대로 자기 욕심도 채우지 못할 것이고 신앙생활에도 기쁨이 없을 것이다. 신자는 자기를 거부하고 주님을 따라야 한다.

스코틀랜드의 청교도 종교개혁가 존 녹스(John Knox)의 딸은 그녀의 남편이 복음을 위하여 옥에 갇혔을 때 관료들이 제시한 타협안을 거부하면서 말하기를, "나는 남편의 머리가 베어져 집으로 돌아오기를 원한다."라고 하였다. 바울은 말하기를, "내가 내 몸을 쳐 복종하게 함은 내가 남에게 전파한 후에 자신이 도리어 버림을 당할까 두려워함이로다"라고 하였다(고전 9:27).

2. 몸을 의의 병기로 하나님께 드림(13절)

우리는 ① 죄와 전쟁에 뛰어든 군사들이다. 따라서 우리는 쉬지 않고 싸워야 한다. 우리에게는 휴전이 없다. "죄"라는 원수는 우리의 전후좌우에서, 또한 우리의 마음과 육신에서 쉬지 않고 일어난다. ② 또한 우리는 그보다 더 무섭게 살아 활동하는 악령과 싸운다. 악령은 지각을 가진 존재다. 저놈은 우리의 약점을 간파하고 공격해온다. 저놈은 우리의 기도가 부족할 때 달려들고, 우리가 죄를 용납할 때 달려들며, 우리가 하나님을 전적으로 신뢰하지 않을 때 달려든다. 저놈은 늘 우리를 엿보고 있는 음흉한 자다. 따라서 우리는 자신을 하나님의 병기로 만들어야 한다. 우리는 에베소서 6:13-18에 기록된 말씀에서 우리 자신을 병기로 만드는 법을 배울 수 있다.

설교 순종에 대하여(15-18절)

선지자 사무엘은 말하기를, "순종이 제사보다 낫고 듣는 것이 숫양의 기름보다 나으니 이는 거역하는 것은 점치는 죄와 같고 완고한 것은 사신 우상에게 절하는 죄와 같음이라"라고 하였다(삼상 15:22-23). 이 말씀은 우리가 주님께 순종해야 할 것을 가르쳐준다. 그런데 주님께 순종한다는 것은 구체적으로 무엇을 뜻하는가?

1. 주님을 신뢰하고 그의 말씀을 청종하는 것이다

주님께 순종한다는 것은 먼저 그를 신뢰하는 것이다. 성경에서는 하나님을 신뢰하지 않는 자를 가리켜 "목을 곧게 하는 자"라고 하였으며(왕하 17:14) "여호와를 멸시하는 자"라고 부르기도 했다(민 11:20). 사람의 마음은 자기 자신에 대한 신뢰로 가득 차 있다. 속담 가운데 "저 잘난 맛에 산다"는 말도 그래서 생긴 것이다. 그러나 예수님은 말씀하시기를, "누구든지 나를 따라오려거든 자기를 부인하고 자기 십자가를 지고 나를 따를 것이니라"라고 하셨다(마 16:24). 앞에서 말한 바와 같이 사람은 자신을 부인해야만 주님을 신뢰할 수 있다. 세실(Cecil)이라는 사람이 하루는 높은 곳에 올라가 있는 딸에게 뛰어내리라고 말했다. 딸은 그 말을 듣고 뛰어내려 아버지 품에 안겼다고 한다. 이것이 믿음의 순종이다. 세실은 또다시 자기 어린 딸에게 가지고 놀던 귀중한 장난감을 불에 던지라고 하였는데 그때도 딸은 그것을 불에 던졌다. 하나님의 말씀에 대한 순종도 이와 같은 것이다. 우리는 하나님을 사랑하기 때문에 그의 말씀에 순종한다(요 14:15).

2. 주님을 위한 순종

우리가 사람에게 순종하는 것도 주님을 위한 일이다. 다음과 같은 경우가 여기 해당한다.

1) 윗사람에게 순종할 것. 성경에 말하기를, 거짓 스승들은 "당돌하고 자긍하며 떨지 않고 영광 있는 자들을 비방"한다 하였고(벧후 2:10), 그들은 또

한 "권위를 업신여기는" 자들이라고 하였다(유 8). 성경에 또 말하기를, "사환들아 범사에 두려워함으로 주인들에게 순종하되 선하고 관용하는 자들에게만 아니라 또한 까다로운 자들에게도 그리하라"라고 하였다(벧전 2:18). 윗사람에게 순종하라는 말씀은 하나님의 명령이다(히 13:17). 그러므로 신자가 하나님께 순종하기 위해서는 먼저 윗사람에게 순종해야 한다. 그런데 오늘날 교회나 가정에서는 윗사람에게 순종하는 미덕을 발견하기가 어렵다. 이 같은 무질서는 하나님을 사랑하지 않는 마음에서 비롯된 것이다.

2) 회중에게 순종할 것. 예수님은 개인보다 회중에게 권위를 부여하는 경우에 대해 말씀하셨다. 예컨대 예수님께서는 "네 형제가 죄를 범하거든 가서 너와 그 사람과만 상대하여 권고하라 만일 들으면 네가 네 형제를 얻은 것이요 만일 듣지 않거든 한두 사람을 데리고 가서 두세 증인의 입으로 말마다 확증하게 하라 만일 그들의 말도 듣지 않거든 교회에 말하고 교회의 말도 듣지 않거든 이방인과 세리와 같이 여기라"라고 하셨다(마 18:15-17). 이 말씀은 교회라는 회중의 의견을 존중하라는 뜻을 담고 있다. 사도행전 15장에 묘사된 예루살렘 공의회는 중대사를 결정할 때 회중의 의견을 존중해야 함을 가르쳐준다. 전도서 4:9-12에 말하기를, "두 사람이 한 사람보다 나음은 그들이 수고함으로 좋은 상을 얻을 것임이라 혹시 그들이 넘어지면 하나가 그 동무를 붙들어 일으키려니와 홀로 있어 넘어지고 붙들어 일으킬 자가 없는 자에게는 화가 있으리라 또 두 사람이 함께 누우면 따뜻하거니와 한 사람이면 어찌 따뜻하랴 한 사람이면 패하겠거니와 두 사람이면 맞설 수 있나니 세 겹 줄은 쉽게 끊어지지 아니하느니라"라고 하였다. 진리에서 벗어나지 않는 범위에서 회중에게 순종하는 것도 하나님을 위하는 길이다.

3. 구원 얻는 유일한 길은 하나님께 순종하는 것임

본문 16, 17, 18, 19, 20절에 각각 "종"이라는 단어가 나온다. 여기서는 두

부류의 종에 대해 말하는데, 곧 죄의 종과 의의 종이다. 그렇다면 이 말씀은 사람이 죄의 종이 되든지 아니면 의의 종이 되든지 둘 중 하나의 길밖에 없음을 시사한다. 인간은 이 문제에서 중도 입장을 택할 수 없다. 그러므로 우리가 멸망의 종이 되기를 원치 않는다면 의의 종이 되도록 힘써야 한다. 의의 종은 하나님께 순종하는 삶을 살아가는 자들이다.

1) 때로는 하나님께 순종하는 일이 간단하지 않은 경우도 존재한다. 그러나 그런 상황에서도 신자가 자기를 희생하여 하나님께 순종하면 성령께서 도와주셔서 어렵던 일이 쉬워지기도 한다.

2) 사람의 명령은 실패할 수 있지만 하나님의 명령은 결코 실패하지 않는다. 19세기 중반에 벌어진 크림 전쟁(Crimean War)에서 러시아에 맞선 오스만튀르크 연합군의 영국 군대는 강한 병력을 가지고 있었다. 당시 영국군 사령관은 600명의 기병에게 위험한 전선에 출전할 것을 명령했다. 기병들은 사령관의 명령에 따라 말을 몰았고 그들 대부분은 전사하고 말았다. 사령관은 그곳이 그렇게까지 위험한 줄 미처 알지 못했던 것이다. 사람의 명령은 이렇게 실패하는 경우가 많다. 그러나 하나님의 명령은 언제나 참되기 때문에 순종하는 자마다 복을 받는다. 우리는 영생하시는 하나님께 무조건 순종해야 한다.

제 7 장

⚜ 내용분해

1. 그리스도 신자는 율법에서 해방됨(1-6절)
2. 율법의 작용(7-13절)
3. 율법으로 말미암아 죄가 나타나는 이유는 율법 자체가 악해서가 아니고 인간의 본성이 악하기 때문임(14-25절)

⚜ 개요

1. 그리스도 신자는 율법에서 해방됨(1-6절). 바울은 여기서 이 세상의 도덕법을 염두에 두고 말하는 것이 아니라, 우리의 영혼을 대상으로 하는 하나님의 율법에 대해 말한다. 죄가 우리를 지배하는 동안에는 율법 또한 우리를 지배할 수밖에 없다. 그러나 우리가 그리스도로 말미암아 죄에서 해방되는 순간 율법에서도 해방된다. 그렇다면 율법에서 해방되었다는 것은 무엇을 의미하는가? ① 그리스도 안에 거함으로써 정죄를 면하게 되었다는 것이다

(롬 8:1). ② 성령으로 말미암아 점점 성화되어 마침내 죄를 완전히 떠나게 된다는 것이다.

2. **율법의 작용**(7-13절). 바울은 5절에서 "율법으로 말미암는 죄의 정욕"이라는 표현을 사용했으며, 8절에서는 "죄가 기회를 타서 계명으로 말미암아 내 속에서 온갖 탐심을 이루었"다고 말한다. 이런 말씀을 보면 율법이 오히려 죄를 초래하는 듯한 인상을 받는다. 그러나 사실은 그렇지 않다. 이것은 다만 인간의 악한 마음이 율법으로 말미암아 드러난다는 것을 지적할 뿐이다. 루터(Luther)는 이와 관련하여 한 가지 비유를 제시한다. 예컨대 탄화칼슘(Calcium Carbide, 칼슘 카바이드) 안에는 불이 숨겨져 있으나 사람의 눈에는 보이지 않는다. 그러나 탄화칼슘에 물을 부으면 거기에 불이 숨겨져 있었던 사실이 드러난다. 이런 경우에 물이 불을 만들어낸 것이 아니고 다만 사람이 볼 수 있게 드러났을 뿐이다.[125] 이와 마찬가지로 "죄가 기회를 타서 계명으로 말미암아 내 속에서 온갖 탐심을 이루었"다는 것은 계명이 죄를 만들어냈다는 것이 아니라, 다만 사람의 마음에 본래 잠재해 있던 죄악이 계명으로 말미암아 드러났다는 것이다.

3. **율법으로 말미암아 죄가 나타나는 이유는 율법 자체가 악해서가 아니고 인간의 본성이 악하기 때문임**(14-25절). 윌리엄 샌데이(William Sanday)는 14-25절의 말씀도 율법 아래 있는 자의 삶을 묘사한다는 의미에서 다음과 같이 말하였다. "인간성 가운데 선의 씨가 있는데 그것은 옳은 것을

125) Luther, *Vorlesung über den Römerbrief*, 1965, 233. "Ein Gleichnis hierfür ist das Feuer im Kalk. Es schläft tief im Verborgenen, ja man weiss gar nicht, dass es dort ist, giesst man aber Wasser darüber, so hat es eine Gelegenheit, sich zu zeigen, Das Wasser also hat nicht das Feuer im Kalk geschaffen, sondern es hat nur bewirkt, dass man es erkannte. So ist das Wasser ohne Verschulden des Feuers zu einem Anlass für das Feuer geworden."

행하고자 하는 소원이다. 그런데 그 소원은 육체적 탐심을 통해 역사하는 시험의 힘에 굴복당하고 만다."[126] 그러나 크로샤이데(F. W. Grosheide)는 말하기를, "이 단락의 말씀은 영의 새로운 것으로 섬기는 회개한 자의 생활을 가리킨다. 오직 회개한 바울이라야 여기서 말한 것과 같은 율법관을 가질 수 있다."라고 하였다.[127] 칼빈(Calvin)도 이 단락을 그리스도 신자인 바울의 말로 여기고 다음과 같이 말하였다. "이 말씀의 논리를 올바로 깨닫기 위해서는 이것을 알아야 하는데, 곧 바울이 말한 삶의 부조화가 성령으로 말미암아 거듭난 사람에게서가 아니고는 나타날 수 없다는 사실이다. 왜냐하면 중생하지 못한 인생이 자기 천성대로 살아갈 때는 죄악에 저항할 이유가 없으므로 그저 정욕대로 행하면 되기 때문이다. 물론 불신자들도 양심에 가책을 받는 경우가 있으며 죄악의 쓴맛을 깨닫는 일도 있다. 그러나 그렇다고 해서 그들이 참으로 죄를 미워하거나 선을 사랑하는 자들이라고는 말할 수 없다."[128] 니그렌(A. Nygren)도 이 단락(14-25절)이 그리스도 신자가 된 바울의 삶을 진술한다고 주장한다. 그는 다음과 같이 몇 가지 이유를 제시하였다.

① 7-13절에서는 과거 시상이 사용되었으나 14절부터는 현재 시상을 사용하는 것으로 볼 때, 14절 이하 단락은 그리스도 신자가 된 바울이 로마서를 집필할 당시의 상태를 묘사하는 것임이 분명하다.[129] ② 바울이 그리스도 신자가 된 후에도 죄는 그의 삶에서 완전히 사라진 것이 아니다. 그는 아직도 육체로 살고 있으며, 따라서 죄악과의 접촉점을 가지는 것이다. 그리스도 신자는 그리스도 안에서 한 지체이지만, 그와 더불어 아담 안에서도 한 지체다. 따라서 그는 죄와 더불어 끊임없이 분투하는 삶을 이어간다. 아마도 바

126) The International Critical Commentary, *Romans*, 181.

127) F. W. Grosheide, *De Openbaring Gods In Het Nieuwe Testament*, 173.

128) Calvin, *Commentary on Romans*, 262-263.

129) Der *Römerbrief*, 211.

울은 이런 의미에서 이 단락(14-25절)을 진술했을 것이다. 그리스도 신자가 이처럼 죄악과 더불어 투쟁한다는 사상은 갈라디아서 5:17에도 나타나 있다.[130] 아우구스티누스(Augustine)도 펠라기우스(Pelagius)와 더불어 논쟁하는 가운데 마침내 확신을 얻게 되었는데, 한마디로 바울이 이 단락에서 그리스도 신자의 삶을 묘사한다는 것이다.[131]

⚘ 해석

1-3 남편 있는 여인이 그 남편 생전에는 법으로 그에게 매인 바 되나 만일 그 남편이 죽으면 남편의 법에서 벗어나느니라(2절). 여기서 "남편"과 "여인"은 각각 무엇에 대한 비유일까? 이에 대해 두어 가지 해석이 있다. ① 남편은 죄를 가리키고 여인은 신자의 영혼을 가리킨다는 해석이 있는가 하면, ② 남편은 율법을 가리키고 여인은 신자를 가리킨다는 해석도 있다. 그리스도께서 나를 대신하여 십자가에 죽으심으로 말미암아 이제 나를 정죄하던 율법은 영향력을 잃어버렸기 때문에 나에 대해 죽은 것이나 마찬가지다. 그러므로 이제 나는 은혜의 제도 아래 속한 자다. 이 같은 사고방식은 주관적인 느낌이나 해석이 아니고 영원불변하는 하늘나라의 법으로 가능하다. 누가 이 천상의 법을 파기할 수 있겠는가? 그러므로 신자는 이처럼 불변하는 하늘나라 법의 울타리 안에서 안식할 수 있다. 새로운 남편인 은혜의 집에 거하게 된 신자는 죽은 전남편이 무덤 밖으로 뛰쳐나와서 그를 도로 찾을까 염려할 것이 없다.

4 그리스도의 몸으로 말미암아 율법에 대하여 죽임을 당하였으니. 다시 말해 그리

130) *Der Römerbrief*, 214-215.

131) *Der Römerbrief*, 208.

스도께서 육신으로 십자가에 못 박혀 죽임을 당하셨기 때문에, 그를 믿는 우리에 대한 율법의 구속력은 효력을 잃고 죽은 것같이 되었다는 뜻이다.

죽은 자 가운데서 살아나신 이에게 가서 우리가 하나님을 위하여 열매를 맺게 하려 함이라. 신자는 율법의 정죄에서 벗어난 후에 가만히 주저앉아 있어서는 안 되며, 부활하신 그리스도를 따르는 일에 전심전력해야 한다. 그가 가만히 주저앉아 있으면 깨끗이 청소하고 수리한 집에 일곱 귀신이 들어오는 것과 같은 난관을 마주하게 될 것이다(마 12:43-45). 신자는 의롭다 함을 얻은 순간부터 그리스도를 따르는 일에 매진해야 한다. "열매"를 맺는다는 것은 하나님 앞에 거룩한 행실을 나타내는 것이니, 이는 그가 그리스도 안에 거한다는 증거다(요 15:1-8). 신자에게 맺혀야 할 열매의 종류에 대해서는 갈라디아서 5:22-23을 참조하라.

5 **육신에 있을 때에는.** "육신"이라고 번역된 "사르크스"(σάρξ)는 살과 뼈로 이루어진 "몸"을 의미하는 "소마"(*σωμα*)와는 차이가 있다. 베르너 큄멜(W. G. Kümmel)에 따르면 "사르크스"(육신)는 여러 가지 의미를 지니는데, ① 인체의 뼈대와 구분되는 부드러운 살을 의미하기도 하고(눅 24:39), ② 영혼과 구분되는 몸을 의미하기도 하며(롬 2:28), ③ 하나님의 능력과 구분되는 인간의 연약성을 의미하기도 하고(사 40:6). ④ 속사람과 구분되는 겉 사람을 의미하기도 하며(고전 1:26). ⑤ 성결과 구분되는 죄악성을 의미하기도 한다(롬 8:6; 갈 5:19). 이 마지막 다섯 번째 의미가 본문의 의도와 일치하는데, 이는 그리스도를 믿지 않는 때를 가리킨다.

율법으로 말미암는 죄의 정욕이 우리 지체 중에 역사하여. 이 말씀은 이상하게 여겨질 수도 있다. 죄의 정욕이 어떻게 선한 율법으로 말미암아 발동하는가? 그 이유는 다음과 같다. 율법은 선한 것이지만 인간의 죄악성은 율법에 순종하지 않으려는 반발심을 내포하고 있다. 그러므로 인간의 죄악성이 율법에 접근하면 그의 마음은 더욱 난동을 일으킨다. 이것은 세상 법률에 대한 국민의 태도가 그렇다는 말이 아니고, 중생하지 못한 자가 하나님의 신령한 율법에 대하여 반항적인 태도를 보인다는 뜻이다. 중생한 자에게도 여전히 옛 성품이 남아 있기 때문에 어느 정도는 그런 반발을 예견할 수 있다. 이 구절에 대하여 칼 바르트(Karl Barth)는 다음과 같이 해석한다. "땅 위에서 성숙하고 균형 있게 서 있는 사람, 파쇄되지 못한 사람은 실존적으로 경건하지 못하다. 율법은 죽음으로 향하는 여정을 정지시키기보다는 그리로 달아나게 만든다. 종교는 인간의 정욕에 반대하지만, 정욕 역시 죄로 일컬어지는 체제 안에 포함된 것이다."[132)]

그러나 이 같은 해석은 계시 종교의 역사적 의의를 무시한 것이다. 율법은 하나님의 말씀인데, 어찌하여 죄의 체제 안에 자리하고 있다는 것인가?

6 얽매였던 것에 대하여 죽었으므로 율법에서 벗어났으니. 4절에 대한 해석을 참조하라.

영의 새로운 것으로 섬길 것이요 율법 조문의 묵은 것으로 아니할지니라. 여기서 "새로운 것"이라는 말은 헬라어로 "카이노테스"(καινότης)인데, 이는 과거와 연결지을 수 있는 새것이 아니라 과거와는 질적으로 다른 새것을 가리킨다. ① 리츠만(Lietzmann)은 이 문구에서 내면적인 마음과 외형 간의 대조를 발견한다. 다시 말해 그리스도 신자는 이제부터 율법 시대 이스라엘 백성처럼 외형적(의식적)으로 하나님을 섬길 것이 아니라 심령의 새로운 방법으로 섬겨야 한다는 것이다. ② 그러나 크레다너스(Greijdanus)는 여기서 "영"(πνεῦμα)이라는 명칭이 성령을 가리키는 것으로 이해한다. 그렇다면 이 문구가 제시하는 대조는 성령과 율법 조항 간의 차이점에 관한 것이다. 신자는 외면적 율법을 따르는 자가 아니라 새로운 법, 다시 말해 성령의 은혜로운 지배 아래 머무는 자들이다. ③ 루터(Luther)는 이 구절의 의미를 더욱 밝히 드러내며 다

---

132) *Römerbrief*, 217.

음과 같이 말하였다. "바울에게 '율법 조문'(γράμματος)이라는 것은 비유적 의미를 지닌 문서나 율법의 교훈만을 가리키는 것이 아니라, 복음서와 모세의 율법에서 선한 생활을 가르치는 교훈 전체를 가리킨다. 사람이 율법의 교훈을 이해하고 기억한다 해도 그가 은혜의 영을 받지 않았다면 그것은 빈껍데기에 불과하며 영혼에 대하여 죽은 것일 뿐이다."[133)]

7 그럴 수 없느니라. 이 말은 헬라어로 "메 게노이토"(μη γένοιτο)인데, 강한 부정의 의미를 지니는 표현이다. 여기서 7-8절의 설명에 따르면 율법 자체가 죄는 아니지만 ① 그것은 우리에게 죄를 깨닫게 해줌으로써 죄가 드러나게 하는 것이며, ② 잠복해 있던 죄가 발흥하게 하는 것이다. 인간의 완악함은 이토록 집요하여 선한 율법 앞에서도 본성을 드러낸다.

내가… 내가. 이 구절부터 "내가"(ἐγώ)라는 말이 자주 등장한다. 이 대명사의 용례에 대하여 몇 가지 학설이 있다. ① 우리 조상 아담을 가리키는 대명사라고 말하기도 하고,[134)] ② 바울 자신의 체험을 가리키는 대명사라고 말하기도 하며(Deissmann, Greijdanus), ③ 이스라엘의 역사적 경험을 가리키는 대명사라고 말하기도 하고(de Groot, Stauffer), ④ 인류의 보편적 경험을 가리키는 대명사라고 말하기도 한다(Kümmel, Ridderbos). 마지막 견해가 가장 문맥에 적합하다고 생각된다.

탐내지 말라 하지 아니하였더라면. "탐낸다"라는 헬라어 동사 "에피튀메오"(ἐπιθυμέω)는 "부당한 소원을 가진다"는 뜻을 지니고 있다. 율법의 모든 금지조항은 인간의 탐심에 대한 것이라고 해도 과언이 아닐 것이다(Augustine). 모든 율법을 총괄해서 요약한 것이 십계명인데, 십계명의 강령은 하나님 사랑과 이웃 사랑이다. 하나님 대신 다른 것을 사랑하게 만드는 부당한 소원이

---

133) *Vorlesung über den Römerbrief*, 230. "so ist's doch nur ein leerer Buchstabe und der Tod für die Seele."

134) Feine, *Das Gesetzesfreie Evangelium des Paulus*, 1899.

탐심이다(골 3:5). 게다가 그들은 남을 사랑하지 않을뿐더러 자기 욕심을 채우기 위해 남을 해친다. 이렇게 탐심은 율법의 정신인 사랑과 반대된다. 그러므로 바울은 특히 탐심에 대한 금령이 율법의 모든 금령을 대표하는 것으로 간주했다.

8절. 헬라어 원문에는 이 구절 첫머리에 "데"(δϵ)라는 접속사가 있어서 앞절과의 관계를 보여 준다. 다시 말해 우리가 계명으로 말미암아 죄를 깨닫지만(7절), 죄는 계명을 의지하여 더욱 왕성하게 발흥한다는 것이다(8절).

죄가 기회를 타서 계명으로 말미암아 내 속에서 온갖 탐심을 이루었나니. "기회"라는 말은 헬라어로 "아포르메"(ἀφορμή)인데, 이것은 출발점 혹은 활동 기지라는 의미도 가지고 있다.

"죄가 기회를 타서 계명으로 말미암아"라는 문구의 어순은 "죄가 계명으로 말미암아 기회를 타서"라고 개역되어야 한다. "계명"으로 말미암아 범죄의 기회가 더 많아졌다는 말씀은 이상해 보인다. 그러나 이 말씀은 종교역사의 경험을 그대로 드러내는 진리다. 그러한 경험을 몇 가지 측면에서 진술할 수 있는데, ① 율법을 통해 하나님의 금령이 우리에게 주어질 때 그것을 준행하지 못하게 만드는 마귀의 시험과 방해가 찾아온다. 예컨대 원시 시대에 선악과를 먹지 말라는 하나님의 명령이 하와에게 주어졌을 때 마귀가 틈을 타서 시험한 것이다. 아담의 후손인 우리도 그런 시험을 당한다. ② 인간은 그 심령이 부패하여 선을 행하라고 권면하면 도리어 반발하는 성향이 있다. 이런 경우에 율법은 그 사람이 본성에 잠재해 있던 죄의 본성을 발현하도록 만들어준 셈이다. 그러나 율법 자체가 죄를 만들어낸 것은 아니고, 다만 그 사람의 본성에 잠재해 있던 죄악성이 율법과 접촉할 때 터져 나왔을 뿐이다. 계명은 좋은 것이지만 나에게 있는 죄의 본성이 악하여서 선한 것도 악용한다. 그러므로 우리는 선한 것을 앞에 두고도 그것이 나로 말미암아 악용될 수 있다는 사실을 기억하고 조심해야 한다.

온갖 탐심. 7절에 있는 "탐내지 말라"라는 어구의 해석을 참조하라.

율법이 없으면 죄가 죽은 것임이라. 이 말씀은 난해한 구절인데, 몇 가지 해석이 있다. ① 인류에게는 처음부터 죄가 있었지만, 율법이 없던 시대에는 죄를 규정할 수 없었기 때문에 마치 죄가 죽은 것과 같았다는 것이다. ② 바울이 여기서 아담의 경험을 연상했다는 것이다. 다시 말해 선악과를 먹지 말라는 계명이 주어진 후에 비로소 인류의 대표자 아담과 하와가 타락하였다는 것이다. ③ 율법이 없으면 죄가 활동하지 못한다는 것이다. 말하자면 죄는 언제나 율법의 통제를 기회 삼아 발동한다는 것이다. 이것은 인류의 일반적 경험을 가리키며, 따라서 이 해석이 옳다.

9 율법을 깨닫지 못했을 때에는 내가 살았더니. 이 구절은 바울이 율법에 대한 의식을 가지기 전에는 자기 죄를 깨닫지 못하고 의인 행세를 했다는 뜻이 아니다. 이것은 인간이 죄책감의 포로(7:14)가 되기 전, 특히 어린아이 시절에 맛본 순진하고 사심이 없는 생활방식을 가리킨 것이다. 이런 삶은 인류의 조상이 타락하기 전에 영위했던 것인데, 따라서 모든 인류가 그들을 대표하는 아담을 통해 대리적으로 체험했다고 볼 수 있다.

계명이 이르매 죄는 살아나고. 8절에서 "율법이 없으면 죄가 죽은 것임이라"라는 구절에 대한 해석을 참조하라.

나는 죽었도다. 이것은 죄의 포로가 되어 버린 가련한 상태(7:14-24)를 가리키는 말이다. 이에 대하여 바르트는 "종교는 무저갱이다. 그것은 무서움이다. 거기서 옛 원수가 접근한다. 거기서 죄가 우리를 속인다. 종교는 시간에 영원성의 옷을 입히고 경건을 인간의 가능성으로 제시하여준다. 그것은 경배자에 대하여 세계의 문제성과 종교의 문제성을 감출 뿐 아니라, 그가 기도의 손을 들게 만들고, 오랫동안 기도하게 만들며, 다시 기도하게 만든다."라고 하였다.[135] 바르트는 종교나 계명이 설사 하늘로부터 온 것이라 하더라도 그것이 하나님의 말씀 자체는 아니며, 다만 하나님의 말씀에 대한 흔적과 표상일 뿐이라고 생각했기 때문에 이처럼 그릇된 주장을 펼치게 된 것이다. 바르트의 생각은 다음과 같다. 계명을 받은 인간은 자신이 어찌할 수 없는 존재임을 깨닫고 가던 길을 멈추고 침묵하는 것이 마땅한데, 그가 그렇게 하기는커녕 계명을 통해 하나님과의 안전한 교통과 진취적인 경건을 얻으려고 노력하는 것은 종교(계명)를 가지고 죄를 범하는 일이라는 말이다. 그러나 바르트는 여기서 계명에 대한 바울의 견해를 완전히 오해한 것이다. 바울은 계명이 불완전하여 인간이 죄를 범한다고 말하는 것이 아니라, 사람의 본성은 너무나 악하여서 선한 율법이 임할 때 오히려 더욱 악해진다고 말하는 것이다. 그렇다면 바르트는 종교 무용론으로 돌아간 것인가? 그런 것은 아니다. 그는 종교가 실존적 성찰의 대상으로서 필요하다는 것을 알고 있다. 그는 말하기를, "우리는 두말할 것도 없이 종교인이 되어야 한다. 우리는 전력을 다하여 하나님을 경외하고, 분발하고, 열심을 내고, 신앙심을 배양하고, 격려하고, 무엇보다도 종교를 개혁하여 혁명을 일으켜야 한다."라고 하였다.[136] 물론 바르트의 말은 실존 사색적인 종교 생활을 의미하는데, 그것은 성경과 부합하지 않는 종교관이다.

10-11 생명에 이르게 할 그 계명이 내게 대하여 도리어 사망에 이르게 하는 것이 되었도다. 이 말을 문자적으로 번역하면, "계명은 생명을 목표한 것이로되, 그것이 사망에 이르게 하는 것"이라고 해야 한다. 하나님께서 인간에게 계명을 주신 이유는 그것을 받아 제대로 순종하면 영생을 얻을 수 있기 때문이었다. 그러나 인간이 그것을 악용하여 도리어 사망에 빠졌다. 이런 비극에 대한 책임은

---

135) *Römerbrief*, 235.

136) *Römerbrief*, 237.

계명에 있는 것이 아니고 인간에게 있다.

죄가 기회를 타서 계명으로 말미암아. 8절의 해석을 참조하라.

나를 속이고. 인류의 조상 하와가 마귀에게 속은 일이 있었다. 그런데 하와의 후손 역시 마귀의 거짓말에 귀를 기울임으로써 죄에 빠지게 된다. 마귀는 우리에게 죄를 범해도 괜찮다고 거짓말하며, 오히려 더 잘되리라는 무언의 약속을 우리 마음속에 던진다(고후 11:3; 딤전 2:14; 창 3:13).

그것으로 나를 죽였는지라. 여기서 "그것으로"라는 말은 "그것으로 말미암아"라는 뜻이다. 그리고 "그것"은 계명을 가리킨다.

"죽였는지라"라는 단어에 대해서는 9절 "나는 죽었도다"에 대한 해석을 참조하라.

12절. 이 구절은 7절 이하의 논제인 "율법이 죄냐?"라는 질문에 대한 결론이다.

이로 보건대. 이 말은 헬라어로 "호스테"(ὥστε)인데, "그러므로"라는 뜻을 지니고 있다.

율법… 계명. "율법"은 하나님께서 주신 말씀 전체를 가리키고, "계명"은 각각의 조문들을 가리킨다.

율법은 거룩하고 계명도 거룩하고 의로우며 선하도다. 율법이 "거룩하다" 함은 그것이 하나님과 관련되어 있다는 뜻인데, 하나님에게서 유래했고 하나님께 봉사하는 것임을 가리킨다(Greijdanus). "의롭다" 함은 하나님과 사람 앞에 흠 잡힐 것이 없이 바르다는 뜻이고, "선하다" 함은 5:7에서 해석한 대로 사람에게 인자하게 행함을 가리킨다.

13-14 선한 그것으로 말미암아 나를 죽게 만들었으니. 8, 11절의 해석을 각각 참조하라.

죄로 심히 죄 되게 하려 함이라. 빛이 다가올 때 세상 만물의 모든 형태가 밝히 드러나는 것처럼, 하나님의 계명은 죄의 본성을 폭로한다. 그렇다면 율법은 우리에게 해방을 가져다주는 것이 아니라 우리가 자신의 죄인 됨을 더욱 밝히 깨닫게 해줄 뿐이다.

우리가 율법은 신령한 줄 알거니와. 14절은 13절에 대한 원인론적 설명이다. 계명이 나에게 임했을 때 죄가 더욱 발흥하는 이유는 무엇인가? 그 원인은 계명 자체에 있지 않고 나 자신에게 있다. 다시 말해 나 자신이 "육신에 속하여 죄 아래 팔린" 사실이 그 원인이다. "육신에 속하였다" 함은 헬라어로 "사르키노스"(σαρκινός)인데, 이는 죄의 성향을 가리키는 말이다. 말하자면 그것은 죄를 추종하는 성품이다. "죄 아래 팔렸다" 함은 죄의 종이 되었다는 말과 같은데, 죄의 지배 아래 있어서 벗어날 수 없는 상태를 가리킨다. 죄의 종이 된 자는 자기 힘으로 그 형편에서 벗어날 수 없고, 오직 대속자의 구원의 능력으로만 벗어날 수 있다. 따라서 구원을 가져다줄 수 있는 종교는 오직 대속의 종교뿐이다.

15 내가 행하는 것을 내가 알지 못하노니. 헬라어 원문에서는 이 구절이 "왜냐하면"(γάρ)이라는 이유 접속사로 시작하여, 앞절(14절)의 "죄 아래 팔린" 상태를 증명한다. 종은 주인이 시키는 대로 순종해야 하며, 임의대로 행동할 수 없다. 죄 아래 팔린 종의 처지가 그러하다. 그는 자신이 원하는 선은 행하지 못하고 원치 않는 악만 행하게 된다(15하-19절). 사실상 행위자는 그가 아니고 그의 마음속에 자리 잡은 옛사람이다.

16-17 만일 내가 원하지 아니하는 그것을 행하면 내가 이로써 율법이 선한 것을 시인하노니. 사도 바울은 자신에게 악을 미워하는 속사람이 있음을 깨닫는다. 그 속사람은 율법의 선함을 밝히 안다. 중생하지 못한 사람에게는 이런 경험이 없다(참조. 시 67:10; 36:4; 119:104).

그것을 행하는 자가 내가 아니요 내 속에 거하는 죄니라. 이 말은 중생한 자아가 범죄의 책임에서 벗어날 수 있다는 뜻이 아니다. 내가 원치 않는 일을 행하도록 유도하는 것은 "내 속에 거하는 죄"지만 원치 않는 그것을 행하게 된 책임은

"나"에게 있다. 왜냐하면 "내 속에 거하는 죄" 역시 나의 죄성이기 때문이다. 거듭난 자의 영혼에도 여전히 정결하지 못한 요소들이 남아 있음을 익히 알고 있었던 사도는 "육과 영의 온갖 더러운 것에서 자신을 깨끗하게 하자"고 권면하였다(고후 7:1).

1) 칼빈주의 신앙고백서도 거듭난 자의 영혼이 범죄한다고 말한다. 웨스트민스터 신앙고백서(The Westminster Confession of Faith) 제13장 2조 "성화론"(Sanctification)에서 말하기를, "신자의 성화는 전인격에 관계된 것이지만, 현세에서는 인격의 영혼을 포함한 인격의 모든 부분에 부패가 남아 있으며, 따라서 영과 육(부패한 성품) 간에 끊임없는 부조화의 전쟁이 일어난다." 라고 하였다. 다시 말해 인격의 각 요소들도 부분적으로만 성화된다는 것이다.

웨스트민스터 대요리문답(The Larger Catechism) 제78문에 대한 해답에도 이와 유사한 진술이 있는데, 곧 "신자의 성화가 불완전한 이유는 그 사람의 영혼을 포함한 각 부분에 남아 있는 죄악의 잔재들 때문이다. 그러므로 그들은 종종 시험에 빠지며, 많은 죄에 떨어지며, 영적 봉사에 지장을 받으며, 그들의 가장 선한 일들도 하나님 보시기에 불완전하고 부정하다."라고 하였다.

2) 칼빈주의를 대표하는 신학자들도 거듭난 영혼이 범죄한다고 주장한다. 루이스 벌코프(Lewis Berkhof)는 그의 『조직신학』에서 말하기를, "중생은 사람의 온 성품(영혼을 포함하여)의 완전한 변화도 아니지만, 어느 한 부분(영혼을 포함하여)의 완전한 변화도 아니다(그것이 비록 원리적으로는 그의 인격 전체에 영향을 주고 있지만)."라고 하였다(p. 468). 벤저민 워필드(Benjamin B. Warfield)는 『완전주의』라는 그의 저서에서[137] 중생을 샘물의 근원에 비유하

137) B. B. Warfield, *Perfectionism*, 580.

여 말하기를, "성경은 물의 근원이 이 세상에서 단번에 완전해질 것을 약속하지 않는다."라고 하였다.

3) 중생한 신자의 영혼이 범죄하지 않는다는 주장에 대한 근거는 성경 어디에도 없다. 다음 성구들에 근거하여 중생한 자의 영혼이 죄를 범하지 않는다고 주장하는 것은 잘못이다. 예컨대 요한1서 3:6의 "그 안에 거하는 자마다 범죄하지 아니하나니"라는 말씀이나 요한1서 3:9의 "하나님께로부터 난 자마다 죄를 짓지 아니하나니"라는 말씀, 그리고 요한1서 5:18의 "하나님께로부터 난 자는 다 범죄하지 아니하는 줄을 우리가 아노라" 같은 말씀들이다. 이 세 문구에서 "범죄하지 아니"한다는 말은 모두 현재 시상 동사로서 상습적인 범죄를 저지르지 않는다는 뜻이지 죄를 전혀 범하지 않는다는 뜻은 아니다.[138)]

18-21절. 이 구절들은 ① 죄의 근원지를 설명하는데, 죄악의 근원지는 사람의 육신이다. 여기서 "육신"이라고 번역된 헬라어 "사르크스"(σάρξ)는 생물학적 신체를 가리키는 것이 아니며, 사람의 영혼과 몸에 있는 부패성을 의미한다(5절의 해석을 참조하라). 육신에는 선이 하나도 없으며 오직 악이 점령하고 있다. 그것 때문에 인간은 해야 할 선은 행하지 못하고, 해서는 안 될 악을 행하게 된다. ② 자력 투쟁으로 죄에 대항하는 일은 반드시 실패할 수밖에 없다. 인간은 오직 그리스도 예수 안에 있는 생명의 성령의 능력으로 죄를 이긴다(8:2). 이 사실을 깨닫지 못한 사람은 그리스도를 전적으로 의지하지 않는다.

22-23절. 이 구절들은 앞의 21절 내용을 되풀이한다.

내 속 사람. 이것은 하나님의 성령으로 말미암아 중생한 새사람을 가리키는데, 중생한 사람의 영혼 전체를 가리킨다고 말할 필요는 없다(Calvin). 17

---

138) E. M. Blaiklock, B. F. Westcott, A. B. Brooke, A. Ross, R. Candlish, D. Smith, M. Henry, Luther.

절 해석을 참조하라.

내 지체 속에서 한 다른 법이 내 마음의 법과 싸워 내 지체 속에 있는 죄의 법으로 나를 사로잡는 것을 보는도다. 사람이 자유 의지로 참된 선을 행할 수 없다는 이 구절의 가르침을 마르틴 루터가 『노예 의지』라는 책에서 명쾌하게 밝히고 있다. 이렇게 인간은 어찌할 수 없는 죄인이기 때문에 오직 그리스도를 믿음으로써만 의를 얻는다. 루터는 말하기를, "자유 의지라는 개념은 실체 없는 공허한 술어에 지나지 않는다."라고 하였다. 다시 말해 인간이 자신에게 구원을 가져다주는 선을 택할 수 있는 진정한 자유를 가지지 못했다는 것이다. 왜냐하면 인간은 어디까지나 죄의 종이기 때문이다. 소위 자유 의지라는 것은 단지 그의 의지가 외부에서 찾아오는 어떤 세력에 의해 억압받지 않는다는 의미일 뿐이다. 그것은 부러진 날개를 가진 새가 날 수 있는 자유를 가지고 있으나 실제로는 날 수 없는 것과 마찬가지다. 인간은 하나님께 다가갈 수 있는 자유를 가지고 있으나 실제로 다가갈 여지나 능력은 없는 것이다.

우리는 일반 은총에 속하는 사회 윤리나 문화 건설의 영역에서 사람들이 어떤 종류의 선을 행한다는 것을 알고 있다. 그러나 일반 은총에 속하는 그들의 선행은 구원과는 무관하며 하나님을 향한 그들의 사랑을 의미하지도 않는다. 그것은 사실상 울리는 꽹과리와 같은 것이다. 우리가 그것을 가리켜 부패한 선이라고는 말할 수 있으나, 하나님을 아는 진정한 선이라고는 말할 수 없다. 스미스(Smith)는 일반 은총의 영역에 속한 선행에 대하여 다음과 같은 비유를 제시한다. "해적의 무리가 자기들끼리 서로에게 선을 행한다. 그러나 그들은 그렇게 서로 사랑하고 단합함으로써 더욱 악랄하게 국법을 어기고 반역할 뿐이다."

"지체"는 신체의 각 부분(눈, 귀, 손, 발)이나 영혼에 속하는 심리적 요소들을 가리킨다. 지체의 각 부분이 그 자체로 죄는 아니지만, 그 안에서 죄악의 힘이 역사하고 있다. 이것이 바로 본문에서 말하는 "다른 법"이다. "마음의 법"은 하나님의 법이 우리 마음을 통하여 역사하는 것을 가리킨다. 이 말은 우리 마음 자체가 선하다는 의미를 내포하지 않는다. "나를 사로잡아 온다"는 표현은 우리의 심령에서 두 세력, 다시 말해 죄악의 법과 하나님의 법이 충돌하여 영적 전쟁 중임을 가리키는 것이다. 우리는 우리 심령 속에서 이처럼 필연적인 영적 전쟁이 벌어지고 있음을 인식하고 어느 편에 가담해야 할지 스스로 결정해야 하는데, 물론 우리는 하나님 편에 가담해야 한다(17절 해석을 참조하라).

24-25절. 이 구절들은 앞선 말씀의 귀결이다. 다시 말해 바울은 자기 힘으로는 죄악을 이기지 못한다는 사실을 깨닫고 그리스도께로 돌아가 그를 신뢰하고 그 안에서 평안을 얻는다. 죄에 대한 깨달음으로 인한 그의 이 같은 비탄은 사실상 전 인류의 공통적인 처지를 개인적인 차원에서 표현한 것이다. 실제로 모든 사람은 이러한 비탄을 몸소 체험할 처지에 놓여 있다. 그러나 성령으로 거듭난 자만이 이처럼 죄로 인한 아픔을 느낄 수 있으며, 이 문제를 스스로 해결할 능력이 없음을 깨닫는다(G. Machen).

우리 주 예수 그리스도로 말미암아 하나님께 감사하리로다. 앞절에서 인생의 비탄과 애환을 표현한 바울 사도가 여기서는 구원의 은혜를 찬미한다. 바울은 자기 힘으로 구원을 얻을 수 없음을 깨닫고 이제는 그리스도를 의뢰한다. 여기서 "그리스도로 말미암아"라는 말은 의미심장하다. 이것은 단지 인간이 특정 사안에 대해 어떤 시점에 그리스도의 도움을 얻음으로써 구원을 완성한다는 의미가 아니라, 그의 전인격이 오직 그리스도의 대리적 속죄를 통해 구원받는다는 뜻이다.

그런즉 내 자신이. 여기서 "내 자신"(αὐτὸς ἐγώ)이라는 말은 상반절에 나오는 그리스도와 별개로 존재하는 나를 의미한다. "내 자신"은 하나님과 죄를 동시에 섬기기 때문에 궁극적인 승리를 거둘 수 없는 존재다.

평주

우리가 육신에 있을 때에는 율법으로 말미암는 죄의 정욕이 우리 지체 중에 역사하여 우리로 사망을 위하여 열매를 맺게 하였더니(5절). 바르트(K. Barth)는 이 구절을 다음과 같이 설명하였다. "비록 하나님의 율법과 진정한 신앙을 포함한 모든 종교가 인간의 정욕을 반대하지만, 종교 역시 죄의 광범위한 영향권 안에 포함되는 것을 피할 수 없다."[139] 말하자면 하나님의 율법도 시공간 세계의 존재에 불과하기 때문에 죄의 영향을 벗어나지 못한다는 의미다. 바르트의 이러한 견해는 본 장에 제시된 바울의 교훈을 벗어난 것이다. 바울은 말하기를, "율법은 거룩하고 계명도 거룩하고 의로우며 선하도다"라고 하였다(롬 7:12).

죄가 기회를 타서 계명으로 말미암아 내 속에서 온갖 탐심을 이루었나니(8절). 바르트는 이 구절에 관하여 창세기에 등장하는 인류의 시조에 관한 기사를 동원하여 다음과 같이 설명하였다. "하와는 최초의 종교인으로서 맨 처음 하나님을 경배했으니, 그것이 바로 하나님을 반역하는 일이 되었다. 바로 이 순간에 뱀이 틈을 타서 나타난 것이다. 뱀은 모든 설교의 원형을 말한 자니, 곧 하나님의 계명에 대한 최초의 해설자다."[140] 바르트의 이 같은 발언을 보면 그는 하나님으로 말미암아 거룩해지기를 힘쓰는 참된 종교도 원시 시대에 뱀이 내뱉은 발언(창 3:4-5)과 동일한 범주로 취급하는 것처럼 보인다. 그러나 하나님께서 주신 계명에 따른 참된 경건이(마 5:48; 벧전 1:16) 사탄의 거짓말과 동일한 취급을 받는 것이 어찌 합당하겠는가? 하나님의 말씀을 거꾸로 해석한 사탄의 종교는 거짓이기 때문에 정죄를 받아 마땅하지만, 하나님의 말씀을 올바로 해석한 참된 종교가 정죄받을 이유가 있겠는가? 바르트가 이 둘

---

139) K. Barth, *Römerbrief*, 128.

140) *Römerbrief*, 1923, 229-239.

을 동일시하는 근거는 참 종교의 성화 운동이 창세기에서 뱀이 "하나님과 같이 되리라"(창 3:5)고 권면한 내용과 비슷하다는 점일 것이다. 그러나 참 종교는 하나님의 말씀을 바로 해석한 경건이고, 마귀의 말은 하나님의 말씀을 거꾸로 해석한 계략이기 때문에 양자는 흑과 백처럼 서로 다르다. 그러므로 하나님의 계명을 기회 삼아 나타난 사탄의 거짓말은 정죄받아 마땅하지만, 하나님의 계명에 순종하는 참된 종교 생활을 모조리 죄악시하는 것은 잘못이다. 바르트는 끝까지 자신의 주장이 옳다고 여겼는데, 그가 내세우는 근거는 참 종교도 시공간 세계에 귀속된다는 점에서 영원에 속하는 하나님과 모순되고 대치한다는 것이다. 그러나 시공간적인 역사를 이런 관점에서 바라보는 것은 이원론적 우주관으로서 성경에 위배된다. 성경에 따르면 인간이 살아가는 시공간 세계를 통치하시는 분도 하나님이시기 때문에 그 세계를 성화시키기도 하시고, 또한 그 세계를 통하여 자기의 선하신 뜻을 사람에게 알려 주기도 하신다.

설교 성결을 사모하자(7-25절)

베드로 사도는 말하기를, "오직 너희를 부르신 거룩한 이처럼 너희도 모든 행실에 거룩한 자가 되라 기록되었으되 내가 거룩하니 너희도 거룩할지어다 하셨느니라"(벧전 1:15-16)라고 하였다. 우리는 믿음으로 살아야 한다는 것은 기억하면서도 거룩하게 살아야 한다는 것은 잊어버리는데, 그것은 모순이다. 믿음은 거룩한 생활의 뿌리라고 할 수 있는데, 뿌리를 찾는 자가 어떻게 열매를 지나칠 수 있겠는가? 오늘날 교회의 신자들은 거룩하게 살아가는 데는 관심이 없고 다만 외형적으로 신자라는 체면이나 유지하기 위해 여러 가지 잔꾀를 부린다. 이것은 참으로 통탄할 일이다. 바울 사도는 성결한 삶을 간절히 사모하는 심정으로 이 말씀(롬 7:7-25)을 기록했다.

1. 성결을 사모하는 자는 율법으로 말미암은 죽음을 체험한 자다

우리는 본문에서 몇 가지 난해한 표현을 발견하게 되는데, 바로 "계명이 이르매 죄는 살아나고 나는 죽었도다"라는 말씀과(9절) "생명에 이르게 할 그 계명이 내게 대하여 도리어 사망에 이르게 하는 것이 되었도다"라는 말씀이다(10절). 이것은 율법대로 행하려고 노력함에도 뜻대로 이루어지지 않는 인간의 악한 성품을 체험한 자의 고백이다. 인간의 부패한 성품은 선을 행하지 못할뿐더러 도리어 선을 방해한다. 바울은 이와 같은 체험에서 죽음과 같은 고통을 맛본 것이다. 죄에 대해 죽음과 같은 고통을 느낄 줄 아는 자가 진정한 성도다. 죽음과 같은 고통은 무엇을 의미하는가? 죄를 범하는 자신의 삶에서 죽음과 같은 불행을 느끼며, 죽음과 같은 손해를 느끼고, 죽음과 같이 어이없는 상황을 마주하는 것이다. 우리는 죄 범하기를 떡 먹듯이 하지 않는가? 범죄를 일종의 취미로 여기지는 않는가? 행동으로 범하는 죄만 죄가 아니라 마음속으로 범하는 죄도 명백한 죄다. 참으로 거듭난 사람들은 자신의 범죄를 가벼이 여기지 않고 깊은 고통과 자책을 느낀다. 히포의 성자 아우구스티누스(Augustine)는 죄를 통회하며 말하기를, "주여, 내 살을 베소서." 라고 하였다. 성 베르나르두스(Bernard)도 기도하기를, "주여 나에게 노하소서."라고 하였다.

2. 성결을 사모하는 자는 외형적인 성결보다 내면적인 성결을 사모한다

하나님은 우리의 행위보다 마음을 더욱 살피신다. 사도 바울은 내면적인 죄악을 염두에 두고 근심하여 말하기를, "내 속에 거하는 죄니라"라고 하였고(20절), "내 지체 속에서 한 다른 법이 내 마음의 법과 싸워 내 지체 속에 있는 죄의 법으로 나를 사로잡는 것을 보는도다"라고 하였다(23절). 이로 볼 때 그는 내면적인 성결을 신앙의 표준으로 삼은 것이 분명하다. 외면적으로만 성결하게 행하노라 하고 마음을 돌보지 않는 자는 바리새인이지 그리스도 신자는 아니다.

3. 성결을 사모하는 자는 그리스도를 소유하는 것만이 참된 성결이라고 생각한다

인간은 자신의 노력으로 성결해질 수 없다. 그는 오직 그리스도를 중심에 모시고 있어야만 성결을 소유할 수 있다. 그러므로 바울은 자기 힘으로는 아무리 힘써도 성결해질 수 없고 죄에서 벗어날 수도 없다는 사실을 통감하고서 "우리 주 예수 그리스도로 말미암아 하나님께 감사하리로다"라고 하였다(7:25). 우리가 그리스도를 믿는다고 말하면서도 그리스도를 소유하지 못했다면 그것은 진정한 믿음이 아니다. 믿음은 그리스도를 멀리서 바라보기만 하는 것이 아니다. 예수를 믿는다는 것은 내가 그리스도 안에 거하는 것을 뜻한다. 이것이 바로 그리스도를 소유한다는 말에 숨겨진 의미다. 그리스도를 소유한 자는 성결 또한 소유한 것이다. 고린도전서 1:30에 말하기를, "예수는 하나님으로부터 나와서 우리에게 지혜와 의로움과 거룩함과 구원함이 되셨으니"라고 하였다.

그런데 우리가 그리스도를 소유하기 위해서는 우리 편에서 해야 할 일이 있다. 우리는 우리가 가진 모든 것을 팔아야(버려야) 한다. 마태복음 13:44에 말하기를, "천국은 마치 밭에 감추인 보화와 같으니 사람이 이를 발견한 후 숨겨 두고 기뻐하며 돌아가서 자기의 소유를 다 팔아 그 밭을 사느니라"라고 하였다. 우리가 세상에 속한 것들을 버리지 않고서는 예수 그리스도를 소유하지 못한다. 우리는 불가입성(impenetrability)이라는 물리학 법칙을 잘 알고 있다. 요컨대 어떤 물체가 있는 자리에 다른 물체가 동시에 존재할 수 없다는 것이다. 마찬가지로 우리는 세상을 우리 마음속에 두고 이에 대해 애착을 갖는 동안에는 예수 그리스도를 소유하지 못한다. 우리는 먼저 그것을 버려야 한다. 다시 말해 세상을 내 것으로 여기지 말아야 한다는 것이다. 가진 것을 모두 판다는 말의 의미가 이런 것이다.

4. 성결을 사모하는 자는 자기에게 옳은 것이 없음을 안다

누구든지 마음속으로 "나는 의롭다. 나는 깨끗하다."라고 생각하는 사람은 자기가 성결하지 못한 자임을 스스로 증언하는 것이다. 그는 우선 하나님의 말씀, 예컨대 "의인은 없나니 하나도 없으며"라고 하신 말씀을 무시하는 죄를 범하고 있다. 바울도 말하기를, "내 속 곧 내 육신에 선한 것이 거하지 아니하는 줄을 아노니"라고 했다(7:18). 우리가 죄에 대해 아파하는 심령이 있어야만 성령의 위로와 사랑을 받는다. 아메리카 인디언에게 복음을 전했던 데이비드 브레이너드(David Brainerd) 선교사가 하루는 하나님께서 자기를 버리신 것처럼 느껴져서 숲속에 들어가서 기도하였는데, 그때 하나님의 평강이 그에게 넘치도록 임했다고 한다.

5. 성결을 사모하는 자는 자기 원수가 마음속에 자리 잡고 있음을 느낀다

그는 마음속에 자리 잡은 원수가 간교하고 잔혹하여 그가 하고자 하는 선하고 복된 일은 하나도 하지 못하도록 막는 자임을 안다. 그런 의미에서 바울은 "내 지체 속에서 한 다른 법이 내 마음의 법과 싸워 내 지체 속에 있는 죄의 법으로 나를 사로잡는 것을 보는도다"라고 고백하였다(7:23). 전투에 능한 군대는 원수의 정체를 정확하게 파악하고 있다. 손무의 병서인 『손자병법』에는 "적을 알고 나를 알면 백 번 싸워도 위태한 일을 당하지 않는다"(知彼知己百戰不殆)는 말이 있다. 이것은 세상 사람의 지혜로 기록한 병서의 한 구절이다. 하늘나라를 위한 영적 전투에서도 승리하는 자는 원수가 어떠한 존재인지를 잘 아는 자다. 우리 마음속에 있는 죄성은 아주 강력한 원수다. 그러므로 죄를 포용하는 것은 겨울잠에 빠진 독사를 품에 넣고 녹이는 것과 같은 어리석은 일이다. 잠언 16:32에 말하기를, "자기의 마음을 다스리는 자는 성을 빼앗는 자보다 나으니라" 하였으며, 예레미야 17:9에는 "만물보다 거짓되고 심히 부패한 것은 마음이라 누가 능히 이를 알리요"라고 하였다. 바울은 자기 몸을 쳐서 복종케 한다고 하였다(고전 9:27).

제 8 장

내용분해

1. 성령으로 말미암는 구원 제도(1-11절)
2. 성령을 따르는 하나님 자녀들의 생활(12-17절)
3. 하나님 자녀들의 소망(18-30절)
4. 구원의 확실성(31-39절)

개요

루터교 신학자이자 독일 경건주의의 창시자인 필립 슈페너(Philipp Spener)는 말하기를, "성경을 반지에 비유한다면, 로마서는 보석에 해당하고 그중에서도 8장은 가장 광채 나는 부분이다."라고 하였다.

본 장은 그리스도 안에 있는 자에게는 정죄함이 없다는 말로 시작하여 우리는 영원히 그리스도와 분리되지 않는다는 말로 끝맺음으로써 구원의 영원성을 길게 논한다. 구원은 그리스도의 속죄와 그에 뒤따르는 성령의 다시 살리는 역사로 이루어진다. 이러한 구원은 하나님의 자기희생으로 이루어진 것이기 때문에, 하나님이 영원하신 것처럼 구원도 영원하다(2-17절). 그러므로 이 구원은 고난으로 인해 요동하지 않으며, 고난 중에 오히려 완성되어 간다. 18-26절에서 말씀하는 것처럼 피조물이 "허무한 데 굴복"하고(20절), "썩어짐의 종노릇"하며(21절), "탄식"하고(22절), 우리 역시 "속으로 탄식"한다는 것은(23절) 모두 우리가 받는 현세의 고난을 가리킨다. 우리는 고난과 역경을 만날 때 너무나 안이하게 하나님의 기적을 희망하는데, 그것은 그릇된 생각이다. 바울 사도도 기적을 그렇게 구하지 않았고 베드로도 마찬가지였다. 그들을 통하여 많은 이적이 나타나기는 했으나 그들이 어려운 일을 만날 때마다 기적을 구한 것은 아니었다. 그들은 환난이 찾아올 때 그 환난을 견뎌냈고 고통을 감수했다. 그들은 가장 많은 환난과 어려움을 당했다. 우리는 기적을 통해 고난을 벗어나기를 구하기보다 차라리 고난을 지혜롭게 이겨낼 힘을 구해야 한다. 인내와 순종은 기적과 함께 살아가는 것보다 훨씬 나은 것이다. 그리하여 17절에서도 말씀하기를, "자녀이면 또한 상속자 곧 하나님의 상속자요 그리스도와 함께 한 상속자니 우리가 그와 함께 영광을 받기 위하여 고난도 함께 받아야 할 것이니라"라고 하였다. 우리가 세상에서 역경을 만날 때 거기서 벗어나게 해줄 이적이라는 다리가 많이 놓여 있는 것이 아니다. 8장에서도 그런 취지의 말씀을 많이 찾아볼 수 있다. 예컨대 만물의 탄식이 인생을 둘러싸고 있으며, 그와 더불어 인생도 탄식하고, 위에서는 성령님도 탄식하신다는 것이다(22, 23, 26절). 만물의 탄식은 인생의 죄로 말미암은 저주의 자취인데 그것이 인생에게도 많은 괴로움을 가져다준다. 인생은 고통의 한가운데 자리하고 있다. 그러나 모든 고난은 신자에게 해를 끼치지 못하고 도리어 합력하여 유익을 선사한다. 그럴 수밖에 없는 이유는 그들이 구원받기로 예정된 자들이기 때문이다(28-30절). 어떤 고난도 신자들을 그리스도에게서 끊어낼 수 없다. 신자와 그리스도의 관계는 하나님의 예정에 근거한 것이기 때문에 영원하다(29-39절).

⚜ 해석

1 **그러므로.** 이것은 앞의 말씀에 대해 내리는 결론이다. 곧 인간이 자기 힘으로는 도저히 죄를 이길 수 없으니(7:24) 구원은 그리스도 안에서만 성립된다.

그리스도 예수 안에 있는 자에게는. "그리스도 예수 안에 있는 자"라는 개념은 바울의 신학에서 자주 나오는데, 그 근원은 예수님의 말씀이었다(요 15:1-7; 17:21; 14:20). 우리는 예수 그리스도를 믿음으로 그와 연합하여 일체를 이룬다. 결과적으로 그의 죽으심이 우리의 죗값인 죽음을 대신하고, 그의 부활은 우리의 부활을 성립시킨다.

정죄함이 없나니. "정죄"라고 번역된 헬라어 "카타크리마"(κατάκριμα)는 법정 용어로서 유죄 판결을 의미한다. 인간에 대한 하나님의 정죄는 그에게 사망을 의미한다(7:24). 오직 그리스도 예수와 연합한 신자들만 이 사망을 면하게 된다.

2 **이는.** 헬라어 이유 접속사 "가르"(γάρ)인데, 앞절의 "정죄함이 없느니라"라는 말씀에 대한 이유를 제시한다.

그리스도 예수 안에 있는 생명의 성령의 법이 죄와 사망의 법에서 너를 해방하였음이라. 이 문구는 그리스도가 부활, 승천하신 후 우리에게 찾아오신 또 다른 보혜사 성령님의 구속력("법")을 가리킨다. 말하자면 그리스도 예수께서 우리의 죄를 대속하심으로 말미암아 이제는 성령님이 급하고 빠른 바람처럼(행 2:2) 하나님의 백성에게 오셔서 그들에게 영생을 주시는 사역을 계속하고 계신다(요 16:7, 14; 14:16). 이 축복을 받은 자는 이제부터 하나님의 자녀이며 죄와 사망의 법에서 놓임을 받아 하나님의 아들이신 그리스도와 함께 영원히 하늘 아버지의 집에 거할 자가 된 것이다(요 8:34-36). 그러므로 이런 은혜를 받은 자들은 정죄에서 놓인 자들이기 때문에 이전에 그들을 옭아매었던 우울, 공포, 번민을 떨쳐버리고 항상 감사하며 살아야 한다.

3-4 율법이 육신으로 말미암아 연약하여 할 수 없는 그것. 헬라어 원문에서는 "가르"(γάρ)라는 이유 접속사의 존재가 이 구절이 앞절에 대한 설명임을 밝힌다. 앞절에서는 우리가 성령의 능력으로 말미암아 정죄에서 해방되었다고 하였는데, 어떻게 그런 일이 필요하게 되었는가? 그것은 인간이 율법으로는 정죄를 면할 수 없기 때문이다. 부패한 인간성("육신")은 율법을 실행하지 못한다. 의의 원수는"육신"이다(7-8절).

죄로 말미암아. 이 표현이 "속죄제물이 되기 위하여"라는 의미를 가진다고 주장하는 학자들이 있다. 그러나 "죄를 다루기 위하여"라는 뜻으로 해석하는 것이 옳다.

자기 아들을 죄 있는 육신의 모양으로 보내어. 이 말씀은 하나님의 사랑이 얼마나 큰지를 표시한다. "자기 아들"이라는 어구에서 "자기"(ἑαυτοῦ)는 어순상 강조 구문을 만들고 있는데, 하나님께서 세상 사람을 위하여 다른 무엇이 아니라 바로 자신의 사랑하는 아들을 희생하셨다는 것이다. 한편 "죄 있는 육신의 모양"이라는 말은 예수님께 죄가 있다는 뜻이 아니다. 이것은 다만 예수님께서 취하신 인성이 타락 이전 아담의 영광스러운 인성이 아니고 타락 이후 아담이 가지고 있던 것과 같은 인성이라는 뜻이다(Greijdanus). 땅 위에 오셨던 예수님은 우리 죄를 담당하시기 위하여 이렇게까지 미천해지셨다. 우리가 기억할 것은 예수님께서 이렇게 미천한 인성을 취하셨지만 죄는 없으시다는 사실이다(고후 5:21).

그리스도께서 신성과 인성을 겸비하셨다는 교리는 성경의 교훈이며 교회가 굳게 지켜온 교리다. 이레나이우스(Irenaeus)는 그리스도께서 참사람인 동시에 참하나님(Vere homo vere deus)이시라고 주장했고, 테르툴리아누스(Tertullian)와 아우구스티누스(Augustine)도 그렇게 가르쳤으며, 개혁교회는 그리스도의 양성 교리를 기독교의 중심 진리 중 하나로 전수했다. 그런데 이 두 가지 품성의 결합은 어떤 방식으로 이루어지는 것인가? 그것은 바로 품성이 둘이지만 위격은 하나인 방법이다. 말하자면 하나님의 아들이 인성을 가지시면서도 계속해서 하나님의 위격이시라는 것이다. 만일 그리스도께서 위격에 있어서 인간이었다면 신성과 인성이 결합했다 하더라도 그는 하나님과의 교통만 가능한 정도였을 것이며, 인류의 대표로서의 중보자 자격을 가질 수는 없었을 것이다(Bavinck). 아돌프 하르나크(A. v. Harnack)는 "기독교의 본질"(1899-1900, 베를린대학교)이라는 강의에서 신성과 인성 간의 결합은 그리스도에게 있어서 하나님과 사람 간의 대등한 교제를 의미하는 정도의 것이라고 설명했는데, 그것은 성경의 교훈과 부합하지 않는다. 예수님은 위격에 있어서 하나님이시기 때문에 인간 이상의 역할과 공로를 세우셨다.

육신에 죄를 정하사. 이것은 예수님께서 십자가 위에서 그의 신성으로 받으신 고난을 가리켜 말하는 것이다. 그가 십자가에서 못 박혀 죽임을 당하신 것은 우리를 대신하여 정죄받으신 것이다. 구약 시대에 예언적 표상으로서 양을 속죄제물로 삼았던 것이 이제는 인류의 대표 자격을 가지신 그리스도의 육신으로 대체되었는데, 이것은 실물로 표상을 성취한 것이라 할 수 있다. 그리스도라는 속죄제물이야말로 완전무결하여 영원토록 효력을 갖는 것이다. 인류를 죄 가운데서 구속하는 일은 여호와 자신이신 하나님의 아들이 아니고서는 감당할 수 없는 일이다. 사람은 모두 똑같이 죄인이니 어떻게 남을 구원할 수 있겠는가? 하나님의 아들이 육신을 입으시고 고난받으신 사실만이 모든 사람의 죗값을 대신 치르고도 남는 공로가 된다. 하나님의 아들이 인성을 취하지 않으셨다면 그는 ① 율법 아래 계실 수 없고, ② 우리를 동정하실 수도 없으며, ③ 우리와 연합하실 수 없다.

육신을 따르지 않고 그 영을 따라 행하는 우리. 이것은 그리스도 신자들의 특성을 가리키는데, 한마디로 그들은 성령으로 말미암아 중생하고 성령의 지배를 받아 성화를 이루어가는 자들이다.

율법의 요구가 이루어지게 하려 하심. 한마디로 그리스도께서 믿는 죄인들을 대신하여 자기 육신에 정죄를 받으셨기 때문에(3절) 그 결과 죄인들이 객관적인 공로 없이 칭의를 얻는다.

5-8절. 이 구절들에서는 육신을 따르는 자와 영(성령)을 따르는 자를 대조하며, 이를 통해 영을 따르는 자의 특성을 밝혀 준다.

5 **육신.** 7:5 해석을 참조하라.

생각하나니. 이 말은 헬라어로 "프로네오"(φρονέω)인데, 지적으로만 아니라 감정과 의지를 동원하여 사모하고 추구하는 것을 의미한다(Greijdanus).

6 **사망⋯ 생명과 평안.** 육신의 생각은 한마디로 죄악인데, 그것은 사람이 하나님을 떠나게 만들며, 하나님을 떠나는 것이 곧 사망이다. 한편 영(성령)에 속한 생각은 하나님을 찾아 모시는데, 그것은 진정한 생명과 평안을 가져다 준다. 이 세상은 사망이 지배하는 세상이지만, 성령의 지배 아래 있는 참신자는 영생을 공급받는다. 우리는 심해에서 작업하는 기술자들이 기계 장치로 산소를 공급받아 물속에서 오랜 시간 일하는 것을 보게 된다. 바다나 강에 다리를 놓을 때 공사하는 작업자들이 그렇게 한다. 이와 마찬가지로 사망의 골짜기인 세상에서도 우리가 성령의 은혜의 줄만 계속 붙잡고 있으면 영생의 삶을 누릴 수 있고 하나님의 일을 능히 감당할 수 있다.

7 **육신의 생각은 하나님과 원수가 되나니.** 이것은 사람이 마땅히 섬겨야 할 하나님은 섬기지 않고 자기 자신만을 위하는 것을 가리킨다. 하나님의 영광을 도둑질하는 일은 하나님의 원수가 하는 짓이다. 그들이 그처럼 하나님께 적대적인 태도를 보이는 이유는 그들이 전적으로 부패하여 악의 근성에 지배

당하고 있기 때문이다. 성령으로 중생한 사람에게도 이와 같은 부패의 잔재가 남아 있으나 그것에 지배당하지는 않는다. 그러므로 신자도 자신에 대하여 방심해서는 안 된다. 신자가 방심하면 지극히 선하신 하나님을 대적하고자 하는 유혹을 받을 우려가 있다.

8 육신에 있는 자들은 하나님을 기쁘시게 할 수 없느니라. 육신에 있다는 말은 몸 안에 있다는 뜻이 아니고, 부패한 인간성이나 거듭나지 못한 자연적 인간성의 지배를 받는다는 뜻이다.

9-11절. 앞 단락(5-8절)에서 "영을 따르는" 자들의 신분이 어떠한지 밝혀졌다. 바울은 이제부터 로마의 신자들이 원리상으로 그런 신분의 소유자라는 사실을 알려 주면서 그들이 누릴 행복이 어떠한 것인지 설명한다.

9 만일 너희 속에 하나님의 영이 거하시면 너희가 육신에 있지 아니하고 영에 있나니 누구든지 그리스도의 영이 없으면 그리스도의 사람이 아니라. 여기서 이른바 "하나님의 영"이라는 말은 성령을 가리키는데, 그것은 다음에 나오는 "그리스도의 영"이라는 말과 같다. "너희 속"이라는 표현은 교회라는 단체의 속을 가리킬 뿐 아니라 신자 개개인의 속을 가리키기도 한다(Greijdanus). 여기서 우리는 "누구든지"라는 말을 통해 이 문구가 신자 개개인과도 관련된다는 사실을 알 수 있다. "그리스도의 사람"이라는 말은 그리스도께 속한 신자를 의미한다.

10 몸은 죄로 말미암아 죽은 것이나 영은 의로 말미암아 살아 있는 것이니라. 이 말씀에 대해 세 가지 대표적인 해석이 있다. ① "몸"(σῶμα)은 생물학적 신체를 의미하지 않고 부패의 총체를 의미하는데, 그것은 죄로 말미암아 죽은 상태다. 그러나 "영"(거듭나게 하는 성령)은 부패한 사람 안에서 생명의 역사를 진행하신다(Calvin). ② "몸"은 사망의 "몸"(7:24)을 가리키는데, 단지 생물학적인 신체뿐 아니라 죄악의 지배를 받는 모든 인간적 요소를 통칭한다. 그것은 죽을 수밖에 없는 것이다. "영"은 신자의 심령을 의미하며, 그것은 의로 인해

생명을 얻는다. 여기서 "의"는 그리스도의 칭의의 의와 성화 운동을 말한다(Greijdanus). ③ 신자의 "몸"은 죄로 인하여 골고다 언덕에서 그리스도와 함께 죽었고, "영"(하나님의 성령)은 살려주는 생명력으로 지금 신자 안에서 역사한다. 여기서 "의"는 그리스도께서 주시는 하나님의 의다(Ridderbos).

11 **너희 안에 거하시는 그의 영으로 말미암아 너희 죽을 몸도 살리시리라.** 신자들을 부활시키실 이는 성령이시니, 그는 ① 예수를 죽음에서 부활시키신 영이시고, ② 우리 속에 거하시는 영이시다(고전 6:14; 고후 4:10; 빌 3:21). 그러므로 우리 속에서 역사하시는 성령은 장차 있을 우리의 부활을 보증하는 인(印)이다(엡 1:13; 고후 1:22).

12-14절. 이 구절들은 신자가 마땅히 성령의 인도를 따라 행할 책임 의식을 가져야 한다고 말한다. 이런 책임감으로 사는 자가 하나님의 아들이다.

12 **우리가 빚진 자로되.** 이것은 신자에게 선을 행할 책임이 있다는 말이다. 그 책임감의 원천은 9-11절에서 말한 바와 같이 하나님께서 우리에게 주신 성령이다.

13 **영으로써 몸의 행실을 죽이면 살리니.** 여기서 "영"은 성령을 의미한다. "몸의 행실"은 단지 신체의 생리적 활동만을 가리키는 것이 아니라 죄악에 지배된 모든 구체적 활동을 말한다. "행실"이라는 말은 헬라어로 "프락세이스"(πράξεις)인데, 여기서는 악한 행실을 가리킨다. "성령의 사람"은 악행에서 멀어질수록 하나님과 더욱 가까워지는데, 그것이 진정한 삶이다.

14 **하나님의 영으로 인도함을 받는 사람은 곧 하나님의 아들이라.** 여기서 "인도"한다는 말은 강제로 이끄는 것을 뜻하지 않으며, 다만 마음을 변화시키고 감화하여 스스로 악행을 버리고 예수 그리스도께로 나아오게 만드는 것을 뜻한다(요 6:45). 신자가 성령의 인도하심에 순응하는 일에 관하여 루터(Luther)는 다음과 같이 말하였다. "그것은 기쁜 마음으로 옛사람을 버리는 것이다. 그

것은 하나님께 합당하지 않은 것은 무엇이든지, 심지어 자기 자신까지도 유쾌하게 거부하는 것이다. 그것은 죽음, 혹은 죽음에 속한 것들 앞에서 놀라지 않는 것이다. 그와 동시에 그것은 땅에 속한 기쁨이나 보배를 가볍게 여기는 것이다. 그것은 보배를 자발적으로 내어버리며 환란을 환영하고 포용하는 것이다. 그것은 인간의 본성으로 할 수 있는 일이 아니고 신자의 마음속에 계신 성령의 역사로 이루어지는 일이다."라고 하였다.[141)]

15절. 이 구절은 앞에 나오는 "하나님의 아들"이라는 호칭에 대해 해설한다.

무서워하는 종의 영을 받지 아니하고. 이것은 예수님이 요한복음에서 "죄를 범하는 자마다 죄의 종이라 종은 영원히 집에 거하지 못하되 아들은 영원히 거하나니 그러므로 아들이 너희를 자유롭게 하면 너희가 참으로 자유로우리라"(요 8:34-36)라고 하신 말씀을 염두에 둔 것이다. "무서워하는 종의 영"이라는 표현은 죄의 종이 된 자가 율법으로 인하여 하나님 앞에서 두려워하는 것을 가리킨다. 죄 있는 자가 이렇게 율법에 속박당해 종과 같이 된다는 사실은 갈라디아서 4:7, 24, 5:1도 밝히 증거한다. 그런데 예수 그리스도의 복음은 우리를 이런 속박에서 풀어주고 다시 속박하지 않는다. 그런데도 우리는 의식적으로나 무의식적으로 복음을 제2의 율법, 혹은 개정된 율법으로 대하는 과오를 종종 범한다.

양자의 영을 받았으므로 우리가 아빠 아버지라고 부르짖느니라. "양자"라는 말은 헬라어로 "휘오테시아"(υἱοθεσία)인데, "아들로 둔다"는 의미를 가지고 있다. 어떤 학자들은 본문의 "양자" 개념이 그리스-로마의 법률 제도나 그리스 신비종교 의식에서 유래했다고 주장한다.[142)] 그러나 이런 견해는 옳지 않다. 양자

---

141) *Vorlesung über den Römerbrief*, 270. "Das ist nicht das Werk der Natur, sondern des Geistes Gottes in uns."

142) J. L. de Villiers, *Die betekenis van uiocesian die briewe van Paulus*, 48; W. Bousset, Die Schriften des N. T., 1917, 57.

개념은 하나님께서 이스라엘을 아들로 받아들이신다는 구약 사상에서 유래했다(9:4). 신자가 하나님의 양자가 되었다는 말은 몇 가지 의미를 담고 있다. ① 그리스도께서 우리 죄를 사해주심으로써 우리는 법적으로 하나님의 아들로 대우받게 되었다. ② 게다가 우리는 하나님의 자녀로서 하나님과 내적 인연도 가지게 되었다. 말하자면 성령께서 우리의 영혼을 중생시키셔서 새롭게 하신다는 것이다. 이것은 하나님께서 말씀이 가진 새롭게 하는 힘으로 우리 영혼을 새롭게 하심을 가리킨다(벧전 1:23-25). 물론 이와 같은 내적 인연은 양자 간의 법적 관계, 다시 말해 그리스도의 보혈로 말미암은 속죄의 사실 위에 성립된다. 그리스도께서 우리를 대신하여 죽으시지 않았다면 성령님이 우리에게 오시지 않았을 것이다. "아빠"(ἀββά)라는 말은 아람어로 "아버지"라는 뜻이고, "아버지"라는 말은 헬라어 "파테르"(πατήρ)의 번역어다. 이렇게 두 가지 언어로 단어의 뜻을 거듭 설명하는 목적은 "아버지"라는 부름에 내포된 힘과 열정을 나타내려는 것이다.[143]

"부르짖느니라"라는 말은 헬라어로 "크라조"(κράζω)인데, 큰 소리로 부르짖는 것을 뜻하는 동사다. 이런 부르짖음은 신뢰를 바탕으로 한 것이어서 ① 부르짖는 자는 부끄러움이나 두려움을 조금도 느끼지 않으며 ② 하나님의 무한하신 사랑을 확실히 느낀다.

16 성령이 친히 우리의 영과 더불어 우리가 하나님의 자녀인 것을 증언하시나니. 아브라함 카이퍼(Abraham Kuyper)는 사람이 중생한 사실에 대하여 얼마간은 다른 사람들이나 심지어 본인 자신도 모르는 경우가 있다고 말한다. 그러나 일반적으로는 우리가 거듭난 하나님의 자녀라는 사실이 밝히 드러난다. 이를 증거하는 것은 하나님을 "아버지"라고 부르는 신앙심이다. 이와 같은 해석은 15절 말씀을 통해 뒷받침된다. 15절 끝에서 신자가 하나님께 "아빠 아버지"

143) Greijdanus, *Römeinen* 1-8, 370. "De verhaling geeft grooter intensiteit en innigheid."

라고 부르짖는다는 사실을 말한 뒤에, 16절에서는 그러한 사실에 대한 이유를 제시한다. 말하자면 그러한 사실은 하나님의 자녀가 되는 자격에 대한 성령의 증거라는 것이다. 칼빈(Calvin)은 이러한 해석에 동조하여 말하기를, "성령이 우리를 하나님의 자녀라고 증거해 주심으로써 우리에게는 하나님을 아버지라고 부르짖는 신앙의 담력이 생긴다."라고 하였다.[144)]

그뿐 아니라 루터(Luther) 역시 우리의 신앙심이야말로 우리가 하나님의 자녀인 증거라는 취지에서 다음과 같이 말한다. "우리는 믿는 대로 무엇이나 소유한다. 자기가 하나님의 아들이라고 확실히 믿는 자는 하나님의 아들이다. 누구든지 성령으로 말미암지 않고는 자기가 하나님의 아들이라고 믿을 수 없다."[145)]

17 자녀이면… 상속자. 현세에서 누구를 하나님의 자녀라 부르는 것은 그가 장래에 받을 영광이 어떠한지를 암시한다. 그 영광은 장래에 하나님의 자녀로서 받을 기업이다. 여기서 "상속자"라는 말은 기업(유산)을 물려받을 자라는 뜻이다.

하나님의 상속자요 그리스도와 함께 한 상속자. "하나님의 상속자"라 함은 그가 받을 기업이 극히 영광스러운 것임을 지적하고, "그리스도와 함께 한 상속자"라 함은 그의 기업이 지극히 안전한 것임을 알려 준다(벧전 1:4). 이 기업은 그리스도께서 우리를 위하여 벌써 받으신 것이니, 그리스도와 연합한 신자들은 두말할 것도 없이 그것을 받을 자격이 있다.

우리가 그와 함께 영광을 받기 위하여 고난도 함께 받아야 할 것이니라. 이 구절은 우리가 현세에서 고난을 받은 대가로 장래에 영광을 받는다는 것이 아니고, 그리스도와 우리가 일체이므로 동고동락하게 된다는 것을 가리킨다.

---

144) Calvin, *Commentary upon the Epistle to the Romans*, 313.

145) *Vorlesung über den Römerbrief*, 274. "Denn wer in festem Glauben und Hoffen vertraut, dass er ein Kind Gottes ist,der ist ein Kind Gottes, was ohne den Geist niemand vermag."

버틀러(Butler)는 "세상에서 우리의 삶이 침울할수록 영생은 더욱 생기발랄하다"고 하였다. 그렇다. 우리가 이 세상에서 고통을 많이 당할수록 성령의 위로와 감화의 역사는 더욱 강력하다. 그런데 여기서 "그와 함께 영광을 받는다" 함은 부활의 영광을 가리키는 한편 죽음 이후의 천국 생활도 가리킨다. 사도는 자기가 별세하여 그리스도와 함께 거하는 것을 영광으로 여겼던 것이다(고후 5:8).

18 생각하건대. 여기 사용된 헬라어 "로기조마이"(λογίζομαι)는 상상이 아니라 구체적인 확신을 가리킨다. 다시 말해 바울 사도는 세상의 고난보다 내세의 영광이 말할 수 없이 큰 것임을 굳게 믿고 있었다는 것이다. 칼빈은 임종 시에 이 말씀을 거듭 외우다가 운명하였다고 한다.

19-22절. 이 구절들은 "왜냐하면"을 뜻하는 이유 접속사 "가르"(γάρ)로 시작하여 "장차 나타날 영광"(18절)이 지극히 큰 것임을 증명한다. 영광이 지극히 큰 이유는 인간을 포함하여 모든 피조물이 여기에 참여하기 때문이다. 그것은 전 우주적 영화(榮華)의 극치다.

19 피조물이 고대하는 바는 하나님의 아들들이 나타나는 것이니. "피조물"이라고 번역된 헬라어 "크티시스"(κτίσις)는 여기서 구체적으로 무엇을 의미하는가? 이것이 천사까지 포함하는 모든 창조세계를 가리킨다는 학설이 있다. 하지만 여기서는 "피조물"이 천사와 인간을 제외한 세계 만물을 가리키는 듯하다(Hodge). "고대한다"라는 말은 헬라어로 "아포카라도키아"(ἀποκαραδοκία)인데, "머리를 쳐들고 기다림"을 뜻한다. 루터(Luther)는 여기서 바울의 사고방식이 일반 철학자들과 다르다는 점을 지적하였다. 다시 말해 철학자들은 만물의 근원적인 실체(Wesen)를 탐구하는 데 반해, 바울은 현재 상태로는

헛된 것일 뿐인 만물이 장차 지니게 될 모습을 간파했다는 것이다.[146] 바울은 이렇게 만물의 현재 모습 속에서 그들이 지향하는 목표를 내다보았다.

20 피조물이 허무한 데 굴복하는 것은 자기 뜻이 아니요. 우주 만물이 쇠락하고 부패함으로써 허무해진 것은 그들이 원해서 그렇게 된 것이 아니라 인간의 죄악으로 말미암은 하나님의 저주 때문이다. 따라서 인간의 구원이 완성될 때 만물도 영광에 이른다.

21 그 바라는 것은 피조물도 썩어짐의 종 노릇 한 데서 해방되어 하나님의 자녀들의 영광의 자유에 이르는 것이니라. "피조물"에 대해서는 19절 해석을 참조하라. 이 구절은 피조물이 가지는 소망의 근거를 보여 준다. 피조물의 소망은 한마디로 인간의 소망이 실현되는 데 달려 있다. 에덴동산에서 인간이 범죄의 결과로 저주받을 때 그것들도 함께 저주받았고(창 3:17-18), 이제 하나님의 자녀들이 종말에 영광을 얻을 때 그것들도 새로워진다(계 21:5). 그러므로 그것들도 무언중에 그때를 기다린다. 피조물이 기다린다는 말은 의인화한 표현이다. "이르는 것"이라는 말은 동참한다는 의미다.

22 피조물이 다 이제까지 함께 탄식하며 함께 고통을 겪고 있는 것을 우리가 아느니라. "함께"라는 말은 "만물이 다 함께"라는 뜻을 지니고 있다. 이 말은 그것들이 무의식중에라도 종말론적 소망을 사모하여 탄식함을 의미한다(고후 5:2, 4). 피조물들이 이 세상에서 당하는 모든 고통 때문에 나타나는 비참한 현상은 일종의 탄식이다. 칼빈(Calvin)은 이 구절에 대하여 주석하기를, "피조물들도 유구한 세월 동안 계속하여 고통당하는데, 우리는 짧은 일생 동안에도 환난 때문에 겁을 내고 마음이 약해진다면 어떻게 용서를 받을 수 있겠는가?"라고 하였다.[147]

---

146) *Vorlesung über den Römerbiref*, 276-277.

147) *Commentary upon the Epistle to the Romans*, 219.

23 성령의 처음 익은 열매를 받은 우리. "처음 익은 열매"는 우리가 현세에서 받은 성령을 가리키는 말이다. 성령은 어떤 의미에서 우리에게 "처음 익은 열매"와 같은가? 우리가 성령을 모시고 살아가는 삶은 천국을 완전히 누리기 전에 이 땅에서 천국을 미리 맛보는 것이라고 할 수 있다.

우리 몸의 속량. 이것은 앞에서 언급했던 대로 하나님의 자녀가 받을 부활의 영광이다. 이것이 이루어지는 내세의 영광은 질적인 면에서 허무함에 대비되는 것이다. 그것은 전도서 저자가 말한 이 세상의 무상성이나 변화무쌍함과는 정반대된다. 이처럼 우주는 그 허무함과 변화무쌍함, 그리고 부패에 대한 치료제로서 하나님 자녀의 영광을 고대하고 있는데, 그에 대한 치료제는 허무함이나 부패성을 가진 것일 수가 없다. 이 치료는 우주 내에서 이루어지는 개량이 아니라 우주 밖에서 오는 완전한 갱신이다.

24-25 우리가 소망으로 구원을 얻었으매. 이 구절은 "가르"(γάρ)라는 이유 접속사로 시작하면서 23절의 "기다리느니라"라는 말을 설명해 준다. 우리가 현세에서도 하나님의 양자인 것은 사실이지만, 양자로서 받을 기업은 미래의 것이며 아직까지 받지 못한 상태다. 그것은 소망의 대상이며, 따라서 우리에게 필요한 것은 기다리는 인내심이다.

26 이와 같이. 내세의 영광에 대하여는 피조물과 하나님의 자녀 된 자들이 탄원할 뿐 아니라, 성령님도 우리가 그것을 얻도록 우리를 위해 대신 기도하신다.

연약함. 이것은 영적 무지로 인하여 구해야 할 바를 모르는 것을 뜻한다. 우리 신자들은 기도할 줄 모른다. 우리의 도덕만 부패한 것이 아니라 기도도 마찬가지다. 우리는 기도할 때 선을 행하기보다는 때로는 하나님이 미워하시는 일을 많이 한다. 그러므로 우리를 위한 성령님의 대리적인 기도가 절대적으로 필요하다.

말할 수 없는 탄식. 이것은 인간의 말로 표현할 수 없는 탄식을 뜻한다. 성령님께서 이렇게 깊이 탄식하시며 기도하시는 것을 보면 우리의 부패가 얼마나 큰 것인지 짐작할 수 있다(사 1:6).

친히 간구하시느니라. 성령님께서 우리를 감동시켜 기도하게 만들기도 하시지만, 친히 기도하시는 경우도 있다. 하늘에서는 그리스도께서 우리를 위하여 대신 기도하시고(히 7:25), 땅에서는 우리의 심령 안에서 성령님이 대신 기도하신다. 그리스도는 하나님 앞에 나아가셔서 십자가의 공로를 의지하여 기도하시며, 성령님께서는 구원을 베푸시는 현장에서 말로 표현할 수 없는 탄식으로 기도하신다. 그런데 이때 성령님이 구하시는 일은 하나님의 뜻에 합한 것이라고 하였기 때문에(롬 8:27), 우리는 연약한 자들의 구원이 영원히 성취될 것을 확신할 수 있다(참조. 요일 2:1-2; 롬 8:34).

27 마음을 살피시는 이가 성령의 생각을 아시나니 이는 성령이 하나님의 뜻대로 성도를 위하여 간구하심이니라. 여기서 "마음"은 신자들의 마음을 가리킨다. 성령님은 신자들의 마음에 머물러 계시면서 그들의 구속을 위하여 기도하신다(5:5; 갈 4:6). 성령께서는 하나님의 뜻대로 기도하시기 때문에 신자들의 구속을 위한 그의 기도는 틀림없이 성취될 것이다. 이것은 장래에 있을 신자들의 구속이 확실함을 보여주는 근거 중 하나다. 바울은 앞서 로마서 8:17에서도 신자들이 받을 구속의 확실성에 대하여 논리적으로 확증한 바 있다.

28 하나님을 사랑하는 자. 이 "사랑"은 그 자질이 어떠한지에 따라 평가되어야 한다. 다시 말해 그 사랑은 순결한 것이어야 한다. 토마스 아 켐피스(Thomas a Kempis)는 말하기를, "우리가 하나님을 가장 참되이 사랑하려면 깨끗하게 사랑해야 한다. 우리는 하나님을 사랑한다고 할 때 하나님을 즐거워하는 마음을 가져야 하며, 세상에 속한 유익을 위해서는 안 되고, 심지어 마음에 위안을 얻으려는 의도를 가져서도 안 되고, 영원한 보상을 염두에 두어서도 안 되며, 다만 그의 무한하신 선과 존귀를 위해 사랑해야 한다."라고 하였다. 하나님의 택하심을 입은 자, 곧 그의 뜻대로 부르심을 입은 하나님의

양들만이 하나님을 이렇게 사랑할 수 있다. 그들이 하나님을 사랑하는 방법은 그를 신뢰하고 순종하는 것이다(요 14:23).

모든 것이 합력하여 선을 이루느니라. 어떤 사본들(A B)에는 이 문구에 "하나님께서"(ὁ θεος)라는 주어가 포함되어 있다. 주어를 포함해서 번역하면, "하나님께서 모든 것을 연합시켜 선을 이루시느니라"라고 할 것이다. "하나님께서"라는 단어의 유무와 상관없이, 전달하는 의미는 같은 것이다. 모든 것이 합력하여 성도의 구원에 유익하게 만드실 수 있는 분은 오직 하나님이시다. 아우구스티누스(Augustine)는 말하기를, "성도의 죄까지도 하나님의 능하신 통치에 의하여 그의 구원에 도움이 될지언정 해가 되지 못한다."라고 하였다(잠 16:4). 하나님께서는 모든 것이 성도에게 유익하도록 만들어주시지만, 사람들은 모든 일이 진행되는 과정을 참고 견디지 못하기 때문에 좋은 결과를 보지 못한다.

29-30절. 이 구절들은 앞절의 이유를 제시하기 때문에 첫머리에 이유 접속사 "호티"(ὅτι)가 사용되었다. 부르심을 입은 참신자에게 만사가 유익하게 귀결되는 이유는 그가 언제나 하나님의 수중에 있기 때문이다. 하나님께서는 영원 전에 신자들을 축복하시기로 예정하셨으며(29절), 그들을 부르셔서 의롭다 하시고 또한 영화롭게 하신다(30절). 예정은 영원 전에 이미 일어난 일이고, 영화롭게 하심은 영원토록 변함없는 최후의 복된 상태이며, 부르심과 의롭다 하심은 현세에서 이루어지는 일이다. 그렇다면 하나님의 손은 창세전이나 현재나 장래에도 영원토록 성도들의 복을 이루시기 위하여 그들 곁을 잠시도 떠나지 않으신다. 결과적으로 세상의 모든 일은 결국 그들에게 유익한 방향으로 결말지어지고 만다(28절).

29 미리 아신 자들을… 미리 정하셨으니. 이 구절에 대하여 어떤 학자는 하나님이 누구를 구원하시기로 "예정"하시는 일은 그 사람이 장차 어떻게 행할

것을 미리 아시는 "예지"에 따른 것이라고 주장한다. 하지만 그것은 예정이 아니라 사람이 행한 그대로 이루어지게 하시는 것이다. 성경은 그런 예정을 가르치지 않는다. 여기서 "미리 아신다"라는 말은 처음부터 사랑하고 돌아보심을 의미한다(참조. 시 1:6; 호 13:5; 암 3:2; 마 7:23).

그 아들의 형상을 본받게. 우리가 영원 전에 예정된 목적은 성결과 영광에 있어서 그리스도의 형상을 이루는 것이다(고후 3:18). 그러므로 현세에서 우리 자신이 하나님의 구원 예정에 포함되었는지 확인하는 것은 그리 어려운 일이 아니다. 우리는 현재 우리 자신에게서 그리스도의 형상이 이루어져가고 있는지 더듬어봄으로써 구원의 예정을 확증할 수 있다. 그리스도의 형상 가운데 최소한의 표지는 우리의 심령이 그리스도의 복음을 받는 것이다. 그러므로 버틀러(Butler)는 "내가 택하심을 받았는지 알고 싶으면 내가 하나님을 나의 하나님으로 선택했는지 확인해보라"고 하였다.

많은 형제 중에서 맏아들. 예수님은 부활하신 후에 신자들을 가리켜 "형제"들이라고 선포하셨다(요 20:17). 따라서 예수님과 신자들 간의 형제관계는 부활 사건과 관련된 것임이 분명하다. 예수님은 부활의 선두주자이시고(계 1:5), 우리는 그로 말미암아 부활할 처지에 있는 자들이다. 그런 의미에서 예수 그리스도는 신자들의 맏형이요 신자들은 그의 동생이다.

30 또 미리 정하신 그들을 또한 부르시고 부르신 그들을 또한 의롭다 하시고 의롭다 하신 그들을 또한 영화롭게 하셨느니라. 벤저민 워필드(Benjamin B. Warfield)는 이 구절을 가리켜 "황금 사슬"(Golden chain)과 같다고 표현하였다. 이 말씀은 예정 교리의 내용을 명확히 보여준다. 한번 택함을 받은 자들은 반드시 구원받고야 만다. 내세에 "영화롭게" 될 자들은 다른 사람이 아니라 "미리 정하신 그들"뿐이다. 여기서 "부르심"이라는 말은 복음을 믿도록 불러내심을 의미한다. 그러니 사람이 예수를 믿게 되는 일도 하나님께서 그렇게 정하셨기 때문에 그렇게 이루어지는 것이다. "의롭다" 하심은 가진 것이라고는 죄만 있고

의는 없는 자들을 그리스도의 공로로 값없이 의롭다고 간주해주시는 일이다. "영화롭게" 하심은 신자를 부활시켜 주님의 영광에 참여케 하시는 것을 가리킨다.

이 구절 말씀을 보면 하나님은 시종일관 예정하신 사람들을 구원해주신다. 따라서 그리스도를 진실하게 믿고 순종하는 사람이라면 누구든지 장래의 구원도 확신할 수 있다. 특히 여기서 모든 동사가 과거 시상으로 표현되어 있는데, 이것 역시 택함받은 자의 장래 구원이 확실하다는 것을 보여주는 예언적 확신의 증표다.

⚜ 특별참고

❀ 예정 교리에 대하여

이 해설은 로레인 뵈트너(L. Boettner)의 『개혁주의 예정론』[148]을 참고하여 작성된 것임을 미리 말해둔다.

1. 예정 교리의 난제에 대한 답변(29-30절)

1) 예정론이 운명론과 유사하다는 학설. 이렇게 주장하는 자들은 예정 교리에 대하여 자세히 살피지 못한 것이다. 운명론은 모든 사실들을 확정하는 것이라는 점에서 예정론과 다르다. 운명론자들은 최초의 기원이 인격적 신이 아니라 맹목적인 세력이라고 여기는데, 그들은 비인격적 세력이나 원리에 의해 만사가 확정된다고 믿는다. 그러므로 운명론적 사고에 따르면 세상

148) L. Boettner, *Reformed Doctrine of Predestination.*

만사의 모든 이치에는 자유의 여지가 전혀 없다. 반면에 예정론은 하나님께서 성결과 공의와 지혜를 통하여 모든 것을 작정하시고 또한 그렇게 이루어 가게 하신다는 사고 체계다. 운명론과 예정론의 차이점을 실례를 통해 설명해보자. 예정론을 믿는 영국 사람과 운명론을 믿는 이슬람 신도가 함께 배를 타고 가는데, 어떤 사람이 실수로 물에 빠졌다. 그때 이슬람 신도가 말하기를, "물에 빠진 저 사람이 구원받지 못하는 자라고 숙명의 책에 기록되어 있다면 우리가 아무리 애써도 그를 구출할 수 없을 것이다."라고 하면서 물에 빠져 죽어가는 사람을 내버려두자고 하였다. 그러나 예정론을 믿는 영국 사람은 "혹시 우리가 그를 건져내도록 예정되어 있을지도 모른다."라고 하면서 물에 빠진 사람에게 줄을 던져 그를 건져내었다고 한다.

2) 예정 교리는 사람의 자유로운 신분에 부합하지 않는다는 학설. 이 학설의 지지자들은 "하나님께서 영원 전부터 사람의 행동을 예정하셨다면 어떻게 사람을 자유로운 존재라고 할 수 있겠는가?"라고 반문한다. 우리는 자유와 예정을 해석할 때 그중 어느 하나를 부인할 수 없다. 이 두 가지 요소를 올바로 취급하는 해석은 하나님의 주권을 중심으로 삼고 인간의 자유를 조화시키는 것이다. 모든 것을 예정하신 하나님께서 인간의 자유도 예정하신다.

또한 예정하시고도 인간의 자유를 가능케 하시는 하나님의 방식은 우리가 이해할 수 없는 오묘한 것이다. 하나님께서 만사를 예정하시는 동시에 인간의 자유를 성립시키시는 오묘한 역사는 그의 탁월하신 지혜와 전지전능하신 능력으로 하시는 일이다. 빌립보서 2:12-13을 보면 "두렵고 떨림으로 너희 구원을 이루라"고 말씀하심으로써 인간의 자유를 인정하시는 모습을 보여주시는 동시에, "계획하시고 역사하시는 이는 하나님"이시라는 사실을 선포한다. 여기서는 모든 일에서 전적으로 하나님의 뜻이 역사하고 있음을 보여준다. 그러므로 잔키우스(Hieronymus Zanchius)는 "인간의 역할은 시종

일관 하나님께서 정하신 목적들에 수종드는 것뿐이다. 그러함에도 인간은 아무런 강제나 억압의 느낌을 받지 않고 자유롭게, 또는 임의로 모든 일을 주도적으로 행하고 있음을 우리는 잘 알고 있다."라고 하였다.

이와 관련하여 한 가지 비유를 제시하고자 한다. 금붕어는 어항 속에서 자유롭게 아무런 제재도 느끼지 않고 움직이는데, 사람들은 그 어항을 관찰하기도 하고 임의로 휴대하고 다닐 수도 있다. 금붕어는 자유를 가지고 있으나, 그가 누리는 자유는 어항을 소유한 주인의 통제와 조화를 이루고 있을 뿐이다. 우리는 성경에서 이런 사례를 많이 발견할 수 있다. 요셉을 상인들에게 팔아넘긴 형제들은 자유로운 선택으로 그 같은 일을 감행했다.

그러나 훗날 요셉은 그들의 행위를 바로 해석해주었는데(창 45:5, 8; 50:20), 한마디로 요셉이 애굽으로 팔려간 일을 포함하여 그와 관련된 모든 사건들은 전적으로 하나님의 장중에서 이루어졌다는 사실이다.[149]

3) 예정 교리는 선행을 위한 노력의 동기를 감소시킨다는 학설. 예정론을 반대하는 자들은 또다시 지적하기를, "모든 것이 하나님의 예정대로 이루어진다면 사람들은 선을 행하기 위하여 힘쓸 필요가 없다"고 말한다. 그러나 이런 학설은 성경 말씀을 바로 이해하지 못한 것이며, 더욱이 세상사의 일반적인 이치도 바로 알지 못한 것이다.

① 이런 반론과 관련하여, 우리가 하나님의 예정이 포괄하는 범위를 고려해보면 문제될 것이 없다. 하나님께서는 일의 결과만 예정하신 것이 아니고 그 일 전체를 예정하셨다. 다시 말해 하나님께서는 선한 일 자체만을 예정하신 것이 아니고 그것을 이루는 수단까지도 예정하신 것이다. 수단이 없는 목적이 없고, 목적이 없는 수단이 있을 수 없다. 그러므로 하나님께서 우리의 노력을 배제하지 않으시며 우리가 노력하도록 예정하셨다. 그러나 이런

---

149) 출 12:36; 삼상 2:25; 삼하 17:14; 왕상 12:11, 15; 스 6:22; 7:6; 잠 16:9; 렘 10:23; 계 17:17.

일들은 어떤 외압이나 강제력으로 임하는 것이 아니고, 그의 오묘하신 감화의 역사에 따라 실현되는 것이다. 가을에 수확하기 위해서는 봄에 씨를 뿌리지 않으면 안 된다. 그러므로 우리는 결코 노력을 배제할 수 없다. 이런 맥락에서 히브리서 12:4에서도 피 흘리기까지 죄를 대적하라고 말씀한다.

② 하나님께서 예정하시는 일은 우리가 헤아리기 어렵고 깨닫기 어려운 것이다. 그러므로 우리는 미래에 이루어질 일에 대하여 수수방관할 수 없고 지금 이 자리에서 우리의 책임을 다하지 않으면 안 되는 처지에 있다. 우리의 성격과 환경은 노력의 원동력이 된다. 이것은 우연에 속한 일이 아니며, 하나님께서 우리를 그렇게 만들어 놓으셨기 때문에 필연적으로 그렇게 될 수밖에 없다.

③ 우리는 하나님의 성령을 소유한 자로서 그의 인도를 받는다. 그는 우리가 하나님의 의를 위하여 달음질도록 만들어주신다.

④ 그뿐 아니라 예정 교리를 믿는 신자는 자기가 하나님의 자녀임을 확신한다. 그러므로 그는 주님께서 계시하여 주신 말씀대로 달음질하기만 하면 마침내 선한 일을 이룰 줄 확신한다. 이 같은 확신을 가진 신자의 발걸음을 멈출 자가 없으니, 그의 노력은 무엇보다도 강하고 견실한 것이다. 그는 자신이 하나님의 자녀로 예정된 사실과 절대적으로 진실한 약속의 말씀을 근거로, 끊임없이 영광의 소망에 이끌리어 인내 가운데 달음질한다. 그러므로 예정 교리를 믿는 성도는 소망의 확신을 가지고, 선한 일에 대한 하나님의 도우심을 의지하는 마음으로 어려운 가운데서도 낙심하지 않고 노력하는 자가 되는 것이다. 따라서 예정에 대한 믿음은 노력의 동기를 감소시키는 것이 아니라 도리어 견고하게 하는 것이다. 만일 우리가 구원 문제를 인간의 노력과 자유 의지에 맡겨 버리고 다만 일시적 성공이나 감각적인 쾌락을 목표로 살아간다면, 우리는 쉽사리 낙심할 것이고, 우리의 앞길에 놓여 있는 무수한 장애물을 담대하게 극복해나갈 수 없다.

4) 예정 교리는 하나님을 죄의 조성자로 생각하게 한다는 학설. 예정 교리를 반대하는 자들은 하나님께서 모든 것을 예정하셨으면 죄도 예정하셨을 터이니, 그렇다면 결국 죄책이 하나님께로 돌아가게 된다고 말한다. 우리는 이 문제를 쉽게 해결할 수 있다고 생각하지 않는다. 왜냐하면 인간은 한낱 피조물에 불과하며, 게다가 범죄로 인해 어두워져 있기 때문에 복음을 믿는 자라 할지라도 이같이 심오한 진리를 완전하게 밝힐 수는 없기 때문이다. 그러나 우리는 성경에 의지하여 하나님이 죄를 미워하시고 심판하시지만 죄를 만드신 것은 아님을 분명히 안다. 죄악 문제에 대하여 우리는 부분적으로 해명할 수 있다. 성경에 기록된 대로 하나님은 인간에게 계속적으로 죄를 범하지 말라고 명령하셨다. 그러나 인간이 기어코 죄를 범하기를 고집할 때 하나님께서 강제로 그것을 막지 않으시고 허용하시는 경우는 있다. 그러나 이러한 허용은 하나님께서 죄를 미워하지 않으신다는 증표는 아니다. 그뿐 아니라 하나님께서 그것을 허용하신다고 해서 그가 의도하신 선한 경륜이 실패하는 것도 아니다. 만일 죄를 허용하시는 일이 하나님의 주권 행위와 경륜의 실패를 의미한다면 하나님께서는 죄를 허용하시지 않았을 것이다.

2. 예정 교리와 성도의 삶(5-11절)

1) 예정 교리는 인류를 향한 하나님의 따뜻한 사랑을 보여줌. 예정론은 냉혹하고 쓸쓸하고 추상적인 이론이 아니고, 가장 열정적이고 생동감 있고 중대한 의미를 지닌 신인 관계를 보여주는 것이다. 칼빈(Calvin)은 이에 대하여 다음과 같이 말하였다. "이 교리는 많은 사람이 오해하는 것처럼 공연한 분쟁이나 일으키는 피곤한 사색이 아니다. 그것은 경건에 유익하다. 구원 문제에 있어서 선택의 교리에 우리의 귀를 기울이는 일처럼 믿음을 증가시키는 것은 없다. 성령께서는 이 선택의 교리를 통하여 우리를 향한 하나님의 영원하시고 변함없는 선하신 의지를 깨닫게 해준다. 이 선하신 의지는 세상의

풍파나 사탄의 공격이나 육체의 변화로 말미암아 흔들리는 것이 아니다."

2) 예정 교리는 담대함과 용기를 가져다주는 근원임. 이 교리는 우리로 하여금 위험한 가운데서도 담대한 마음을 가지게 하는 것이다. 그뿐 아니라 이 도리는 신자들에게 능욕과 박해 가운데서도 신앙의 미덕을 굳게 지키도록 격려해 주는 것이다. "[너희를] 내 손에서 빼앗을 자가 없으리라"라는 주님의 말씀(요 10:28)으로 말미암아 성도는 흑암의 풍파 중에도 오히려 기뻐하게 된다. 세상에서 악전고투하는 성도들의 담대함은 그들이 자신의 연약한 힘에 방치된 것이 아니라 전능하신 하나님의 손에 맡겨졌다는 사실을 확신하는 데서 생겨난다. 예정 교리에 따르면 마귀와 악당들이라도 하나님의 통치하에 있는 성도를 해치지 못하며, 도리어 하나님의 기쁘신 뜻을 이루는 데 사용될 뿐이다.

3) 예정 교리는 인류의 구원에 대한 하나님의 주도적인 활동을 강조함으로써 인생들을 겸손하게 만듦. 신자가 만일 예정 교리로 말미암아 나타난 하나님의 구원 계획을 모른다고 하면 그는 부족한 신자라고 할 수밖에 없다. 그런 사람은 그리스도로 말미암아 이루어진 구원과 은혜의 부요에 대하여 올바로 이해하지 못한다. 예정 교리는 우리가 가진 모든 좋은 것이 하나님의 은혜로 말미암은 것임을 보여준다. 이 도리는 성도로 하여금 구원이 오직 은혜로만 성취된 것임을 깨닫게 하고, 성도 자신은 영원히 멸망할 사람들보다 나은 것이 없는 자임을 깨닫게 한다. 그리하여 그는 구원받지 못하는 사람들을 더욱 불쌍히 여기면서 온유함으로 대하게 되고, 영원토록 하나님께 감사하게 된다.

4) 예정 교리를 근간으로 한 신학 체계는 모든 반기독교적 사상과 그릇된 세속 사상들을 이김. 기독교 신학자로서 예정 교리를 받아들이지 않는 자들은 결국 속죄의 도리와 성령의 역사, 그리고 인간의 전적 불가능성 같은 중요한 교리들을 약화시킨다. 그로 인해 이런 교리들에 대한 그들의 주장은 사실

상 공허한 외침이 되어버린다. 이렇게 중요한 교리들을 약화시키는 것은 결국 그것들을 등한시하는 결과로 이어진다.

3. 칼빈주의 예정론에 대한 역사적 고찰(5-6, 28절)

아우구스티누스 이전에는 교부들도 예정 교리에 대한 가르침을 체계화할 필요를 느끼지 못했다. 왜냐하면 아우구스티누스 이전에는 이 주제에 관하여 그릇된 이단 사상이 발달하지 않았기 때문이다. 아우구스티누스 시대에 이르러서는 펠라기우스(Pelagius)로 말미암아 반예정론 사상이 일어남에 따라 교회 지도자들이 하나님의 구원 계획에 대해 깊이 사색하게 되었다. 결과적으로 아우구스티누스는 예정 교리를 확고부동하게 설파하게 되었다. 이렇게 예정 교리를 바로 가르치고 강조했던 아우구스티누스의 시대는 신학의 황금기라고 할 수 있었다.

그러나 중세 시대에 이르러 또다시 교회는 부패하여 교권주의로 흐르고 형식주의에 빠지는 바람에 예정 교리와 구원관이 어두워지게 되었다. 결과적으로 교회의 도덕은 부패하고 교직자들의 타락은 말할 수 없이 참담한 지경이었다. 중세 시대에도 아우구스티누스의 뒤를 잇는 고트샬크(Gottschalk)나 위클리프(Wiclyff) 같은 인물들이 일어났는데, 그들은 종교개혁 이전의 개혁가들이었다. 그들은 예정 교리와 하나님의 주권 사상을 성경대로 믿었다. 또한 이 시대에 활동했던 왈도파는 칼빈 이전의 칼빈주의자들이라고 할 수 있다. 이들은 암흑시대를 살았기 때문에 억압과 투옥과 망명생활에서 벗어날 수 없었다.

우리는 교회 역사에서 종교개혁 시대를 다시금 황금시대라고 할 수 있다. 이 시대의 유력한 지도자들이었던 루터나 칼빈 등이 철저한 예정 교리의 신봉자들이었다. 루터교회는 후대에 이르러 점점 퇴색하여 아르미니우스주의적인 성향을 띠게 되면서 교회의 부패상도 점점 심각해졌다. 칼빈의 신학을 계승한 자들은 시종일관 예정 교리와 하나님의 주권 사상을 고수하였기 때문에 우리는 이를 개혁파라 부르고, 루터 신학의 후예들은 하나님의 구원 계획 사상에서 약체화되었으므로 우리는 그들을 칼빈주의와 구별하여 루터파 교회라 한다.

하나님의 주권 사상과 예정 교리가 그것을 믿는 자들에게 강력한 신앙을 가져다준다는 것은 역사적 사실이다. 프라우드(Fraude)는 말하기를, "개혁자들은 체계적이고 경건한 신학적 기준을 가지고 있었다. 깨뜨리기 어려운 암흑시대의 교회에는 견고한 사상가들이 필요했다. 이들은 하나님의 주권 사상과 예정 교리를 믿었다."라고 하였다. 우리는 종교개혁 운동의 근간이 아우구스티누스의 신학이라고 여긴다. 예정 교리에 대한 신앙은 부패한 중세교회 시대의 모든 미신적인 사상을 파괴할 수 있었다.

우리는 영국의 프로테스탄트(개혁주의 신앙가)들이 매리(Mary) 여왕의 핍박 시대에 제네바에 망명하여 칼빈에게서 신학을 배우고 후에 엘리자베스 여왕 시대에 교회의 지도자들이 된 것을 기억한다. 스코틀랜드의 개혁파와 영국의 청교도들은 시대를 비춘 진리의 파수자들이었다. 매컬리(Macauly)는 말하기를, "청교도는 세상이 내놓은 사람들 중에 가장 놀라운 무리들이었다."라고 하였고, 밴크로프트(Bancroft)는 "영국 시민은 청교도들 덕분에 개신교 신도가 되었다."라고 증언하였다.

영국의 올리버 크롬웰(Oliver Cromwell)은 예정 교리를 신봉하는 칼빈주의 신앙을 가진 군인이었으며, 그의 군대를 칼빈주의 사상으로 훈련시켰다. 그 결과 이들은 세상에서 일찍이 경험하지 못할 정도로 청렴결백하고 용맹스러웠다고 한다. 이들 청교도 군대는 많은 난관 가운데서도 적진을 점령하지 않고는 물러서지 않았고, 그들을 대항하는 세력을 반드시 파괴시키고야 말았다. 이 군대에서는 맹세하는 말이 들리지 않았고, 술에 취하는 일과 도박하는 일이 없었으며, 점령 기간에는 시민의 재산이 보호받았고, 여자들은 귀히 여김을 받았다고 한다. 그러므로 어떤 학자는 다음과 같이 말하였다. "17세기에 전 세계의 정치 문제는 영국에 달려 있었다. 만일 그 당시 청교도들이 아니었더라면 오늘날 세계가 정치적 자유라는 것을 경험하지 못할 뻔하였다." 크롬웰에게는 세 번이나 왕관이 제안되었으나, 그는 받기를 거절하였다. 청교도들의 신앙 사상은 명백하게도 칼빈(Calvin)의 체계였던 것이다. 그들로 말미암아 영국의 자유가 보전될 수 있었다. 피스크(Fiske)라는 과학자는 "인류는 칼빈에게 진 빚이 막대하다."라고 하였다.

스코틀랜드에서도 하나님의 주권 사상과 예정 교리는 중요한 역할을 하였다. 유명한 역사가는 말하기를, "칼빈주의가 스코틀랜드에 오기 전에는 그 나라를 어두움이 지배하고 있었다. 그 당시 스코틀랜드인들은 로마 교회의 맹목적인 노예였고, 사제들의 이용물이었고, 그들의 몸과 마음은 윤리적으로 무지하고 부패하며 저열하였다."라고 하였다. 어떤 학자는 다음과 같이 평가했다. "그 당시 스코틀랜드 국민은 인격적으로나 가정적으로 불결하고 빈곤하고 비참했으며, 무지하고 미신적이었다. 그러나 그때 존 녹스(John Knox)가 예정 교리를 신봉하는 칼빈주의를 바탕으로 일어나게 되었다. 그는 제네바에서 5년간 칼빈 문하에서 공부한 사람으로서 칼빈보다 네 살이 많은 신앙의 위인이었다. 그는 어두움을 물리치고 떠오르는 태양과 같은 존재였다. 그는 칼빈주의를 스코틀랜드의 종교로 만들었다. 그 결과 그 나라의 도덕 기준은 전 세계의 모범이 되었다. 칼빈주의가 있는 곳에서는 죄악의 세력이 약해진다고 정평이 나 있었다." 영국의 대문호 토머스 칼라일(Thomas Carlyle)은 "존 녹스가 자기 나라를 위하여 한 일은 죽음에서 부활을 일으킨 것과 같다"고 하였다. 프라우드(Fraude)도 "존 녹스가 아니었다면 오늘날 우리가 아는 스코틀랜드는 존재할 수 없었을 것이다."라고 하였다.

다음으로 프랑스에서의 칼빈주의의 역사를 되돌아보겠다. 프랑스의 칼빈주의자들은 위그노(Huguenot)라는 별명을 얻었다. 세상 사람들도 위그노라는 이름을 익히 알고 있다. 그들의 도덕적 순결성과 영웅적인 면모는 적과 동지를 막론하고 함께 탄복하는 바다. 브리태니커 백과사전(Encyclopaedia Britannica)에는 다음과 같이 기록되었다. "위그노의 역사는 영원히 사라질 수 없는 놀라운 사실이며 강한 종교적 확신에서 나타난 권능의 표현이었다." 불행하게도 1572년 8월 24일 성 바르톨로메오 축일에는 막대한 숫자의 위그노들이 학살당하는 끔찍한 일이 발생했다. 그날 학살당한 위그노의 숫자가 6만 명이라 말하기도 하고 5만 명이라 말하기도 하는데, 저명한 교회사가 필립 샤프(Philip Schaff)는 3만 명이라고 하였다. 이 학살로 인해 프랑스는 막대한 손실을 입었다. 영국 역사가 매컬리(Macauly)는 "영국에 망명해온 위그노들은 지적으로나 도덕적으로 유럽의 어느 나라 국민들보다 뛰어났다."라고 하였고, 레키(Lecky)라는 위대한 역사가는 그 자신이 냉정한 합리주의자였음에도 위그노에 대하여 다음과 같이 말하였다. "위그노 학살은 프랑스에서 가장 견실하고 온건하고 덕망 있고 찬란한 국가의 별들을 멸절시키고 말았다. 이로 말미암아 프랑스는 타락의 길을 피할 수 없게 되었다. 이 학살이 없었다면 위그노의 사상은 프랑스의 종교와 정치를 타락시킨 회의주의의 세력을 깨뜨렸을 것이다." 우리는 프랑스 혁명도 여기에 비추어 평가할 필요가 있다. 프랑스 혁명은 인류 역사에서 세계 타락의 도화선이라고 할 수 있는 악질 혁명이었다. 프랑스 혁명의 결과로 인류는 신본주의를 버리고 인본주의로 회귀했으며, 내세와 진리와 종교를 무시하고 물질만능주의로 추락하였다. 따라서 세계 인류는 자본주의로 팽창하게 되어 도덕과 의리와 권위와 종교를 무시하고, 마침내 먹기 위하여 모든 것을 파괴하는 공산주의의 혁명으로 치닫게 된 것이다. 프랑스 혁명과 러시아 혁명은 서로 일맥상통한다. 프랑스는 진리의 유일한 수호자요 신본주의의 유일한 진지였던 위그노를 학살하였으므로 그렇게까지 타락하게 된 것이다. 근대 미술계의 타락상을 보여주는 회화 작품들의 집결지는 프랑스 파리였으며, 남녀 간의 문란한 풍속도 프랑스에서 나온 것이 적지 않다.

네덜란드에서의 칼빈주의의 역사를 살펴보면 그 나라에 신앙을 위하여 불 가운데서, 혹은 구덩이 속에서, 혹은 칼날 아래서, 혹은 교수대에서 순교한 자들이 많다는 것을 알 수 있다. 알바 공(Duke of Alba)은 많은 신교도들을 학살하였다. 그러나 네덜란드 신교도들에 대한 스페인의 압제는 칼빈주의 추종자들의 영웅적인 신앙적 투쟁에 의해 결국 파괴되었다. 역사가들은 그 당시 칼빈주의 정신이 아니었더라면, 신교도들은 그들 앞을 가로막는 난관을 돌파할 수 없었을 것이라고 평가한다. 이 시대의 순교자들은 대부분 칼빈주의자들이었다. 루터파 신자들과 아르미니우스파 신도들 가운데 순교한 자는 극히 드물었다. 프륀(Fruin) 교수는 말하기를, "스위스에서나 프랑스에서나 스코틀랜드에서나 영국에서나 화란에서나 혹은 그 어디서든지 프로테스탄트들은 칼날 위에 자리를 잡고 있었다. 그중에서도 칼빈주의자들이 중요한 역할을 하였다."라고 하였다. 특히 우리는 영국 청교도와 네덜란드의 관계를 잊을 수 없다. 영국에서 미국으로 신앙의 자유를 찾아 떠났던 순례자들은 미국에 가기 전에 먼저 네덜란드에 들러서 칼빈주의 신학과 접촉하게 되었다. 특별히 클리프톤(Clyfton), 브류스터(Brewster) 등은 케임브리지대학교의 영웅들로 이때 네덜란드를 거쳤다. 이들은 제네바에서 칼빈이 정착시킨 원칙들을 굳게 잡았던 강력한 지도자들이었다.

마지막으로 미국에서 칼빈주의는 어떤 역사를 거쳐왔는가? 미국의 칼빈주의는 메이플라워(Mayflower)호를 타고 망명한 청교도들의 신앙이었다. 그들은 아메리카 대륙에 정착하여 신앙을 중심으로 모든 일을 추진해 나갔다. 그들은 주로 미국 동해안에 정착하였다. 미국 동부는 오늘날까지도 미국 문화의 최첨단을 걷고 있다. 반면에 유럽 각국에서 미국으로 이주해온 사람 중에 금을 얻기 위해 찾아온 자들은 대부분 미국 서부에 정착하였다. 오늘날 미국 서부는 문화 수준에서나 인문학적 소양에서나 동부에 뒤처지는 것을 모두가 인정한다. 이제 우리는 미국의 건국 시대 칼빈주의자들의 활약상을 살피려고 한다. 윌리엄 펜(William Penn)은 미국 개척에 중요한 기여를 했던 위대한 인물이었는데, 그는 위그노 신앙 전통에 속해 있었다. 사람들이 말하기를, 미국이 독립할 당시 300만 명의 미국인 중에 90만이 존 녹스(John Knox)의 칼빈주의 사상을 받은 스코틀랜드 계통이고, 60만이 잉글랜드 청교도였고, 네덜란드와 독일 계통의 칼빈주의자들이 40만이었다고 한다. 또한 그중에 일부 영국 성공회 교도들도 칼빈주의의 영향을 받은 39개 신조를 따르는 자들이었다고 한다. 그렇다면 그 당시 3분의 2 가량의 인구가 칼빈주의 사상을 따르는 신자들이었던 셈이다. 또한 미국 독립전쟁에도 칼빈주의에 기초한 장로교 소속 인물들이 중요한 역할을 하였다. 그리하여 영국 본토에서는 미국 독립전쟁을 가리켜 장로교도의 반역(The Presbyterian Rebellion)이라고까지 비방하였던 것이다. 영국 왕 조지 3세에게 충성하던 한 사람은 다음과 같이 본국에 편지하였다. "나는 이와 같은 뜻밖의 사태에 대한 책임을 장로교도들에게 돌립니다. 그들이 이 불길과 같은 운동에서 중요한 도구로 사용되었으며, 그들은 쉬지 않고 [영국] 정부를 거슬러 활동합니다."

프랑스의 역사가 이폴리트 텐(Hippolyte Taine)은 종교적 신앙이 없는 사람이지만, 칼빈주의 신앙인들에 대하여 다음과 같이 말하였다. "이들이 영국의 참된 영웅들이요, 스튜어트 왕조가 부패하였음에도 불구하고 이들은 책임 이행과 정의 실행과 견고한 노력과 공의에 대한 변증과 압제에 대한 반항과 죄악을 누르는 힘으로 영국을 세웠다. 이들은 스코틀랜드를 세웠고, 아메리카합중국을 세웠고, 또한 오늘날에는 이들의 후손이 오스트레일리아를 세우고 세계를 식민지화한다." 미국 독립전쟁 시에 칼빈주의에 근거한 장로교회가 주축이 되었다는 사실을 우리는 역사적으로 잘 알고 있다. 그 당시 영국 성공회는 미국에서 아직 조직을 갖추지 못하였고 영국 본토의 교회를 정신적으로 지지하고 있었다. 침례교회는 통일성이 없는 다양한 조직으로 존재했고, 감리교회는 사실상 알려지지 않은 상태였다. 퀘이커파는 전쟁을 근본적으로 반대하는 반전주의자들이었다.

스위스의 역사가 장-앙리 메를 도비네(Jean-Henri Merle d'Aubigné)는 다음과 같이 말하였다. "칼빈은 신앙이 위대한 나라인 아메리카합중국의 건설자라고 할 수 있다. 청교도들은 영국 왕 제임스 1세 때 영국을 떠나 뉴잉글랜드 지방에 상륙하여 수많은 유력한 식민지를 건설했는데, 그들은 사상적으로 칼빈의 제자들이었다. 미국은 우리가 보는 것처럼 빠르게 성장하면서 겸손한 개혁자 칼빈을 조상으로 여기고 자랑한다."

31-32 이 일에 대하여 우리가 무슨 말 하리요. 사도 바울은 앞절에서 구원 계획에 대하여 진술한 후에 여기서부터는 구원의 효력이 어떠한지를 선언한다.

모든 것을 우리에게 주시지 아니하겠느냐. 하나님께서 아들을 아끼지 아니하시고 주실 만큼 우리를 사랑하셨으니, 앞으로 우리에게 주시지 못하실 것이 무엇이겠는가?

33 누가 능히 하나님께서 택하신 자들을 고발하리요 의롭다 하신 이는 하나님이시니. "택하신 자들"이라는 표현에 대해서는 골로새서 3:12, 디모데후서 2:10, 디도서 1:1, 고린도전서 1:27, 에베소서 1:4을 참조하라. 신자들이 정죄받을 수 없는 유일한 이유는 그들을 의롭다고 하신 이가 하나님이시기 때문이다. 그들 자신은 사실상 의롭지 못하나, 하나님께서 그들을 그리스도의 피로 인해 의롭다고 여겨주셨다.

34절. 여기서는 그리스도의 권세와 사랑의 보호 아래 있는 성도들을 그리스도로부터 분리시킬 수 있는 것은 아무것도 없다고 선언한다. 만일 그리스도께 권세만 있고 사랑이 없다면 우리를 보호하지 않으실 것이고, 사랑만 있고 권세가 없어도 역시 우리를 보호하지 못하실 것이다. 그러나 그리스도는 ① 우리를 사랑하셔서 우리를 위해 죽으셨을 뿐 아니라, ② 그의 권세로 사망을 이기셔서 다시 살아나셨고, ③ 하나님 우편에 앉으셔서 우리를 위하여 영원히 간구하시는 분이다. 이 같은 구주를 모시고 있는 우리가 구원에서 떨어질 이유는 영원히 없다. "누가 우리를 그리스도의 사랑에서 끊으리요"(35절).

35-37 환난이나 곤고나 박해나 기근이나 적신이나 위험이나 칼이랴. 이 말씀은 이 세상에 있는 최대한의 환난과 고통을 예시한 것인데, 여기서는 그리스도의 사랑에서 참된 성도를 끊어낼 수 있는 환난은 전혀 없다는 점이 강조된다. "환난"이라는 말은 다음에 나열된 모든 어려움을 총칭하는 것이다. "곤고"는 피할 수 없는 역경을 말하는데, 성도는 그런 때에 도리어 하나님의 구원을 맛본다(시 4:10). "박해"는 성도에게 주어지는 여덟 가지 복 가운데 하나다(마 5:10-11).

우리가 종일 주를 위하여 죽임을 당하게 되며. 이 말씀은 시편 44:22의 인용인데, 그 뜻은 신자가 수난당하는 것은 이상한 일이 아니고 도리어 자연스러운 일이라는 것이다. "종일"이라는 말은 "항상"을 의미한다.

이 모든 일에 우리를 사랑하시는 이로 말미암아 우리가 넉넉히 이기느니라. 이 말씀은 우리 신자들의 넉넉한 승리가 우리 자신의 힘에 달려 있다는 오해를 철저히 불식시킨다. 우리의 승리는 오직 우리를 사랑하시는 그리스도께 달렸다는 것이다. 이것은 그리스도의 사랑이 보장하는 우리 구원의 확실성을 강조하는 말씀이다.

38-39절. 바울은 37절에 이어 여기서 또다시 택함을 받은 신자의 구원이 영원토록 안전한 것임을 역설한다. 천상의 성도들은 지상의 성도들보다 더욱 복되다고 할 수 있지만, 그들이 이들보다 더욱 견고하다고 할 수는 없다. 왜냐하면 하늘 위에 있는 성도나 땅 위에 있는 참신자나 동일하게 확고하고 안전한 구원을 소유한 자들이기 때문이다. 그러나 이 구원의 견고성은 우리의

행실에 달린 것이 아니라 그리스도 안에 나타난 하나님의 사랑에만 달려 있다(35, 39절). 하나님께서 성도들에게 베푸시는 영원한 사랑으로 인해 그들은 영원히 멸망하지 않을 것을 보장받는다. 이 같은 하나님의 사랑은 그의 존재와 마찬가지로 영원불변하는 것이다. 성도라도 순간적으로는 실수할 수 있다. 그러나 그의 실수 때문에 그가 하나님의 사랑을 입어 택함받았다는 사실이 무효가 되는 것은 아니다. 그가 참으로 택함받은 성도라면 그는 부지중에라도 다시 회개하고 하나님께로 돌아오게 되어 있다. 한때 타락의 길을 걸었던 다윗 왕도 다시 돌아왔고, 베드로도 돌아왔다. 비유하자면, 신자는 산을 오르는 사람과 같다고 할 수 있다. 그가 산 정상을 향하여 올라가는 도중에 돌부리나 나무에 걸려 넘어져서 시간이 지체되는 경우도 있을 것이다. 그러나 그는 떨쳐 일어나서 정상을 정복할 수 있다. 그러므로 성도가 일시적으로 범죄하거나 비위를 행한다고 해서 그가 멸망당할 자라고 섣불리 판단해서는 안 된다. 우리는 다만 그의 비행을 지적하여 경계할 뿐이다. 그가 회개하지 않으면 회개하기를 촉구하는 의미에서 권징을 시행할 수도 있다.

⚜ 평주

이는 그리스도 예수 안에 있는 생명의 성령의 법이 죄와 사망의 법에서 너를 해방하였음이라(2절). 바르트(K, Barth)는 이 구절의 성령론에 대해 이렇게 말한다. "우리가 성령을 우리의 소유로 묶어둘 수 있다고 생각한다면, 그것은 성령에 대한 올바른 태도가 아니다."[150] 바르트는 여기서도 지나친 초절주의(招絶主義)의

150) K. Barth, *Römerbrief*, 257. "Wir meinen nicht den Geist, sofen wir ihn mit 'wir' und mit 'haben' in Verbindung bringen."

관점에서 그렇게 말한 것인데, 이것은 진리에서 벗어난 가르침이다. 성경은 우리가 하나님의 성전이라고 했고(고전 3:16-17), 또한 우리가 성령을 받는다고 하였다(요 7:39; 고전 7:40). 그러므로 신자는 성령의 내주(內住)하심을 은혜로 받는다. 그렇다면 우리는 영적 의미에서 성령을 소유하는 것이다. 물론 우리가 인간의 자유나 권리로 성령을 소유하는 것은 아니다.

율법이 육신으로 말미암아 연약하여 할 수 없는 그것을 하나님은 하시나니 곧 죄로 말미암아 자기 아들을 죄 있는 육신의 모양으로 보내어(3절). 이 구절에 대하여 바르트는 다음과 같이 주석하였다. "우리는 예수에게서 아브라함이나 플라톤이 이전에 만났던 항구적 계시, 곧 부딪히는 돌을 만나게 된다."[151] 이 같은 진술을 통해 우리는 바르트가 하나님의 계시의 독특성을 무시한다는 사실을 깨달을 수 있다. 그는 아브라함이나 플라톤이 동등한 종류의 계시를 경험한 것으로 간주하였다. 성경의 교훈에 따르면, 아브라함의 하나님이 주시는 계시는 우리가 인정할 수 있지만, 플라톤의 신이 주는 계시는 인정할 수 없는 것이다.

무릇 하나님의 영으로 인도함을 받는 사람은 곧 하나님의 아들이라(14절). 참신자라면 누구나 성령의 인도하심을 체험한다(갈 5:18-24). 그러나 바르트는 누구에게도 그런 체험이 있을 수 없다는 의미에서 다음과 같이 말한다. "성령의 인도하심이 하나님의 자녀에게 주어진다고 해서 그에게 어떤 기이한 경험이나 열광적인 상태, 혹은 심리적 현상이 있는 것은 아니다. 거기에는 하나님의 내주하심을 증명할 아무런 흔적도 없다. 그리고 하나님과 사람 사이의 연속성을 증명할 생명력의 넘침이나 끓어오름이 목격되지도 않는다. 처음과 나중, 사망과 생명, 심판과 의, 그것이 곧 성령의 인도하심이다. 성령의 이 같은 인도 아래서 하나님 자녀의 신분이 확증된다."[152]

---

151) *Römerbrief*, 260.

152) *Römerbrief*, 273.

그렇다면 바르트가 말하는 성령의 인도는 시공간 세계와 모순되는 것일 뿐이며, 신자가 받은 하나님 자녀의 신분은 영원한 기업이 아니다. 이러한 바르트의 주장은 성경의 교훈에 완전히 위배되는 것이다. 그 이유는 하나님께서 신자들을 자녀라고 부르신 것은 그들에게 기업을 주시기로 영구히 약속하시는 의미에서 그리하신 것이기 때문이다(요 1:12-13; 6:39; 10:28-29).

하나님이 미리 아신 자들을 또한 그 아들의 형상을 본받게 하기 위하여 미리 정하셨으니(29절). 바르트는 여기서 정통 교회의 예정론을 반박하여 말하기를, "여기서 우리는 아우구스티누스나 종교개혁자들이 신화화한 예정의 신비를 만나게 된다."라고 하였다.[153] 바르트는 예정 교리를 다루면서 개혁파 신학의 예정론을 반대했다. 그는 개혁파 신학의 예정 교리가 신화화에 불과하다고 비하했다. 말하자면 성경이 가르치는 대로 예정을 받아들이는 것은 계시에 합당한 깨달음이 아니고 단지 인간의 사상일 뿐이라는 것이다. 이것은 성경 자체가 하나님의 계시의 말씀이라는 사실을 부인하는 그릇된 사상이다. 바르트는 성경의 가르침과 다른 예정론을 주장하는데, 바로 이중 예정론이다. 이것은 예정된 자가 동시에 예정되지 않은 자이며, 예정되지 않은 자가 동시에 예정된 자라는 이론이다. 이것은 바르트가 일관되게 견지하는 멸상주의의 사색이다. 성경 말씀을 이런 식으로 대하는 것은 성경적이지 않다.

설교 몸은 죽고 영은 산다(9-10절)

1. 우리 몸은 죄로 인하여 죽은 것이다(10상)

"한 번 죽는 것은 사람에게 정해진 것"이다(히 9:27). 사람은 언제든지 죽게 마련이고, 죽음이 우리에게 낯선 것도 아니다. 오늘날과 같이 교통사고가

153) *Römerbrief*, 308-309.

잦은 시대에는 더더욱 그러하다. 사람의 몸은 벌써 죽은 것과 마찬가지이며, 언젠가는 죽게 되어 있다. 이것은 하나님이 작정하신 일이다. 그러므로 우리는 몸이 이미 죽은 것과 같다는 사실을 알고 영혼에 마음을 두어야 한다. 우리가 몸에 집중하게 되면 그때부터 마음이 답답해지고 죄를 범하게 된다. 몸보다 영혼을 귀중히 여기는 삶은 구체적으로 다음과 같은 것이다.

1) 몸이 죽는 것보다 영혼이 죽는 것을 더 두려워하고, 몸이 병드는 것보다 영혼이 죄로 병드는 것을 더 걱정하는 것이다(참조. 마 10:28; 고전 5:5). 나는 얼마 전에 목이 아파서 침을 삼키기도 힘들 정도였고, 어떤 걱정거리로 고민이 많았다(1967.3.18). 그러나 그때 나는 내 심령의 죄악을 원통히 여기고 기도하였다. 기도 끝에 나의 심령은 평안해졌고 목의 통증도 걱정되지 않았다. 나는 그때 영혼이 살아난 것이다.

2) 그리스도를 따르는 것은 몸의 희생을 각오해야 하는 일이다. 마태복음 16:24-25에서 예수님은 "누구든지 나를 따라오려거든 자기를 부인하고 자기 십자가를 지고 나를 따를 것이니라 누구든지 제 목숨을 구원하고자 하면 잃을 것이요 누구든지 나를 위하여 제 목숨을 잃으면 찾으리라"라고 하셨다. 그러므로 바울은 말하기를, "내 몸을 쳐 복종하게" 한다고 하였고(고전 9:27), 또 말하기를, "땅에 있는 지체를 죽이라"고도 하였다(골 3:5). 이 말씀은 결코 고행주의를 의미하지 않으며, 몸을 영보다 가벼이 여기고 영혼을 위해 몸을 희생해야 한다는 사실을 가르칠 뿐이다.

2. 영은 산다(10하)

로마서 8장에서 말한 대로 신자의 구원이 영원할 수 있는 근거는 그가 성령의 사람이 되었다는 사실이다(9절). 여기서 성령의 사람이란 성령께서 마음속에 내주하시는 사람을 뜻한다. 그리스도 신자는 성령과 영원히 분리될 수 없는 자들이다. 그리스도 신자가 이처럼 성령의 사람이 되리라는 것은 구약에 이미 예언되었다. 예레미야서에 말하기를, "그러나 그 날 후에 내가 이스라엘 집과 맺을 언약은 이러하니 곧 내가 나의 법을 그들의 속에 두며 그들의 마음에 기록하여"라고 하였고(렘 31:33), 에스겔서에는 "내가 그들에게 한 마음을 주고 그 속에 새 영을 주며 그 몸에서 돌 같은 마음을 제거하고 살처럼 부드러운 마음을 주어"라고 하였고(겔 11:19), 또 "또 새 영을 너희 속에 두고 새 마음을 너희에게 주되"라고 하였다(겔 36:26). 이 예언들은 신약에 와서 성취되어 성도들이 새 마음을 받은 것이다.

"영"이 산다는 것은, 성령의 내재로 인하여 우리 속사람이 살게 되었음을 가리킨다. 오늘날도 참된 신자들은 다음과 같은 성령의 내재를 체험한다. ① 심령이 진정한 힘을 얻는 체험(요 14:19). ② 우리가 하나님의 계명을 지킬 때 주님이 우리 마음속에 거하시는 체험(요 14:21-24), ③ 오묘한 진리를 깨닫는 체험(요 14:25-26), ④ 성령으로 말미암아 기쁨이 충만하여지는 체험(요 16:22-24)이다.

설교 책임감(12-14절)

본문에서 "빚진 자"라는 말은 책임을 지는 자란 뜻이다. 사람들은 모두 다 책임감 있게 살아야 한다.

1. 사람은 사람 구실할 책임이 있다

우리는 사람이 무엇인가에 대하여 철학적 연구를 필요로 하지 않는다. 사람이 존엄한 존재라는 것은 누구나 알고 있다. 누구든지 자기를 개라고 하는 자에게는 극도로 화를 낸다. 이처럼 사람은 자기가 짐승이 아니라고 뼛속 깊이 인식한다. 그러면 사람은 어떻게 살아야 되는가? 짐승은 먹고 마시는 것만 알고 있으나 사람은 그들과 다르다. "하나님의 형상"이라는 것이 그의 본질이기 때문에 그는 성결과 의와 진리를 구해야 한다. 그러므로 그는 무엇보다도 영으로써 몸의 행실을 죽이는(13절) 책임 있는 삶을 살아야 한다. 죽인다는 것은 아주 강한 말이다. 죄를 끊을 책임을 강조할 때 성경은 최대한도로 강한 표현을 사용한다. 눈이 범죄하면 눈을 뽑으라고 하였으며(마 5:29). 피 흘리기까지 죄를 대적하라고 말한다(히 12:4). 성결에 대한 책임감은 이렇게 강해야 하는 법이다. 책임감 있는 사람은 최후를 대망하며 임무를 완수한다. 영국 해군의 호레이쇼 넬슨(Horatio Nelson) 제독은 지체 장애인이었다. 그는 팔과 눈이 각각 하나뿐이었다. 그는 항해할 때 멀미를 심하게 했다고 한다. 그러나 그는 책임감이 강한 지도자였다. 그는 트라팔가르 해전(Trafalgar battle)의 날 군함 빅토리아호에서 "영국은 여러분 각자가 책임을 다하기를 기대한다."[154]라는 말로 병사들을 격려했다. 그는 전투를 지휘하다가 적탄에 맞아 쓰러졌다. 그는 누워서도 전쟁에 대하여 마음을 놓지 않고 "전세는 어떤가?" 하고 물었다. 그때 부하들의 대답이 "유리합니다."라고 하니 다시 눈을 감았다. 얼마 후에 그는 눈을 뜨고 "전세는?" 하고 다시 물었다. 그때 부하들이 "승전이 확실합니다."라고 하니 넬슨 제독은 미소를 지으면서 "나는 지금 만족합니다, 하나님!"이라고 말한 후에 영원히 눈을 감았다.

2. 책임감을 강하게 가지는 비결

사람이 강해지는 비결은 단순하게 사는 데 있다. 단순해지기 위해서는 오직 한 가지만 따라가야 하는데, 우리는 바로 하나님 한 분만 섬기는 삶을 살아야 한다. 다윗은 얼마나 강하였던가? 그는 말하기를, "여호와는 내 생명의 능력이시니 내가 누구를 무서워하리요 악인들이 내 살을 먹으려고 내게로 왔으나 나의 대적들, 나의 원수들인 그들은 실족하여 넘어졌도다 군대가

---

154) "England expects that evay man will do his duty."

나를 대적하여 진 칠지라도 내 마음이 두렵지 아니하며 전쟁이 일어나 나를 치려 할지라도 나는 여전히 태연하리로다 내가 여호와께 바라는 한 가지 일 그것을 구하리니 곧 내가 내 평생에 여호와의 집에 살면서 여호와의 아름다움을 바라보며 그의 성전에서 사모하는 그것이라"라고 하였다(시 27:1-4). 신자는 무슨 일이든지 다윗처럼 한 가지에만 집중해야 강해질 수 있다. 요컨대 무슨 일에서든지 하나님만 공경하려는 하나의 목표를 세우고 움직이는 자가 강해지며 또한 승리한다. 우리는 직장 때문에 목표가 약해져서는 안 된다. 우리가 그 직장을 통해 하나님 섬기는 목적을 달성하려 하지 않고 직장에 목을 매게 되면 약해질 수밖에 없다. 우리가 병에 걸렸을 때도 질병에 대한 걱정으로 하나님을 떠나면 약해진다. 우리는 죽는 한이 있더라도 하나님만 붙들어야 한다. 그러면 강해진다. 우리의 책임감은 오직 하나님을 중심으로 삼는 것이다. 그것은 최후의 성취를 내다보아야 한다. 이런 책임감으로 생활하는 자가 강하다.

설교 소망 중에 참고 기다리자(18-25절)

사람은 소망이 있어야 기쁨을 맛볼 수 있고 살아갈 힘도 얻을 수 있다. 짐승은 소망이 없어도 무의식중에 산다.

1. 만물의 고통과 부패가 하나님의 징벌임을 알고 소망을 느낌(20절)

사람의 눈앞에 보이는 것은 만물의 탄식과 고통이다. 과일나무도 관리하지 않으면 병충해 때문에 못쓰게 된다. 이 세상은 썩어지는 세상이다. 모든 것이 예외 없이 부패하는 것은 그들의 자의가 아니고 하나님의 징벌로 그리 되는 것이다. 그러므로 본문 20절에 말하기를 "피조물이 허무한 데 굴복하는 것은 자기 뜻이 아니요 오직 굴복하게 하시는 이로 말미암음이라"라고 하였다. 피조물의 부패가 우연에 속하는 것이었다면 그들의 구속과 해방은 생각조차 할 수 없는 일이었을 것이다. 그러나 그것이 하나님의 장중에서 이루어지는 것이기 때문에 거기에도 소망이 싹트고 자란다. 루터(Luther)는 말하기를, "사도 바울은 모든 피조물에서 그리스도의 거룩하고 사랑스러운 십자가를 떠올렸다."라고 하였다. 매를 때리는 능력을 가지신 하나님은 싸매어 주실 능력도 가지고 계신다. 욥은 말하기를, "볼지어다 하나님께 징계 받는 자에게는 복이 있나니 그런즉 너는 전능자의 징계를 업신여기지 말지니라 하나님은 아프게 하시다가 싸매시며 상하게 하시다가 그의 손으로 고치시나니"라고 하였다(욥 5:17-18). 그러므로 우리는 만물 중에서 발견되는 고통과 부패를 보고 소망을 느껴야 된다. 하나님의 손은 우리의 소망이다.

2. 성령의 처음 익은 열매로 인하여 구속의 소망을 느낌(23상)

성령의 처음 익은 열매(απάρχη)는 무엇인가? 그것은 거듭난 자를 가리키는데, 내세의 한 부분을 이 땅에서 미리 맛보는 자들이다. 바울은 이것을 보증(ἀρραβων)이라고도 하였다(고후 1:22; 5:5; 엡 1:13). 성령의 맛은 영생의 맛이며 다시 살아나신 그리스도, 곧 생명나무 열매의 맛이다. 만물은 다 부패하나 오직 예수 그리스도는 죽었다가 다시 사셨다. 그에게는 부패가 전혀 없다. 그가 우리의 유일한 소망이다. 그러므로 사무엘 루터포드(Samuel Rutherford)는 말하기를, "나는 일곱 지옥을 건너서라도 그리스도께로 가리라."라고 하였다.

3. 그리스도인이 고통 중에 탄식하는 것이 소망임(23하)

그리스도인이 고통으로 탄식하는 것은 낙망이 아니고 소망이다. 그는 사실상 끊임없이 고난을 당해야 하는 자다(딤후 3:12). 토마스 아 켐피스(Thomas a Kempis)는 말하기를, "네가 십자가를 지면 십자가가 너를 진다.

그러나 네가 십자가를 피하면 더 무거운 십자가가 네게 온다."라고 하였다. 그러므로 그리스도인은 고난을 당할 때마다 도리어 내세의 영광을 내다보며 참고 기다려야 한다(롬 8:24-25). 왜냐하면 ① 괴로운 역경도 하나님이 만들어 주신 것이기 때문이다. 요나는 바다에 던져졌을 때 비참함을 느꼈을 것이고 물고기 입에 들어갈 때에는 더욱 비참했을 것이다. 그러나 그가 물고기 배속으로 들어갔기 때문에, 육지로 토해져서 구원받을 수 있었다. 사람마다 나름대로 독특한 고난을 당하지만 그것이 그를 연단시키며 올바로 만든다. 독특한 환난은 독특한 축복을 가져온다. 물론 그 축복이 아직은 보이지 않으나, 그것이 보이지 않기 때문에 소망의 대상이 된다. 우리가 금전이나 권력, 건강이나 평안처럼 세상의 좋은 것들 때문에만 하나님을 찬송한다면, 그것은 하나님을 즐기는 것이 아니고 세상을 즐기는 것이다. 우리는 보이지 않는 주님을 즐겨야 한다. ② 내가 역경을 만난 것은 하나님께서 나를 크게 여기시는 증표이기 때문이다. 내가 세상에서 아무리 작아도 하나님 앞에서는 작지 않다. 왜냐하면 그가 나를 위하여 독생자를 희생시키셨기 때문이다. 그런 이유에서 나는 모든 위대한 사람들이 당하는 동일한 고난을 즐겁게 당해야 한다. ③ 역경은 우리가 믿음을 연단시킬 수 있도록 하나님께서 주시는 기회이기 때문이다. 하나님께서는 우리에게 믿음을 주시되 단번에 완전해지는 믿음을 주시지 않는다. 세상의 다른 일들도 그렇지만, 믿음도 점진적으로 오랜 세월 동안 자라나게 마련이다. 믿음은 특히 고난과 역경을 통해 자라난다. 이렇게 자라는 도중에 실패하는 일도 없지 않으나 실패는 성공으로 이어지는 돌다리다. 믿음으로 곰과 사자를 죽인 다윗(삼상 17:36-37)은 마침내 믿음으로 골리앗을 죽였다.

그가 우리에게 믿음을 주신 목적은 무엇인가? 그것은 우리가 그 믿음을 사용하게 하시려는 것이 아니겠는가? 우리가 우리 자신을 믿고 의지하면서 하나님을 신뢰하지 않는 것은 어리석은 일이다. 그것은 배를 정박하는 자가 닻을 갑판 위에 두는 것과 같다. 닻은 바다 밑으로 던져야 한다. 이사야 50:10에 말하기를, "흑암 중에 행하여 빛이 없는 자라도 여호와의 이름을 의뢰하며 자기 하나님께 의지할지어다"라고 하였다. 제2차 세계대전 중에 군종장교였던 존슨 대위가 타고 있던 수송기가 남양군도 부근에서 연료 부족으로 어떤 섬에 불시착했다. 그와 부하들은 다행스럽게 생각했다. 하지만 거기서 멀지 않은 섬들에 적군이 주둔한 사실을 알게 되었다. 그래서 그는 밤낮으로 하나님께 기도하였다. 그러다가 하루는 해변에서 연료통을 발견했다. 그와 부하들은 그것으로 다시 비행하여 진지까지 돌아올 수 있었다고 한다.

제 9 장

⚜ 내용분해

1. 이스라엘의 불신앙 문제와 그 해결(1-13절)
2. 선택으로 나타난 하나님의 주권 행사를 논함(14-33절)

⚜ 개요

1. 이스라엘의 불신앙 문제와 그 해결(1-13절). 이스라엘처럼 하나님을 알 수 있는 특권을 가졌던 민족은 없었다. 그러나 그리스도의 복음을 받음에 있어서 이스라엘보다 이방이 우세를 보인 것이다. 이것은 모순된 것처럼 보인다. 하나님께서 이스라엘을 택하신 것은 사실이다. 그러나 그 선택은 이스라엘의 각 개인 혹은 이스라엘 백성 대다수를 택하셨다는 의미가 아니다. 그것은 하나님께서 이스라엘 민족 중에서 얼마를 택하셨다는 의미다.

육신으로 아브라함의 자손인 자들이 모두 영적으로 아브라함의 자손은 아니었다. 그러므로 이스라엘 민족 중에서 그리스도를 믿지 않는 자들도 있을 수 있다.

2. **선택으로 나타난 하나님의 주권 행사를 논함**(14-33절). ① 인류를 구원하는 문제는 하나님께서 전적으로 주재하시지 않을 수 없다. 왜냐하면 인간은 영적으로 망하였고 죽었기 때문이다(엡 2:1). 이처럼 죽은 자들은 아무런 도움도 될 수 없기 때문에 하나님께서 홀로 일하실 수밖에 없다. 그러므로 구원 운동은 하나님의 선택 행위에서 비로소 시작되었다. 선택의 원리는 신자들을 겸손하게 만들어 준다. 그들은 언제나 하나님께만 감사를 드린다. 죄인인 그들이 특별히 취급받아 하늘의 영광을 얻게 된 사실은 오직 감사를 일으킬 뿐이다. 그들은 주님께 대하여 확고부동한 신뢰를 가지고 평화를 누리게 된다. 왜냐하면 그 선택은 하나님의 지극한 사랑과 변함없는 작정으로 이루어졌기 때문이다(롬 9:14-16, 23). ② 우리는 선택 교리와 함께 유기될 자들도 예정하셨다는(17, 23절) 두려운 진리도 생각하지 않을 수 없다. 유기의 교리는 하나님께서 영원 전에 어떤 자들은 구원하지 않으시기로 작정하신 사실을 가리키는 것이다. 베드로전서 2:8을 보면 어떤 자들은 그리스도로 말미암아 넘어질 자들로 예정되었다 하였고, 요한계시록 13:8에는 생명책에 기록되지 않은 자들이 짐승에게 속하였다 했고, 요한복음 12:39-40을 보면 멸망받을 자들의 마음을 완고하게 하셨다고 말한다. 이 점에 있어서 칼빈(Calvin)은 다음과 같이 말하였다. "하나님께서 어떤 사람들은 내버리기 위하여 그들의 마음을 어둡게 하시며 완고하게 하셨다는 것이 인간의 지식에는 모순되는 것처럼 보인다. 왜냐하면 그들은 이미 죄를 범하여 멸망받는 것이 합당하기 때문이다. 하나님께서 그들의 마음을 완고하게 하셨다는 말은 본래 선량한 사람들을 악하게 만드셨다는 뜻이 아니다. 그들은 본래 전적으로 부패한 자들인데 하나님께서 그들을 권고하시지 않으면 마침내 자동적으로 악화된다."라고 하였다.

⚜ 해석

1-2 양심이… 증언. "양심"이란 것은 헬라어로 "쉰에이데시스"(συνείδησις)인데, "함께 안다"라는 뜻이다. 2:15의 같은 단어 해석을 참조하라. 인류가 타락한 후 그들의 양심은 어두워졌기 때문에 그것이 진리의 표준은 될 수 없으나, 옳은 것이면 행해야 한다는 명령으로서의 역할은 할 수 있다. 그러므로 사람이 자기의 허물을 반성할 때는 양심이 작용하여 사실 그대로를 마음속에 고발한다. 따라서 양심의 증거는 진실한 증거로 받아들일 수 있다. 이 양심이 성령 안에서 증거한다 함은 양심이 성령님의 인도와 감화 아래서 진리를 위반하지 않고 증거한다는 뜻이다. 사람은 정직하게 말한다고 생각하면서도 자기도 모르게 전적으로 정직하지 못한 경우가 많다. 왜냐하면 사람은 육체에 속한 생각과 감정에 끌려서 그릇되게 판단할 여지가 많기 때문이다. 그러나 중생하여 성령 안에 있는 양심은 진리대로 판단할 수 있는 양심이기 때문에(딤전 1:19) 옳은 증거를 할 수 있다.

3 내 자신이 저주를 받아 그리스도에게서 끊어질지라도. 이 말씀은 신학적으로 이해하기 어려운 듯이 보인다. 사도 바울이 앞 장 말미에서 신자는 그리스도에게서 끊어질 수 없다고 하지 않았는가? 여기에 대한 해답은 다음과 같다. 사도의 이 말은 가상이지 실제적 가능성을 말하는 것이 아니다. 여기 본문에 "저주를 받아"라는 말은 헬라어로 "아나테마"(ἀνάφεμα)인데, 여기서는 남을 대신하여 저주받음을 가리킨다. 랍비 문학에도 극도로 사랑하는 자를 위하여 대신 "아나테마"가 되기 원한다는 사상이 있다(Lietzmann). 이러한 사상은 바울의 다른 서신에서도 발견할 수 있는데, 예컨대 고린도후서 13:7, 9 말씀이다. 다른 사람을 사랑하는 사도 바울의 이 같은 열정은 예수님께서 명하신 그대로다(요 15:13). 과연 이것은 모든 전도자의 모범이다. 복음을 전하는 일은 남을 긍휼히 여기는 데서 출발하는 것이다. 루터(Luther)도 바울의

이 말에서 사랑의 진리를 발견한다. 말하자면 사람은 자기 자신을 극도로 미워해야 남을 극도로 사랑하게 된다는 것이다.[155]

4 **양자.** 이것은 헬라어로 "휘오테시아"(υἱοθεσία)인데, 본래 아들이 아닌 자를 법률상으로 아들이라고 인정하는 것을 가리킨다. 구약 시대에 이스라엘 민족이 하나님께 대하여 양자 관계를 가졌다. 하지만 그것은 백성 개개인에 대한 관계가 아니고, 신정 국가로서의 이스라엘 공동체와 하나님 간의 관계를 의미할 뿐이었다.[156] 이스라엘이 신정 국가로 하나님의 양자가 된 것은 신약 시대에 신자가 그리스도로 말미암아 영원한 기업의 양자가 될 것을 예표하는 것이었다.

영광. 이것은 하나님께서 자신을 이스라엘에게 나타내신 사실을 상징한다(출 16:10; 24:16; 레 9:6, 23).

언약들. 하나님께서 이스라엘과 더불어 언약을 맺으신 일은 아브라함 이후에 반복적으로 이루어졌던 것인데, 그 언약들은 하나님께서 넓으신 긍휼로써 자진하여 체결하신 것이다(창 15:18; 17:2; 출 19:5; 31:16; 34:10).

율법을 세우신. 모세의 율법은 단지 이스라엘 민족에게만 관련된 것이 아니라 온 인류와 관련된 것이다. 하지만 이스라엘이 그것을 먼저 받은 것은 크나큰 영광이다(신 26:18-19).

예배. 이것은 성전에서 하나님을 예배하는 일을 가리키는데, 여기서 핵심 요소는 제물이다. 제물에 대하여는 레위기에서 자세히 다루는데, 제물의 핵심은 속죄의 기능이다. 속죄제물은 그리스도를 상징하는 짐승의 피(생명)를 죗값으로 내는 것인데, 이것은 만고불변의 진리가 된다. 이스라엘이 제물을 드린 것은 하나님 앞에 향연을 베풀어드리는 의미가 아니며, 하나님의 공의

---

155) Luther, *Vorlesung über den Römerbrief,* 301. "einer durch das Zeichen des hochsten Hasses wider sich selbst die hochste Lige zum andern offenbar macht."

156) 출 4:22; 신 14:1; 32:6; 사 1:2; 렘 31:9; 호 11:1; 말 1:6.

를 만족시키는 윤리적인 것이다. 이처럼 윤리적 관점에서 행해지는 제사제도는 이방인들 사이에서는 찾아볼 수 없는 것이다.

약속들. 이것은 언약과 관련된 것으로 구약 예언자들의 예언에도 등장하는 주제다. 약속들은 아브라함 이후 모든 족장들과 예언자들이 그 성취를 기다렸던 것으로서, 예수 그리스도의 오심으로 성취되었다(행 26:6; 갈 3:16-21; 히 7:6).

5 조상들. 유대인들은 조상들에 대하여 비상한 존경심을 가지고 있었다. 바룩의 묵시록에 보면 세계가 족장들을 위하여 창조되었다는 과장된 표현도 등장한다. 예수님 당시 유대인들도 "아브라함이 우리의 아버지"라고 하며 자부심을 가졌다(행 3:13; 7:32). 성경 말씀에서도 "조상들"(아브라함, 이삭, 야곱 같은 족장들)을 위대하게 여기는 이유는 그들이 하나님의 특별한 총애를 입었기 때문이다.

육신으로 하면 그리스도가 그들에게서 나셨으니 그는 만물 위에 계셔서 세세에 찬양을 받으실 하나님이시니라. 이 구절은 구두점을 어디에 두느냐에 따라 서로 다른 의미로 번역할 수 있다. ① 우리말 성경과 같이 번역할 수도 있고, ② "육신으로 말하면 그리스도가 저희에게서 나셨도다. 만물 위에 계신 하나님은 세세에 찬양을 받으시리로다"라고 번역할 수도 있다. 이것은 한글 성경 난외주의 번역과 일치한다. ③ "육신으로 말하면 그리스도가 저희에게서 나셨고 만유의 하나님은 저희의 하나님이시니 세세에 찬양을 받으시리로다"라고 번역할 수도 있다. 이 세 가지 번역 중 첫 번째 번역이 가장 옳은 듯하다. 바울은 예수 그리스도께서 육신으로 이스라엘에게서 나신 사실에 대하여 감사한다. 그러나 이런 은혜를 받은 이스라엘이 복음을 믿지 않는 것에 대하여 바울은 크게 근심하였다.

6절. 이 구절 이하 11장 끝부분까지는 이스라엘의 실패로 말미암아 하나님의 말씀까지 실패했거나 유명무실해진 것은 아니라는 사실을 지적한다.

이스라엘의 불신앙 역시 복음의 영원한 경륜에 포함되어 있는 것이다. 그것은 결코 하나님께 의외의 사건이 아니었다. 복음의 역사는 하나님께서 정하신 선택의 원리대로 진행되는 것이다. 이스라엘 사람들 중에도 택함을 입지 못한 자들은 복음을 받지 못하게 될 것이다. 또한 이것은 헬라어 "데"(δє)라는 단어를 "그러나"라는 의미로 해석한 것으로서 문맥에 적합하다.

하나님의 말씀이 폐하여진 것 같지 않도다. 다시 말해 앞서 표현된 바울의 큰 근심은 결코 하나님의 언약의 말씀이 무위로 돌아갔다고 여기는 정도는 아니라는 것이다. 우리 일반 신자들도 여러 가지 문제로 근심이 끊이지 않는다. 그러나 그러한 근심이 마지막까지 비관적인 양상으로 흐르는 것은 아니다. 기독교 신자들의 근심에는 한계가 있으며 그에 대한 위로와 해결이 하나님께 있다. 하나님의 예정과 거룩한 뜻에 전부를 맡기는 믿음은 근심 중에도 다시 기쁨을 가져다준다.

7-13절. 이 구절들은 이스라엘의 불신앙 문제에 관한 난점을 하나님의 주권적 선택이라는 개념으로 해결한다. 하나님의 선택은 어떤 육체적 조건에도 의지하지 않는 것이다.

7 오직 이삭으로부터 난 자라야 네 씨라 불리리라. 다시 말해 하갈에게서 난 이스마엘의 계통에서 택한 백성이 나올 수 없고, 오직 이삭의 계통에서 나올 것이라는 뜻이다. 여기서 이스마엘이 아브라함의 첩에게서 태어났기 때문에 택함받지 못했다는 오해가 일어나기 쉽다. 그래서 바울은 11-13절에서 에서와 야곱의 실례를 들었다. 그들은 둘 다 리브가에게서 난 아들이었으나 하나님께서는 그들 중에서도 택하고자 하신 아들을 택하셨다는 사실이 드러난다. 하나님의 선택은 전적으로 그의 기쁘신 뜻대로 이루어지는 것이다.

11 택하심을 따라. 우리가 다른 나라에 이민을 가기 위해서는 그 나라 법에 따라 허가를 받아야 한다. 그와 마찬가지로 하늘나라에 들어갈 자들은 하나

님께 선택받은 자들뿐이다. 인생들 중에는 천국에 가지 못하고 영원히 멸망당할 자들도 있음을 우리가 알고 있다. 만일 하나님께서 그들도 천국에 들어가도록 결정하셨다면, 그들이 그렇게 되지 않았을 것이다. 전능하신 하나님께서는 자기의 결정을 무효로 만들지 않으신다. 그들이 구원받지 못한 이유는 그들이 하나님께서 택하신 백성이 아니기 때문이다. 그러므로 우리는 본문에서 "이스라엘에게서 난 그들이 다 이스라엘이 아니요"(6절)라고 하신 말씀을 두렵게 들어야 한다.

13 야곱은 사랑하고 에서는 미워하였다. 말라기 1:2-3을 참조하라. 하나님께서 에서를 "미워하셨다" 함은 감정적인 증오를 뜻하는 것이 아니라 그를 택하지 않으셨다는 말이다. 어떤 이는 누구는 택하고 누구는 택하지 않는 행위가 무자비하게 느껴진다고 할 수도 있다 그러나 그는 하나님이 누구신지 모르기 때문에 그렇게 느끼고 말하는 것이다. 하나님은 절대적 주권자이시기 때문에 진정한 하나님이시다. 하나님은 그의 기쁘신 뜻대로 그를 거슬러 죄인 된 인생들 중에서 어떤 자들은 선택하시고 어떤 자들은 유기하신 것이다. 여기서도 하나님이 그의 기쁘신 뜻대로 하신 선택은 전횡적 행위가 아니고 오직 그의 지혜와 사랑과 공의로 하신 일이다.

14-15 하나님께 불의가 있느냐. 이것은 무조건적 선택 교리와 관련하여 던질 수 있는 첫 번째 가상적 질문이다(두 번째 가상적 질문은 19절에 나온다). 이 질문에 대한 답변은 다름 아니라 "나는 은혜 베풀 자에게 은혜를 베풀고 긍휼히 여길 자에게 긍휼을 베푸느니라"(출 33:19)라고 하신 말씀이다. 사람이 구원받는 것은 자기 공로 때문이 아니고 다만 하나님의 은혜로 말미암는다는 것이다. 하나님께서 구원을 시행하실 때 임의적으로 행하시는 것은 절대적 자유자이신 하나님께 합당한 일이다. 하나님이 행하시는 일을 제한하거나 규제할 수 있는 그 어떤 타율도 존재하지 않는다. 그 일은 다음과 같은 이유들로 정당하다. ① 하나님이 어떤 사람들에게 구원을 주시는 것은 그가 기쁘

신 뜻에 따라 은혜를 주시고자 하는 자에게 자의로 은혜를 베푸시는 일이다. 그것은 워버튼(Warburton)의 말과 같이 어떤 부인이 고아원에 가서 한 아이를 자기 아들로 택하여 데리고 가는 것과 같은 일이다. 우리는 그 부인을 가리켜 불공평하거나 불의한 자라고 비난할 수 없다. ② 죄로 말미암아 멸망한 세상 사람들을 전부 구원하신다면, 하나님의 공의와 진노를 나타낼 길이 없으며, 죄의 결과가 얼마나 무서운지 보여줄 수도 없다. ③ 제한 속죄는 구원받은 자들로 하여금 그들이 받은 구원이 오로지 은혜로만 주어진 것임을 알게 하고, 깊은 감사와 찬송을 세세토록 드리게 만든다.

19-21 하나님이 어찌하여 허물하시느냐. 이것은 두 번째 가상 질문인데, 18절 끝에 나오는 "완악하게" 하신 사실과 관련하여 던지는 질문이다. 말하자면 "택함받지 못한 바로의 마음을 완고하게 만드신 분이 하나님 자신이라면 그가 바로에게 허물을 추궁하실 이유가 없지 않은가?" 하는 질문이다. 하지만 이것 역시 하나님이 어떤 분이신지 모르고 던지는 질문이다. 그러므로 여기에 대한 답변의 내용은 "이 사람아"라는 부름으로 시작하여 "너는 사람이니 사람의 척도로 하나님을 헤아리지 말라. 하나님은 사람이 아니시고 사람을 지으신 분이시니, 사람을 임의대로 주관하실 권한이 없으시겠는가?" 하는 취지의 말씀이다. 하나님이 바로를 완악하게 하셨다고 해서 하나님을 가리켜 악에 대한 직접적인 책임자라고 말하는 것은 어리석은 일이다. 바로의 마음을 완악하게 하셨다는 것은 하나님이 그를 권고하시지 않고 내버려 두시니 바로 자신의 악한 마음이 제멋대로 완악해진 것을 의미한다. 그러므로 바로의 마음이 완악해진 책임이 하나님께 있는 것은 아니다.

22 진노를 보이시고 그의 능력을 알게 하고자 하사. 하나님께서 사람을 창조하실 때 그들에게 자신의 형상을 주신 목적은 그들이 하나님을 아는 지식을 가지도록 하시기 위함이었다. 하나님은 이러한 목적을 영원토록 지니신 채로 인간과 관계하신다. 그는 사랑의 성품만 드러내시는 것이 아니라 필요에 따라

공의를 보이시기 위해 재앙이나 징계를 내리기도 하신다. 이처럼 하나님은 자기 진노의 권능을 인간에게 알리시기 위해 악한 자들의 방종을 그대로 내버려 두신다. 악한 자가 없다면 하나님의 공의가 나타날 길이 없을 것이다. 그리하여 하나님께서는 악한 자를 속히 멸절하지 않으시고 오래 참으시는 것이다.

멸하기로 준비된 진노의 그릇. 이 말은 끝까지 회개하지 아니하는 악한 자들을 가리킨다. 하나님께서 은혜 베푸시는 일과 벌주시는 일이 없다면 우리는 하나님을 알기 어렵다. 그런데 하나님의 은혜를 받을 그릇은 누구인가? 그것은 24절 이하에 제시되고 있다.

23 또한 영광 받기로 예비하신 바 긍휼의 그릇에 대하여 그 영광의 풍성함을 알게 하고자 하셨을지라도 무슨 말을 하리요. 여기서 "예비하신"이라는 말은 헬라어로 "프로에토이마센"(προητοίμασεν)인데, 앞절에 나오는 "준비된"(κατηρτισμένα)이라는 단어와는 의미가 다르다. "준비된"(22절)이라는 표현은 진노의 그릇이 된 사람 자신이 멸망에 합당하도록 행동으로 준비되었음을 가리킨다. 그러나 23절의 "예비하신"이라는 말은 하나님께서 영원 전부터 영광 받을 그릇을 선택하셨음을 가리킨다(Greijdanus). 이 구절에서 바울 사도가 의도한 바는 하나님의 예정을 말하는 동시에 하나님의 구별 행위의 주권성을 변증하는 것이다.

24-26 유대인 중에서뿐 아니라 이방인 중에서도 부르신 자. 여기서는 하나님의 선택 행위에 민족적 차별이 없음을 강조하면서 성경의 예언을 근거로 인용한다. 어떤 일이 예언의 성취로 이루어졌다면 우리는 그 일이 참되다고 말할 수 있으며, 그것에 대해서는 추호의 의심도 하지 말아야 한다.

여기(25-26절) 인용된 말씀은 호세아 1:10; 2:23의 예언이다.

내 백성이라. 호세아가 예언할 당시 유대인들은 포로 되어 이방 땅에 흩어져 살고 있었다. 그런데 호세아는 그들이 흩어진 장소에서 하나님의 권고를 받아 회복되는 때가 찾아올 것을 예언한 것이다. 한편으로 이 예언은 간접적으로 이방인들이 하나님의 사랑을 입어서 복음을 받고 천국에 들어가게 될 것을 가리키기도 한다. 이 운동은 갑작스럽게 일어나는 것이 아니고 하나님께서 영원 전에 선택해 두셨던 이방인들을 이제 부르시어 일으키신 것뿐이다.

27-29절. 이 구절들은 이사야 10:22의 인용인데, 유대인들도 오직 선택의 원칙에 따라 구원받는다는 진리를 확증한다(참조. 24절).

남은 자만 구원을 받으리니. "남은 자"라는 말은 히브리어로 "셰아르"(שְׁאָר)인데, 이것은 하나님께서 이스라엘을 징벌하실 때 남겨두신 부분, 다시 말해 하나님께서 택하신 부분을 가리킨다.

말씀을 이루고 속히 시행하시리라. 이것은 하나님께서 말씀하신 대로 반드시 이루시고야 만다는 뜻이다. 그러나 다른 주석가들은 이것이 하나님께서 이스라엘의 남은 백성을 앗수르의 멍에에서 구원하시기 위하여 앗수르를 멸절하기로 정하셨다는 말이라고 해석한다.

씨를 남겨 두지. 이것은 27절의 "남은 자"와 같은 맥락의 말씀이다.

30-33절. 이 구절들은 다음 장의 머리말이라고 할 수 있다. 여기서부터 다음 장 끝까지는 이스라엘이 의를 얻지 못한 것에 대한 인간 편에서의 이유, 곧 그들의 불신앙을 지적한다. 이스라엘이 의를 얻지 못한 근본적인 이유는 6-29절에서 논한 것처럼 하나님의 자유로운 선택에 달린 것이다. 그리고 인간 편에서의 이유는 그들이 신앙으로 말미암은 의를 순종하지 않았다는 점이다. 여기서 인간 편에서의 이유는 표면적인 것이며 앞에서 논한 근본적인 이유에서 비롯된 결과다. 따라서 이 표면적인 이유는 근본적인 이유의 존재 여부를 밝혀주는 증거물이라고 할 수 있다.

30-31 의를 따르지 아니한 이방인. "이방인"은 모세의 율법을 알지 못하며, 따라서 그것을 지켜 의인이 되려고 노력하지도 않는다.

믿음에서 난 의. 다시 말해 "복음을 믿음으로써 값없이 얻는 의"라는 뜻이다.

의의 법을 따라간 이스라엘. 이스라엘은 모세의 율법을 자력으로 행하여 의를 얻고자 하는 노선을 택한 것이다.

32 믿음을 의지하지 않고 행위를 의지함. "믿음"은 그리스도를 믿음을 뜻한다. 그 당시 유대인 중에는 불신자들이 많았다. "행위에 의지함"이라는 말은 "행위에 의지하여 목적을 이룰 수 있을 것처럼 생각함"이라고 번역하는 것이 적절하다. 리츠만(Lietzmann)은 여기서 헬라어 원문의 "처럼"(ὡς)이라는 표현이 이스라엘의 노력에 연루된 주관적 착오를 지적한다고 말한다. 그들은 하나님이 주신 복음의 의는 받지 않고 스스로의 행위로 의를 이루려는 허망한 노력을 일삼았다.

부딪칠 돌에 부딪쳤느니라. "돌"은 그리스도를 뜻하는데(눅 20:17-18; 벧전 2:4), 그리스도의 인격과 진리의 견실성을 가리킨다. 이 돌을 거스르는 자는 걸려 넘어지고, 이 돌이 사람들 위에 떨어져 최종적인 심판을 행할 때는 그들이 부스러진다고 하였다(눅 20:17-18). 세상에서 아무리 단단한 돌이나 철이라도 그리스도의 진리가 가진 견고함을 당해낼 수 없다. 이스라엘 사람들은 이것을 거스르다가 걸려 넘어진 것이다.

33 기록된 바 보라 내가 걸림돌과 거치는 바위를 시온에 두노니 그를 믿는 자는 부끄러움을 당하지 아니하리라. 이것은 이사야 28:16과 8:14을 혼합하여 인용한 것이다. "부끄러움"이라는 말은 실패를 가리킨다. 반석 같은 복음을 믿는 자는 실패하는 일이 없다.

평주

나에게 큰 근심이 있는 것(1절). 바르트(K. Barth)는 이 구절에 대해 다음과 같이 말하였다. "복음은 교회를 철폐하고 교회는 복음을 철폐한다."[157] 그는 덧붙여서 "우리는 우리 자신이 옳고 남들은 그릇되었다고 말할 만한 처지에 있지 않다."라고 하였다.[158]

앞에 언급한 바르트의 첫 번째 발언은 교회가 복음이 그들의 것이라고 확신 있게 주장할 수 없다는 뜻이다. 다시 말해 교회와 복음이 서로를 포섭하지 못하는 모순적인 관계에 있다는 것이다. 그러나 칼빈(Calvin)은 교회를 복음과 모순되는 것으로 여기지 않았다. 그는 교회가 가진 하나님의 말씀의 역사와 성례의 시행이 중대한 역할을 가진 것으로 보았다(Inst, Vol. Ⅱ, p. 238). 바르트의 두 번째 발언은 교회가 특정한 교리를 확고하고 안전한 진리로 대담하게 주장할 수 없다는 의미다. 그러나 칼빈(Calvin)과 루터(Luther)는 "이단"이라는 것이 있음을 확실히 밝히고 있다. 바르트의 논지에 따르면 이단이라고 불릴 수 있는 교리는 없는 것이다. 그러나 성경은 이단을 분별하여 멀리해야 할 것을 분명히 가르치고 있다(딛 3:10).

나의 형제 곧 골육의 친척을 위하여 내 자신이 저주를 받아 그리스도에게서 끊어질지라도 원하는 바로라(3절). 바울은 이러한 말로써 이스라엘 민족의 불신앙에 대해 심히 한탄하는 것이다. 바울은 여기서 자신과 그의 골육 친척 중 불신자들 사이에 행복과 불행의 차이가 있음을 분명히 한다. 그러나 바르트는 이 말을 정반대로 해석한다. 그는 말하기를 "바울은 바리새인들을 자기의 형제라고 하였다. … 그는 그들에게 진리 지식이 없다는 사실을 분명히 알고 있음에도 자기 자신을 그들과 같은 자로 여기며 하나님에 대한 자신의 무지로 인해 승복한다."라고 하였다.[159] 바르트의 이 같은 말에 따르면, 바울이 그리스도 신

---

157) K. Barth, *Römerbrief*, 317.

158) *Römerbrief*, 318. "Wir bekommen keine Gelegenheit, recht zu haben gegen Andere, die im Gegensatz zu uns unrecht hatten."

159) *Römerbrief*, 319-320.

자인 자신과 그리스도를 반대하는 바리새인(불신 이스라엘)을 동일시하였다는 것이다. 그러나 그것은 잘못된 해석이다. 바울이 근심한 이유는 자신이 바리새인이나 불신 유대인보다 신앙적으로 나은 점이 없다는 생각 때문이 아니었다. 오히려 그는 자신이 그들과 달리 은혜를 받아 영원한 구원을 받았다는 사실을 확신하고 그들을 불쌍히 여기는 마음으로 근심한 것이었다. 바르트는 자신의 철학적 편견에 지배되어 이 성경 구절을 오해하였다.

그러나 하나님의 말씀이 폐하여진 것 같지 않도다(6절). 바울은 자기 동족의 영적 실패를 목격하고 애통하게 여겼다. 그렇다면 거룩한 언약을 받은 민족의 실패는 곧바로 언약 자체의 실패를 의미하는가? 그렇지 않다. 왜냐하면 언약에 따라 실시되는 구원은 이스라엘 민족이나 아브라함의 자손이라는 혈통적 인연에 근거한 것이 아니고 하나님의 선택으로 말미암은 아브라함의 영적 자손으로서의 신분에 근거한 것이기 때문이다. 따라서 거룩한 언약은 육신적 이스라엘 내에서만 아니라 이방 민족들 가운데서도 성취되어 간다.

그러나 바르트는 이 난제를 바울과는 전혀 다른 방향으로 해석한다. 그의 해석에 따르면 우리는 현상계의 교회를 척도로 삼아서 언약의 실패 여부를 논할 수 없다. 한마디로 이스라엘 민족이 현상계에서 불신앙의 태도를 보인다고 해서 그들의 구원을 의심할 수는 없다는 것이다. 그는 "교회는 하나님의 말씀을 선포하고 청종하는 사람들의 모임이다. 완전하신 하나님의 말씀을 접하게 된 인간의 입술과 귀는 그 불완전성을 드러내지 않을 수 없다. 따라서 그들이 하나님의 말씀을 받아 전파하는 순간에 곧바로 그 말씀은 진리성을 상실하고 만다."라고 하였다.[160] 바르트의 이러한 주장은 현상계의 교회를 통해서는 하나님의 말씀을 성취할 수 없다는 것이다. 그러나 본문에서 바울은 현상계의 교회로 말미암아 하나님의 말씀이 성취된다는 사실을 무

---

160) *Römerbrief*, 1923, 325-326.

시하지 않는다.

약속의 자녀… 택하심을 따라 되는 하나님의 뜻이 행위로 말미암지 않고 오직 부르시는 이로 말미암아 서게 하려 하사(8-11절). 바르트는 이 구절들을 통해 "선택"의 불안정성을 논하였다. 성경은 분명히 선택이나 예정을 고정되고 변함없는 사실로 말하였다(롬 8:30-39). 그러나 바르트는 그러한 진리를 거슬러서 신자는 동시에 불신자이며, 하나님의 자녀는 동시에 비자녀이고, 선택은 동시에 유기라는 반대 논리를 펼쳤다. 이것이 바르트의 소위 이중 예정(Doppelheit der Prädestination) 교리다. 이런 예정론은 성경적이지 않다.

내가 긍휼히 여길 자를 긍휼히 여기고(15절). 이 구절에 대하여 바르트는 또다시 오해하여 다음과 같이 말하였다. "인간의 견지에서 이런 하나님, 곧 긍휼히 여길 자를 긍휼히 여기시는 하나님은 한 전제자이니 이런 폭군에게는 인간이 반역할 수밖에 없다. 그러나 하나님을 아는 지식에 이르는 길은 모순의 절벽 끝으로 가지 않음이 없다."[161] 바르트는 여기서 하나님이 긍휼히 여기기로 작정하신 자를 긍휼히 여기신다는 말씀에 대하여 냉혹하게 느낀 것이 분명하다. 그리고 그는 하나님에 대한 인간의 인식이 위기를 내포하고 있다는 변증법적 사색에 의하여 이 같은 냉혹함을 해결하려 한다. 하지만 하나님께서 구원받을 자를 예정하신 행동(긍휼히 여길 자를 긍휼히 여기는 행동)은 결코 냉혹한 것이 아니다. 루터(Luther)는 그것이 도리어 달고 아름답다고 하였다. 그가 그렇게 말한 이유는 "구원을 이루시는 이가 홀로 하나님 한 분이시기 때문"이다.[162]

멸하기로 준비된 진노의 그릇… 영광 받기로 예비하신 바 긍휼의 그릇(22-23절). 바르트는 이 구절들에 대하여 주석하기를, "사람들은 에서의 하나님과 씨름하다

---

161) *Römerbrief*, 335.

162) *Vorlesung über den Römerbrief*, 309. "dess er allein das Heil schaffe."

가 야곱과 이스라엘이 된다"고 하였다.[163] 이 같은 해석은 성경 말씀의 본뜻을 오해한 것이다. 이 구절은 확정된 것이 없는 이중 예정을 가르치지 않는다. 다시 말해 본문은 에서가 변하여 야곱이 될 수도 있다는 변동성 있는 예정 교리를 가르치지 않는다. 바울은 24절에서 "이 그릇은 우리니"라고 말함으로써 예정된 성도들이 영원 전에 이미 예비되어 있었다는 사실을 지적한다.

의의 법을 따라간 이스라엘은 율법에 이르지 못하였으니(31절). 바르트는 이 구절에 대하여 또다시 그릇된 자신의 해석을 제시한다. 그는 다음과 같이 말하였다. "교회는 주관주의의 종교 대신에 객관주의의 종교를 가져보거나 경건한 행위를 실천해보아도 결국 아무것도 얻을 수 없음을 깨달아야 한다. … 종교적 경험은 인간적인 것이며, 그와 동시에 하나님께 대하여 의문스러운 관계를 가질 뿐이다."[164]

여기서 바르트는 신앙과 행위의 밀접한 관계를 무시한다. 그러나 여기서 바울이 주장하는 바는 올바른 선행을 위한 노력이 허무하게 되었다는 것이 아니다. 바울의 요지는 행위를 통해 의를 얻으려는 유대인들의 그릇된 노력이 허무하게 되었다는 것이다. 개혁교회의 신학은 하나님의 은혜로 말미암은 참된 선행이 실제성을 갖는다고 가르치며, 더욱이 그러한 노력이 없어서는 안 된다고 믿는다. 루터(Luther)는 본 장 16절에 있는 "달음박질하는 자로 말미암음도 아니요"라는 말씀을 가지고 선행을 위한 신자의 노력을 오히려 변호하였다. 그는 말하기를, 이 성구는 선행을 무시하는 것이 아니라 구원이 사람의 선행에 좌우되는 것이 아니라는 사실을 지적하는 것일 뿐이라고 하였다. 그리고 그는 그 사람의 선행이 그의 것이 아니고 하나님의 은혜로 주어

---

163) *Römerbrief*, 343.

164) *Römerbrief*, 349-350.

지는 것이라고 하였다.[165] 이렇게 루터는 정당한 신앙과 은혜로운 선행의 노력이 서로 분리되지 않는 것이라고 여겼다.

설교 바울의 동족애(1-5절)

하나님께서는 사람이 자기 민족만 사랑하지 말고 다른 민족도 존중해야 한다고 가르치셨다. 요나는 유대인이었지만 이방 나라인 니느웨에 가서 전도하도록 보내심을 받았다. 그와 동시에 하나님의 말씀은 사람이 자기 동족도 사랑해야 한다고 가르치신다. 디모데전서 5:8에 말하기를, "누구든지 자기 친족 특히 자기 가족을 돌보지 아니하면 믿음을 배반한 자요 불신자보다 더 악한 자니라"라고 하였다. 본문 3절에서 "친척"이라는 단어는 동족을 의미할 수도 있다. 그런데 동족애에도 여러 종류가 있는데, 성경 말씀이 가르치는 동족애가 참된 것이다.

1. 성경이 가르치는 동족애

성경이 가르치는 동족애는 신본주의적인 것이다. 다시 말해 그것은 하나님 제일주의에 바탕을 둔 것이다. 혈통을 사랑하는 동족애는 교만의 죄를 범하는 것일 뿐이다. 진정한 동족애는 하나님의 진리에 근거해야 하며, 하나님을 영화롭게 할 목적으로 민족을 사랑하는 것이어야 한다. 진정한 동족애는 하나님의 영광을 위하여 민족이 존재한다고 생각한다. 사도 바울이 이스라엘 동포를 사랑한 이유는 그들이 일찍이 하나님의 은혜를 받았으므로 하나님을 영화롭게 할 위치에 있는 자들이었기 때문이다. 그는 이스라엘에 대하여 말하기를, "그들은 이스라엘 사람이라 그들에게는 양자 됨과 영광과 언약

---

165) *Vorlesung über den Römerbrief*, 310.

들과 율법을 세우신 것과 예배와 약속들이 있고 조상들도 그들의 것이요 육신으로 하면 그리스도가 그들에게서 나셨으니 그는 만물 위에 계셔서 세세에 찬양을 받으실 하나님이시니라 아멘"이라고 하였다(4-5절). 이것은 하나님 제일주의에 따른 동족애로서 민족 지상주의와는 반대되는 것이다. 진정한 동족애를 가졌던 모세는 하나님께서 이스라엘을 멸망시키려 하실 때 기도하기를, "주 여호와여 주께서 큰 위엄으로 속량하시고 강한 손으로 애굽에서 인도하여 내신 주의 백성 곧 주의 기업을 멸하지 마옵소서 주의 종 아브라함과 이삭과 야곱을 생각하사 이 백성의 완악함과 악과 죄를 보지 마옵소서 주께서 우리를 인도하여 내신 그 땅 백성이 말하기를 여호와께서 그들에게 허락하신 땅으로 그들을 인도하여 들일 만한 능력도 없고 그들을 미워하기도 하사 광야에서 죽이려고 인도하여 내셨다 할까 두려워하나이다"라고 하였다(신 9:26-28). 이 말씀을 보면 모세는 민족 때문에 민족을 사랑한 것이 아니라 하나님 때문에 민족을 사랑하였다.

2. 성경적 동족애의 실천에 대하여

우리는 사도 바울에게서 성경적 동족애를 실천하는 방법을 배워야 한다. 그는 동포들의 육신보다 그들의 영혼 구원을 위하여 근심하였다. 바울은 이스라엘 민족이 그리스도를 믿지 않음을 인하여 크게 근심하였다. 따라서 신자들의 동족애는 복음 전도를 통해 완성된다. 그러나 이와 관련해서도 우리가 명심할 것이 있다. 그것은 복음을 전파하는 일차적인 목적은 하나님을 영화롭게 하는 것이지, 나라를 건설하는 것이 아니라는 사실이다. 살기 좋은 나라를 건설하려는 목적으로 복음을 전한다면 그것은 사회 복음주의니 정당한 것이 아니다. 우리 신자들에게 이 세상은 안식을 누릴 곳이 아니라 부지런히 일할 곳이다. 우리가 안식을 누릴 곳은 다가오는 세상, 곧 영광의 천국이다.

우리는 이 세상에서 상급과 안식을 기대해서는 안 되며, 다만 삶의 모든 부분에서 하나님의 진리대로 일할 뿐이다. 우리가 하는 모든 일은 복음 전도를 목표로 삼은 것이어야 한다. 우리는 정치, 사업, 교육을 위시하여 모든 분야에서 복음 전도를 목표로 해야 한다. 물론 이처럼 다양한 분야에서 복음을 전하는 일은 직접적인 방식이 아니라 간접적인 방식으로 이루어져야 하는데, 그것은 우리가 일터에서 우리의 인격으로 빛과 소금의 역할을 감당함으로써 실현될 수 있다. 미국의 초대 대통령 조지 워싱턴(George Washington)은 진정한 애국자였다. 그가 바울처럼 직접 복음을 전하지는 않았지만, 그는 자신이 맡은 직책을 하나님의 말씀대로 수행했다. 그는 독립전쟁 중에 밸리 포지(Valley Forge) 주둔지 근처에 있는 수풀에서 눈밭에 꿇어앉아 기도하였다고 한다.

설교 진정한 동포애(1-5절)

인간은 다른 사람, 특히 이웃에 대하여 연대관계를 가지고 있다. 연대관계는 인간의 고귀한 특성 가운데 하나다. 그는 이웃 사랑하기를 자기 자신에게 하듯이 해야 한다. 어떤 의미에서는 세상 모든 사람이 우리의 이웃이다. 그러나 우리의 동포는 특별한 의미에서 우리의 이웃이다. 진정한 동포애는 그들의 영혼 구원에 가장 큰 관심을 가진다. 우리가 이웃을 사랑한다면 그들이 예수를 믿도록 힘써야 한다. 인간으로서 최고의 행복은 예수를 믿는 것이다. 우리가 다른 사람들이 예수를 믿게 하는 일에 힘쓰기 위해서는 다음과 같은 자세가 필요하다.

1. 예수를 믿지 않는 것이 최대의 불행인 줄 알아야 한다

인간은 육체와 영혼으로 이루어져 있다. 우리의 육신이 병들면 고통스러운 것처럼, 병든 영혼은 육신을 떠날 때 지옥의 고통을 받게 된다. 지옥의 고통이 얼마나 참혹한지 아는 자는 불신자를 불쌍히 여길 것이다. 윌리엄 부스(William Booth)는 신학생들에게 개인 전도를 가르치면서 말하기를, "내가 당신들을 지옥에 두 주간 동안만 보낼 수 있으면 좋았을 텐데."[166]라고 하였다고 한다. 다시 말해 그들이 지옥에 가서 그 고통이 얼마나 참혹한지를 직접 경험하게 되면 세상 사람들 중 하나라도 지옥에 가지 않도록 힘쓰게 될 것이라는 의미다. 우리는 예수를 믿지 않는 사람들이 얼마나 불행한지 알아야 한다.

2. 희생적으로 영혼을 구원하려고 힘써야 한다

선한 일은 노력 없이 이루어지지 않는다. 모든 좋은 일은 수고의 열매다. 심지 않고 거두는 법이 없고, 전쟁하지 않고 원수를 정복할 수 있는 방법은 없다. 우리는 남들의 영혼을 위하여 고통스러운 기도와 쓰라린 수고와 힘겨운 봉사를 해야 한다. 사도 바울은 다른 사람들을 그리스도께로 인도하기 위하여 얼마나 수고를 하였던가? ① 그는 수도 없이 명예 훼손을 당하였다(고후 6:8). 그는 "전염병"이란 말도 들었고, "나사렛 이단의 우두머리"란 말도 들었고(행 24:5). 미쳤다는 말도 들었다(행 26:24). ② 그는 육신의 고통도 많이 받았다. 고린도후서 11:23-28에 말하기를, "그들이 그리스도의 일꾼이냐 정신 없는 말을 하거니와 나는 더욱 그러하도다 내가 수고를 넘치도록 하고 옥에 갇히기도 더 많이 하고 매도 수없이 맞고 여러 번 죽을 뻔하였으니 유대인들에게 사십에서 하나 감한 매를 다섯 번 맞았으며 세 번 태장으로 맞고 한 번 돌로 맞고 세 번 파선하고 일 주야를 깊은 바다에서 지냈으며 여러 번 여행하면서 강의 위험과 강도의 위험과 동족의 위험과 이방인의 위험과 시내

---

166) "I wish I could send you all to hell for two weeks."

의 위험과 광야의 위험과 바다의 위험과 거짓 형제 중의 위험을 당하고 또 수고하며 애쓰고 여러 번 자지 못하고 주리며 목마르고 여러 번 굶고 춥고 헐벗었노라 이 외의 일은 고사하고 아직도 날마다 내 속에 눌리는 일이 있으니 곧 모든 교회를 위하여 염려하는 것이라"라고 하였다. 어떤 성도는 말하기를, "십자가의 도는 전하는 자도 십자가에 못 박혀야만 전할 수 있는 도다."라고 하였다.

제 10 장

⚜ 내용분해

1. 이스라엘에 대한 바울의 뜨거운 관심(1절)
2. 의를 얻음에 대한 이스라엘의 무지(2-4절)
3. 율법으로 말미암는 의와 믿음으로 말미암는 의의 대조(5-13절)
4. 믿음의 중요성과 그 출처(14-17절)
5. 이스라엘이 핑계할 수 없음(18-21절)

⚜ 개요

1. 이스라엘에 대한 바울의 뜨거운 관심(1절). 바울은 앞 장 끝부분에서 이스라엘이 의에 이르지 못하고 실패했다는 사실을 지적하였다. 그러나 바울이 그들을 사랑하지 않아서 그런 지적을 한 것은 아니었다. 그는 이스라엘의 구원을 위하여 간절히 기도하는 자였다(10:1; 참조. 9:1-3).

그는 이 말씀 가운데서 이스라엘의 구원에 대한 소망도 암시하고 있다.

이리하여 그는 유대인 앞에서 이방인들의 교만한 태도를 보일 여지를 미리 막는다.[167]

이스라엘을 비판하는 바울의 삶에는 그들을 위한 간절한 기도가 숨어 있었다. 남을 위해 기도하지 않으면서 비판만 하는 것은 도리어 역효과를 내는 법이다. 남을 위하여 끊임없이 기도하는 일은 그를 가장 뜨겁게 사랑할 때만 가능한 것이다.

2. 의를 얻음에 대한 이스라엘의 무지(1-4절). 이스라엘은 인간적인 힘으로 의를 얻으려 하였는데, 그것은 율법으로 말미암는 의를 추구하는 무지한 행동이었다. 율법을 통해 의를 얻는 것은 인간으로서는 불가능한 일이다(3:10-11). 그렇기 때문에 그리스도께서 우리를 대신하여 율법의 의를 완성해 주셨다. "그리스도는… 율법의 마침이 되시니라"(4절)라는 말씀이 그것을 의미한다. 믿음으로만 의를 얻는 제도는 율법에 의해서도 뒷받침된다(3:21, 31). 구원받는 길은 구약에서나 신약에서나 오직 은혜의 길밖에 없다.

3. 율법으로 말미암는 의와 믿음으로 말미암는 의의 대조(5-13절). "의를 행하는 사람은 그 의로 살리라 하였거니와"(5절)라는 말씀은 율법으로 말미암는 의를 추구하는 자들을 묘사하는데, 이것은 실현 불가능한 것이다. 그러나 믿음으로 말미암는 의는 은혜에 속한 것으로서 우리가 얼마든지 받을 수 있는 것이다. 이처럼 믿음으로 말미암는 의라는 것은 신자에게 어렵지 않게 주어지는 반면에, 율법으로 말미암는 의는 우리가 얻고자 한다고 해서 얻을 수 있는 것이 아니다.

---

167) Augustine, *Propos. ex. ep. ad Rom.* 66.

4. 믿음의 중요성과 그 출처(14-17절). 기독교의 중심은 예수 그리스도를 믿는 것이다. 하나님은 우리의 외모를 보시지 않으며 우리의 믿음을 보시고 기뻐하신다. 예수님은 그를 찾아온 두 맹인의 눈을 만지시면서 “너희 믿음대로 되라” 하셨고(마 9:29), 혈루증 앓는 여인에게는, “딸아 안심하라 네 믿음이 너를 구원하였다”라고 하셨다(마 9:22). 세상에서는 우리가 주님을 눈으로 보는 일에 집착하면 안 된다. 주님을 보지 못하고도 사랑하고(벧전 1:8), 보지 못함에도 눈으로 보는 것처럼 여기는 것이(히 11:1-3) 믿음의 특색이다. 주님을 보지 못하고 믿는 것이 오히려 하나님을 존귀하게 여기는 미덕을 겸한 자세다. 주님을 눈으로 보는 것은 우리가 세상을 떠날 때 이루어지는 일이다. 그때가 이르기 전에 이 세상에서는 그를 볼 수 없다. 그러므로 이 세상에 머무는 동안 우리는 그를 믿는 것으로 만족해야 한다. 그렇다면 믿음은 어떻게 생기는 것인가?

1) 믿음은 말씀을 들을 때 생겨난다(17절). 신앙은 권위자의 증언을 따르는 것이다. 이는 마치 길을 모르는 나그네가 안내자의 인도를 따라가는 것과 같다. 풀러(A. Fuller) 목사가 말을 타고 설교하러 가는 길에 비가 많이 내렸다. 비로 인해 시내가 넘쳐서 건너기 어려워 보였다. 이때 한 농부가 그에게 말하기를, “그리 깊지 않으니 건너가시오.”라고 하였다. 풀러 목사는 그 말을 믿고 시냇물 가운데로 들어섰다. 그런데 물이 점점 깊어져서 타고 가던 말의 배에까지 차올랐고 그는 겁을 내어 돌아서려고 했다. 그때 농부가 다시 말하기를 “더 이상 깊어지지 않으니 걱정 말고 건너시오.”라고 하니 목사는 그의 말을 믿고 무사히 건너갔다. 이와 마찬가지로 성경은 우리를 하나님께로 인도하는 권위의 말씀이다. 그리스도의 말씀은 이 세상에 관심을 두는 것이 아니고 하나님 나라를 중심으로 삼는 것이다. 그 말씀의 특징은 무엇보다도 진실성이다. 더불어 그의 말씀은 영이니 생명의 말씀이다(요 6:33). 그리스도의 말씀을 전파하는 곳에 그리스도가 함께하신다(마 28:19-20).

2) 사람이 그리스도의 말씀을 어떻게 듣게 되는가? 하나님께서는 사람을 세워서 그리스도의 말씀을 외치도록 하셨고 그리하여 사람들이 그리스도의 말씀을 듣게 된다. 사람이 타락하면 짐승만도 못하게 되지만, 하나님의 손에 붙들리면 천사보다 탁월한 일을 하게 되는데, 그것이 바로 복음을 전파하는 일이다(벧전 1:12). 하나님께서는 복음을 전하는 일에 천사보다는 사람을 택하여 쓰신다. 수천 년 기독교 역사에서 일어난 회개 운동은 하나님께서 사람을 세워서 일하게 하심으로써 발생한 것이었다. 사람은 하나님의 형상으로 지음받았기 때문에 그가 하나님의 은혜를 받아 올바로 행하기만 하면 하나님의 형상을 반영할 수 있다. 특히 그가 그리스도의 말씀을 외칠 때에 더욱 그러하다.

5. **이스라엘이 핑계할 수 없음**(18, 21절). 이스라엘은 예수님과 사도들의 전도를 많이 듣고도 그 말씀에 순종하지 않았는데, 이는 구약의 예언대로 이루어진 일이다(18, 21절). 그러므로 그들이 믿지 않은 책임은 그들 자신이 져야만 한다.

해석

1절. 이 구절은 이스라엘을 향한 바울의 소원을 말해준다. 한마디로 바울은 구원의 도리인 복음을 모르는 이스라엘이 복음을 깨닫고 구원받는 자리에 이르기를 간구한다.

내 마음에 원하는 바와 하나님께 구하는 바. 여기서 "원하는 바"라는 말은 헬라어로 "유도키아"(εὐδοκία)인데, 호의 혹은 기쁜 뜻을 의미한다. 만일 사도 바울이 이스라엘의 무지를 보고 그들을 업신여겼다면 그들을 위해 기도하지는 않았을 것이다. 하지만 그는 자신에게도 의가 없다는 것을 알았다. 그는 다른 동족들에 대하여 연대책임 의식을 느꼈을 뿐이다. 복음은 인본주의적인 의를 정죄하는 동시에 사람들끼리 서로에 대해 가지는 차별의식을 어리석게 여긴다. 그러므로 우리는 서로가 함께 큰 환난에 빠진 것으로 여기고 서로를 위해 연대의식을 갖고 기도해야 한다.

2 **지식을 따른 것이 아니니라.** 이스라엘 사람들은 하나님이 계시하신 진리대로 하나님의 의를 받아야 한다는 것을 깨닫지 못하고, 자기 힘으로 의를 얻으려고 어리석게 행하였다. 그것이 율법주의다.

율법주의는 결국 그리스도의 속죄에 대한 불신앙이다. 그리스도께서는 죽었다가 다시 사심으로 우리의 구원을 완성하셨다(4절). 누구든지 그를 구주로 믿기만 하면 구원을 받는다. 성경 말씀은 복음 전도를 일종의 연회로 묘사한다(눅 14:15-24). 왜냐하면 예수님께서 이루어 놓으신 구원을 우리가 받는 것은 즐거운 일이기 때문이다. 그러므로 참으로 복음을 믿는 자는 환난을 당해도 기뻐하며, 혹 주님을 위해 죽게 되는 일이 있더라도 그 일을 기쁘게 당한다. 그러나 율법주의는 은혜를 받은 자가 감사하는 태도가 아니고 은혜를 받지 못한 자가 염려하는 태도다. 그것은 하늘에 올라가 그리스도를 모셔 내리려는 것과 일반이기 때문에, 이미 내려오신 그리스도를 발견하지 못한 데서 비롯된 착각이다. 율법주의는 기쁨을 가져다주지 못하고 몸을 괴롭히기만 한다. 그것은 신앙이 아니다. 그리스도께서 완성하신 구원으로 말미암아 안식을 누리는 것이 신앙이다. 허드슨 테일러(Hudson Taylor)는 예수님께서 십자가상에서 "다 이루었다"(요 19:30)고 하신 한마디 말씀에서 그가 우리의 구원을 완성하셨음을 깨달았으며, 그리하여 모든 것을 희생하고 중국 선교에 일생을 바쳤다.

3 **하나님의 의에 복종하지 아니하였느니라.** 한마디로 그들은 하나님께서 복음 안에서 주신 의를 신뢰하지 않고 자기 자신의 의를 내세우려고 고집하였다.

루터(Luther)는 말하기를, 사람이 "구원 문제에 있어서 자신이 아무것도 알지 못한다는 사실을 깨달으면, 그것이야말로 참된 지식이다. 그런 사람은 온순하여 반역하지 않고 모든 사람과 악수할 용의가 있다."라고 하였다.[168)]

4 그리스도는… 율법의 마침. 여기서 "율법의 마침"이라는 표현은 헬라어로 "텔로스 노무"(τέλος νόμου)라고 한다. 우리는 이 문구가 "율법의 끝"을 의미하는 것으로 받아들인다. 율법 밖에서 의를 얻는 길이 되시는 그리스도께서 오셨으니, 사람들을 그리스도께로 인도하는 율법의 사명은 이제 종결되었다. 리츠만(Lietzmann)도 여기 기록된 "마침"이라는 말을 "끝"이라는 의미로 이해했다. 이스라엘 백성들은 이러한 사실을 모르고 율법을 행함으로써 의인이 되려고 헛되이 수고한 것이다.

그리스도는 율법을 성취하신 자로서 우리의 속죄를 이루셨을 뿐 아니라 적극적으로는 우리의 의가 되셨다(고전 1:30). 그가 율법을 완전히 지키신 이유는 우리를 의롭다고 하시기 위함이었지 자신을 위한 것이 아니었다.

5-7 율법으로 말미암는 의를 행하는 사람은… 살리라. 이 말씀은 레위기 18:5을 인용한 것인데, 인간이 자기 힘으로 율법을 다 지킬 수 있다는 의미에서 하신 말씀이 아니다. 이것은 인간이 그대로 행할 수는 없지만 하나님께서 그들에게 요구하시는 표준이 어떤 것인지를 보여주기 위해 주신 말씀이다. 인간이 이러한 표준에 따라서 의를 행할 수는 없기 때문에 결국 그들은 하나님을 의뢰하려는 동기를 가지게 된다. 여기서 "행하는 사람"이라는 말은 헬라어로 "포이에사스"(ποιήσας)인데, 과거 시상이기 때문에 문자적으로는 "행한 사람"이라는 뜻이다. 이 용어는 율법을 지킴에 있어서 조금의 부족함도 없이 완전히 행한 사람을 가리킨다.

---

168) *Vorlesung über den Römerbrief*, 330. "Wissen namlich, dass man nichts weiss, das ist der 'Verstanda',…Denn wer weiss, dass er nichts weiss, der ist mild und lenksamm der widerstrebt nicht, sondern ist beteit, allen die Hand au geben."

그런데 5-7절 말씀에 대하여 두 가지 해석이 있다.

1) 5절에서 "모세가 기록하되 율법으로 말미암는 의를 행하는 사람은 그 의로 살리라"라는 말씀은 온전히 율법으로 말미암는 의를 가리킨다는 해석이 있다. 다시 말해 모세의 말은 사람이 자기 힘으로 율법을 행해야만 구원을 받게 된다는 뜻을 담고 있다는 것이다. 또한 6-7절 말씀은 신명기 30:11-14을 인용한 것인데, 이것은 복음에 대한 예언이라고 한다. 복음을 믿음으로 의를 얻는 것은 사람이 하늘에 올라가거나 (그리스도를 모셔 올리기 위하여) 무저갱에 내려가는 것과 같은 일이 아니라는 것이다. 그리스도께서 하나님의 사랑을 베풀기 위하여 땅에 오셨다가 다시 살아나셨으니 사람들은 다만 그를 주님으로 믿을 뿐이다.

2) 칼빈(Calvin)은 5절에 기록된 "의를 행하는 사람은 그 의로 살리라"라는 어구에 대하여 신학적 해석을 제시했다. 그는 여기서 "의를 행한다" 함은 사람이 자기 힘으로 의를 행한다는 의미가 아니라, 복음을 믿는 자가 은혜로 그리스도의 의를 소유하는 동시에 성령으로 말미암아 하나님의 뜻을 행하게 되는 사실을 가리킨다고 설명한다. 다시 말해 의를 행한다는 것은 복음에 바탕을 둔 행위를 의미한다는 것이다. 또한 6-7절 말씀은 앞의 해석과 같이 복음에 바탕을 둔 의를 얼마나 용이하게 받아 누릴 수 있는가를 지적하는 말이라고 해석한다. 말하자면 여기 설명한 대로 하늘에 오르는 것과 무저갱에 내려가는 것에 대한 비유는 이스라엘 백성에게 율법을 지키도록 격려하기 위하여 사용된 것인데(신 30:11-14), 바울이 이것을 복음에 대한 신앙을 권장하기 위해 응용하였다는 것이다. 모세가 그 말을 사용했을 때도 사람이 제힘으로 율법을 지키는 일이 어렵지 않다는 의미로 사용한 것은 아닐 것이고, 다만 하나님을 신뢰하는 자가 은혜로 율법을 지키는 일이 용이함을 지적했을 것이다.

8 네 입에 있으며 네 마음에 있다. 이것은 ① 복음은 하늘 위에나 땅 아래 멀

리 있는 것이 아니고 입과 마음처럼 내게 가까이 있다는 뜻이며, ② 또한 복음을 믿는 일이 우리의 입과 마음으로 시행할 수 있을 정도로 쉬운 것이라는 뜻이다. 요컨대 우리는 입으로 신앙을 고백할 수 있고, 마음으로 믿음을 붙잡을 수 있다. 복음을 믿는다는 것은 다만 그리스도를 의뢰하는 것일 뿐이니, 실제에 있어서는 일이 아니고 안식이다. 쉬는 것처럼 쉬운 일이 어디 있겠는가? 물론 신앙생활에는 어려운 일도 없지 아니하나, 그것도 결국 성령님의 은혜로 쉽게 해결되는 것이다.

9 **네가 만일 네 입으로 예수를 주로 시인하며 또 하나님께서 그를 죽은 자 가운데서 살리신 것을 네 마음에 믿으면.** "시인한다"라는 말은 헬라어로 "호몰로게오"(ὁμολογέω)인데, 이는 그리스도를 대외적으로 고백하는 것을 가리킨다. 이것은 신앙의 진실성을 증명하는 표지다. "주"라는 말은 예수님께서 부활하심으로써 신자들에게 영광의 주가 되신 사실을 가리킨다. 그리스도의 부활은 그의 구원 사역의 핵심이기 때문에 여기서는 그것을 간추린 신앙고백으로 표현한다. "마음"은 헬라어로 "카르디아"(καρδία)인데, 이는 단순히 지식과 관련된 기관이 아니라 애정을 관장하는 기관이다. 그리스도를 마음으로 믿는다는 말은 사랑으로 그를 신뢰한다는 뜻이다. 그것이 바로 인격적 신앙이다. 사랑을 배제하고 다른 심리 작용으로만 그리스도를 믿는 것은 그를 생명 없는 법칙이나 이치로만 여기는 것이다.

10절. 이 구절은 이유 접속사 "가르"(γάρ)로 시작하여 앞절의 내용을 해설한다.

사람이 마음으로 믿어 의에 이르고 입으로 시인하여 구원에 이르느니라. "마음"은 내면적이고 사적인 관계를 가리키고 "입"은 외형적이고 공적인 관계를 가리킨다. 누구든지 복음을 마음에 진실하게 믿고 입으로 고백하여 공적 증거를 얻은 자는 구원을 얻은 것이 확실하다. 예수를 마음으로 진실하게 믿는 자는 필연적으로 그리스도 신앙을 입으로 증언하는 자가 되는 것이다.

"의에 이름"과 "구원에 이름"의 차이는 이렇다. "의에 이름"은 영생을 얻는 기본적인 단계이고 "구원에 이름"은 영생을 종말론적 관점에서 표현한 것이다. 따라서 이 두 가지 요소는 그리스도 신자들이 받는 구원의 종류에 차이가 있음을 말하는 것이 아니고, 구원받는 자라면 누구나 누리게 될 영생을 두 가지 관점에서 표현한 것이다.

11 누구든지 그를 믿는 자는 부끄러움을 당하지 아니하리라. 이것은 이사야 28:16을 인용한 것이다. "누구든지"(πᾶς)라는 말은 인종과 민족과 기타 모든 계급을 철폐시키는 강력한 표현이다. 여기서 "그를 믿는 자"(ὁ πιστεύων ἐπ' αὐτῷ)를 직역하면 "그의 위에 신뢰를 두는 자"라는 뜻이다. 이것은 지식이나 감정으로만 아니라 전인격으로 그리스도께 의지하는 것을 가리킨다. "부끄러움을 당하지 아니함"은 실패함 없이 반드시 구원받는다는 뜻이다.

12-13 유대인이나 헬라인이나 차별이 없음이라 한 분이신 주께서 모든 사람의 주가 되사. 이 단락의 첫머리에는 "왜냐하면"이라는 의미를 지닌 헬라어 이유 접속사 "가르"(γάρ)가 있어서 앞절의 내용을 확증한다. 다시 말해 모든 사람의 주님은 한 분이시기 때문에 앞절에서 밝힌 것처럼 누구나 동일하신 주님의 구원 계획에 따라 구원받을 수 있다는 뜻이다. 하나님도 동일하시고 사람도 동일한데 하나님의 구원 계획이 사람에 따라 다를 이유는 없다.

14-15 그런즉 그들이 믿지 아니하는 이를 어찌 부르리요 듣지도 못한 이를 어찌 믿으리요 전파하는 자가 없이 어찌 들으리요. 바울이 어떤 맥락에서 14-15절 말씀을 하게 되었는지는 알기 어렵다. 샌데이(Sanday)나 크리소스토모스(Chrysostom)의 해석에 따르면, 이 단락은 유대인의 불신앙에 대한 책임이 그들 자신의 태만에 있다는 점을 지적하는 것이라고 한다. 그들이 복음을 듣고자 하는 마음만 있다면 얼마든지 들을 수 있도록 하나님께서 선지자들을 보내어 전파하셨다고 사도는 말한다(15하; 사 52:7). 본문에 따르면 주님을 부르는 데 필요한 것이 믿음이고, 믿음을 얻는 데 필요한 것은 전파되는 하나님의 말씀이며, 하

나님의 말씀은 전도자를 통해 전파되고, 전도자의 자격은 오직 하나님으로부터 보내심을 받는 것이다.

아름답도다 좋은 소식을 전하는 자들의 발이여. 이것은 이사야 52:7을 인용한 것이다. 루터에 따르면 여기서 "아름답다"라는 말은 복음 선포가 율법 아래 있던 사람들에게 유쾌하고 만족스러운 것이라는 뜻이라고 한다. 다시 말해 율법은 정죄하였으나 복음은 정죄에서 풀어주고 치료해 주는 것이니, 우리가 사모하고 좋아할 대상이라는 것이다.[169)] 덧붙여 루터는 여기서 "발"이라는 단어를 영적으로 해석하여 말하기를, "선교하는 교회의 발은 음성, 혹은 말씀인데, 그것을 통해 사람들의 악한 고집을 짓밟아 분쇄한다."라고 하였다.[170)]

16 이사야가 이르되 주여 우리가 전한 것을 누가 믿었나이까. 이것은 이사야 53:1을 인용한 말씀이다. 말하자면 그 당시 유대인들이 하나님의 말씀을 듣고도 믿지 않았다는 것이다. 바울은 동시대 유대인들 역시 전도를 받고도 믿지 않는다는 의미에서 이사야의 탄식을 여기 인용한 것이다.

17 그러므로 믿음은 들음에서 나며 들음은 그리스도의 말씀으로 말미암았느니라. 루돌프 불트만(Rudolf Bultmann)은 이 구절이 전후 문맥을 단절시킨다는 이유로 이것이 후대의 삽입구라고 잘못 생각하였다.[171)] 리델보스(H. N. Ridderbos)는 불트만의 잘못된 견해를 지적하였다. 그의 요지는 다음과 같다. "사도가 이 말씀을 하게 된 배경은 이렇다. 바울은 앞절에서 이사야 시대에 예언된 일을 본보기로 삼아 말한 것인데, 말하자면 이사야가 활동했던 당시 유대인들이 예언적으로 전파된 복음을 마땅히 믿었어야 할 것인데, 그들

---

169) *Vorlesung über den Römerbrief*, 342.

170) *Vorlesung über den Römerbrief*, 344. "Also sind die Fusse der Kirche, die da predigt, der Schall und die Worte, mit denen sie stosst und zerstosst und 'zerschmeisst die Volkers.'"

171) "Glossen im Römerbrief," *Theol, Lit. Zeit.*, 1947, 197-202.

이 믿지 않았기 때문에 이사야는 그 사실을 기이히 여겨 탄식하였다. 이것을 보면, '믿음은 들음에서 난다.'라는 사상이 이사야의 마음속에 자리 잡고 있었던 것을 알 수 있다. 이제 바울은 이 사상을 앞서 14-15절에서 제시한 논지를 재고하는 형식으로 확증한다."[172)]

18 그러나 내가 말하노니 그들이 듣지 아니하였느냐 그렇지 아니하니 그 소리가 온 땅에 퍼졌고 그 말씀이 땅 끝까지 이르렀도다 하였느니라. 이것은 이스라엘 백성이 들을 수 있도록 복음이 널리 전파되었다는 점을 말해 준다. 복음은 사도들로 말미암아 이스라엘에 전파되었다. "그 소리가 온 땅에"라는 표현은 시편 19:4을 인용한 것이다. 그러면 신약 시대에 이루어진 세계적 복음 전파가 이 시구에서 예언되었다는 말인가? 그렇게까지 말할 수는 없다. 시편 19:4 말씀은 다만 자연계에 하나님의 영광이 어디에나 보편적으로 나타나 있음을 가리킬 뿐이다. 그렇다면 바울이 이 시편 말씀을 인용한 의도는 그 당시에 복음이 두루 전파된 양상이 자연계에 하나님의 영광에 대한 계시가 어디에나 편만하게 펼쳐져 있는 모습과 유사함을 말하려는 뜻이었을 것이다. 그러므로 여기서 시편을 인용한 것은 예언 성취를 지적하기 위함이 아니라 복음이라는 특별계시가 자연계시처럼 벌써 널리 전파되어 보편성을 띤다는 것을 보여주기 위함일 뿐이다.[173)]

"그 소리가 온 땅에 퍼졌고"라는 말씀의 뜻은 자연계를 통한 하나님의 계시가 온 땅에 퍼졌다는 것이다. "그 말씀이 땅 끝까지 이르렀다"라는 말씀 역시 같은 의미다.

19 이스라엘이 알지 못하였느냐. 앞절에서는 이스라엘이 "듣지 아니하였느냐"라는 질문에 대답하였고 여기서는 "알지 못하였느냐"라는 질문에 답한

---

172) *Aan De Romeinen*, 242.

173) H. Ridderbos, *Aan De Romeinen*, 243. "Vor Paulus is de universaliteit, waarvan Ps.19 sprddkt, stellig dezelfde als die welk van het evangelie geldt."

다. 그는 옛 선지자의 말씀을 인용하여 답변한다.

내가 백성 아닌 자로써 너희를 시기하게 하며. 이것은 신명기 32:21의 인용이다. 이스라엘이 하나님을 알고도 다른 신들을 따랐기 때문에 하나님께서 다른 민족에게 큰 은혜를 베푸심으로써 이스라엘이 시기하는 마음을 갖게 하시겠다는 말씀이다. 이처럼 이스라엘은 하나님을 알지 못해서 그런 범죄를 저지른 것이 아니라 알고도 그런 잘못을 범했기 때문에 하나님의 책망을 당하게 된 것이다. 바울 당시의 이스라엘 역시 예수님의 위대하심을 알고도 순종하지 않았다.

20-21절. **그** 이 부분의 말씀은 이사야 65:1-2에서 인용한 것이다. 이 구절들을 인용한 목적도 이스라엘 사람들이 선지자들의 교훈을 통하여 하나님을 알았음에도 불순종한 사실을 밝히기 위함이다.

20 그이사야는 매우 담대하여 내가 나를 찾지 아니한 자들에게 찾은 바 되고 내게 묻지 아니한 자들에게 나타났노라 말하였고. 이것은 이사야 65:1의 인용이다. "이사야는 매우 담대하여… 말하였고"라는 표현은 이사야가 당시에 불신앙을 고집한 유대인들을 책망할 때 매우 담대하였다는 것이다. 바울은 이사야가 보여준 태도에도 하나님 말씀의 진실성이 숨겨져 있음을 지적한다. 바울이 여기서 이사야의 말씀을 인용한 요지는 이렇다. 요컨대 이사야가 책망한 말을 살펴보더라도 유대인들이 옛날부터 하나님의 말씀을 깨닫도록 가르침을 받았던 것만은 분명하다. 그러므로 그들의 불신앙은 무지로 말미암은 것이 아니고(참조. 롬 10:19), 그들의 교만과 완악함으로 말미암은 것이라는 말이다.

"내가 나를 찾지 아니한 자들에게 찾은 바 되고." 다시 말해 여호와를 찾는다고 말은 하면서 실상은 불신앙의 태도를 보인 유대인들은 버림받고, 하나님을 알지 못하던 이방인들은 주님께로 돌아오게 되리라는 것이다. 20절 후반부 역시 같은 뜻이다.

21 **그이스라엘에 대하여 이르되 순종하지 아니하고 거슬러 말하는 백성에게 내가 종일 내 손을 벌렸노라 하였느니라.** 이것은 이사야 65:2의 인용이다. 이 인용문 역시 하나님께서 이스라엘이 깨달을 수 있도록 가르치시고 권면하셨음에도 그들이 순종하지 않은 사실을 탄식하는 말씀이다. 이스라엘 백성이 하나님의 말씀을 그토록 많이 듣고도 교만해지고 완악해져서 믿음을 저버린 일은 이사야 시대에도 있었는데, 그들은 바울의 시대에도 그와 다르지 않은 태도를 보여 주었다. 여기서 결론은 그들의 불신앙이 하나님 말씀에 대한 무지 때문이 아니라는 사실이다(참조. 롬 10:19).

⚜ 평주

내가 증언하노니 그들이 하나님께 열심이 있으나 올바른 지식을 따른 것이 아니니라(2절). 이스라엘이 의에 이르지 못한(9:31) 이유는 그들이 믿음으로 의롭다 함을 얻는 진리의 지식을 따르지 않았기 때문이다(9:30; 10:3). 그러나 이방인들은 이 같은 진리의 지식을 받아들여 순종하였기 때문에 의롭다 함을 얻었다. 바르트(K. Barth)는 이 구절에서 바울이 의미한 바를 다르게 해석한다. 그는 현상계의 인간은 심지어 참된 신자라도 의에 이르는 진리 지식을 가지지 못한다는 취지로 말했다. 그의 말을 인용하자면 다음과 같다 "이 지식의 결핍이 곧 교회의 죄악이다. 언제 어디서나 이 지식은 결핍되어 있다."[174]

그러나 바울은 이 편지를 작성할 당시에 유대인은 그처럼 믿음으로 의롭다 함을 얻는 지식에 순종하지 않았으나, 이방인 중에는 이 지식에 순종한

---

174) *Römerbrief*, 356. "Eben der Mangel an dieser Erkenntnis ist die Schuld der Kirche. Immer und überall! Denn wer 'hat' sie etwa?"

자가 적지 않았다는 의미로 본문을 기록한 것이다.

행하는 사람은 그 의로 살리라(5절). 이 말씀에 대하여 바르트는 다음과 같이 주석을 붙였다. "사람들은 다만 율법이 행해질 때, 다시 말해 기적과 실존과 신앙과 하나님의 불가능한 가능성이 실현될 때 살게 된다."[175] 바르트는 여기서도 진정한 의미에서 율법의 실행은 현상계에서 불가능하다는 그릇된 주장을 펼친다. 바르트는 그것을 "불가능한 가능성"이라고 말한다. 그러나 하나님의 은혜로 말미암아 역사 세계에서도 율법이 참되게 실행될 수 있다. 이것이 성경 말씀이 가르치는 사상이다. 그러나 바르트는 이런 성경적인 교훈을 무시하고 여기서도 사람이 하나님의 복음이나 율법에 대하여 실존적인 관계만을 가질 수 있다고 주장한다. 이와 같은 사색은 칸트(Immanuel Kant)의 비판철학과 키에르케고르(Søren Kierkegaard)의 변증법에 의지한 것이다.

네 마음에 누가 하늘에 올라가겠느냐 하지 말라(6절). 바르트는 이 문구를 참된 예배와 참된 설교가 불가능하다는 의미로 받아들인다. 그는 심지어 우리가 그리스도를 사람들에게 보여주려는 동기조차 가져서는 안 된다는 듯이 말하였다.[176] 이것은 성경의 교훈에 부합하지 않는 그릇된 사상이다. 성경은 우리가 그리스도를 본받아야 할 것과 그의 빛을 나타내야 할 것을 가르친다(빌 2:5-16).

말씀이 네게 가까워 네 입에 있으며 네 마음에 있다 하였으니(8절). 바르트는 여기서 본문과 부합하지 않는 해석을 전개하였다. 그는 말하기를, "그리스도의 말씀은 우리가 들을 수도 없고 말을 건넬 수도 없는 저 건너편에 있다."라고 하였

175) *Römerbrief*, 360. "Nur wo das Gesetz getan—aber eben getan!—wird, wo also die unmöglichkeit des Wunders, der Existentialität, des Glaubens, Gottes als solche…da wird der Mensch durch sie leben."

176) *Römerbrief*, 362.

다.[177)]

그렇다면 바르트는 인간이 하나님의 말씀을 참되게 받을 수도 없고 전할 수도 없다고 오해한 것이 분명하다. 그는 또다시 14-15절에 대한 해석에서도 말하기를, "하나님에 대한 지식은 전적으로 숨겨진 상태로 존재하는 신앙이다."라고 하였다.[178)] 이렇게 바르트는 신자가 결코 하나님의 말씀을 받아서 소유할 수 없다고 말한다. 우리는 그의 『교회교의학』을 중심으로 하나님의 말씀에 대한 그의 잘못된 학설을 비판하려 한다. 바르트는 하나님의 말씀을 다음과 같이 세 가지 범주로 분류한다.

1) 전파되는 형태의 말씀(Das Verkundigte Wort Gottes). 그는 말하기를 "하나님의 말씀을 전파할 필요성은 인간의 객관적 지식의 요구를 만족시키는 데 있지 않다."라고 하였다.[179)] 이것은 하나님을 알고자 하는 종교적 요구가 객관적 지식으로 말미암아 올바른 방향으로 충족될 수 있다는 사실을 부인하는 그릇된 주장이다. 칼빈(Calvin)은 그의 『기독교 강요』에서 사람에게는 종교적 요구가 있으며, 그 요구는 하나님의 말씀을 통해서만 참되게 충족될 수 있음을 밝히고 있다.[180)]

바르트는 전파되는 하나님의 말씀은 인식의 대상이 아니라고 주장한다. 그는 말하기를, "하나님의 말씀이 참되게 전파된다면 그것은 인간이 수용할 수 있는 대상이 되기를 중지한다. … 전도와 성례는 기존의 계시에 근거한 장래 계시의 약속이다."라고 하였다.[181)] 이처럼 그는 사람이 전도하는 내용이 하나님의 말씀 그대로가 아니라고 주장한다. 이것은 성경을 그대로 전하더

177) *Römerbrief*, 364. "Das wort, das, weil es das Wort des Christus ist, doch nie ausgehort nieaus gesprochen sein wird."

178) *Römerbrief*, 369. "ieses Wissen un Gott ist aber gerade in seiner ganzen Voborgenheit Glaube."

179) *Kirchliche Dogmatik*, 1/1 90.

180) *Inst.* Book I. Chap.Ⅵ, 3.

181) *Kirchliche Dogmatik*, 1/1 93.

라도 그것은 하나님의 말씀 자체일 수 없다는 뜻이다. 그러나 이것은 성경을 벗어난 그릇된 학설이다. 우리에게 전해진 신구약 성경 그대로가 하나님의 말씀이기 때문에, 하나님께서는 선지자들이 전하는 말씀에서 작은 것 하나라도 가감할 수 없다고 말씀하신다(신 13:32). 그는 또 다음과 같이 말하였다. "교회의 전도 내용은 판단을 받지 않는다. 만일 그것이 판단을 받는다면 다른 표준에서 그렇게 되는 것이다. … 여기서 다른 표준은 기대되는 표준을 의미한다. 이 기대되는 표준은 하나님의 말씀인데 그것은 우리가 다룰 수 없는 것이다."[182] 이것은 하나님의 말씀이 갖는 역사적 엄밀성을 부인하는 그릇된 말이다. 성경은 진리를 바로 분별하라고 권면한다(딤후 2:15).

2) 기록된 형태로서의 하나님의 말씀. 바르트는 다음과 같이 말한다. "성경은 하나님께서 그것을 가지시고 말하여 그것이 하나님의 말씀이 되게 하실 때 하나님의 말씀이다."[183] 이것은 전통적으로 내려오는 개혁파의 교리, 곧 성경의 "자증성"(αὐτοπιστιτία)을 배척하는 것이다. 자증성은 인간이 이해하든지 못하든지 성경은 자체적으로 하나님의 말씀으로서의 권위를 가지고 있다는 것이다. 개혁주의 신학자 헤르만 바빙크(H. Bavinck)는 말하기를, "성경은 자체로 권위를 가지고 있으니 그것이 자증성이다."라고 하였다.[184]

바르트는 또 말하기를, "성경은 어떤 의미에서 권위를 가지는가? 그것은 스스로 권위를 주장하지 않을 때 권위를 가진다. 우리가 성경을 계시 자체로 간주하는 것은 성경에 욕을 돌리는 일이며, 그것이 원치 않는 일을 하는 것이다."라고 하였다.[185] 그의 말은 성경과 하나님의 계시를 별개로 취급하는 그릇된 견해다. 성경은 성경을 가리켜 하나님의 말씀이라고 하였다(행

---

182) *Kirchliche Dogmatik*, 1/1 94.

183) *Kirchliche Dogmatik*, 1/1 112. "Bibel ist Gottes Wort Gott sein Wort sein lasst, sofern Gott durch sis redet."

184) *Geref. Dogmatiek* Vol. 1, 552.

185) *Kirchliche Dogmatik*, 1/1 115.

13:34). 칼빈(Calvin)은 "성경이 바로 하나님의 말씀이다."라고 하였다.[186]

3) 계시된 말씀(Das Offenbarte Wort Gottes). 그는 다음과 같이 말한다. "계시는 성경이 멀리서 바라보며 가리키는 것인데, 그것에 대해 증언하고 있는 성경의 말씀과는 다르다. 그 둘의 다름은 마치 사건 자체와 사건에 관한 참된 기록이 서로 다름과 같다."[187] 바르트의 이 같은 견해는 성경과 계시, 곧 하나님의 말씀을 다르게 취급하는 잘못된 것이다.

여기서 바르트의 계시관을 더욱 자세히 소개하려 한다. 그는 말하기를, "성경은 계시 자체와 구분되어야 한다. 증거 자체는 증거된 내용과 동일시될 수 없다."라고 하였다.[188]

그런데 바르트는 성경이 계시, 곧 하나님의 말씀이라고 말하기도 한다. 하지만 그가 그렇게 말할 때도 성경 자체가 적극적인 내용을 담은 하나님의 말씀이라는 의미를 전달하는 것은 아니다. 성경이 계시라고 말할 때 그가 의미하는 바는, 성경의 역할이 계시에 대한 증언으로 제한될 때 성경이 하나님의 말씀이 된다는 것이다. 그는 말하기를, "이처럼 제한된 영역에서는 성경을 계시와 구분할 필요가 없다."라고 하였다.[189] 그러나 그가 이런 의미에서 성경을 하나님의 말씀으로 인정하는 것은, 앞에서 말한 것처럼 계시의 적극적인 내용이 성경에서 다루어질 수 있다는 뜻은 아니다. 그는 성경 자체는 어디까지나 사람의 말일 뿐이라고 주장한다. 따라서 그는 얼마든지 성경에 오류가 존재할 수 있다고 주장한다. 그는 말하기를, "축자영감(verbal inspiration)이라는 것은 언어적 표현이나 역사, 혹은 신학적 요소에 있어서 성경 말씀이 오

---

186) Calvin, *Commentary in* Ⅱ *Pet.* 1:2.

187) *Kirchliche Dogmatik*, 1/1 116.

188) *Kirchliche Dogmatik*, 1/2 511. "Wir unterscheiden damit Bibel als solche von der Offenbarung. Ein Zeugnis ist ja nicht einfach idenhsch mit dem von ihm und in inm bezeugten."

189) *Kirchliche Dogmatik* 1/2 512. "In dieser Einschrankung ist die Bibel von der Offenbarung gerade auch nicht aunterschieden."

류를 지니지 않았다는 의미가 아니다. 축자영감이란 하나님께서 오류를 포함한 인간의 언어를 사용하신다는 것이며, 또한 거기에 오류가 있음에도 불구하고 사람들은 그것을 받아야 한다는 것이다."라고 하였다.[190)]

바르트의 이와 같은 말들은 모두 그릇된 것이다. 예수님은 구약성경을 인용하실 때 "하나님이 이르시되"(마 15:4)라고 하시면서 그것이 바로 하나님의 말씀이라고 인정하셨다. 또한 우리는 초기 교회 사도들의 성경관을 연구함으로써 그들로부터 가르침을 얻을 필요가 있다. 사도들은 예수님께 친히 배웠으며 또한 약속하신 대로(요 14:20) 진리의 영감을 직접 체험한 자들이기 때문에 그들의 증거는 대대로 표준이 된다. 모든 사도는 구약성경을 하나님의 말씀으로 믿었다. 베드로는 "먼저 알 것은 성경의 모든 예언은 사사로이 풀 것이 아니니 예언은 언제든지 사람의 뜻으로 낸 것이 아니요 오직 성령의 감동하심을 받은 사람들이 하나님께 받아 말한 것임이라"라고 하였고(벧후 1:20-21), 구약성경을 자주 언급하고 인용했던 사도 바울도 디모데후서 3:16에서 우리에게 참된 경고를 던진다. 바울은 거기서 "모든 성경은 하나님의 감동으로 된 것으로 교훈과 책망과 바르게 함과 의로 교육하기에 유익하니"라고 하였다. 이처럼 사도들은 성경이 하나님의 영적 감동으로 기록되었다는 사실을 밝히 지적하였다. 신약성경이 하나님의 말씀이라는 점도 예수님과 사도들의 교훈을 통해 이미 증거된 사실이다. 예수님 자신이 하나님이기 때문에 그의 말씀과 행적은 그 자체로 하나님의 계시다(요 1:18; 17:6; 히 1:2). 그의 말씀과 행적에는 오류가 없다. 그는 윤리 문제에서 실수와 허물이 없으실 뿐 아니라, 지식에서도 그릇됨이 전혀 없으시다(요 1:47-48; 8:46). 더불어

---

190) *Kirchliche Dogmatik* 1/2 592. "Verbalinspiration bedeutet nicht: Unfehlbarkeit des biblischen Wortes in seinem sprachilchen, geschichtlichen, theologischen Charakter als menschliches Wort. Verbalinspiration bedeutet:das fehlbare und fehlende menschliche Wort ist jetzt als solchs von Gott in seinen Dienst genommen und ungeachtet seiner menschlichen Fehlbarkeit als soches anzunehmen und zu horen."

그는 역사와 과학에도 오류가 없으시다. 그가 이 세상에 오신 목적은 과학을 가르치기 위함이 아니었기 때문에 그의 교훈에 과학과 관련된 내용이 많지 않다. 하지만 이와 관련된 내용이 있는 경우에는 그것이 구원의 신앙을 가르치시는 데 사용된 재료이기 때문에 오류가 없는 것이다.

그렇다면 사도들은 명시적으로 신약성경이 하나님의 말씀이라고 증거하였는가? 우리는 이 문제를 다음과 같이 해결하려 한다. 우리는 먼저 사도직의 특수성을 알아야 한다. 예수님께서 그들을 세우신 목적은 만고불변의 복음 진리를 표준으로 제시하기 위함이었다. 하나님께서는 그들에게 성령의 특수한 은사를 주셔서 진리를 기억하고 깨닫게 하셨으며(요 14:26), 성령께서는 그들을 통하여 말씀하셨다(요 16:14). 그들에게는 선지자적 사명을 감당할 은사도 주어졌다. 사도 바울은 고린도 교회의 성도들에게 편지하기를, "만일 누구든지 자기를 선지자나 혹은 신령한 자로 생각하거든 내가 너희에게 편지하는 이 글이 주의 명령인 줄 알라"라고 하였다(고전 14:37). 그러므로 사도는 글로써 하나님의 말씀을 전하는 권위 있는 복음의 사자다. 어떤 이는 말하기를, 사도들의 서신은 단순히 의사소통의 수단일 뿐이지 권위 있는 하나님의 말씀은 아니라고 주장한다. 그러나 이것은 사도의 직분이 어떤 것인지 모르는 자의 그릇된 말이다. 사도의 특수성에 대하여는 신약성경에 많은 증언이 있다.[191] 사도들은 이처럼 글을 통해서도 권위 있는 복음 전파의 사역을 감당했다(골 4:1, 6; 살전 5:17; 살후 2:15; 3:14). 베드로도 바울 사도의 서신들을 권위 있는 성경으로 여기고 다음과 같이 말하였다. "또 우리 주의 오래 참으심이 구원이 될 줄로 여기라 우리가 사랑하는 형제 바울도 그 받은 지혜대로 너희에게 이같이 썼고 또 그 모든 편지에도 이런 일에 관하여 말하였으되 그 중에 알기 어려운 것이 더러 있으니 무식한 자들과 굳세지 못한 자들

---

191) 롬 12:4-8; 15:18-19; 고전 2:10, 16; 9:1; 12:10, 28; 고후 2:17; 11:23; 13:3.

이 다른 성경과 같이 그것도 억지로 풀다가 스스로 멸망에 이르느니라"(벧후 3:15-16).

그렇다면 신약성경은 사도들이 기록한 글이라는 점에서 모두 다 하나님의 말씀이다. 신약성경 저자 중 마가와 누가는 사도가 아니지만 그들의 저작은 사실상 베드로와 바울의 전도 내용을 기록한 것이다. 이레나이우스(Irenaeus)는 이미 오래전에 이러한 사실을 지적했다(Adv. Haer. 3:1). 그들의 저술은 사도적 권위를 담은 복음 문서다.

설교 구원 얻는 믿음(9절)

1. 입으로 예수를 주로 시인하는 믿음

성경이 말하는 것처럼 사람의 입은 행동기관 중에서 가장 중요한 기관이라고 할 수 있다. 야고보서 3:2에 말하기를, "만일 말에 실수가 없는 자라면 곧 온전한 사람이라 능히 온 몸도 굴레 씌우리라" 하였고, 잠언 18:21에는 "죽고 사는 것이 혀의 힘에 달렸나니"라고 하였고, 잠언 13:3에는 "입을 지키는 자는 자기의 생명을 보전"한다고 하였다. 말을 바로 하면 생명을 구하지만, 말을 잘못하면 큰일을 그르친다. 그러므로 야고보서 3:6에 말하기를, "혀는 곧 불이요"라고 하였다. 성경은 이처럼 혀를 중요하게 여겼다. 이렇게 중대한 혀를 가지고 예수를 주님으로 시인하면, 그것은 중대한 일이 된다. "시인"이라는 말은 헬라어로 "호몰로게오"(ὁμολογέω)인데, 이는 사사로운 인정을 의미하는 것이 아니라 공적인 신앙고백을 의미한다. 다시 말해 이것은 사람들 앞에서 부끄러워하거나 두려워하지 않고 그리스도 신앙을 고백하는 것이다. 이런 신자는 예수님을 왕으로 인정하고 의지하며 살아간다.

2. 하나님께서 다시 살리신 예수님을 마음에 믿음

"마음에 믿는" 것은 고귀한 덕목이다. 마음이라는 말은 헬라어로 "카르디아"(καρδία)인데, 이는 정서와 사랑의 근원을 의미한다. 인격에 있어서 정서와 사랑은 귀한 것이다. 두뇌는 진리를 분별할 뿐이고 사랑을 하지는 못한다. 우리에게 아무리 좋은 은사가 있을지라도 사랑이 없으면 우리가 가진 은사도 가치를 잃어버린다(고전 13:1-3). 우리의 믿음도 사랑이 없다면 무가치하다. 우리는 사랑의 마음으로 예수님을 믿어야 한다. 어린아이는 어머니를 믿을 때 사랑을 품고 믿는다. 그는 어머니를 그렇게 믿기 때문에 어머니가 없으면 울고 어머니가 나타나면 기뻐서 뛴다. 두뇌로 진리를 분별하는 것은 진리를 붙잡는 것과 다르다. 진리를 붙잡기 위해서는 사랑이 필요하다. 예수님을 붙잡는 믿음은 사랑과 함께 움직이는 믿음이다. 그러므로 바울은 "만일 누구든지 주를 사랑하지 아니하면 저주를 받을지어다"라고 하였다(고전 16:22).

우리는 사랑할 만한 가치가 있는 것을 사랑해야 한다. 예수님은 누구신가? 그는 우리 죄를 대신 담당하시고 죽으셨다가 다시 사셨다. 우리는 죽음의 권세를 이기고 다시 살아나셔서 우리까지 살려주실 그분을 영원토록 따라야 한다. 사람들은 자녀를 사랑하면서 평생 그들로 인해 심장의 피가 뛴다. 문제는 주님을 사랑해야 할 자들이 자기 자녀만 그렇게 위한다는 것이다. 그것도 일종의 우상숭배다. 우리가 주님을 먼저 사랑해야 우리 자녀도 복을 받는다는 사실을 기억하자. "나를 사랑하고 내 계명을 지키는 자에게는 천 대까지 은혜를 베푸느니라" 하였고(출 20:6), "내 이름을 위하여 집이나 형제나 자매나 부모나 자식이나 전토를 버린 자마다 여러 배를 받고 또 영생을 상속하리라" 하였고(마 19:29), "나와 복음을 위하여 집이나 형제나 자매나 어머니나 아버지나 자식이나 전토를 버린 자는 현세에 있어 집과 형제와 자매와 어머니와 자식과 전토를 백 배나 받되 박해를 겸하여 받고 내세에 영생을 받지 못할 자가 없느니라"라고도 하였다(막 10:29-30).

설교 ▸ 믿음의 출처(14-17절)

믿음은 귀하다. 그것은 금보다 귀하다(벧전 1:7). 그렇다면 믿음의 출처는 어디인가?

1. 그리스도의 말씀을 전파함(14-15절)

본문에서는 "듣지도 못한 이를 어찌 믿으리요"라고 말씀한 후에(14절), 사람들이 듣게 하기 위해서는 전파하는 자가 있어야 한다고 하였다. 그리고 덧붙여 말하기를, 말씀 전파자의 발이 아름답다고 하였다(15절). 전도자의 발이 아름다운 이유는,

1) 그들이 전하는 복음이 아름답기 때문이다. 복음이라는 말은 좋은 소식을 의미한다. 좋은 소식은 다른 것이 아니라 예수 그리스도께서 나를 대신하여 죽임을 당하셨다는 사실을 전하는 것이다. 죄로 말미암아 죽을 수밖에 없었던 나를 대신하여 죽임을 당하신 자가 있다는 것은 말할 수 없이 반가운 소식이다. 이 소식은 거짓된 인생들(렘 17:9)에게서 난 것이 아니고, 홀로 참되신 하나님에게서 온 것이다. 더욱이 이 기쁜 소식은 나를 위하여 대신 죽임당하셨던 그가 다시 사셨다는 소식이기도 하다. 이 소식을 받은 나는 이제부터 새 하늘과 새 땅에서 새로운 생명을 가지고 새 삶을 살게 된다. 누구든지 예수 그리스도를 믿는 자는 말할 수 없는 기쁨을 누리게 된다. 순교자 손양원 목사는 자기가 예수를 믿게 된 사실을 생각하고 너무 기뻐서 밤새도록 잠을 자지 못한 일이 있었다고 말하였다. 나는 이 말을 그에게 친히 들었다.

2) 복음을 전하는 발이 수고하는 발이기 때문이다. 우리는 아름다움을

숭상하되, 특별히 노동의 아름다움을 중요시해야 한다. 우리가 사람답게 살기 위해서는 일을 해야 한다. 일하지 않는 자는 이따금 물에 들어갔다가 나와서 누워 있는 징그러운 하마와 같이 보기 싫다. 야만인은 "놀고먹는 것이 상팔자"라고 생각하여 놀기를 좋아한다. 그것은 보기 싫은 것을 보기 좋게 여기는 어리석은 생각이다. 힘써 일하고 수고하며 희생하는 것이 인간의 아름다움이며, 또한 아름다운 가정과 복된 사회를 만들어 내는 지름길이기도 하다. "발"이라는 표현은 수고스럽게 걸어 다닌다는 뜻을 포함하고 있다. 신자는 자동차나 기차나 비행기를 타고 다니며 전도할 수도 있다. 그러나 발로 다니면서 수고스럽게 희생하지 않는 전도에는 열매가 적다. 하나님은 기계의 제사를 원치 않으시고 인격의 제물을 원하신다. 하나님은 인격에서 참되이 나타나는 눈물, 피땀, 수고, 희생을 아름답게 보신다.

2. 전파되는 말씀을 들음에서 믿음이 생김

1) 전도자가 전하는 말씀은 가장 높은 하나님의 권위로 임하기 때문에 믿음을 가져다준다. 기독교는 세상의 다른 종교와 달라서 사람의 권위를 배경으로 하지 않고 천지의 창조자이신 하나님의 권위를 배경으로 한다. "여호와께서 말씀하셨느니라", 혹은 "여호와께서 말씀하시기를"이라는 말이 선지자들의 외침이었다.

2) 전도자들, 특히 사도들과 선지자들의 진실성으로 인해 듣는 자들에게 믿음이 생긴다. 사도들과 선지자들은 거짓을 죽음처럼 여기고 멀리하였다. 그들은 성령의 감화와 통치하에 말하였기 때문에 진실함으로 일관하였다.

3) 전도자들의 복음 해석이 꿀과 같은 말씀이기 때문에 믿음을 일으킨다. 성경 말씀은 그것을 깨닫는 자에게 꿀과 같이 달게 여겨진다. 이 말씀에 대한 해석은 주님이 오실 때까지 언제나 동일한 진리이면서도 늘 새롭다.

4) 전도자가 성경 말씀을 올바른 체험으로 전할 때 듣는 사람들에게 믿

음이 생긴다. 하나님의 말씀대로 가지는 체험은 듣는 자에게 실감 있게 다가간다.

5) 하나님의 말씀에 성령의 감화가 함께할 때 듣는 자들이 믿음을 얻는다. 앞에서 언급한 네 가지 항목도 성령의 역사가 함께해야만 효력을 발휘한다.

제 11 장

⚘ 내용분해

이 장은 구원받는 문제에 있어서 이스라엘의 실패가 무의미한 것이 아니고 하나님의 큰 섭리 가운데서 이루어진 일이라고 해명한다.

1. 바울처럼 이스라엘 사람 중에도 구원 얻은 자들이 있었음(1-10절)
2. 그들의 실패로 인하여 복음이 이방인들에게로 가게 되었음(11-24절)
3. 이방인 가운데 구원받을 자의 수가 차면 이스라엘 백성에게 다시 회개할 기회가 돌아올 것임(25-32절)
4. 하나님의 지혜를 찬송함(33-36절)

⚘ 개요

1. 구원 문제에 있어서 선택 교리를 믿는 자는 외롭고 어려운 때에도 낙심하지 않는다. 왜냐하면 그는 구원하시는 이가 하나님뿐이신 줄 알기 때문이

다. 그는 생각하기를, 하나님께서 택한 사람은 혹시 현재에는 자신이 소망 없는 죄인처럼 보여도 주님께로 돌아올 시간이 있다고 믿는다. 바울도 교회를 핍박하던 자였지만 회개하고 주님의 큰 종이 되었고, 아합왕의 박해 시대에도 7천 명의 승리자들이 있었다(1-4절). 무디(Moody) 선생은 유년기 주일학교 시절에는 가장 소망 없어 보였으나 하나님의 택하심을 받은 후에 귀한 종이 되었다.

2. 이스라엘 백성은 이방인보다 비교할 수 없이 많은 은혜를 받았다. 그러나 그들이 교만하여 그리스도를 배척했을 때 하나님께서는 구원받을 이방 백성을 새롭게 찾으셨다. 하나님은 돌들로도 아브라함의 자손을 만드실 수 있다(마 3:9). 누구든지 "나만 하나님의 사랑을 받을 자격이 있다"고 생각한다면 그는 어리석은 자다. 하나님은 교만하고 완악한 자를 떠나서 다른 곳에서 축복받을 자들을 새로이 발견하신다(롬 11:11). 교회사를 보면 하나님께서는 라틴족 중심의 교계가 교만해지자 새로이 앵글로 색슨족과 튜턴족 가운데 교회를 왕성하게 하셨고, 그 후에는 다시 신세계인 아메리카 대륙으로 교회를 확장하셨다.

3. 이방인들은 돌감람나무와 같이 소망이 없었지만 좋은 감람나무의 뿌리인 그리스도에게 접붙임이 되었다(17절). 그들이 스스로 교만하지 말아야 할 이유는, ① 하나님의 특별하신 은총을 먼저 입었던 이스라엘 사람들도 교만해지자 버림받은 역사가 있기 때문이고(21절), ② 접붙임을 받는 일이 겸손히 주님을 믿는 데만 달려 있기 때문이다(23절). 신앙과 겸손은 서로 떠날 수 없다. 이스라엘 사람도 이제라도 겸손히 회개하고 그리스도를 믿으면 접붙임을 받을 수 있다. 행위로 말미암은 것은 사람을 높이고, 은혜로 말미암은 것은 하나님을 높인다.

우리는 자신의 힘으로 하려는 행위주의를 버리고, 오직 하나님의 은혜로 된다는 은혜주의를 따라야 한다(18절).

⚜ 해석

1-5 나도 이스라엘인이요. 이 말씀은 바울 자신도 그리스도를 거부하던 이스라엘 사람이었으나 마침내 회개하고 믿는 자로 거듭났다는 의미다. 그는 당시 불신앙의 백성이었던 이스라엘 사람 중에도 택함받은 자들이 더 있을 것이라고 생각한다. 엘리야도 주님을 따르는 자가 자기밖에 없는 줄 알고 말하기를, "오직 나만 남았거늘 그들이 내 생명을 찾아 빼앗으려 하나이다"(왕상 19:10)라고 하였으나, 그때에도 하나님께서는 7천 명이나 되는 많은 백성을 선택하셔서 보호하고 계셨다.

6 만일 은혜로 된 것이면 행위로 말미암지 않음이니 그렇지 않으면 은혜가 은혜 되지 못하느니라. 여기서 "은혜로 됨"과 "행위로 말미암음"의 두 가지 원리가 현저하게 대조된다. 은혜로 된다는 것은 하나님께서 임의대로 인간에게 구원을 주신다는 것이고, 행위로 말미암는다는 것은 인간이 자력으로 구원받으려고 애쓰는 것을 가리킨다. 은혜가 절반의 역할을 하거나 혹은 인간의 공로와 혼합되는 것이 아니다.[192)]

7 그런즉 어떠하냐 이스라엘이 구하는 그것을 얻지 못하고 오직 택하심을 입은 자가 얻었고 그 남은 자들은 우둔하여졌느니라. 이 말씀은 구원이 인간의 행위로 얻어지는 것이 아님을 다시 강조한다. 하나님의 선택은 인간의 구원을 성립시키는 유일한 근거다. "남은 자들이 완악하여 진 것은" 것은 그들의 불신앙을 원인으

---

192) Augustine, "Gratia nisi gratis sit gratia non est."

로 한다. "완악함"은 하나님의 은혜뿐 아니라 하나님의 진노도 느끼지 못하는 철면피 같은 심령을 가리킨다. 인간이 스스로 자기를 완악하게 하면 마침내 하나님의 진노 아래서 더욱 완악하도록 내버려진다.

8-10절. 이 구절들은 신명기 29:4, 시편 69:22, 이사야 29:10 이하를 병합하여 인용한 것이다. 이 단락에서는 하나님이 피조물인 인류에 대하여 너무 냉정하신 것처럼 묘사된다. 그러나 ① 그들이 그렇게 우둔해지고 혼미해지는 것은 그들의 죄로 말미암은 보응이다. ② 그렇다면 어째서 똑같은 사람 중에 일부는 선택을 받고 나머지는 버림을 받아 완악해지는가? 이것은 하나님을 바로 아는 사람들에게는 조금도 어려운 문제가 아니다. 하나님의 사랑은 상대방의 권리에 의존해서가 아니라 하나님의 기쁘신 뜻에 따라 베풀어지는 것이다. 그러므로 우리 눈에 공평하지 않게 보이는 그것이 불의에 속한 일은 아니다.

8 그들에게 혼미한 심령과 보지 못할 눈과 듣지 못할 귀를 주셨다. 다시 말해 구원 얻기로 택함을 받지 못한 자들은 그 심령이 점점 어두워진다는 것을 가리킨다. 사람은 죄인이기 때문에 자기 힘으로는 구원을 받을 수가 없다. 누구든지 자기 힘으로 구원을 얻고자 하여 하나님이 내신 구원 방법을 무시한다면 그의 심령의 눈은 더욱 어두워지게 될 것이다. 하나님의 방법에 순응하지 않는 것은 발뒤꿈치로 송곳을 차는 것과 같다. 그가 아무리 노력해도 자신이 목표한 바를 이룰 수 없을 것이다.

9 그들의 밥상이 올무와 덫과 거치는 것과 보응이 되게 하시옵고. 다윗은 일개 인간으로서 이 말씀을 기록한 것이 아니라 하나님의 말씀을 선포하는 대언자의 입장에서 기록한 것이다. 그는 여기서 하나님께서 내리실 저주를 대신 선포하였다. 일설에 "밥상"은 하나님을 공경하는 자들이 가지는 성찬과 같은 일

종의 종교적 행사와 관련된 것이라고 하였다.[193] 하나님을 섬기는 자들도 하나님의 말씀에 순종하지 아니하면 그들의 종교적 행사를 통해 은혜를 받기는커녕 도리어 벌을 받는다.

10　그들의 눈은 흐려 보지 못하고 그들의 등은 항상 굽게 하옵소서. 심령의 눈이 어두워지는 것은 하나님의 진리를 순종하지 않는 자들이 받는 벌 가운데 하나다. 그들이 진리를 순종치 않았으니 하나님께서는 그들이 진리를 깨닫게 해 주실 이유가 없다. "등이 굽게" 되는 것은 그들이 심정적으로 노예가 되는 것을 가리킨다는 학자도 있고(Meyer), 율법의 노예가 되는 것을 가리킨다는 학자도 있다(Greijdanus).

앞의 인용문은 다윗이 자신의 원수들을 향해 선포한 저주인 동시에 예언이었다. 실제로 그 말씀은 그리스도의 복음을 배척하고 자력으로 율법을 행하여 하나님 앞에서 의를 얻으려 했던 유대인들에게 응하였다(Greijdanus).

11-15절.　이 구절들은 이스라엘이 복음을 받지 아니하므로 복음이 이방인들에게로 가게 됨을 말한다.

11　넘어지기까지 실족하였느냐. "넘어지다"(πίπτειν)라는 동사는 바로잡을 소망도 없이 실패하는 것을 가리키고, "실족하다"(πταίειν)라는 동사는 회개하여 바로잡을 여지가 있는 실수를 가리킨다. 이스라엘이 복음을 받는 일에 순종하지 않았으나, 바울은 그들이 영원히 그리하지는 않을 것이라고 말한다.

그들이 넘어짐으로 구원이 이방인에게 이르러 이스라엘로 시기나게 함이니라. 여기서 "넘어짐"이라고 번역된 헬라어(παράπτωμα)는 "실족"이라고 수정되어야 한다. 이스라엘이 예수님을 메시아로 믿지 않은 것은 그들의 "실족"이다. 그들이 그렇게 실족하였기 때문에 복음이 이방인에게로 향하게 된 것이다. 사도 바울

---

193)　출 24:11; 레 6:16; 7:18, 20; 민 15장; 시 69:22.

은 여러 번 언급하기를, 자기가 이방으로 가는 이유는 이스라엘이 복음을 받지 않았기 때문이라고 하였다(행 13:4-6; 18:6; 28:25-28). 여기서 "시기"라는 용어는 부정적인 의미로 사용된 것이 아니다. 이것은 구원 문제에서 나보다 부유한 자에 대해 증오와 악의 없이 부러워하는 것을 가리킨다.

12 **하물며 그들의 충만함이리요.** 이것은 장래에 이스라엘 사람들이 복음으로 돌아오는 영적 대부흥이 있을 것을 예언하는 말씀이다. 14-15절에서 다시 설명된다.

13 **내 직분을 영광스럽게 여기노니.** 이것은 바울이 이방의 사도로서 자신의 직임에 충성함을 말한다.

15 **세상의 화목.** 이것은 세상 사람들, 특히 이방 사람들이 그리스도를 믿어 하나님과 화목함을 가리킨다.

그 받아들이는 것이 죽은 자 가운데서 살아나는 것이 아니면 무엇이리요. 다시 말해 후일에 이스라엘 사람들이 회개하여 하나님께 받아들여질 때 그리스도가 재림하여 죽은 자들이 부활하는 시기가 임할 것이다.

16 **처음 익은 곡식 가루가 거룩한즉.** 민수기 15:20을 보면 이스라엘은 처음 익은 곡식 가루를 바침으로써 한 해의 모든 수확을 바친 것으로 여겨졌다. 그렇게 해서 한 해의 모든 소산이 하나님께 속한 것이 된다. 본문에서 떡덩이도 거룩하다는 말씀이 그런 의미를 담고 있다. 그렇다면 여기서 "처음 익은 곡식 가루"는 무엇을 비유하는가? 이것은 이스라엘의 선조들(족장들)을 의미한다. 하나님께서 이스라엘의 족장들을 구별하여 택하시고 그들과 언약을 맺으셨기 때문에 그들의 자손들도 거룩한 백성이 된 것이다. 그러므로 이스라엘 백성도 마침내 회개하고 복음으로 돌아오게 될 날이 있을 것이다.

뿌리가 거룩한즉 가지도 그러하니라. 여기서 "뿌리"는 그 자손들을 의미할 것이다. 그런데 한 가지 문제가 되는 것은 바울이 접목법을 제대로 묘사하지 않는다는 점이다. 일반적으로 접목을 할 때는 돌감람나무 뿌리에 좋은 감람나무

가지를 가져다가 붙이는 것인데, 바울은 그와 반대로 말하였다. 이 난제를 해결하기 위하여, 어떤 학자는 헬라 지역에 바울이 말한 것과 같은 접목법이 있었을 것이라고 주장한다.[194] 그러나 우리는 여기서 바울이 사용한 비유의 목적을 이해해야 한다. 바울은 여기서 접목법의 구체적인 절차를 설명하려는 의도를 가지지 않았다. 그는 자연법칙대로 말하지 않고 도리어 어떤 면에서는 자연법칙을 거스르면서 말하였다(24절에도 "본성을 거슬러"라는 표현이 있다). 이처럼 그는 이방인이 교회의 일원으로 참여하게 된 것이 보통 일이 아니고 특수한 일이라는 점을 보여준다. 동일한 맥락에서 테오도르 찬(Theodor Zahn)은 다음과 같이 말한다. "이방인 중에서 일부를 아브라함의 자손으로 받아들이는 일이 하나님의 긍휼에 속한 이적임을 알려주기 위하여 사도는 실제로 사용되지 않는 접목법을 언급한 것이다. 그 자신도 이 같은 사실을 인식하고 있었다."[195]

17-18절. 여기서는 좋은 감람나무의 뿌리에 돌감람나무의 가지가 접붙여졌다는 비유를 통해 이방인들이 그리스도로 말미암아 교회에 참여하게 된 사실을 지적한다. 여기서 바울이 그리스도를 믿는 이방인들에게 권면한 말씀은 교만하지 말고 두려워하라는 것이었다. 왜냐하면 하나님은 자비의 하나님이신 동시에 공의의 하나님이시며 교만한 자를 벌하시기 때문이다(20-22절).

19-20 **그러면 네 말이 가지들이 꺾인 것은 나로 접붙임을 받게 하려 함이라 하리니.** 다시 말해 본래 하나님의 백성이었던 유대인들도 그리스도를 믿지 않음으로 말미암아 택한 백성의 단체에서 제외되었고, 도리어 이방인들이 믿음으로 거기에 가입한 것이다. 그러니 이방인들은 교만해져서는 안 될 것이다.

---

194) S. Linder, *Palästina-Jahrbuch*, 1930, 42.

195) Th. Zahn, *Brief d. Paul. a. d. Römer*, 1910, s. 516.

높은 마음을 품지 말고. 이것은 교만하지 말라는 뜻이고 받은 은혜를 인정하지 말라는 것은 아니다. 그러나 바르트는 다음과 같이 그릇되게 말한다. "신앙은 눈에 보이는 사다리가 아니어서 우리가 그것을 통해 위로 올라갈 수 없다. 구원에 대하여 확신할 수 있다는 것은 의심스러운 사상이며 개혁주의 신학자들이 오해한 것이다. 하나님의 인자와 그의 엄위는 매일 아침 변한다. 구원에 대한 확신은 이교 사상보다 악하다."[196] 여기서 바르트는 개혁주의 신학뿐 아니라 성경이 가르치는 사상도 전적으로 오해하고 있다. 본문은 교만을 금하는 것이지 확신을 금하는 것은 아니다. 확신은 교만이 아니고 오히려 겸손의 원천이다. 우리에게 구원에 대한 확신이 있으면 우리는 감당하기 어려운 과분한 은혜에 감격하여 두려워 떨게 된다.

21-22 하나님이 원 가지들도 아끼지 아니하셨은즉 너도 아끼지 아니하시리라. "원 가지"는 유대인을 가리키고 "너"는 이방인 신자를 가리킨다. 만일 이방인 신자들이 신앙을 거부한다면 그들 역시 별수 없이 제거될 것이다. 하나님은 인자하신 동시에 준엄하시다.

그러므로 하나님의 인자하심과 준엄하심을 보라 넘어지는 자들에게는 준엄하심이 있으니 너희가 만일 하나님의 인자하심에 머물러 있으면 그 인자가 너희에게 있으리라 그렇지 않으면 너도 찍히는 바 되리라(22절). 하나님의 인자하심을 바라보는 죄인들은 겸손해진다. 그리고 그들은 그의 준엄하심도 기억하고 방종과 거짓된 안심을 멀리한다. 왜냐하면 하나님께서는 믿음을 저버린 유대인들의 교만도 벌하셨기 때문이다.

23 그들도 믿지 아니하는 데 머무르지 아니하면 접붙임을 받으리니 이는 그들을 접붙이실 능력이 하나님께 있음이라. 이 말씀은 이스라엘 백성도 앞으로 회개하고 그리스도를 믿을 소망이 있음을 계시한다. 버림받은 이스라엘 민족도 하나님

---

196) K. Barth, *Römerbrief*, 396.

의 주권에 의하여 다시 영생의 길로 돌아올 날이 도래할 것이다. 가지는 뿌리를 발생시키지 못하나 뿌리는 가지를 발생시킬 능력과 자유가 있다. 그처럼 하나님은 새로이 자기 백성을 유대인 중에서도 일으키실 수 있다. 따라서 이 구절에서는 특히 "능력이 하나님께 있음이라"라는 문구가 강조되어 있다.

24 네가 원 돌감람나무에서 찍힘을 받고 본성을 거슬러 좋은 감람나무에 접붙임을 받았으니 원 가지인 이 사람들이야 얼마나 더 자기 감람나무에 접붙이심을 받으랴. 여기서 이른바 "돌감람나무"는 이방인을 비유한다. 이방인들은 "본성을 거슬러"(본래 이스라엘의 족장들에게 속하지 않았음에도 불구하고) 하나님의 교회(좋은 감람나무)에 들어오게 되었다. 그렇다면 본래 좋은 감람나무에 속하였던 유대인들은 더욱 교회에 받아들여질 만하다. 하지만 이것은 유대인들이 그리스도 신앙 없이 그렇게 된다는 말은 아니다. 이것은 다음과 같은 의미를 가질 뿐이다. 유대인들은 하나님의 말씀을 맡은 민족이었다(3:1; 9:4-5). 다만 그들이 불신앙으로 인하여 하나님 앞에서 배척 받았던 것이다. 그러나 그들이 이제 신앙으로 돌아오면 영적으로 족장들의 참된 후손이라는 자리에 회복되는데, 이것은 아주 자연스러운 일이다. 족장들은 믿음으로 의롭다 함을 얻는 모든 자들의 조상이다.

25절. 이 구절부터 32절까지는 신자들이 무엇을 아는 듯이 교만해지지 않게 하려고 하나의 신비를 소개한다. 하나님의 오묘한 일들을 눈앞에서 목격하지 않으면 우리는 경솔해지고 교만해지기 쉽다. 그런데 바울이 여기 소개한 신비는 다른 것이 아니고, 이방인의 충만한 수가 구원받은 뒤에 이스라엘이 구원받는다는 사실이다. 그 이유를 인간의 지혜로는 알 수 없다.

스스로 지혜 있다 하면서. 이것은 그들이 사실상 무지하다는 것을 의미한다.

이 신비를 너희가 모르기를 내가 원하지 아니하노니. "신비"(μυστήριον)는 하나님이 계시하시기 전에는 사람들이 몰랐다가 이제 계시하셨으므로 알게 된 사실을 가리킨다.

이방인의 충만한 수가 들어오기까지 이스라엘의 더러는 우둔하게 된 것이라. "충만한 수"(πλήρωμα)라고 번역된 말은 원문에서 단순히 "충만"이라고 표현되었을 뿐이다. 이것은 이방인들에 대한 복음 전도가 완료되는 상태를 뜻한다(H. Ridderbos; 참조. 딤후 4:17). "들어오기까지"라는 표현이 신앙으로 입문하는 것을 의미한다는 학설도 있으나(Lietzmann), 교회에 가입되는 것을 의미한다고 보는 것이 옳다(마 5:20; 7:21; 23:13; 눅 13:24).

"이스라엘의 더러는 우둔하게 된 것이라." 여기서 "더러는"(ἀπὸ μέρους)이라는 표현을 보면 이방인들에게 전도하는 시기에도 이스라엘 백성 중 일부는 복음으로 돌아오리라는 점이 암시되었다.

26-27 그리하여 온 이스라엘이 구원을 받으리라 기록된 바 구원자가 시온에서 오사 야곱에게서 경건하지 않은 것을 돌이키시겠고. 여기서 "그리하여", καὶ οὕτως)라는 말은 시간적인 선후관계보다는 이스라엘 민족으로 하여금 구원받게 하시는 하나님의 경륜을 가리킨다. "구원을 받으리라"라는 말은 이스라엘 국가의 광복을 의미하는 것이 아니며, 그 민족이 복음으로 돌아올 것을 가리킨다. "온 이스라엘"은 한 사람도 예외 없는 전체를 가리키는 것이 아니라 이스라엘 민족 중 구원받는 자들의 총수를 가리킨다. 그러므로 이것은 "하나님이 정하신 이스라엘의 충만한 수로서, 그가 그들을 구원하심으로써 모든 약속들이 성취되게 하는 수효를 가리킨다(H. Ridderbos).

"기록된 바 구원자가 시온에서 오사 야곱에게서 경건하지 않은 것을 돌이키시겠고." 이것은 이사야 59:20의 인용이다. "시온에서 오사"라는 말씀은 하늘에서 오신다는 뜻이다(Schlatter).

내가 그들의 죄를 없이 할 때에 그들에게 이루어질 내 언약이 이것이라. 이것은 이사야 27:9과 59:21의 혼합 인용인 듯하다.[197] 여기서 "그들의 죄를 없이" 한다는

---

197) 참조. 사 32:1, 8, 16, 20; 35:1-10; 렘 31:1-40; 단 9:24.

말씀은 하나님께서 그리스도의 공로 때문에 이스라엘 백성들의 죄를 사하시고 도말하실 것을 가리킨다.

28-29 복음으로 하면 그들이 너희로 말미암아 원수 된 자요. 말하자면 복음의 원리에 있어서는 유대인들이 하나님의 원수가 되었다. 그러나 결국 그것이 이방인에게는 유익한 것이 되었다. "너희로 말미암아"라는 말은 "이방인의 유익을 위하여"라는 의미다.

택하심으로 하면 조상들로 말미암아 사랑을 입은 자라. 유대인들이 본래 가졌던 신분은 이처럼 하나님의 사랑을 입을 처지였다는 것이다. 왜냐하면 그들의 조상이 하나님께 언약을 받았기 때문이다. 그러므로 하나님께서 마침내 그들을 회개시키실 날이 온다.

하나님의 은사와 부르심에는 후회하심이 없느니라. 이 말은 하나님께서 무조건적으로 그 백성을 구원하시겠다고 하신 말씀에는 변동이 없다는 뜻이다. 그러므로 하나님께서 유대 민족도 회개시키실 날이 온다. 이처럼 하나님께서 일찍이 약속하신 것(26-27절)에 대하여 후회하거나 변심하지 않으실 것이 분명하기 때문에, 우리는 유대 민족이 회개할 것이라는 점을 의심 없이 믿을 수 있다.

30-31절. 이 구절들은 15절과 25절에서 이미 제시한 결론, 다시 말해 이스라엘 백성이 복음에 순종하지 않은 결과로 구원이 이방인에게 풍부해졌으며, 결국은 하나님의 긍휼이 다시 이스라엘 백성에게 되돌아가게 되리라는 점을 확증한다. 루터(Luther)는 이런 점에서 요셉을 예수님의 모형(Abbild Christi)으로 이해하였다. 다시 말해 요셉이 이방 나라에 팔려갔으나 그가 이방 나라를 부요하게 만들어주었고, 그 결과 그의 부친과 형제들도 다시 요셉에게 와서 구제를 받았다는 것이다. 그처럼 그리스도의 복음이 유대인들로부터 배척당해 이방인들에게로 가서 구원의 축복이 되었으나, 마침내 유대

인들도 복음을 받아들이고 구원을 얻는다는 것이다.[198]

32절. 이 구절의 의미는 이방인과 유대인으로 이루어진 "모든 사람"에게 한때 불순종과 불신앙의 시기가 있을 것이지만, 마침내 유대인과 이방인을 아우르는 "모든 사람"이 구원에 참여하게 된다는 뜻이다. 여기서 두 번째 "모든 사람"은 구원받을 사람들의 총수를 의미한다.

33절. 이 구절 이하는 하나님의 지혜에 대하여 찬송하는 말씀이다.

깊도다 하나님의 지혜와 지식의 풍성함이여. 혹은 이와 다르게 "깊도다 하나님의 부요와 지혜와 지식이여"라고 번역할 수도 있다. 이런 번역도 문법상으로 가능하다. 그러나 대다수 학자들은 우리말 성경이 채택한 번역을 지지한다. 프레데릭 고데(F. Godet)는 말하기를, "바울의 찬송은 알프스산 정상에 오른 사람이 눈앞에 펼쳐진 장엄한 산세를 관망하면서 읊은 노래와 같다."라고 하였다. 바울은 이스라엘과 이방인의 선택과 관련하여 하나님의 불가사의한 경륜에 놀라 이 노래를 부른 것이다. 하나님의 기이한 선택의 이치를 우리가 쉽게 이해할 수 있는 것은 아니다. 바르트는 다음과 같이 이 말씀을 해석하였다. "로마서의 주제라고 할 수 있는 '계시하시는 하나님'에 대해 인간의 입술로는 다음과 같이 말할 수밖에 없다. 말하자면 하나님이 하시는 것은 숨겨진 것이고, 하나님이 말씀하시는 계시의 순간은 이적이라는 것이다."[199] 이것은 하나님의 전적 타자성(他者性)을 지나치게 강조하여 하나님에 대한 성경의 증언까지 위기에 붙인 것이니 그릇된 학설이다. 바르트가 말하는 이적은 "전혀 이해할 수 없는 사건"이라는 뜻이다. 바울 사도는 33-35절에서 특별히 하나님의 선택 행위를 염두에 둔 것이지 그의 계시 행위 전반에 관해 이야기하는 것은 아니다.

---

198) Luther, *Vorlesung über den Römerbrief*, 362.

199) *Römerbrief*, 408.

34-35 누가 주의 마음을 알았느냐 누가 그의 모사가 되었느냐. 이것은 이사야 40:13의 의도를 반영하는 말씀이다. 이것은 하나님의 위대함에 대한 찬송이다. 땅 위의 위대한 인물들도 하나님 앞에서는 아무것도 아니다(사 40:15; 고전 2:6). 그런데도 하나님이 그의 신비(롬 11:25)를 우리에게 계시하신 것은 그의 무한하신 긍휼로 말미암은 선물이다(참조. 엡 1:9).

먼저 드려서 갚으심을 받겠느냐. 이것은 어느 누구도 하나님께 부채를 안겨드리듯이 책임을 지우고 보수를 받는 관계를 가질 수 없다는 것이다.

이 단락(33-35절)의 의미는 다음과 같다. ① 누구든지 하나님을 완전히 알기 어려우며(33절), ② 누구든지 하나님과 공모자가 될 수 없고(34절), ③ 누구든지 하나님께 책임을 지울 수 없다는 것이다.

36 이는 만물이 주에게서 나오고 주로 말미암고 주에게로 돌아감이라. 이 말씀은 34-35절의 진술에 대한 근거다. 어째서 하나님은 저토록 깊으실까? 그 이유는 그가 만물을 창조하시고 유지하시며 심판하시는 분이기 때문이다.

평주

하나님이 그 미리 아신 자기 백성을 버리지 아니하셨나니(2절). 바르트(K. Barth)는 이 말씀에 대하여 해석하기를, "이것은 안전한 해변이나 혹은 구조선이 다가오는 것을 감지할 수 있는 피난처에서 하는 말이 아니고, 가라앉는 배의 갑판에서 하는 말이다."라고 하였다.[200] 그의 이 같은 발언은 본문을 변증법적 이중 예정론의 관점에서 해석한 것이다. 그러나 바울은 그렇게 생각하지 않았다. 그에게는 동일한 사람이 구원의 자리로 선택될 수도 있고 멸망의 자리

---

200) *Römerbrief*, 337.

로 버려질 수도 있다는 이중 예정 사상이 없었다. "바알에게 무릎을 꿇지 아니한 사람 칠천 명"이라는 4절 말씀에 대해서도 바르트는 "여기서 '칠천 명'은 수량적으로 간주될 것이 아니다. 그들은 엘리야가 만날 수 있는 사람들이 아니었다. … 진리의 섬은 잠수함과 같다."라고 하였다.[201] 이것을 보면 바르트는 하나님이 남겨 두셨던 칠천 명의 성도가 시공간 세계에서 택함을 받은 구체적인 인물이 아니었던 것처럼 말한다. 그는 진리의 일정한 경위를 파악할 수 없다고 생각했으며, 그런 의미에서 "진리의 섬은 잠수함"(Submarin ist die Insel der Wahrheit)이라는 표현을 사용한 것이다. 이러한 발언은 그의 그릇된 견해를 확실히 보여준다. 그는 32절 말씀을 통해서도 또다시 이중 예정 사상을 피력하였다. 본문은 말하기를, "하나님이 모든 사람을 순종하지 아니하는 가운데 가두어 두심은 모든 사람에게 긍휼을 베풀려 하심이로다"라고 하였다. 바울에게 있어서 이 구절의 첫 번째 "모든 사람"은 불순종한 이스라엘 사람들을 가리키고, 두 번째 "모든 사람"은 복음에 순종한 이방인들과 장래의 이스라엘 사람들을 가리킨 것이라고 말할 수 있다. 그 이유는 앞의 30-31절 말씀이 그와 같은 뜻을 지니고 있기 때문이다. 그러나 바르트는 여기서 첫 번째 "모든 사람"과 두 번째 "모든 사람"이 동일한 무리를 가리킨다고 주장한다. 그 말은 순종하지 아니한 이스라엘 사람들이 결국 순종한 자들과 동일하다는 의미다. 이처럼 그는 32절 말씀을 그의 그릇된 이중 예정론에 끼워 맞추려 하였다.[202] 이것은 그의 억측일 뿐이다.

그들이 넘어짐으로 구원이 이방인에게 이르러(11절). 바르트는 이 구절에서 하나님이 인류를 다루시는 방식이 변증법적으로 진전된다고 하였다. 그는 말하기를, "교회의 환난과 죄책감은 영원한 찰나의 표현인데, 그것은 유기에서 선

---

201) *Römerbrief*, 379-380.

202) *Römerbrief*, 407.

택으로, 부정에서 긍정으로, 에서에서 야곱으로, 바로에서 모세로 진전되는 하나님의 설계를 보여주며, 하나님의 무한한 자유는 그 설계대로 움직이고 있다."라고 하였다.[203] 이 같은 발언에 따르면 바르트의 신관은 거의 비인격적인 것처럼 보인다. 바르트의 하나님은 이 세상과의 관계에서는 변증법적 원리에 갇혀 있는 실존처럼 보이지 않는가? 그의 하나님은 부정에서 필연적으로 긍정에 이르며 긍정에서는 필연적으로 부정에 이른다. 그의 사상에서는 하나님의 섭리가 이스라엘의 부정(불신앙)에서 이방인들의 긍정에 이를 수밖에 없는 것이었다. 그러나 본문은 하나님의 섭리가 부정과 긍정 사이의 변증법적 순환이라고 말하는 것이 아니다. 12절에서는 "그들의 실패가 이방인의 풍성함이 되거든 하물며 그들의 충만함이리요"라고 하였다. 그 말씀은 이스라엘의 충만이 이방인에게 더욱 축복이 될 것을 암시한다(15절). 이것은 변증법과 반대되는 전개다. 바르트의 변증법에 따르면, 이스라엘의 충만은 이방인에게 실패가 되어야 한다. 그러나 본문은 그와 반대로 말한다.

이방인의 충만한 수가 들어오기까지 이스라엘의 더러는 우둔하게 된 것이라(25절). 이 구절에서도 바르트는 구원 역사를 변증법적 필연성의 전개로 이해했다. 그는 말하기를, "옛사람은 새사람에게 길을 열어 준다. 하나님을 택하는 사람은 하나님이 택하시는 사람에게 자리를 내주어야 한다. 불의가 절정에 달하면 의의 새벽이 이른다. 교회가 끝나는 곳에서 교회가 시작된다."라고 하였다.[204] 그러나 주어진 본문은 바르트가 주장하는 기계적 필연성으로 특징지어지는 변증법적 진행을 포함하지 않는다. 이 구절은 이스라엘의 실패에 대한 반동으로 이방인이 성황을 이룬다는 것을 의미하지 않는다. 이것은 다만 구원 운동에 있어서 이스라엘이 실패하였음에도 불구하고 이방인들에게는

---

203) *Römerbrief*, 386.

204) *Römerbrief*, 400-401.

그것이 오히려 은혜를 얻을 기회가 되었다는 의미일 뿐이다.

깊도다 하나님의 지혜와 지식의 풍성함이여, 그의 판단은 헤아리지 못할 것이며 그의 길은 찾지 못할 것이로다(33절). 바르트는 이 구절에 대한 해석에서도 자신의 신관을 드러낸다. 바르트에 따르면 계시되신 하나님에 대해서도 신자는 확실히 알 수 없다고 하는데, 이것은 그릇된 견해다. 그는 말하기를 "계시된 하나님은 숨겨진 하나님(Deus absconditus)이다."라고 하였다.[205] 그러나 이 구절의 의미는 인간이 하나님께서 계시하신 말씀도 이해할 수 없다는 것이 아니다. 이 구절은 다만 계시되지 않은 그의 선택 의지와 지혜가 얼마나 깊고 오묘한지를 지적한다.

설교 신자가 가져야 할 두 가지 덕(16-24절)

이 단락에서 특히 20절 말씀을 중심으로 설교하고자 한다.

1. 높은 마음을 품지 말자

겸손은 우리 삶에서 가장 기본적인 덕으로 간주되어야 한다. 우리는 겸손을 행동의 한 모퉁이가 아니라 우리 생활의 기초로 삼아야 한다. 다시 말해 겸손은 우리를 그리스도와 연결시키는 신앙의 자리다. 겸손이 없으면 신앙이 머물 자리가 없다. 그러므로 겸손은 신앙생활의 근거점이라고 할 수 있다. 그만큼 우리는 겸손을 중요하게 여기고 그것을 잃지 않아야 한다.

우리가 겸손해지는 비결은 하나님의 인자와 엄위를 목도하고 기억하는 것이다. 1) 하나님의 인자. 우리는 모든 좋은 것을 하나님께로부터 받았다. 우리에게 있는 좋은 것들 중에 하나님에게서 오지 않은 것이 하나도 없다. 특히

---

205) Römerbrief, 408.

우리가 구원받은 것은 하나님의 인자와 은혜로 말미암은 것이다. 걸인이 남의 집 대문 앞에 앉아 음식을 빌어먹으면서 음식을 자랑할 수는 없다. 2) 하나님의 엄위. 이것은 하나님의 공의를 가리킨다. 하나님은 공의로우시기 때문에 엄위를 가지고 계심을 우리가 알아야 한다. 그래야만 우리는 겸손해질 수 있다. 우리가 하나님을 인자하신 분으로만 알면 우리의 겸손이 해이해질 때가 있을까 두렵다. 하나님은 공의로우신데, ① 그는 공의 사랑하기를 독생자처럼 하신다. 그는 믿는 자들을 구원하시는 위대한 사역이 공의에 따라 이루어질 수 있도록 독생자를 희생시키셨다(3:25-26). ② 그는 전능하시기 때문에 공의를 실행하실 수 있다. 인간은 무능하여 사랑을 행하려면 공의가 손상되고, 공의를 세우려 하면 사랑이 망가진다. 그러나 하나님은 사랑을 행하시는 동시에 공의를 완전히 세우신다. 대표적인 실례가 독생자를 십자가에 희생시키신 일이다. 예수님께서 십자가에 죽으심으로 하나님은 사랑도 이루시고 겸하여 그의 공의도 이루셨다. 그는 사랑을 행하시면서 공의도 완전히 이루시는 두려운 하나님이시니 우리는 그 앞에서 겸손해야 한다.

2. 두려워하자

클레르보의 베르나르두스(St. Bernard)는 세 가지 두려움에 대해 언급했는데, "받은 은혜를 잃어버릴까 두려워해야 하고, 은혜를 잃어버린 것 때문에 두려워해야 하고, 마지막으로 잃어버린 은혜를 회복하기 위해 두려워해야 한다."라고 하였다. 아우구스티누스(Augustine)는 말하기를, "현재의 두려움은 영원한 세계의 안전을 가져다준다. 무엇보다도 하나님을 두려워하라. 그리하면 사람들이 조금도 무섭지 않다."라고 하였다. 우리가 하나님 앞에서 두려움 없이 담대해야만 은혜를 받을 수 있다면 은혜 받기가 얼마나 어려울 것인가? 왜냐하면 우리는 본래 겁이 많고 연약하기 때문이다. 그러나 하나님 앞에서는 우리가 본래의 두려워하는 성격을 그대로 유지하는 것이 오히려 은혜 받을 길이라고 하니 얼마나 감사한 일인가! 우리가 알아야 할 또 다른 진리가 있는데, 참으로 두려운 분은 보이지 않는 하나님이시라는 사실이다. 보이는 것은 언제나 제한성과 임시성을 지닌다. 우리는 짐승처럼 보이는 것 앞에서나 놀라는 자들이 되지 말고, 보이지 않는 하나님을 두려워함으로써 그의 축복을 받아야 할 것이다. 다음 성구들을 기억하자. "여호와를 경외하는 자 누구냐 그가 택할 길을 그에게 가르치시리로다"(시 25:12). "여호와의 친밀하심이 그를 경외하는 자들에게 있음이여 그의 언약을 그들에게 보이시리로다"(시 25:14). "주를 두려워하는 자를 위하여 쌓아 두신 은혜 곧 주께 피하는 자를 위하여 인생 앞에 베푸신 은혜가 어찌 그리 큰지요"(시 31:19). "여호와는 그를 경외하는 자 곧 그의 인자하심을 바라는 자를 살피사 그들의 영혼을 사망에서 건지시며 그들이 굶주릴 때에 그들을 살리시는도다"(시 33:18-19). "너희는 여호와의 선하심을 맛보아 알지어다 그에게 피하는 자는 복이 있도다"(시 34:8). "여호와의 천사가 주를 경외하는 자를 둘러 진 치고 그들을 건지시는도다"(시 34:7). "너희 성도들아 여호와를 경외하라 그를 경외하는 자에게는 부족함이 없도다"(시 34:9).

"이는 하늘이 땅에서 높음 같이 그를 경외하는 자에게 그의 인자하심이 크심이로다"(시 103:11). "아버지가 자식을 긍휼히 여김 같이 여호와께서는 자기를 경외하는 자를 긍휼히 여기시나니"(시 103:13). "높은 사람이나 낮은 사람을 막론하고 여호와를 경외하는 자들에게 복을 주시리로다"(시 115:13). "여호와를 경외하며 그의 길을 걷는 자마다 복이 있도다"(시 128:1). "그는 자기를 경외하는 자들의 소원을 이루시며 또 그들의 부르짖음을 들으사 구원하시리로다"(시 145:19). "지혜로운 자는 두려워하여 악을 떠나나 어리석은 자는 방자하여 스스로 믿느니라"(잠 14:16).

설교 위대하신 하나님(33-36절)

바울은 이스라엘 민족이 복음을 받지 아니한 반면에 이방인이 복음을 받은 사실을 말하다가 이렇게 하나님의 위대하심을 찬송하였다.

1. 깊으신 하나님(33-34절)

본문에서 "깊다"라는 말은 무슨 의미인가? 그것은 하나님의 지혜와 행위에 대하여 인생이 아주 모른다는 뜻은 아니고, 그 심오한 차원에 대해서는 알지 못한다는 뜻이다. 인생은 심오한 것을 원한다. 그가 믿는 하나님은 깊으신 분이다. 만일 하나님이 인생들도 넉넉히 측량할 수 있는 천박한 분이시라면 믿을만한 분이 아니다. 그러나 하나님의 지혜와 행위는 깊으시다. 그에게는 원근이나 대소가 문제가 아니다. 그는 저 멀리 있는 태양과 우리가 사는 지구를 동시에 운행하시며 그것들의 중량도 달아보고 아시는 분이다. 과학자들은 말하기를 "지구가 이보다 조금 더 컸다면 사람은 중력 때문에 바로 서지 못하고 넘어질 수밖에 없었을 것이고 바닷물이 지금보다 조금 더 비중이 컸다면 고기가 살지 못하고 헤엄치지도 못할 뻔하였다."라고 한다. 하나님의 지혜는 이렇게 무한히 넓고 크고 깊다. 그는 과거와 현재를 눈앞에 두시고 모든 것을 배분하신 것이다. 그가 예수 그리스도를 우리의 구주로 보내셨을 때 오늘날의 우리까지 생각하셨다. 그는 예수 그리스도가 우리의 구주가 되시기에 적당하도록 계획하셨다. 예수님과 우리 사이의 시대적 거리는 문제 될 것이 없다. 이렇게 원대하시고 깊으신 하나님에 대하여 우리가 취할 태도는 무엇인가? 그것은 이해가 아니라 신앙이다. 우리는 그가 행하시는 일을 완전히 이해하려 애쓰기보다 그를 전적으로 신뢰하는 일에 힘써야 한다. 왜냐하면 우리는 그를 완전히 헤아릴 수 없기 때문이다. 바다가 깊지 않으면 배는 파선하거나 암초에 걸린다. 바다가 깊어야 배가 안전하게 항해할 수 있다.

이사야 55:8-9에 말하기를, "이는 내 생각이 너희의 생각과 다르며 내 길은 너희의 길과 다름이니라 여호와의 말씀이니라 이는 하늘이 땅보다 높음 같이 내 길은 너희의 길보다 높으며 내 생각은 너희의 생각보다 높음이니라"라고 하였다.

2. 하나님의 주권적 구원(35-36절)

본문은 특별히 구원 문제를 다룬다. ① 우리의 구원은 전적으로 하나님의 주권적 아래서 이루어진다. 우리는 무언가를 하나님께 먼저 드려서 구원받는 것이 아니다. 우리는 우리가 받은 놀라운 구원에 견줄 만한 아무것도 소유하지 못하였고, 그 구원을 가져올 만한 능력도 소유하지 못했다. 우리의 구원은 주님에게서 시작되었고, 그로 말미암아 이루어지고, 그의 영광을 위하여 마무리된다. 이렇게 이루어지는 구원이 참다운 구원이다. 우리는 우리 자신이 계획하고 시작한 구원 따위를 받고자 하지 않는다. 왜냐하면 우리 자신이 계획한 것은 원대하지 못하며 참되지 못하기 때문이다. ② 여기서 우리가 또 한 가지 생각할 것이 있다. 그것은 우리 자신을 위하여 구원받을 마음이 없다는 것이다. 왜냐하면 우리 자신은 우주의 왕이 아니며, 우리 자신을 위하는 삶은 진리에 속한 것이 아니기 때문이다. 한마디로 그런 인생은 복되지 않은 인생이다. 본문 36절의 "이는 만물이 주에게서 나오고 주로 말미암고 주에게로 돌아감이라 그에게 영광이 세세에 있을지어다"라는 말씀에서 "만물"은 하나님께서 인생을 구원하시는 모든 일들을 가리킨다. 말하자면 우리의 구원이 하나님의 계획에서 시작되고, 하나님의 역사로 말미암아 이루어지고, 하나님의 영광을 위하여 완성된다는 의미다.

우리의 구원이 오직 하나님의 주권에만 달려 있기 때문에 우리는 구원을 성취해가는 여정에서 예상 밖의 환난도 만나게 된다. 그러나 그때도 우리는 하나님의 절대적인 주권을 즐거워할 줄 알아야 한다. 욥은 그것을 즐길 줄 알았던 인물이다. 그는 재산과 자녀를 모두 잃고서 말하기를, “주신 이도 여호와시요 거두신 이도 여호와시오니 여호와의 이름이 찬송을 받으실지니이다”라고 하였고(욥 1:21), 또 말하기를, “우리가 하나님께 복을 받았은즉 화도 받지 아니하겠느냐”라고 하였다(욥 2:10). 우리가 하나님의 절대적 주권에서 벗어나려고 할 때는 불안을 만나게 된다. 우리는 거기 순응할 때 평안을 얻는다. 인도양에서는 회오리바람이 종종 일어나는데, 항해자들이 회오리바람을 만났을 때 그것을 뚫고 지나가려 하다가는 도리어 파선을 당한다고 한다. 그때는 바람에 순응하여 안으로 들어가야만 아무런 파도도 없는 고요한 곳에 도달할 수 있다.

제 12 장

내용분해

1. 진정한 예배(1-2절)
2. 각자 받은 은사대로 직분을 행할 것(3-8절)
3. 사랑의 책임(9-21절)

개요

1. 진정한 예배(1-2절).

우리 몸은 그리스도께서 그의 피로 사신 것이니 하나님께 바쳐야 마땅하다. 천사들도 대속의 놀라운 사랑은 맛보지 못했다. 하나님은 원하시기만 하면 새 세상을 억만 개라도 다시 창조하실 수 있었다. 그러나 그는 그 대신 죄로 죽은 자들을 다시 살리시는 긍휼과 사랑을 베푸는 길을 선택하셨다.

2. 각자가 받은 은혜를 지혜롭게 사용할 것(3-8절)

1) 신자가 받은 은혜는 신자 자신을 위한 것이 아니니 그것으로 교회를 위해 봉사해야 한다.

2) 신자가 받은 은혜는 하나님께서 교회에 주신 많은 은혜의 일부일 뿐이고 전부가 아니니 그는 겸손해야 한다.

3) 각자에게 많은 은혜 가운데 일부분만 주어지는 이유는 서로가 자신이 받은 은혜로 상대방을 돕는 협력체계를 이루어가게 하려는 것이다. 진정한 공동체로서의 교회 생활은 하나님께서 우리에게 원하시는 것이다. 그런 이유에서 하나님은 각자에게 부분적인 은혜만 주시고 전부를 주시지 않는 것이다.

3. 사랑(9-21절)

1) 거짓 없는 사랑(9절). 도덕에서 사랑처럼 중요한 것은 없다. 사랑이 있다면 그것은 계명 전부를 지키는 것과 마찬가지다(13:8-10). 그러나 세상에서 제일 부족한 것이 참된 사랑이다. 사람들은 이구동성으로 남을 사랑한다고 말하지만, 실상은 남을 사랑한다는 미명하에 자신을 사랑하는 것이다. 그것은 거짓된 사랑이다.

2) 우애(10절). 이것은 뜨거운 가족적 애정을 의미한다. 우리에게는 박애와 함께(9절) 뜨거운 우애도 있어야 한다.

3) 존경하기를 서로 먼저 함(10절). 우리는 사람을 대할 때 그가 가진 재능이나 소유물로 그의 가치를 평가하곤 하는데 이는 잘못된 평가다. 사람의 가치는 그의 재능이나 소유물에 있는 것이 아니고, 그의 영혼에 있다. 한 영혼은 천하보다 귀하다. 그리스도께서 한 사람 한 사람의 영혼을 위하여 피를 흘려주셨다. 더불어 내가 자신의 죄를 생각하여 스스로를 더욱 낮추는 마음을 품는다면 다른 사람을 나보다 높이 여길 수 있다(빌 2:3).

4) 부지런히 주님을 섬길 것(11절). 진정한 봉사는 노동을 통해 성립된다.

하나님께서 인간을 창조하신 후에 그들에게 주신 첫 번째 선물은 노동이었다. 노동은 참으로 인생에게 중요한 것이다. 노동이 없으면 신체도 쇠약해지고 만다. 부지런히 노동하는 사람은 몸이 건강하지만, 그렇지 않은 사람은 병약해진다. 게다가 노동하지 않고 게으르게 살아가는 사람은 그 영혼도 타락하고 만다. 게으른 자에게는 마귀가 깃들기 때문이다.

5) 소망 중에 즐거워할 것(12절). 우리의 참된 즐거움은 내세의 소망을 바라보는 데 있다. 이 세상 향락은 일시적인 것이다. 그것은 결국 많은 비애를 가져다준다. 소망 중에 누리는 즐거움은 오직 환난을 이겨낸 사람만 맛볼 수 있는 것이다. 그리고 환난을 이겨내는 힘은 오직 기도에서 나온다. 기도가 없으면 하늘나라를 향한 통로가 막히기 때문에 거기 있는 영광을 바라보지도 못한다.

6) 환난 중에 참을 것(12절). 사랑은 참는다(고전 13:4). 참는다는 말의 출처가 환난이다. 환난이 없다면 참는다는 말도 존재할 수 없다는 것이다. 성도의 인내는 괴롭기만 한 것이 아니고, 주님을 기다리는 흥미진진한 긴장감을 가져다주는 것이기도 하다.

7) 기도에 항상 힘쓸 것(12절). 성도는 원수를 위해서도 사랑으로 기도한다(시 109:4).

8) 성도들의 쓸 것을 공급할 것(3절). 예수님은 "주는 것이 받는 것보다 복이 있다"고 하셨다(행 20:35). 그리하여 사도 바울은 성도를 물질로 돕는 일을 "심는" 일에 비유하기도 했다(고후 9:6). 심는 일은 후일에 풍성한 수확을 가져오는 것이다. 그러나 심는 일에서도 우리가 주의할 점이 있는데, 우리는 성도를 돕는 일을 기쁜 마음으로 하고 억지로 하지 말아야 한다(참조. 고후 9:7).

9) 핍박하는 자를 축복할 것(14절). 예수님은 십자가에 달리셔서도 그를 못 박는 자들을 위하여 기도하셨다. 스데반도 그리하였다.

10) 동고동락할 것(5절). 이것은 남을 동정하는 마음을 품는 것을 가리키는데, 이것이 교회 생활에 막대한 힘이 된다. 이것은 금전보다 훨씬 가치 있는 보화다. 사람이 사람을 동정하는 마음으로 물질을 나누거나 따뜻한 위로의 말을 건네는 일은 상대방에게 위안과 힘이 된다. 상심하여 죽게 된 자에게는 진정한 위로가 무엇보다도 귀하다.

11) 합심할 것(16절; 참조. 빌 2:2-3). 겸손한 자는 합심하여 일한다. 물이 낮은 데로 흐름과 같이, 사람의 마음은 겸손한 자에게로 흐른다. 아우구스티누스(Augustine)는 말하기를, "그리스도인의 제일가는 덕은 겸손이고, 둘째가는 덕도 겸손이며, 셋째가는 덕도 겸손이다."라고 하였다.

12) 악으로 악을 갚지 말 것(17-21절).

해석

1절. 이 구절과 다음 구절은 그리스도 신자가 하나님 앞에서 어떻게 행해야 할지를 가르친다.

그러므로. 이것은 이제부터 하는 말씀이야말로 바울이 이때까지 말해온 교리 전체를 아우르는 결론이라는 의미다. 그러나 샌데이(Sanday)는 이것이 바로 앞 장에서 진술되었던 이스라엘과 이방인에게 나타내신 하나님의 풍성한 긍휼에 대한 결론이라고 말한다.

하나님의 모든 자비하심으로. 이것은 사도의 권면이 강요가 아니며, 단지 하나님의 긍휼에 의지하여 협력을 바라는 마음으로 유순히 부탁하는 것이라는 의미다. 하나님의 구원에 나타난 긍휼이 얼마나 큰지를 깨달은 로마 교회의 신자들은 당연히 감격하여 하나님께 봉사할 것이다. 그러므로 사도는 그들을 향해 권면할 때 그처럼 위대한 하나님의 긍휼을 상기시키는 것이다.

몸을 하나님이 기뻐하시는 거룩한 산 제물로 드리라. 여기서 "몸"을 하나님께 "드리라"고 했으니, 인격의 중심인 마음은 빼놓아도 된다는 말인가? 물론 그런 의미가 아니다. "몸"(σῶμα)은 여기서 인간의 생물학적 신체를 가리키지만, 그렇다고 해서 영혼 없는 몸을 의미하는 것은 아니다. 여기서 "몸을 하나님께 드리라"는 말은 그리스도 신자가 이상(理想)으로만 하나님께 대한 봉사를 꿈꾸지 말고 "몸"을 통해 구체적으로 거룩한 삶을 나타내야 한다는 것이다. 하나님이 "기뻐하시는" 제물은 "거룩한 산 제물"이다.

"거룩함"은 신자가 하나님의 소유가 되는 동시에 도덕적으로 불결함이 없다는 것을 말하고, "산 제물"은 죄로 죽었던 자가 성령으로 거듭나서 하나님을 향하여 바로 사는 것을 가리킨다(9:1-3).

영적 예배니라. "영적 예배"라는 말은 헬라어로 "로기켄 라트레이안"(λογικὲν λατρείαν)인데, 이에 대하여 두 가지 해석이 있다. ① 구약 시대의 외형적인 의식과는 다른 영적 예배를 뜻한다는 해석도 있고(요 4:24), ② 이성 없는 짐승을 제물로 드리는 예배가 아니라 이성 있는 인간 자신이 제물이 되는 예배를 뜻한다는 해석도 있다.

2 이 세대를 본받지 말고. 여기서 "본받는다"는 말은 헬라어로 "쉬스케마티제스테"(συσχηματίζεσθε)인데, 피상적으로 움직이는 삶을 의미한다. 다시 말해 이것은 세상의 표준에 맞추어 깊이가 없고 생명이 없는 육체적 생활을 가리킨다. 따라서 그것은 눈에 보이지 않는 하나님께 삶의 근거를 두지 않고 죄에 대한 근본적인 회개를 동반하지 않은 채 이 세상에서 살아가는 문제에만 관심을 기울인 임시적인 봉합술에 불과하다. 이것은 그리스도 신자가 추구하는 삶이 아니다. 이런 피상적 행동 원리와 반대되는 것이 바로 "마음을 새롭게 함으로 변화를 받음"이다. "변화를 받아"(μεταμορφοῦσθε)라는 말은 근본적이고 내면적인 변화를 의미한다. 이것은 앞에서 언급한 말(συσχηματίζεσθε)과 반대로 내세의 표준에 맞는 깊이 있는 삶을 가리킨다. 리츠만(Lietzmann)

은 이 점에 대하여 다음과 같이 해석하였다. "너희는 이처럼 근본적으로 변화된 행동 원리에 따라 행하라. 왜냐하면 너희는 내세에 속한 자들이기 때문이다."

하나님의 선하시고 기뻐하시고 온전하신 뜻이 무엇인지 분별하도록 하라. 이것은 변화를 받은 삶의 결과다. 인간은 영적 생활의 심각성 없이는 하나님의 뜻을 분별하지 못한다. "선하다" 함은 도덕적으로 합당하다는 의미만 아니라 구원 성취에 유익하다는 의미도 가진다(7:18; 8:28). "기뻐하시고"라는 말은 앞서 나온 "선하시고"에 대한 설명이다. "선"은 다른 것이 아니라 하나님이 기뻐하시는 것이다. "선"의 표준은 하나님 자신이다. "온전하신 뜻"은 절대적으로 참되고 선하기 때문에 변할 수도 없고 깨어질 수도 없다.

"분별하도록." 우리가 하나님의 뜻을 알기 위해 노력하는 이유는 그 뜻에 순종하기 위해서다. 진심으로 순종할 마음이 없는 자에게는 하나님의 뜻이 알려지지도 않는다(요 7:17). 왜냐하면 하나님은 그의 뜻을 맹목적으로 알고자 하는 자를 배척하시는, 거룩하시고 살아 계신 심판주이시기 때문이다. 그러므로 순종은 하나님의 뜻을 배우는 학교라고 할 수 있다(Moody).

3절. 여기서부터 21절까지는 "교회"라는 단체에서 지켜야 할 윤리적 지침들을 열거한다.

내게 주신 은혜로 말미암아. 각각 자기가 받은 은혜의 분수를 넘지 말라는 교훈의 첫머리에 바울은 자신의 모범을 제시한다. 그는 여기서 자기가 받은 은혜를 따라 교훈한다.

하나님께서 각 사람에게 나누어 주신 믿음의 분량대로. "믿음의 분량"(μέτρον πίστεως)이라는 말은 신앙의 강약을 의미하는 것이 아니라 은사의 성격을 가리킨다(Greijdanus). 말하자면 각자가 받은 직능의 차이를 뜻하는 것이다(H. Ridderbos). 겸손이란 자기 분수를 지키는 것이다. 사람이 자기 분수보다 낮게 물러서는 것도 참된 겸손이 아니고 무책임한 처사다.

지혜롭게 생각하라. 이 말의 헬라어 원문(φρονεῖν εἰς τὸ σωφρονεῖν)은 문자적으로 "정신 차려 생각하라"는 의미를 갖고 있다. 누구든지 자기를 바로 알지 못하는 자는 정신없는 자와 같다.

4-5 한 몸에 많은 지체. 그리스도 신자는 그리스도의 몸인 교회 내에서 자신이 일개 지체에 불과함을 기억해야 한다. 자신이 일개 지체일 뿐임을 깨달은 자는 ① 자신이 다른 지체들의 도움 없이는 발전할 수 없다는 것을 알게 되며, ② 다른 사람들도 같은 몸에 속한 지체들이기 때문에 그들을 내 몸과 같이 사랑해야 한다는 것을 알게 된다.

6 은사가 각각 다르니. 하나님께서 개별 신자들(지체들)에게 은혜를 주시되 각각 다르게 하신 목적은 서로 화합하게 하시려는 것이다. 신자들이 서로 다른 기능을 가지고 각자 제자리에서 최선을 다하면 서로 충돌이 없고 오히려 아름다운 조화를 이룬다.

예언이면 믿음의 분수대로. "예언"은 무엇인가? 사도 시대에 활동한 예언자들은 1) 성령의 감동으로 특별한 사건들을 예고하였으며(행 11:28; 21:11), 2) 그 중 어떤 이들은 하나님의 백성을 구원하는 사역도 감당했으며(고전 14:3), 3) 그들의 사역도 사도들의 사역과 함께 신약 교회의 기초를 이루었다(엡 2:20; 고전 12:28). 예언 사역은 사도의 사역처럼 사도 시대에만 있었던 단회적인 것이다.

교회 시대에는 예언을 대신하여 설교가 자리 잡았다고 할 수 있다. 왜냐하면 예언과 설교는 그 기능이 같기 때문이다. 예언은 건덕, 권면, 안위를 목적으로 하는 것인데(고전 14:3), 설교도 마찬가지다. 다만 예언자의 경우에는 하나님의 말씀이 초자연적으로 그에게 임하는 반면, 설교자의 경우에는 그 자신이 하나님의 말씀(성경) 앞으로 나아가야 한다. 곧 설교자는 말씀의 청지기라는 뜻이다. 그는 사도와 선지자를 통하여 교회에 임한 하나님의 말씀을 맡은 자다(고전 4:1-2; 딛 1:7). 한마디로 설교자는 기독교의 터를 닦는 자가 아니고, 사도와 선지자가 닦아놓은 터(고전 3:10-11), 곧 그리스도에 대한 그들의 설명을 근거로 교회를 세우는 자다. 설교자는 1) 그들에게 맡겨진 터전과 자재인 성경을 그대로 지켜낼 책임이 있고, 2) 그 터전과 자재를 사용하여 교회라는 집을 세울 책임도 있다. 그가 성경 말씀을 전파하며 가르치는 것이 바로 그 같은 책임을 다하는 일이다. 그는 말씀을 전파할 때 구미에 맞는 것만 골라서 전하는 것이 아니라 성경 말씀 전부를 전할 책임이 있다.

현대 교회에도 예언이 있다고 주장하는 이들이 있다. 만일 예언처럼 보이는 현상이 오늘날에 나타난다면 우리는 어떤 태도를 취해야 할 것인가? 1) 그 예언이 맞지 않을 경우에 그것을 배척하기는 쉬운 일이다. 그러나 2) 그 예언이 사실과 부합할 때 우리는 그것을 거부하기가 어려울 수 있다. 그러나 이와 같은 경우에도 우리가 그것을 받아들여야만 하는 것은 아니다. 왜냐하면 ① 예언이 사실과 부합한다 해도 그것이 거짓된 예언일 수 있기 때문에(신 13:2), 하나님이 명하신 대로(요일 4:1) 신중하게 영들을 시험해보아야 한다. 그것을 시험해보는 일에 오랜 세월이 걸릴 수도 있다. 신자가 유혹에 빠지지 않기 위하여 영들을 시험하는 것은 오히려 경건한 행동이다. 신명기 13:1-3에 말하기를, "너희 중에 선지자나 꿈 꾸는 자가 일어나서 이적과 기사를 네게 보이고 그가 네게 말한 그 이적과 기사가 이루어지고 너희가 알지 못하던 다른 신들을 우리가 따라 섬기자고 말할지라도 너는 그 선지자나 꿈 꾸는 자의 말을 청종하지 말라 이는 너희의 하나님 여호와께서 너희가 마음을 다하고 뜻을 다하여 너희의 하나님 여호와를 사랑하는 여부를 알려 하사 너희를 시험하심이니라"라고 하였다. ② 사탄의 사자도 복음을 존중하는 척하거나(행 16:16-17) 사람들을 도덕적으로 올바르게 대할 수 있다(고후 11:14-15; 마 7:15). 우리가 이처럼 오늘날의 예언이라는 현상을 시험해보는 것은 우리에게 손해를 끼치는 것이 아니다. 왜냐하면 우리에게는 현대의 새로운 예언보다 권위 있는 성경 말씀이 있으며 그 말씀은 우리를 위한 것이기 때문이다(롬

15:4).

"믿음의 분수대로." 이 말의 헬라어(κατὰ τὴν ἀναλογίαν τῆς πίστεως)는 "그 믿음의 추론에 의하여"라고 번역되어야 한다. 이 표현은 무엇을 가리키는가? 1) 예언자는 자기가 소유한 신앙의 분수에 걸맞게 예언 행위를 해야 한다는 뜻이라고 해석할 수 있으며,[206] 2) 예언을 하되 신앙과 관련성 있게 해야 한다는 뜻이라고 해석할 수도 있다(Luther).

두 번째 해석은 "아날로기아"(avnalogi,a)라는 단어를 "관련" 혹은 "유사성"의 의미로 이해했다. 말하자면 예언의 형태가 사람의 사상이나 경험에 머무르는 것이 아니라 믿음을 발생시키는 동시에 믿음으로만 받을 수 있는 초경험적 성격을 가져야 한다는 것이다.[207]

이 문구에서는 "믿음"이라는 명사에 "그"(τῆς)라는 관사가 덧붙여져서 "그 믿음"이라는 의미를 갖는다. "그 믿음"이란 예언자 자신의 심리적 신앙을 뜻하지 않고, 교회의 신조와 같은 객관적 표준을 가리킨다(Greijdanus).

7 혹 섬기는 일이면 섬기는 일로, 혹 가르치는 자면 가르치는 일로. 이 구절의 훈시들에는 구체적인 주의사항들이 부가되지 않은 것처럼 보인다. 그러나 주의사항이 전혀 없는 것은 아니다. 일례로 여기서 "섬기는 일이면 섬기는 일로"라는 말은 이런 일을 맡은 사람이 자기의 직무만을 담당하고 다른 사람의 일에 간섭하지 말아야 할 것을 의미한다. "가르치는 자"는 선지자와 다르다. 선지자가 주로 하나님의 계시를 받아 전하는 자인 반면, "가르치는 자"는 선지자가 전한 진리를 해석하고 널리 반포하는 자다.

8 위로하는 자. 이 직분의 사역은 사람의 양심과 감정에 감화를 일으키는 것이다. 이것은 목회자가 힘을 기울여서 제대로 해야 하는 일이다.

---

206) Th. Zahn, *Brief d. Paul. a. d. Römer*, S. 544. "dass der Prophet in der Ausubung dieses Charisma das richtige Verhaltnis zu dem Glauben, den er hat, bewahre und nicht darüber hinausgeht."

207) *Vorlesung über den Römerbrief*, 380-382.

구제하는 자는 성실함으로. "성실함"은 헬라어로 "하플로테스"(ἁπλότης)인데, "단순함"을 의미한다. 가난한 자에게 무언가를 주는 자는 동기가 불순해지기 쉽다. 때로는 인색한 마음으로, 혹은 되갚음을 받을 생각으로, 혹은 명예심으로 구제하기 쉽다. 그처럼 단순하지 못한 동기들은 구제의 가치를 떨어뜨리는 것이다.

다스리는 자는 부지런함으로. "다스리는 자"(προιστάμενος)라는 말의 어원적 의미는 "친절하게 행동하는 자" 혹은 "보호자"다. 다스리는 자는 남들에게 친절하게 다가가는 능력이 있어야 한다. 대중을 관리하는 자는 자기 자신의 짐만 지는 것이 아니라 수많은 사람의 짐을 지는 자다. 높은 자리를 차지하는 것이 지도자의 자격이 아니고 모든 짐을 지는 것이 지도자의 자격이다. 그러므로 이 일을 맡은 자는 부지런해야 한다.

긍휼을 베푸는 자는 즐거움으로. 남을 도와주는 자가 처음에는 열심을 내다가 중도에 언짢은 내색을 하면 그것은 도움을 받는 상대방에게 불안감과 불쾌감을 안겨준다. 기껏 남을 도와주다가 도리어 남을 불쾌하게 만들면 피차간에 덕이 안 된다. 그런 실수는 누구나 저지르기 쉬운 것이기 때문에 사도는 여기서 특별히 주의를 주는 것이다(참조. 고후 9:7).

9 사랑에는 거짓이 없나니 악을 미워하고 선에 속하라. 이와 유사한 교훈이 성경에 자주 등장한다(참조. 고후 6:6; 딤전 1:5; 벧전 1:22). "악을 미워하고 선에 속하"는 것은 거짓 없는 사랑의 실행 방법이다. 우리는 남을 사랑하려고 노력하다가 그 사람의 죄악과 타협하게 될 수도 있다. 그런 사랑은 가치 있는 진정한 사랑이 아니다. 그러므로 그리스도 신자는 사랑하는 자가 악을 행할 때는 그에게 충언을 마다하지 않으면서 도와줘야 한다.

10 형제를 사랑하여 서로 우애하고 존경하기를 서로 먼저 하며. 이 구절의 헬라어를 직역하면 "형제애에 있어서 서로 우애하며, 존경에 있어서 서로 먼저 하며"라는 의미가 된다. 형제애라는 말은 헬라어로 "필라델피아"(φιλαδελφία)

인데, 앞절의 "사랑"(ἀγάπη)이 법적인 것이라면, 여기서 말하는 "형제 사랑"(φιλαδελφία)은 열정적이고 친화력 있는 것이다. 우리에게는 "아가페"와 함께 "필라델피아"도 있어야 한다. "우애"는 헬라어로 "필로스토르고이"(φιλόστοργοι)인데, 한 가족과 같이 영적 인연으로 서로 연결되어 사모하는 사랑을 의미한다.

"존경하기를 서로 먼저 하며." 우리는 남을 먼저 존경하기를 힘써야 한다. 그래야만 사랑도 계속할 수 있다. 서로 친한 사이라도 자주 무례히 대하면 우애가 깨어진다. 그러므로 오래도록 친구를 존경하는 일은 사랑을 보호하고 양육시키는 성곽과 같다(참조. 빌 2:3).

11 **부지런하여 게으르지 말고 열심을 품고 주를 섬기라.** 이 구절에 대해 몇 가지 생각해야 할 점이 있다. ① 여기서 말하는 부지런함과 열심은 자기를 위한 것이 아니고 주님을 위한 것이다. 그리스도 신자는 사업을 하거나 활동을 할 때도 오직 주님만을 위한다. 모든 죄악은 게으른 자의 마음속에서 자라나고 나타난다. 따라서 죄를 덜 지으려면 부지런히 일해야 한다. ② "열심을 품고"라는 말은 "끓는 심령으로"라는 뜻을 가지고 있는데, 정신을 집중한 상태를 가리킨다. 그러나 끓는다는 표현이 반드시 끊임없는 심리적 긴장상태를 뜻하는 것은 아니다. 심리적 긴장은 머지않아 그 심신에 상해를 가져온다. 끓는 심령은 심리적, 신체적 휴식을 통해서도 나타날 수 있다. 적당한 휴식은 선한 일을 수행하기 위한 준비 작업이 될 수 있으며 그것 자체가 방심이나 방종은 아니다.

여기 기록된 "주"라는 표현과 관련하여 사본들 간에 차이가 존재한다. "주"(κυρίῳ)라는 단어는 X A B E L P 등의 사본에서 채택하는 어구다. 그런가 하면 "때"(καιρῷ)라고 기록된 사본들도 존재하는데, D E G 등이 여기 해당한다. 샌데이(Sanday)는 두 번째 경우를 오기(誤記)로 보았으나 바르트는 그것을 채택하였다. 바르트가 둘째 어구를 채택한 이유는 그것이 그의 신학 사상과 조화되기 때문일 것이다. 그는 이 어구에 대해 다음과 같은 해석을 제시했다. "현재와 찰나의 위기 속에 몸을 던져라. 거기에 결정이 있다."[208] 이것은 위기 신학에서 거듭 강조하는 실존 사색이니, 우리가 받을 수 없는 신학 사상이다.

12 **소망 중에 즐거워하며 환난 중에 참으며 기도에 항상 힘쓰며.** 그리스도 신자는 "소망 중에 즐거움"을 가지는 자다. 그에게는 평상시에도 성령으로부터 오는 기쁨이 있다. 그러나 환난 가운데서도 그는 내세의 소망을 기억하고 기뻐한다. "환난 중에 참음"은 앞에서 말한 "소망 중에 즐거워함"을 가능케 하고(5:3-4), "기도에 항상 힘씀"은 "환난 중에 참음"을 가능케 한다(약 5:13상).

13 **성도들의 쓸 것을 공급하며 손 대접하기를 힘쓰라.** 다시 말해 그 당시 박해나 흉년으로 곤궁한 상황에 처한 신자들을 친절히 대접하라는 뜻이다. "공급",κοινωνοῦντες)이라는 말은 "사이좋게 융통하여 나눔"을 의미한다. 그리스도 신자는 그리스도의 몸인 교회의 지체이기 때문에 그 무슨 소유든지 다른 지체에게 나눠주어야 한다. 어떤 사본(D F G L)에는 "쓸 것"(κρείαις)이라는 말 대신에 "기념할 것"(μνείαις)이라고 되어 있다. 그러나 모든 권위 있는 사본들(ℵ A B)에는 "쓸 것"이라는 어구가 나타난다. "기념할 것"이라는 어구는 오기될 가능성을 가지고 있다. 다시 말해 이 표현은 순교자들을 기념하는 풍속이 생겨난 이후에 필사가가 실수로 잘못 옮겨 적은 것이라는 뜻이다.

14 **박해하는 자를 축복하라.** 하나님의 복음은 사람들의 죄악을 공격하는 것이기 때문에 복음이 바로 전파될수록 박해가 강하게 일어나는 법이다. 그러므로 박해는 은혜가 임하는 길에 발생하는 여파에 불과하다. 그것은 은혜의 영역 안에 있다. 아니, 그것 자체가 은혜다. 누구든지 박해를 잘 참고 견디면 생명나무 열매를 먹는 것처럼 기쁜 일을 만날 것이다.

---

208) *Römerbrief*, 441-442.

사도 바울은 사랑을 말할 때 성도 사랑에서 시작하여 그다음에 나그네 사랑, 마지막으로 원수 사랑에 도달한다. 이렇게 사랑은 점층적으로 절정에 이른다. 그리스도 신자는 원수의 행위를 미워할 수 있지만 그의 영혼에 대해서는 염려하고 형통하도록 축복해 주어야 한다. 이와 관련하여 우리는 윌리엄 톤스 경(Sir William Tones)의 시구를 기억할 필요가 있다.

저 동양의 진주에서 원수 사랑을 배워라.
네게 재앙을 가져오는 손에 진주를 뿌려 주어라.
저 바위 같은 비열한 복수적 교만을 떠나고,
네 옆을 찌르는 손목에 보석을 단장해 주어라.
저 나무가 석벽에서라도
달콤한 열매와 향기 있는 꽃을 내어 주도다.
자연은 다 이렇게 외치는데, 인생이 이보다 부족하랴!
너를 치는 자를 치료해 주고 욕하는 자를 축복할 뿐이다.[209)]

악으로 악을 갚는 것은 악한 일이며 악을 더 만드는 것이다. 본문에 축복하라는 말이 두 번 나타나는데, 이러한 중복은 원수를 축복해야 한다는 점을 강조하는 의미를 지닌다.

15 즐거워하는 자들과 함께 즐거워하고 우는 자들과 함께 울라. 이것은 동정의 도덕이니, 어떤 물질적 형태로 실시될 수 있는 것이 아니다. 남을 동정하는 자

---

209) Learn from your Orient shell to love thy foe,
and strew with pearls the hand that brings the woe.
Free like your rock, from base vindicative pride.
Enlace with gems the wist that rends thy side.
Mark where your tree rewards the stony shower
with fruit nectareous or the balmy flower.
All nature calls aloud. Shall man do less
than heal the smiter and the railer bless!

가 물질이 아닌 다른 방법으로라도 뜨거운 사랑을 나타낸다면, 상대방은 그 사랑을 느끼는 동시에 큰 힘을 얻는다. ① 우리가 그처럼 동정을 베풀면 사랑을 증가시키는 동시에 하나님께 더 많은 감사를 하게 되며, ② 특히 우리가 다른 사람의 경건하고 의로운 즐거움에 동참하면, 그것은 우리 자신의 즐거움이 되고 또한 하나님으로부터 상급도 받는다.

16 서로 마음을 같이하며. 사람의 가치는 그의 재능에 달린 것이 아니고 영혼에 달렸다. 영혼 없는 사람이 없으며 죄 없는 영혼도 없는 것이다. 그러므로 그리스도 신자라면 오직 나만은 의인이라는 생각을 버려야 한다. 그는 자신도 남들과 똑같은 죄인임을 깨닫고 그들과 합심하도록 힘써야 한다.

높은 데 마음을 두지 말고. 이것은 마음을 같이하는 방법을 가르친 말씀이다. 이 말씀은 ① 높은 소망, 곧 하늘의 소망을 가지지 말라는 뜻이 아니고, ② 아직 깨닫지 못한 고상한 진리를 알아보고자 사모하지 말라는 의미도 아니며, ③ 세상에서 존귀하게 여겨지는 지위를 취하지 말라는 것도 아니다. 그리스도 신자도 하나님의 뜻에 합당하다면 높은 지위에서 봉사할 수 있다. ④ 이 말씀의 뜻은 그 지위가 어디에 있든지 그의 마음가짐과 처신이 교만해서는 안 된다는 것이다.

도리어 낮은 데 처하며. 샌데이(Sanday)는 말하기를, "네 육신을 미천한 자들의 자리로 끌어내리고 그들과 같이 걸어라. 마음으로만 겸손하지 말고 실제로 그들을 도와라. 네 손을 그들에게 내밀어라."라고 하였다. 그리고 매튜 헨리(Matthew Henry)는 "진실한 사람은 누더기 가운데 살면서도 그것을 은혜로 안다. 왜냐하면 보석은 진흙 가운데서도 보석이기 때문이다."라고 하였다.

"스스로 지혜 있는 체" 하는 것은 하나님의 말씀에 의지하지 않고 자율적으로 사색하는 것인데, 이는 실로 불신앙적인 사상이다. 이것은 하나님을 믿지 않고 자기 자신을 믿는 악한 사상이다. 복음을 믿는 자는 마땅히 어린아이와 같은 성품을 가져야 한다. 말하자면 그는 어린아이가 자신에게 있는 무언가를 믿지 않고 오직 부모를 믿고 살아가는 것처럼 하나님만 믿어야 한다.

17 **악을 악으로 갚지 말고 모든 사람 앞에서 선한 일을 도모하라.** 이것은 복수하지 말라는 말씀이다. 내 편에서 이미 해를 받은 경우에도 보복해서는 안 되는데, 그 이유는 ① 그것이 하나님의 행동 원리를 따르는 하나님의 자녀로서 할 바가 아니기 때문이다. 하나님은 원수도 오래 참으시고 악인에게도 비를 내려주시며 빛을 비춰주신다. ② 원수를 갚아주시는 이는 하나님이시기 때문이다. ③ 우리가 스스로 억울함을 풀기 위해 보복하려다가 과도한 폐단을 연출하기 때문이다. 우리는 정당하게 보복할 수 있는 의롭고 능력 있는 재판장이 아니다. ④ 원수 갚지 않는 것이 악을 미연에 방지하는 귀한 방편이 될 수도 있기 때문이다. ⑤ 원수를 갚지 않음으로써 원수를 친구로 삼을 수도 있기 때문이다. ⑥ 보복하는 자는 하나님의 은혜를 잃어버리기 때문이다.

"원수의 모욕을 유순하게 받아내면, 마치 던져진 돌이 솜뭉치에 떨어짐과 같이 된다"(Matthew Henry). 그렇게 되면 원수가 감화를 받거나 혹은 권태감을 느껴서 악행을 그만두는 경우도 있다.

"모든 사람 앞에서 선한 일을 도모하라." 요컨대 그리스도 신자는 원수를 갚지 않을 뿐 아니라 그를 위하여 선한 일을 미리 생각하며 예비하라는 말씀이다. 우리가 원수를 갚지 않는 정도로는 충분하지 않다. 그 정도로는 아직 우리 마음속에 원수에 대한 원한과 미움이 남아 있을 수 있다. 위태한 벼랑에 매달린 사람은 위로 올라가서 안전한 곳에 서도록 힘써야 된다. 그렇게 하지 않고 위태한 자리에 그대로 매달려 있다가는 미끄러져 떨어지기 십상이다. 우리가 원수를 갚지 않으려면 원수를 선대하는 방법을 미리 강구하고 또 힘써야 한다. 여기서 "도모하라"는 말은 나를 원수로 대하는 사람에게도 선을 행하기 위해 미리 예비하라는 의미다. 우리는 무슨 일에나 미리 준비하지 않으면 실패하기 쉬운데, 하물며 원수 앞에서 선을 행하는 것이 준비 없이 가능하겠는가?

18 할 수 있거든 너희로서는. "할 수 있거든"(εἰ δυνατόν)이라는 표현에 대해 몇 가지 생각할 것이 있다. ① 이 말은 행위자의 가능성을 아껴두라는 의미가 아니고, 오히려 그 가능성을 다하라는 의미다. ② 이 말은 진리를 거스르지 않는 한 평화를 위해 힘쓰라는 조건적 화목을 의미한다. 바울은 진리를 그르치는 사람들에 대하여는 얼마든지 항의할 준비가 되어 있다. 찰스 하지(Charles Hodge)는 말하기를, "보다 큰 문제에 잘못될 것이 없는 한 우리는 평화에 힘써야 할 것이다."라고 했다.

"너희로서는"(τὸ ἐξ υμῶν)이라는 말은 "너희가 관계할 수 있는 범위 안에서는"이라고 번역될 수 있다. 그러므로 이 문구의 의미는 우리가 화목을 위해 힘쓰되 우리가 할 수 있는 일은 모두 시도해볼 만큼 힘써야 한다는 것이다. 우리는 이 점에 대해 몇 가지 기억할 것이 있다. ① 우리가 평화에 힘썼는데 상대편이 응하지 않아서 평화가 이루어지지 못했다면, 그 책임이 우리에게 없다는 것이다. ② 우리가 화목하기 위하여 인륜적인 도의는 다할 것이지만, 중대한 진리 문제에 위배된 상대방의 그릇된 주장 때문에 피차 화목이 이루어지지 않는다면, 그 책임이 우리에게 없다는 것이다.

어쨌든 우리는 피차간에 화목을 이루도록 최대한의 노력을 해야 한다. 러스킨(Ruskin)은 말하기를, "평화는 운 좋게 저절로 얻어지는 것이 아니고 죄를 이기는 승리로만 얻어진다."라고 하였다. 그러므로 성경은 말하기를 "화평함을 따르라"고 하였으며(히 12:14). "평안의 매는 줄로 성령이 하나 되게 하신 것을 힘써 지키라"고 하였다(엡 4:3).

19절. 이 구절의 뜻은 원수 갚는 일은 심판주 하나님께서 하시는 일이니 인간으로서는 상관하지 말라는 것이다. 이것은 원수가 하나님의 심판에 의해 패망하기를 기대하라는 의미의 말씀이 아니다.

내 사랑하는 자들아. 이것은 헬라어로 "아가페토이"(ἀγαπητοί)인데, 문자적으로는 "사랑을 입은 자들아"라고 해야 옳다. 사랑을 입었다 함은 신자들이 하나님께서 주시는 구원을 받았다는 말이다.

너희가 친히 원수를 갚지 말고 하나님의 진노하심에 맡기라. 여기서 "진노하심에 맡기라"(δότε τόπον τῇ ὀργῇ)는 문구는 문자적으로 "진노에게 자리를 내주어라"(Give place to the wrath)라는 뜻이다. 다시 말해 인간으로서 심판을 주재하시는 하나님의 권한을 침범하지 말라는 것이다.

20 네 원수가 주리거든 먹이고. 여기서 "먹이고"라는 말은 헬라어로 "프소미제"(ψώμιζε)인데, "조심하여 많이 먹이라"는 뜻이다. 그리스도 신자는 상심한 자에게 음식을 줄 때 주의하여 친절한 태도로 주어야 할 것이다. 토머스 크랜머(Thomas Cranmer) 감독은 자기에게 잘못하는 자들을 좋은 친구로 만들었다고 한다.

숯불을 그 머리에 쌓아 놓으리라. 이것은 잠언 25:21-22에서 가져온 말씀이다. 우리가 원수를 후대하면 그는 불에 녹듯이 변하여 우리의 새로운 친구가 될 수 있다.

21 악에게 지지 말고 선으로 악을 이기라. 여기서 "악에게 지지 말고"라는 문구에 주의해야 한다. 사도 바울은 "악인에게"라고 말하지 않고 "악에게"라고 했다. 원수가 우리를 공격할 때 우리 마음에는 복수의 감정이 일어나는데, 그것은 악이다. 우리는 그때 감정에 삼켜지거나 정복당해서는 안 된다. 우리가 그 감정을 이길 때 원수의 악한 기운 역시 감소한다. 그리하여 원수도 점점 친구로 변할 수 있다.

⚜ 평주

너희 몸을 하나님이 기뻐하시는 거룩한 산 제물로 드리라(1절). 바르트(K. Barth)는 이 구절에 대하여 해석하기를, "물론 우리가 두려움과 떨림 가운데 진행하는 대규모의 건축도 없지 않다. 그러나 이 사역에 있어서 하나님의 의지와 우리의 의지가 서로 접촉하거나 합치되는 점은 하나도 없다."라고 하였다.[210] 그는 또 말하기를 "희생제사란 하나님의 뜻을 이루는 인간적 행동이 아니다. 희생은 단지 인간적 행동일 뿐이며, 하나님은 다만 하나님이실 뿐이다. 인간이 하나님을 위하여 최대의 희생을 지불한다 해도 하나님은 그것과 무관하시다. 노동절(May day) 행렬이 노동운동이라고 생각하는 것은 어리석은 일이다. 그것은 단지 시위운동일 뿐이다. 그러나 계급 차별에 불만이 있는 노동자들은 모두 다 거기 참여하려 한다. 이처럼 모든 윤리적 행동, 심지어 파멸의 경계에 접한 윤리 행위까지도 일종의 시위 행렬에 불과하다. 모든 인간이 행하거나 행하지 않는 모든 일은 하나님의 일하심을 가리키는 증표일 뿐이다. 하나님 나라를 건설하는 모든 조직체는 하나님 나라가 아니고 바벨탑이다. 우리가 우리의 모든 것을 희생으로 바치고 그것에 가치를 두지 않을 때, 거기에 세계의 종말이 있으며 죽은 자들의 부활이 있는 것이다."라고 하였다.[211] 그러나 바르트는 이 같은 주장을 통해 하나님을 인간에게서 너무 멀리 분리시켰다. 성경을 보면 하나님께서 인간을 대리자로 사용하셔서 실패함 없이 뜻을 이루시는 사건들이 기록되어 있지 않은가? 물론 우리는 하나님의 행동과 인간의 행위가 언제나 서로 합치된다고 여기지는 않는다. 그러나 지극히 적은 분량이라도 둘이 서로 합치되는 경우가 있다.

소망 중에 즐거워하며 환난 중에 참으며 기도에 항상 힘쓰며(12절). 바르트는 이 구절에 대하여 말하기를, "빼앗기고, 빈손이 되고, 부정에 직면한 것이 소망이다."라고 하였다.[212]

---

210) *Römerbrief*, 417-418.

211) *Römerbrief*, 417.

212) *Römerbrief*, 442. "Hoffen heisst Nicht-Sehen, Entbehren, leere Hande haben, vor dem Nein stehen."

이것은 위기 신학의 그릇된 원리에서 내린 해석이다. 바르트가 생각하는 소망은 전혀 사색의 대상이 아닌 셈이니 그런 소망은 성경이 가르치지 않는다. 바르트의 이 말은 소망의 근거로 역사성 있는 계시인 성경까지도 빼앗겨야 한다는 그릇된 말이다. "기도에 항상 힘쓰며"라는 말씀에 대해서도 바르트는 다음과 같이 말한다. "항상 기도하라는 말은 기도를 양적으로 많이 쌓는 것을 의미하는 것이 아니고, 기도를 정성스럽게 하는 것을 의미하지도 않으며, 기도의 방향을 견고하게 정하고 그렇게 정한 방향을 보존하는 것이다."[213] 그러나 이것은 신자의 기도가 구체적 행동으로 실행되어야 한다는 점을 부인하는 그릇된 학설이다. 이 학설은 일종의 이상주의다.

박해하는 자를 축복하라(14절). 바르트는 이 구절에 대하여 다음과 같이 말한다. "박해자는 하나님의 원수가 아니고 그의 사자다."[214] 바르트의 이러한 해석은 그의 변증법적 원리에서 나온 것인데, 우리의 신앙에 대한 적대자는 우리의 긍정에 대한 부정이 된다는 의미에서 하나님의 사신이라는 의미다. 그러나 성경은 박해자를 하나님의 사신으로 여기지 않고 하나님의 반대자로 여긴다. 그렇다면 우리가 박해자를 용서하고 축복할 수는 있지만 그를 옳은 자처럼 환영하고 축복하는 것은 허황된 일이다(참조. 눅 6:28).

악을 악으로 갚지 말고 모든 사람 앞에서 선한 일을 도모하라(17절). 바르트는 이 구절에 대하여 다음과 같이 해석하였다. "우리의 이웃을 대할 때 그에게서 그 자신이 아닌 자, 곧 선을 볼 줄 알아야 한다. 남을 볼 때 그 자신대로만 본다면 이는 악을 악으로 갚는 일이다. 우리가 사랑하는 사람에 대해서도 그들을 그들 자신대로 보지 말고 그들에게 있는 그들이 아닌 자를 볼 줄 알아야

---

213) *Römerbrief*, 443.

214) *Römerbrief*, 444.

한다. 만약 그렇게 못하면 그들에 대해서도 악을 악으로 갚는 것이다."[215] 이것은 인생을 무상하게 여기는 바르트의 인생관이며 성경적인 것이 아니다. 성경은 역사적 인간을 진정한 인간으로 취급할 뿐이다.

악에게 지지 말고 선으로 악을 이기라(21절). 바르트는 이 구절에 근거하여 현상계의 모든 개혁 운동은 악을 정복하는 일이 아니고 그냥 악에게 삼켜지는 일이라고 말하였다. 그는 개혁운동을 일으키는 자를 비웃으며 말하기를, "인간은 어느 누구도 다른 인간을 대항하여 객관적 의를 주장할 수 없다. 누군가가 옳은 주장을 세울수록 그만큼 그는 남들에게 해를 끼친다."라고 하였다.[216] 이것은 우리가 받아들일 수 없는 그릇된 해석이다. 그의 주장을 따른다면 인간이 확신을 가지고 행할 수 있는 선한 일은 하나도 없을 것이다.

설교 몸을 산제사로 드리라(1절)

사도 바울은 신자들이 받은 구원이 얼마나 놀라운 것인지 설명한 후에, 여기서는 그들의 책임이 어떤 것인지를 말한다. 먼저 그들이 하나님 앞에서 실행할 것이 무엇인지 밝히고 있다.

1. 몸으로 드리는 산제사란 그 자신이 하나님께 바쳐졌다는 뜻이다

우리 몸은 하나님께 속한 것이기 때문에(고전 6:19-20) 우리는 이 몸을 오직 하나님을 위해 희생해야 한다. 우리에게 별다른 재주가 없다 해도 주님을 위하여 몸으로 희생할 마음만 있으면 하나님께서 우리를 귀하게 쓰신다. 무디(Moody) 선생은 하나님께 바쳐지는 것이 무엇인지 다음과 같이 지적하였

---

215) *Römerbrief*, 451-452.

216) *Römerbrief*, 463.

다. ① 약한 것(주님을 위하여 박해받음), ② 어리석은 것(주님의 말씀만 따르는 삶이 세상의 눈에는 어리석어 보임), ③ 겸손한 것, ④ 업신여김을 받는 것(세상의 기준에 따라 높아지기를 추구하지 않음), ⑤ 아무것도 소유하지 않는 것 등이다(참조. 고전 1:27-28).

이런 것들은 모두 다 하나님께 희생으로 바쳐진 자의 자세다. 또 다른 이는 하나님께 바쳐지는 자의 태도를 다음과 같이 말했다.

1) 주님을 위하여 종이 되는 태도. 이것은 결국 주관자가 되는 길이다.

2) 주님을 위하여 내려가는 태도. 이것은 결국 올라가는 길이다.

3) 주님을 위하여 남에게 주는 태도. 이것은 결국 복 받는 길이다.

4) 주님을 위하여 가난해지는 태도. 이것은 결국 부해지는 길이다.

5) 주님을 위하여 세상 사람이 보기에 어리석어지는 태도. 이것은 결국 지혜로워지는 길이다.

6) 주님을 위하여 죽는 태도. 이것은 결국 사는 길이다.

2. 몸으로 드리는 산제사는 행위와 외모까지도 경건함을 의미한다

이에 대해 에베소서 5:2-4의 말씀이 잘 밝혀 준다. 바울 사도는 말하기를, "그리스도께서 너희를 사랑하신 것 같이 너희도 사랑 가운데서 행하라 그는 우리를 위하여 자신을 버리사 향기로운 제물과 희생제물로 하나님께 드리셨느니라 음행과 온갖 더러운 것과 탐욕은 너희 중에서 그 이름조차도 부르지 말라 이는 성도에게 마땅한 바니라 누추함과 어리석은 말이나 희롱의 말이 마땅치 아니하니 오히려 감사하는 말을 하라"라고 하였다. 이 말씀을 보면 하나님께 제물로 바쳐진 신자는 그 행실과 외모가 아름다워야 한다. 합당하지 않은 것은 "이름조차도 부르지 말라"고 하였고(엡 5:3), "악은 어떤 모양이라도 버리라"고 하였다(살전 5:22).

그뿐 아니라 신자는 용모도 경건해야 한다. 사도행전 7:20에 말하기를,

"그 때에 모세가 났는데 하나님 보시기에 아름다운지라"라고 하였다. "하나님 보시기에 아름다운" 용모는 어떤 것인가? 그것은 아마도 경건에서 표출되는 아름다움을 뜻했을 것이다. 신자에게는 사람이 인정해주는 아름다움은 없더라도 하나님 보시기에 합당한 경건미가 있어야 한다. 다니엘은 열흘 동안 채식과 물을 먹은 후에 얼굴이 더욱 아름답고 살이 더욱 윤택하였다고 하였다(단 1:15). 이것은 다니엘의 얼굴에 살이 쪘다는 말이 아니고 살이 빛났다는 말이다. 전도서 8:1에 말하기를, "사람의 지혜는 그의 얼굴에 광채가 나게 하나니 그의 얼굴의 사나운 것이 변하느니라"라고 하였다. 우리가 하나님의 진리에 따라 지혜롭게 살면 우리의 외모도 변한다. 이것이 얼굴을 아름답게 하는 비결이다. 그러나 악한 자의 얼굴은 하나님 보시기에 아름답지 못하다. 악인은 자기 얼굴을 굳게 한다고 하였는데(잠 21:29), 그 말은 무자비하고 참된 희열이 없고 하나님을 두려워함이 없음을 가리킨다. 잠언 10:10에서 "눈짓하는 자는 근심을 끼치고"라고 하였는데, 눈짓한다는 말은 생각이 밝고 올곧지 못하여 간사하게 속이는 수단으로 사람과 교제하는 것을 가리킨다. 그리고 잠언 17:24에는 "미련한 자는 눈을 땅 끝에 두느니라"라고 하였는데, 이것은 탐심을 품고 사방팔방을 살펴보거나 혹은 그가 품은 악으로 인하여 두려운 마음에 눈을 휘두르는 것을 가리킨다.

우리는 외모에도 이처럼 불미스러운 것이 없고 경건해야 한다. 우리는 기계 문명 시대에 살고 있기 때문에 몸을 쓰지 않고 기계를 사용하는 것만으로도 덕을 세우고 도를 이룰 수 있는 것처럼 오해하기 쉽다. 하지만 요즘과 같은 시대에도 옛날과 마찬가지로 하나님은 기계적인 제물을 기뻐하지 않으시고 오직 인격의 제물을 기뻐하신다. 그런 의미에서 사도 바울은 "산제사를 드리라"고 권고하였다. 어떤 나라에서는 신자들이 주일에 예배당에 모이지 않고 집에서 텔레비전을 통하여 설교를 듣는 것으로 예배를 대신한다고 한다. 그것은 합당한 예배가 아니다.

설교 구속함을 받은 자의 두 가지 사명(1-2절)

사람이 구속함을 받았다는 것은 무엇을 의미하는가? 사람은 천하보다 귀하다. 사람의 가치가 무엇이기에 이처럼 천하보다 귀하다고 말하는가? 사람에게는 짐승과 다른 것이 있기 때문이다. 사람이 짐승보다 귀한 점은 그가 하나님을 공경할 수 있도록 성결하게 창조되었다는 것이다. 그러나 인간이 죄를 범함으로써 그의 성결은 깨어졌다. 그것이 곧 인간의 멸망인 것이다. 이제 인간이 성결을 회복하기 위해서는 하나님께서 구원하여 주시는 새 역사가 필요하였다. 이 새 역사란 한마디로 인간이 범한 죄의 값을 그가 친히 아들의 피로 대신 담당하시고 죄인을 구원하시는 일이다. 하나님의 독생자의 피가 아니고서는 인간의 죄를 담당할 수 없다. 만일 하나님께서 다른 것으로 인간의 죄를 담당하실 수 있었다면 지구와 같이 큰 금덩어리라도 내놓으셨을 것이다. 그러나 죄의 값은 그런 것으로 담당할 수 없다. 그러므로 시편 49:7-8에 말하기를, "아무도 자기의 형제를 구원하지 못하며 그를 위한 속전을 하나님께 바치지도 못할 것은 그들의 생명을 속량하는 값이 너무 엄청나서 영원히 마련하지 못할 것임이니라"라고 하였다. 그렇기 때문에 하나님께서는 우리를 속죄하여 주시는 대가로 자신의 독생자를 내어놓으실 수밖에 없었다. 이 일은 하나님께서 영원 전에 경영하셨고, 구약 시대에 예언하셨고, 마침내 신약 시대에 그대로 성취하신 것이다. 이처럼 귀한 속죄를 받은 사람은 이 세상에서 두 가지 사명을 띤다.

1. 제사장으로서의 사명(1절)

제사장의 직분은 귀하다. 그는 하나님을 섬기는 일을 맡았으니 말할 수 없이 귀하다. 사람이 마귀를 섬기면 마귀와 함께 무저갱에 빠지는 불행한 자가 되고, 그가 자기 자신을 섬긴다면 그것 역시 하나님을 반역하는 것이기 때문에 마귀가 가는 곳으로 떨어질 수밖에 없다. 그렇기 때문에 하나님을 섬긴다는 것은 섬기는 자가 누릴 수 있는 최고의 행복이다. 그는 능히 모든 사람에게 복이 될 수 있다. 왜냐하면 그는 하나님의 축복을 전달하는 기관이 되기 때문이다.

더욱이 제사장은 천지 만물과 모든 인류를 향하여 하나님을 위한 제물이 되라고 명령할 수 있는 위치에 있다. 그의 이와 같은 명령은 하나님과 우주의 법칙에 의해 정당화된다. 그러나 그가 이 큰 사명을 수행할 수 있는 영적 권세를 가지기 위해서는 자기 몸을 하나님께 바쳐야 한다. 본문 1절에 말하기를, "너희 몸을 하나님이 기뻐하시는 거룩한 산 제물로 드리라"라고 하였다. 우리는 몸을 가치 있는 데 우리 몸을 바쳐야 한다. 우리 몸을 돈에 바치면 우리는 돈의 종이 되는 것이며, 그것은 곧 일만 악의 뿌리를 소유하게 되는 셈이다. 그리고 우리 몸을 세상에 바치면 우리는 세상의 종이 되는 것이며, 결국 우리는 세상과 운명을 같이할 것이다. 그러나 우리 몸을 하나님께 바치면 우리는 하나님의 것이 되어 하나님과 영원토록 연합하는 삶을 누리게 된다.

2. 선지자로서의 사명(2절)

신자는 인격에 변화를 받고 하나님의 뜻을 깨달아 남들을 가르쳐야 할 자다. 이런 점에서 그의 직분은 선지자와 같다. 선지자는 세상을 본받지 않고 세상을 옳은 길로 인도한다. 왜냐하면 세상은 죄악 세상이며, 따라서 망할 세상이기 때문이다. 그는 세상을 꾸짖을 수 있는 빛과 소금이 되어야 한다. 이 세상은 언제나 우리의 신앙을 방해한다. 오늘날에도 마찬가지다. 현대의 문명은 위기 문명이다. 기계 숭배의 문명이며 인격을 존중하는 문명이 아니다.

① 현대는 살인 무기를 개발하는 일에 힘을 쏟고 속도를 중시하는 문명

의 시대이니 매우 위태하다. 세상 사람들이 일상생활에서 속도를 우선시한다고 해서 신자들이 신앙생활에 투자되는 시간도 아끼고 단축시키려 하는 것은 잘못이다. 우리는 거룩해지기 위하여 시간을 잡아야 한다(Take time to be holy). ② 그리고 현대는 광고의 시대로서, 무엇보다 쾌락주의를 빠르게 확산시키기 때문에 위태하다. 특히 대중 매체가 그렇다. 극장 영화를 비롯하여 다양한 매체들은 색을 탐하는 행위와 이성교제의 무제한적 자유를 조장하고 있다. 시대가 이처럼 부패했기 때문에 현대를 살아가는 성도들은 정신을 차리고 세상의 풍조를 이길 수 있도록 힘 있는 기도 운동, 회개 운동, 계명 지키기 운동을 일으켜야 한다. ③ 그뿐 아니라 현대 사회는 자유의 한계를 확실히 규정하지 못하는 과도기에 처하였다. 과도기는 진리를 확실히 보여주지 못한다.

오늘날 한국 청년들은 서구의 자유주의에 휩쓸려 무모하게 행동한다. 자유에도 경계가 있는 법인데 한국 청년들은 그것을 무시하고 무분별하게 행동한다. 이것이 우리 시대의 큰 병폐다. 그들이 그렇게 행동한 결과 하나님의 심판이 도래하고 말 것이다. 이와 같은 과도기에 처한 한국 청년들을 어떻게 하면 바로 인도할 수 있을까? 그리스도 신자들의 책임이 얼마나 큰가? 신자들은 이 문제를 앞에 놓고 선지자의 사명을 바르게 감당해야 하며 의의 종이 되어야 한다.

설교 교회의 통일에 대하여(3-8절)

바울은 그리스도 신자들이 일체가 될 수 있는 길을 힘 있게 가르쳤다. 그 길은 다음과 같다.

1. 그리스도 신자는 자신의 처지를 알아야 한다(3절)

신자가 자기를 바로 알지 못하면 교회의 통일을 방해한다. 자격 없는 자가 존귀한 지위를 차지하면 그것은 돼지 코에 금고리와 같이 우스꽝스러운 일이 된다. 우리가 단체생활을 하면서 자신을 과대평가하면 언제나 실수를 하게 마련이다. 영국과 유럽 대륙 사이에 있는 도버 해협을 헤엄쳐 건넌 영국 수영 선수가 한번은 나이아가라 폭포 아래 생긴 물웅덩이의 물결을 자기 팔로 헤엄쳐 나갈 수 있을 거라 생각하고 물에 뛰어들었다가 목숨을 잃은 일이 있다고 한다.

2. 서로를 한 몸의 지체로 여기고 도와주어야 한다(4-5절)

상부상조는 단체생활을 유지하는 가장 귀한 방법이다. 하나님께서는 각 사람에게서 영광을 받으시려고 모든 사람을 서로 다르게 지으셨다. 프란시스(Francis)는 말하기를, "우리 각 사람은 그리스도를 비추는 거울"(Mirror of Christ)이라고 하였으니, 옳은 말이다. 소망이 없어 보이는 사람도 자기 길을 바로 찾은 뒤에는 아주 유익한 사람이 된다. 무디(Moody) 선생은 주일학교에 다닐 때 그의 선생이 보기에 가장 희망 없이 보였다고 한다. 그러나 그는 마침내 유력한 전도자가 되었다. 또한 우리는 우리의 소유와 재능을 사용하여 하나님을 위해 남들에게 봉사하는 삶을 살아야 한다. 그렇게 하는 것이 우리 자신에게도 축복이 된다. 귀스타브 모렐(Gustave Morel)은 말하기를, "우리가 우리 자신을 하나님께 바침으로써 얻는 즐거움이 하늘나라에 입성하는 즐거움의 절반은 된다."라고 하였다.[217)]

3. 맡은 직책을 올바로 수행해야 한다(6-7절)

우리가 하나님의 교회를 섬길 때 제대로 하지 않으면 도리어 교회에 해악

---

217) "To dedicate oneself to God half the joy of Heaven."

을 끼칠 수 있다. 그러므로 우리가 주의할 점은 좋은 일을 할 때도 옳은 방법을 택해야 한다는 것이다. 남을 섬긴다고 하면서 도리어 섬김을 받고, 남을 가르친다고 하면서 온통 잘못된 것을 가르치며, 남을 위로한다고 하면서 사람들의 마음을 괴롭게 하는 목자들이 많다. 이것은 통탄할 일이다.

설교 사랑의 네 가지 방면(9-10절)

1. 사랑을 진실히 하자

우리는 자신을 위하여 일평생 힘쓰고 남을 위하여 힘쓰지 않는다. 주님께서는 심판 때에 우리에게 자신을 위하여 무엇을 하였는지 물어보시는 것이 아니라, 남들을 위하여 무엇을 하였느냐고 물어보실 것이다. 남을 사랑하는 일은 이렇게 중요하다. 우리는 이것을 눈가림으로만 하는 체해서는 안 된다. 우리는 심판을 견딜 수 있도록 이 일에 있어서 진실하게 힘써야 한다.

사랑을 행하는 구체적 행동은 어떤 것인가? 성경은 사랑에 대하여 여러 방면으로 이야기한다. ① 불쌍한 사람을 건져주는 사랑, ② 모든 사람을 품어주는 사랑, 그리고 ③ 원수에 대한 사랑이다. 우리는 이 세 가지 방면 모두에서 언제나 부족하다. 그렇다고 우리가 낙심할 것인가? 아니다. 우리는 그들을 사랑하는 일에 부족한 것을 회개하면서 더욱 힘쓸 수 있고, 또한 그들을 위하여 기도할 수 있다. 루터(Luther)는 "남들을 위하여 기도하는 것은 그들을 위하여 다른 선을 행하는 것보다 가치가 있다"고 하였다. 이 말은 기도하는 것이 무엇보다 큰 사랑이라는 의미다.

2. 악을 미워하고 선에 속하자

9절에서 "미워하고"라고 번역된 헬라어(ἀποστυγοῦντες)는 아주 강하게 미워함을 의미하는 말이다. 말하자면 악을 대할 때 소름이 끼치는 것처럼 멀리

함을 가리킨다(Sanday). 우리가 말로는 악을 미워한다고 하면서도 마음속으로는 악을 좋아하고 악에게 끌리는 일이 많다. 히브리서 12:4에 말하기를, "너희가 죄와 싸우되 아직 피흘리기까지는 대항하지 아니하고"라고 하였다. 영국의 청교도 작가 존 번연(John Bunyan)은 "성경 말씀 한마디를 어기는 것이 수만의 군대가 쳐들어오는 것보다 무섭다."라고 하였다.

3. 형제를 사랑하여 서로 우애하자

이것은 사랑의 또 다른 측면이다. 이것은 열정적이면서도 친밀함이 있는 사랑의 성격을 의미한다. 우리는 일반적인 수준에서만 사랑하는 것으로 만족해서는 안 된다. 우리에게는 서로를 향한 뜨거운 사랑이 필요하다. 위대한 운동의 배후에는 이런 우애의 사랑이 움직이고 있었다. 전 세계적인 반향을 불러일으킨 존 웨슬리(John Wesley)의 부흥 운동은 다섯 사람의 동지가 우애하고 합심하여 기도한 결과라고 할 수 있다. 종교개혁 시대의 위대한 인물 중 칼빈(Calvin)과 멜란히톤(Philip Melanchton)은 끝까지 친구였고, 외콜람파디우스(Oecolampadius)는 츠빙글리(Huldrich Zwingli)를 너무 사랑하였기 때문에 츠빙글리가 별세했다는 소식을 전해 듣고 마음이 상하여 병들어 죽게 되었다고 한다.

4. 존경하기를 서로 먼저 하자

신자는 남을 자기보다 낫게 여기는 마음으로(빌 2:3) 그를 존경해야 한다. 이것이 진정한 예의다. 사랑은 무례히 행치 않는다(고전 13:5). 무례한 사회에서는 진정한 사랑도 발견할 수 없다. 가정에도 예의가 없으면 가족 간에 있어야 할 사랑이 사라진다. 자식은 자식으로서의 도리를 다하고 부모는 부모로서의 위신을 지켜야 부모 자식 간의 사랑도 보존된다. 그리고 친구와 친구 사이에도 서로를 존경하는 마음이 있어야만 서로 사랑할 수 있다.

설교 주님을 섬기는 두 가지 중요한 덕(11절)

1. 부지런하자

부지런함을 크게 두 가지 항목으로 진술할 수 있다. 하나는 마땅히 할 일을 연기하지 않는 것이고, 다른 하나는 계속해서 일하는 것이다.

1) 마땅히 할 일을 연기하지 말라. 성경 말씀은 우리가 그날그날의 책임과 의무를 후일로 연기하지 말아야 한다고 가르친다. 잠언 27:1에 말하기를, "너는 내일 일을 자랑하지 말라 하루 동안에 무슨 일이 일어날는지 네가 알 수 없음이니라"라고 하였다.

2) 계속해서 일하라. 신자는 무슨 직장을 가지든지 그 일을 통하여 주님을 섬겨야 한다. 그는 그 수입을 가지고 주님의 일에 사용해야 한다. 이처럼 노동의 목적이 고상하기 때문에 우리는 일을 계속하더라도 피곤함이나 지루함을 느끼지 않는다. 전도자도 계속해서 일해야 한다. 디모데후서 4:2에 말하기를, "너는 말씀을 전파하라 때를 얻든지 못 얻든지 항상 힘쓰라"라고 하였다. 전도자의 일은 말씀 연구와 기도와 전도다. 우리는 이 세 가지 일을 계속하는 것이 피곤하다고 말할 수 없다. 왜냐하면 말씀 연구와 기도는 주님의 품에 들어가서 쉬는 것이기 때문이다. 그리고 전도는 주님과 동역하는 일이기 때문에 우리가 기쁨으로 감당할 수 있다. 아프리카의 타기(Tagi)라는 성도는 쉬지 않고 일하는 전도자였는데, 그의 원칙은 하루라도 그리스도를 증거하지 않고 그냥 흘려보내지 않는 것이었다.[218] 그가 어느 날 병으로 누워 있어서 전도를 못하게 되었다. 그때 그는 그로 인해 걱정하면서 주님께 기도하였다. 마침 비가 내리자 지나가던 사람들이 그의 집에 들어와서 비를 피하게 되었다. 그때 그는 그들에게 전도하였다고 한다.

---

218) "No day without a personal testimony for Christ."

2. 열심히 주님을 섬기자

열심은 좋은 것이지만 간혹 무지한 열심도 있는데, 성경은 그런 열심을 금한다. 로마서 10:2에 말하기를, "내가 증언하노니 그들이 하나님께 열심이 있으나 올바른 지식을 따른 것이 아니니라"라고 하였다. 진정한 열심은 어떤 것인가? 그것은 본문의 헬라어(τῷ πνεύματι ζέοντες)가 의미하는 바와 같이 영의 비등(boiling), 곧 심령이 끓는다는 뜻이다. 이것은 냉랭한 태도와 반대되는 것이다. 그리스도 신자는 심령이 냉랭해서는 안 된다. 그에게는 성령의 감화로 인해 끓는 것과 같은 열기가 있어야만 그를 접촉하는 자들이 은혜를 받는다. 우리가 설교하는 가운데도 회중이 은혜를 받는 순간은 우리에게서 영적 열기가 발산되는 때다.

미국의 피츠버그에 살던 화이트사이드(Whiteside)는 기도를 많이 한 결과 영적 열기가 높아져서 사람들을 불쌍히 여기는 마음이 많아지고 온 세상 사람들을 마음에 품고 생각하며 그들을 위하여 근심하는 삶을 살았다. 독일의 신자 블룸하르트(Blumhardt)를 대하는 사람들은 그에게서 화평을 느꼈다고 한다. 그는 영적으로 뜨거운 인물이었는데 이는 그가 기도를 많이 한 결과로 받은 성령의 은혜였다.

설교 주님을 섬기자(11절)

사람이 자기 자신을 섬기려고 하면 언제나 괴롭고 기쁨이 없다. 왜냐하면 모든 것이 그 한 사람만을 도와주기 위해 존재하는 것은 아니기 때문이다. 그러므로 자기를 위하는 자는 진리를 위반하는 자다. 그뿐 아니라 사람이 마귀를 섬겨도 괴로움밖에는 얻을 것이 없다. 시편 16:4에 "다른 신에게 예물을 드리는 자는 괴로움이 더할 것이라"고 하였다. 주님을 섬기는 방법은 다음과 같다.

1. 부지런히 섬겨야 한다

부지런히 주님을 섬긴다는 것은 모든 시간을 전적으로 주님만을 위해서 사용한다는 뜻이다. 그것은 물론 신자가 경영하고 있는 일을 그만둔다든가 그가 세상에서 맡은 책임을 포기해야 한다는 것이 아니다. 그것은 그가 세상의 모든 책임에서 하나님을 영화롭게 하는 것을 의미한다. 그는 어떤 일에서는 주님을 위하고 어떤 일에서는 주님을 위하지 않아도 되는 자가 아니다. 다시 말해 그는 모든 일에서 주님을 위하기를 중단하지 않는다. 만일 신자가 하루에 열 가지 일을 하는데, 한두 가지로는 주님을 위하고 그 밖의 일들로는 주님을 위하지 않는다면 그는 부지런히 주님을 섬겼다고 말할 수 없다. 그가 아무리 종일 수고했다 할지라도 주님을 위하는 일이 가장 작은 부분을 차지했다면 그는 주님 앞에 게으른 자다. 여기서 우리는 또다시 예레미야의 예언을 기억할 필요가 있다. 다름 아니라 "여호와의 일을 게을리 하는 자는 저주를 받을 것이요"라고 하신 말씀이다(렘 48:10). 좀 더 구체적으로 말하면, 부지런히 주님을 섬긴다는 것은 주님께 순종하여 그를 기쁘시게 해드리는 것인데, 우리가 직장생활을 영위하는 데 있어서도 역시 그리해야 한다. 다시 말해 우리가 직장에서 일할 때도 주님이 기뻐하시는 의리를 지켜야 하고, 결과적으로 복음의 빛을 드러내는 자들이 되어야 한다. 이것은 괴롭게 생각하면 괴로운 일일 수도 있다. 그러나 우리는 주님을 위해 괴로움당하는 것이 장차 형통하게 되는 길임을 알아야 한다. 주님은 우리에게 날마다 괴롭게 지내라고 부탁하셨다. 말하자면 주님은 "한 날의 괴로움은 그 날로 족하니라"라고 하셨다(마 6:34). 그러나 우리는 이것을 기억해야 한다. 곧 주님의 뜻을 이루기 위해 괴로움을 당하는 자와 주님이 동행해 주신다는 것이다. 주님이 함께 하여 주시는 사람에게는 기쁨이 있고 영원한 보장이 있다.

2. 열심히 섬겨야 한다

"열심"이라고 번역된 헬라어(τῷ πνεύματι ζέοντες)는 본래 "불붙는 마음"을 의미한다. 불이라는 것은 연료를 많이 태우고도 만족을 느낄 줄 모른다. 주님을 섬기는 자의 심리가 그와 같아야 한다. 주님을 섬기는 자의 마음은 그가 봉사하는 일에서 스스로 만족할 만큼 잘했다는 느낌을 가질 수가 없다. 그의 마음은 언제나 주님을 위하여 더욱 열심히 일하려고 끓어오른다. 왜냐하면 ① 그의 마음은 일할 시간이 너무도 짧은 줄을 알기 때문이다. 주님을 위해 일할 수 있는 시간이 촉박하다는 것을 느끼는 자는 이렇게 예수님의 일을 위하여 마음이 불붙는다. ② 주님을 위한 일이 얼마나 귀한지 아는 마음 역시 불타오른다. 그런 마음의 소유자는 주님의 일을 하고도 자신이 무엇을 하였다고 생각조차 하지 않는다. 그러므로 마태복음 25:31-46을 보면 왕께서 양과 염소를 심판하실 때 먼저 양, 곧 의인들을 향하여 말씀하시기를, "내 아버지께 복 받을 자들이여 나아와 창세로부터 너희를 위하여 예비된 나라를 상속받으라 내가 주릴 때에 너희가 먹을 것을 주었고 목마를 때에 마시게 하였고 나그네 되었을 때에 영접하였고 헐벗었을 때에 옷을 입혔고 병들었을 때에 돌보았고 옥에 갇혔을 때에 와서 보았느니라"라고 하실 때 의인들이 대답하기를, "주여 우리가 어느 때에 주께서 주리신 것을 보고 음식을 대접하였으며 목마르신 것을 보고 마시게 하였나이까 어느 때에 나그네 되신 것을 보고 영접하였으며 헐벗으신 것을 보고 옷 입혔나이까 어느 때에 병드신 것이나 옥에 갇히신 것을 보고 가서 뵈었나이까"라고 하였다. 이들은 불타는 심정으로 주님의 일을 하였기 때문에 일을 많이 하고도 기억조차 하지 못한다(마 25:37-39).

설교 신자가 사생활에서 가져야 할 세 가지 덕(12절)

그리스도 신자가 남들에게 나타내야 할 행실에 대하여 12:4-10에서 여러 가지로 지시했다. 여기서는 신자가 사생활에서 가져야 할 덕에 대하여 말한다.

1. 소망 중에 즐거워할 것

신자가 가질 소망은 그리스도다. 히브리서 6:19에 말하기를, "우리가 이 소망을 가지고 있는 것은 영혼의 닻 같아서 튼튼하고 견고하여 휘장 안에 들어가나니"라고 하였다. 이것은 하늘에 올라가신 예수님을 가리킨 말씀이다. 1) 이 소망은 세상의 세력이 변동시키지 못하는데, 왜냐하면 그것이 하늘에 있는 소망이기 때문이다. 이 소망은 언제나 위에 있어서 이 세상 풍조에 질식하지 않는다. 2) 이 소망은 신자에게 얼마나 든든한 것인가? 그것은 영구히 변치 않는 견실한 소망인데, 왜냐하면 하나님이 약속하신 것이기 때문이다(히 6:17-18). 하나님에 대한 우리의 태도는 그의 약속의 말씀으로 만족하는 것이어야 한다. 다시 말해 우리는 하나님이 거짓말하실 수 없는 분이라고 믿어야 한다. 하나님에 대한 우리의 태도가 그의 말씀만으로 만족하지 못하는 것이라면 그것은 그의 절대적 신실성을 불신하는 죄악이다. 우리는 그가 주신 약속의 말씀으로 만족해야 한다. 하나님의 언약은 신실한 것인데, 왜냐하면 그것이 무디 선생의 말처럼 네 가지 기둥 위에 세워진 것이기 때문이다. 네 가지 기둥이란, ① 속임이 없는 그의 성결과 공의, ② 잊히지 않는 그의 인자, ③ 변하지 않는 그의 진리, ④ 그의 뜻대로 성취하실 수 있는 그의 능력이다. 우리는 이와 같은 소망으로 인해 즐거워할 수 있다. 이 소망이 실현되는 날에는 기쁜 일들만 가득한 세상이 이루어진다. 우리가 현세에서는 하늘의 즐거움을 조금 맛볼 뿐이지만 내세에 우리는 기쁨의 세계에 들어간다. 우리는 그때의 즐거움을 미리 생각하고 즐거워할 수 있어야 한다. 루터(Luther)는 말하기를, "사람들은 흔히 이전에 경험한 것을 즐거워하지만 그것은 천박한 즐거움이다. 오히려 눈에 보이지 않고, 단지 믿어야만 하는 것을 즐기는 마음이 더욱 진실하고 영원하다."라고 하였다.

2. 환난 중에 참을 것

환난에는 특수한 것과 일반적인 것이 있다. 특수한 것은 박해나 재앙 같은 것이고, 일반적인 것은 신자가 매일 당하는 고통이다. 말하자면 가정에서의 고통이나 교회생활에서의 고통과 같은 것들이다. 일반적인 환난은 특수한 환난보다 더욱 신자의 삶에 실패를 가져다줄 수 있다. 왜냐하면 우리가 이런 것들에 대하여는 승리를 위하여 전력을 다하지 않기 때문이다. 우리가 환난 중에도 참아야 하는 이유는 환난이 유익한 줄 알기 때문이다. ① 우리가 환난 중에 믿음을 지키면 그리스도께서 우리에게 나타나신다. 그것은 캄캄한 밤에만 별들이 보이는 것과 같은 이치다. (2) 환난이 있어야 신앙이 잠들지 않는다. 선원들이 바다 위에서 파선을 당하여 여러 날 동안 나무 조각을 타고 바다에서 표류할 때는 잠들지 않기 위해 칼로 자기 살을 찌른다고 한다. 그들이 바다 위에서 나무 조각 하나 타고 있다가 잠들면 죽는다고 한다.

3. 기도에 항상 힘쓸 것

우리의 일상은 어려운 일들의 연속이며, 또한 앞날에 어떤 일을 당할지 예측하지 못한 채 험한 길을 가고 있다. 이런 길을 지혜롭게 걸어갈 수 있는 힘은 오직 기도를 통하여 찾아오며, 우리가 맞닥뜨리는 문제들을 해결하는 열쇠도 기도에 있다. 우리가 세상에서 살아가는 동안에는 어려움이 계속될 것이기 때문에 우리의 기도는 계속되어야 한다. 여기서 우리가 주의해야 할 것은 우리가 기도할 때 우리의 앞길이 평탄하기를 구할 것이 아니고, 무슨 어려움이 오든지 감당할 수 있는 능력을 구해야 한다는 것이다. 여기서 "힘쓰며"라는 말의 헬라어(προσκαρτεροῦντες)는 계속한다는 의미만 담고 있는 것이 아니고, 계속하기 위하여 노력한다는 의미를 담고 있다. 다시 말해 이 단어는 마음과 몸을 다하여 힘쓴다는 뜻을 포함한다.

기도는 반드시 응답된다. 제2차 세계대전 중에 에디 리켄바커(Eddie Rickenbacker)라는 비행사가 태평양 상공에서 비행기 사고로 바다에 떨어져 여러 날 동안 기도 응답으로 살아간 일이 있다. 그가 굶주림 가운데 기도했더니 물새가 그의 머리 위에 앉아서 그것을 잡아먹었고, 갈증이 날 때 기도했더니 비가 와서 빗물을 마시고 살았다고 한다. 기도생활에는 이처럼 극적인 응답이 주어지는 경우도 있다. 그러나 우리는 이처럼 극적인 응답만 기도에 대한 응답이라고 생각해서는 안 된다. 우리가 깨닫기 어렵고 느끼기 어려운 기도 응답도 많다.

설교 물질로 남을 도와줌에 대하여(13절)

하나님께서는 신자들이 물질을 가지고 남을 위하여 봉사해야 할 것을 가르치셨다(딤전 6:17-19). 그리고 누구든지 재물을 자기만 위해서 쓰는 것은 죄악이라고 경고하셨다(약 5:2-3; 참조. 약 2:15-16; 요일 3:17-18).

1. 신자는 다른 성도들이 쓸 것을 공급해야 한다

성도들이 쓸 것을 공급하는 일은 물질을 가지고 할 수 있는 가장 귀한 일이다. 왜냐하면 그들은 함께 그리스도의 몸인 교회의 지체가 된 자들이고 주님께서 사랑하시는 자들이기 때문이다. 마태복음 10:42에 말하기를, "또 누구든지 제자의 이름으로 이 작은 자 중 하나에게 냉수 한 그릇이라도 주는 자는 내가 진실로 너희에게 이르노니 그 사람이 결단코 상을 잃지 아니하리라 하시니라"고 하였다. 여기서 "작은 자 중 하나"는 물론 주님을 믿는 성도다. 성도를 대접하는 상이 그처럼 크다. 마태복음 10:41에 말하기를, "선지자의 이름으로 선지자를 영접하는 자는 선지자의 상을 받을 것이요"라고 하였다. 사렙다 과부는 흉년 때에 자기 가족이 마지막으로 한 끼 먹을 수 있는 양식을 가지고 먼저 엘리야를 대접하였기 때문에 축복을 받아 통의 가루와 병의 기름이 떨어지지 않게 되었으며, 죽었던 아들이 다시 살아나는 기적적인 은혜도 받았다. 성도를 대접하는 것은 이처럼 귀한 일이기 때문에 초기 교회 성도들은 이것을 기쁘게 행했다. 두아디라성의 옷감 장사로서 하나님을 공경하는 루디아는 바울을 대접하는 것을 큰 영광으로 여기고 말하기를, "만일 나를 주 믿는 자로 알거든 내 집에 들어와 유하라"며 강권했다(행 16:15). 아우구스티누스(Augustine)는 자기 소유를 모두 희생하면서까지 동역자들이 쓸 것을 공급했다. 슈바벤의 카를레 폰 보이렌(Karle von Beuren)이라는 신실한 신자는 성도를 대접하며 나그네를 사랑했기 때문에, 그는 나그네들로부터 문안 인사로 "하나님께서 당신에게 건강을 주시기 원합니다."라는 축복의 말을 들었다고 한다. 그들의 말처럼 그는 건강해져서 그의 집에는 의사가 오는 일이 없었다고 한다. 특별히 교회는 교역자들을 물질로 대접할 줄 알아야 한다. 갈라디아서 6:6, 10에 말하기를, "가르침을 받는 자는 말씀을 가르치는 자와 모든 좋은 것을 함께 하라 … 그러므로 우리는 기회 있는 대로 모든 이에게 착한 일을 하되 더욱 믿음의 가정들에게 할지니라"고 하였다(참조. 롬 15:26-27).

2. 나그네는 외롭고 의지할 데 없는 자다.

하나님께서는 이런 자들을 특별히 불쌍히 여기신다. 이런 자들을 불쌍히 여기는 신자라야 진정한 경건의 소유자라고 할 수 있다(약 1:27). 우리는 특히 타국에서 온 손님들을 귀히 여기고 대접할 줄 알아야 한다(출 23:9). 또한 그보다도 박해 때문에 의지할 데 없이 쫓겨 다니는 성도들을 교회가 귀히 여기고 도와주어야 한다. 칼빈(Calvin)은 종교개혁에 헌신한 일 때문에 박해를 받아 포도원지기로 변장하여 호미를 가지고 프랑스에서 도망칠 때 마르게리트(Marguerite)라는 귀족의 집에서 도움을 받았고, 루이 뒤 틸레(Louis du Tillet)의 집에서도 오랫동안 살았다.

설교 박해하는 자를 축복할 것(14절)

1. 박해받는 자들은 복이 많으니 남들을 축복할 만하다

우리는 박해받는 자와 박해하는 자를 비교할 때 그들 사이에 놓인 행복과 불행의 차이를 볼 수 있다. 박해받는 자는 얼마나 다행스러운가? 박해받는 자들에 대하여 마태복음 5:11은 말하기를, "나로 말미암아 너희를 욕하고 박해하고 거짓으로 너희를 거슬러 모든 악한 말을 할 때에는 너희에게 복이 있나니"라고 하였고, 디모데후서 2:11-12에는 "미쁘다 이 말이여 우리가 주와 함께 죽었으면 또한 함께 살 것이요 참으면 또한 함께 왕 노릇 할 것이요"라고 하였고, 베드로전서 4:14에는 "너희가 그리스도의 이름으로 치욕을 당하면 복 있는 자로다 영광의 영 곧 하나님의 영이 너희 위에 계심이라"고 하였다. 이러므로 순교자 이그나티오스(Ignatius)는 말하기를, "검을 가까이 하여라. 그리하면 천국이 가까우니라."라고 하였다. 사도들은 예수님의 이름을 위하여 능욕을 받는 일에 합당한 자로 여기심을 기뻐하였다고 한다(행 5:41).

2. 박해하는 자들은 불쌍한 자들이므로 박해받는 자가 그들을 축복해야 한다

요한복음 16:2에 말하기를, "사람들이 너희를 출교할 뿐 아니라 때가 이르면 무릇 너희를 죽이는 자가 생각하기를 이것이 하나님을 섬기는 일이라 하리라"라고 하였다. 이 말씀을 보면 핍박하는 자들은 불의를 행하면서도 스스로 의를 행한다고 생각하는 어리석은 자들이다. 그들은 이렇게 어두워져서 앞을 보지 못하는 맹인과 같다. 그들은 육신의 맹인보다 더한 맹인이다.

왜냐하면 그들은 마음의 눈이 어두워서 진리를 알지 못하면서도 안다고 생각하기 때문이다. 그들은 맹인이면서도 맹인인 줄 모르는 어리석은 자들이다. 데살로니가후서 1:6에 말하기를, "너희로 환난을 받게 하는 자들에게는 환난으로 갚으시고"라고 하였으니 그들의 장래는 캄캄하며 불행할 뿐이다. 로마의 막시미누스 트락스(Maximinus Trax) 황제는 그리스도인 수천 명의 눈을 뽑은 죄로 그와 그의 백성들이 기이한 안질로 죽게 되었고, 프랑스의 위그노파 신교도들을 학살하기 위하여 많은 피를 흘린 프랑스 왕 샤를 9세는 마침내 온몸에서 피가 땀이 흐르듯 흘러 죽게 되었다.

성도들을 박해하는 자들은 참으로 불행한 자들이다. 그러므로 박해받는 자가 박해자에 대해 깊이 생각하여 보면 축복할 마음이 생길 수밖에 없다. 순교자 스데반은 박해자들이 용서받게 해달라고 하나님께 기도하였다(행 7:60). 우리는 매사에 오직 하나님의 말씀에 순종할 때에 성공하는 법이다. 하나님께서 박해받는 자에게 주신 중요한 말씀은 그 박해자를 축복하라는 것이다. 그러므로 이 말씀대로 순종하지 않는 자는 실패하기 쉽다.

설교 교회 연합에 대하여(15-16절)

하나님의 교회는 순결을 중시하는 동시에 연합에도 힘써야 한다. 성경에서는 이에 대하여 자주 언급한다. 야고보서 3:17에 말하기를, "오직 위로부터 난 지혜는 첫째 성결하고 다음에 화평하고"라고 하였다. 우리는 연합을 지키기 위하여 다음 몇 가지를 실행해야 한다.

1. 체휼

이것은 타인의 형편을 나의 것과 같이 여기고 행하는 것을 가리킨다. 이것은 흔히 동정이란 말로 표현될 수 있는 행동이다. 우리는 남의 사정을 깊이 알고 동정해야 한다. 예수님은 체휼의 덕에서 가장 깊으신 분이셨다. 그가 하늘의 영광을 버리시고 땅에 오셔서 사람의 형상을 취하신 것은 그 때문이었다. 그는 사람의 형편을 아시고 사람의 짐을 지시며 사람을 구원하시기 위하여 인성을 취하셨다. 사도 바울도 이 체휼의 정신을 본받아서 모든 사람의 형편에 자신을 적응시켰다(고전 9:19-23).

체휼이라는 것은 나를 버리고 남들처럼 되기까지 하는 삶이다. 다시 말해 이것은 내가 남들의 죄악 이외에는 남들과 같아지는 삶이다. 우리는 첫째, 하나님을 알며 하나님과 사귐에 깊어야 하고, 둘째, 사람을 알며 사람과 사귐에 깊어야 한다. 이것은 내가 그들의 형편을 알고 그들의 짐을 져 주는 것을 통해 이루어진다. 밭을 갈다가 특별한 은혜를 받고 전도에 일생을 바친 노르웨이의 한스 닐센 하우게(Hans Nielsen Hauge) 목사는 올바른 복음을 전하려다가 합리주의자들로 이루어진 정부의 박해를 받아 감옥에 갇힌 일이 열 번이나 있었는데, 그는 노동자들과 농부들을 만나면 그들의 일을 도와주면서 전도하였다고 한다.

2. 마음을 같이하라

이것은 신자들이 다 함께 같은 사상을 가지라는 말이다. 한 교회 안에서 누구든지 예수님만 사모하고 그만 믿고 영화롭게 하려고 하면, 서로 생각이 같아지기를 일부러 계획하지 않아도 저절로 그렇게 될 것이다. 그러나 신자들이 다 함께 예수님을 중심으로 신앙생활을 하면서도 뜻을 합하지 못하는 한 가지 원인은 서로 취미가 다르기 때문이다. 우리는 주 안에서 받은 은사가 각각 다르기 때문에 취미도 다를 수 있다. 그러나 우리는 나에게 흥미 없는 일이라도 다른 신자들이 흥미 있게 생각한다면, 그것이 죄가 아닌 이상 협력하여 융통성 있는 태도를 취해야 한다. 우리가 어린아이들과 마음이 통하려면 그들이 좋아하는 놀이에 동참해야 하는 것과 마찬가지로 장성한 사람들에 대해서도 동일한 융통성을 발휘해야 한다.

3. 높은 데 마음을 두지 말라

이것은 높은 지위를 탐하여 덤비는 그릇된 생활 태도를 금하는 것이다. 누구든지 남들을 무시하는 태도를 보이면 남들과 연합하기 어렵다. 하나님의 교회에서는 높은 지위라는 것이 사실상 수고하며 섬기는 자리다. 그런데 그것이 세상에서 영광스런 자리인 줄로 착각하고 탐하는 자들이 많다. 그런 자들이 교회의 직분을 맡으면 돼지가 진주를 물어뜯는 것과 같이 그 직분에 손해를 끼친다.

4. 도리어 낮은 데 처하라

악을 멀리하는 일은 소극적인 노력만으로 충분하지 않다. 우리가 악을 멀리하려면 적극적으로 선을 행해야 한다. 교만해지지 않으려면 겸손해져야 한다.

5. 스스로 지혜 있는 체하지 말라

지식은 교만하게 하며 사랑은 덕을 세운다고 성경은 말하였다(고전 8:1).

설교 원수에 대한 그리스도인의 태도(17-21절)

그리스도인에게 원수가 있는가? 그리스도인라고 해서 원수가 없을 수는 없다. 성경을 보면 세상에 마귀의 자식들이 있다고 하였다. 마귀의 자식이란 끝까지 마귀처럼 행동하는 자들을 가리킨다(요 8:39-47). 그들은 언제 어디서나 진실한 신자를 대적한다. 그뿐 아니라 택함을 받은 자녀들 중에도 일시적으로 어두워져서 참신자를 대적하는 일이 있다. 예를 들면 회심하기 전의 바울이 그러했다.

1. 복수하지 말라

우리는 악인에게 해를 당할 때 도리어 그것을 자기반성의 기회로 삼아야 한다. 다윗은 시므이가 돌을 던지며 저주할 때 말하기를, "그가 저주하는 것은 여호와께서 그에게 다윗을 저주하라 하심이니"라고 하였다(삼하 16:5-12). 그는 자기를 죽이려고 여러 번 음모를 꾸몄던 사울을 살려 주었다. 그는 후에 사울의 손자로 다리를 저는 므비보셋을 자기 집에서 먹여 주었다. 그리스도 신자가 이렇게 원수에게 선을 행하는 동기는 무엇인가? 이런 선한 행위는 그가 살아 계신 하나님을 참으로 알고 있음을 보여주는 증거다. 잠언 25:21-22에 말하기를, "네 원수가 배고파하거든 음식을 먹이고 목말라하거든 물을 마시게 하라 … 여호와께서 네게 갚아 주시리라" 하였고, 누가복음 6:35에 말하기를, "오직 너희는 원수를 사랑하고 선대하며 아무 것도 바라지 말고 꾸어 주라 그리하면 너희 상이 클 것이요 또 지극히 높으신 이의 아들이 되리니"라고 하였다.

2. 원수와 화목하기를 힘쓰라

성경 말씀은 우리에게 하나님의 진리를 대적하는 자를 향하여서도 진리를 버리고 화목을 이루라고 말씀하지 않는다. 여기서는 진리 문제나 성결 문제를 제외한 육체적인 문제에 있어서 신자가 얼마든지 모든 사람과 화목해야 할 것을 가르친다. 잠언 25:26에 "의인이 악인 앞에 굴복하는 것은 우물이 흐려짐과 샘이 더러워짐과 같으니라"라고 하였다. 우리는 화목을 이루는 방법에 관하여 몇 가지 생각해볼 것이 있다. 이 일에 있어서 (1) 언사가 중요하다. 우리는 말을 덕스럽게 함으로써 서로 간에 어그러졌던 관계를 바로잡을 수 있다. 잠언 25:11에 "경우에 합당한 말은 아로새긴 은 쟁반에 금 사과니라"라고 하였고, 잠언 15:1에는 "유순한 대답은 분노를 쉬게 하여도 과격한 말은 노를 격동하느니라"라고 하였다. (2) 화목하기 위해서는 외식적인 친절을 버리고 대적하는 자를 진심으로 도와주어야 한다. 잠언 27:6에 "원수의 잦은 입맞춤은 거짓에서 난 것이니라"고 하였다. (3) 나의 죄를 반성하여 나도 원수와 비교할 때 크게 선한 것이 없다는 것을 깨달아야 한다. 그때 우리는 원수를 불쌍히 여기는 마음을 가지게 된다.

3. 원수 갚는 일은 하나님께 맡기라

성도가 원수와 화목하려고 노력하는데도 원수가 끝까지 발악을 함으로써 결국 화목이 이루어지지 않는 경우가 있다. 그러나 성도는 그럴 때도 낙심해서는 안 되고, 마음이 악해져서도 안 된다. 그는 침착하게 하나님의 처분을 기다릴 뿐이다. 그가 이렇게 하나님의 처분을 기다린다는 것은 원수가 멸망하기를 기다리는 것이 아니라 그가 회개하기를 기다린다는 것이다. 잠언 24:17에 "네 원수가 넘어질 때에 즐거워하지 말며 그가 엎드러질 때에 마음에 기뻐하지 말라"고 하였다. 하나님께서도 죄인이 죽는 것을 기뻐하시지 않는다고 하셨다(겔 18:23, 32).

설교 신령한 전쟁(21절)

이 세상에서는 선과 악이 언제나 대적하고 있다. 선이 있는 곳에는 악도 함께 있어서 선을 방해한다. 사도 바울은 말하기를, "그러므로 내가 한 법을 깨달았노니 곧 선을 행하기 원하는 나에게 악이 함께 있는 것이로다 내 속사람으로는 하나님의 법을 즐거워하되 내 지체 속에서 한 다른 법이 내 마음의 법과 싸워 내 지체 속에 있는 죄의 법으로 나를 사로잡는 것을 보는도다"라고 하였다(롬 7:21-23).

1. 영적 전쟁이 상대하는 원수는 죄악이다

전쟁이 일어나는 것은 원수가 존재하기 때문이다. 영적 전쟁에서 원수는 죄악이다. 죄악은 어떤 것인가? 죄악이 무엇인지 잘 모르면 죄악을 이길 수 없다. 세상 전쟁에서도 원수를 잘 알지 못하면 이길 수 없다. 손무자(孫武子)는 말하기를, "가히 싸울 수 있는지 없는지 아는 자가 이긴다"(知可以戰與不可以戰者勝)고 하였으니, 상대방의 내막을 파악하고 행동하는 자가 전쟁에서 이긴다는 말이다. 우리는 죄악이 무엇인지 바로 알아야 한다. 죄악에 대한 그릇된 학설들은 말하기를, ① 물질이 죄악이라고 주장한다. 이것은 하나님이 죄를 창조하셨다는 그릇된 결론에 이른다. 왜 그런가 하면, 하나님께서 물질을 창조하셨기 때문이다. ② 죄악이 전반적인 것이 아니고 부분적인 것이라고 하는 학설도 옳지 않다. ③ 죄악은 선에 대응하여 필연적으로 존재해야 하는 반대급부라는 학설도 있는데, 이것은 죄악을 필연적 실존으로 여기는 그릇된 생각이다. 만일 이 학설이 옳다면 하나님이 선을 내실 때에 그에 수반하는 현상으로 악도 내신 것이라는 그릇된 결론에 이른다. ④ 죄악이 생리적 감정이라는 주장도 있는데, 이것이 그릇된 이유는 죄악을 가장 많이 소유한 마귀가 생리적 신체를 가지지 않았기 때문이다. 성경이 가르치는 올바른 견해에 따르면, 하나님과 그의 율법을 범하는 것이 죄악이다(요일 3:4).

2. 죄악을 이기게 하는 하나님의 방법

본문은 "선으로 악을 이기라"고 하였는데, 여기서 말하는 선은 하나님의 방법이다. 선은 하나님께만 있고 하나님에게서 나타날 뿐이다. 그렇다면 선은 무엇인가? 다음과 같이 정의할 수 있다.

1) 그리스도에 대한 신앙이 곧 선이며, 죄의 반대는 신앙이다. 우리가 아무리 악을 이기려 해도 악은 또다시 새로이 일어난다. 그러나 그리스도에 대한 신앙을 가질 때 악은 진정된다. 이는 마치 마른땅에 비질을 하면 먼지가

일지만, 물을 뿌리고 비질을 하면 먼지가 가라앉는 것과 같은 이치다. 예수님은 말씀하시기를, "죄에 대하여라 함은 그들이 나를 믿지 아니함이요"라고 하셨다(요 16:9). 신앙이 있으면 죄는 사그라지는 법이다. 믿음이 있는 곳에는 성령의 능력이 역사하기 때문에 죄는 얼음 녹듯 스러진다. 그렇다면 그리스도를 믿는다는 것은 구체적으로 무엇을 의미하는가? 하나님께서는 우리의 죄악을 처리할 수 있는 큰 세력을 예비하셨다. 그 큰 세력은 바로 그리스도의 죽음이다. 그리스도께서 십자가에서 운명하시면서 말씀하시기를, "다 이루었다"라고 하셨다(요 19:30). 이것은 하나님의 백성의 죄악을 완전히 이기고 처분하셨다는 승리의 선고다. 우리는 이 세력을 믿어야 한다. 영적 전쟁의 승리는 사람의 힘을 의지하는 데 달려 있지 않고 예수 그리스도가 이루신 공적을 믿는 데 달려 있다. 요한계시록 12:11에 말하기를, "또 우리 형제들이 어린 양의 피와 자기들이 증언하는 말씀으로써 그를 이겼으니"라고 하였다. 그리스도를 믿는 우리는 영적 전쟁이 세상의 육체적 전쟁과 다른 점 한 가지를 주목해야 한다. 그것은 간사한 계략을 사용하지 않는다는 것이다. 그리스도와 그의 말씀을 믿는 일은 오직 진실 하나만 가지고 나아가는 것이다. 우리는 마귀와 그의 사자들에게도 우리의 전술이 무엇인지를 공개적으로 밝히고 그대로 나아간다. 이것이 세상의 육체적 전쟁과 다른 점이다. 세상 전쟁은 이와 반대인데, 손무자(孫武子)는 말하기를, "전쟁은 속이는 일이라"(兵者詭道也)고 하였다. 우리가 전심으로 그리스도를 믿고 진실하게 그의 말씀에 순종할 때 선은 우리의 것이 된다. 진실한 신앙은 그리스도와 우리를 연결시키는 보배다.

2) 우리는 전투적으로 죄를 대적해야 한다. 세상의 육체적 전쟁에서는 우리가 대적한다고 해서 반드시 승리하는 것은 아니다. 그러나 영적 전쟁에서는 죄를 대적하는 자마다 승리한다. 왜냐하면 이렇게 죄를 대적하는 자를 그리스도께서 도와주시기 때문이다. 히브리서 12:4에는 피 흘리기까지 죄를

대항해야 한다고 말했고, 야고보서 4:7에는, "마귀를 대적하라 그리하면 너희를 피하리라" 하였고, 베드로전서 5:9에는 "너희는 믿음을 굳건하게 하여 그(마귀)를 대적하라"고 하였다. 기드온이 선발한 군사는 물을 핥아먹은 자들이었다. 물을 손으로 움켜 핥아먹는 것은 적병을 감시하는 자세다. 그들은 목이 말랐음에도 적병을 대적하는 일에 열중하였고 물 마시는 일에는 관심이 적었다. 이런 자들이 하나님을 위한 전쟁에 나갈 수 있는 자격을 갖춘 자들이었다. 과연 이들이 "여호와를 위하라, 기드온을 위하라"(삿 7:18)라고 외치는 전쟁에 수종들 자격자들이었다. 우리는 영적 전쟁에 임할 때 하나님을 위하여 싸워야 한다. 그것이 하나님과 동행하여 승리하게 되는 비결이다. 로마서 14:8-9에 말하기를, "우리가 살아도 주를 위하여 살고 죽어도 주를 위하여 죽나니 그러므로 사나 죽으나 우리가 주의 것이로다 이를 위하여 그리스도께서 죽었다가 다시 살아나셨으니 곧 죽은 자와 산 자의 주가 되려 하심이라"라고 하였다. 십자가 정병들은 먹고 마시는 일에 종이 되지 말고 주님의 종이 되어야 승리한다.

제 13 장

⚜ 내용분해

1. 정부에 복종할 것(1-7절)
2. 사랑은 율법의 완성(8-10절)
3. 그리스도 신자는 깨어 있어야 함(11-14절)

⚜ 개요

1. 정부에 복종할 것(1-7절). 이 부분에서 바울은 그리스도 신자가 정권에 복종해야 한다고 가르친다. 여기서도 우리가 전제해야 하는 원리는 신본주의 윤리다. 말하자면 정권에 복종하는 이유는 모든 권세를 하나님께서 정하셨기 때문이라는 것이다(1절). 여기 1절에서 "모든 권세는 다 하나님께서 정하신 바라"고 한 것은 물론 정권만 하나님께서 정하셨다는 의미는 아니다. 신약성경에 따르면 인류 사회에 필요한 모든 제도는 하나님이 제정하신 것이다. 예를 들어 교회, 가정, 산업, 농업, 과학 등이다. 이 모든 제도는 각기 자기

업무를 실행하도록 하나님께 임무를 부여받았다. 그리고 이 모든 제도가 각자의 임무를 정당하게 수행하고 있는 한 국가나 교회나 기타 어떤 사회단체 같은 외부의 세력도 그것을 침해할 수 없다. 만일 침해한다면 그것은 하나님이 주신 권위를 침해하는 것이다. 그러므로 여기서 권세에 복종하라는 요청은 다른 모든 사회생활 전반의 자유를 무시하는 데까지 이르는 것은 아니다. 따라서 이것은 정권이 하나님을 반역하는 일을 명령할 때도 무조건 복종하라는 의미가 아니다. 요컨대 신자는 하나님의 계명과 위배되는 정부의 시책에 대하여는 개인적으로도 복종을 거절할 수 있다. 그러나 정치 문제에 있어서는 (1) 신자가 폭군이나 정권에 대해 개인적으로 반역해서는 안 된다. 다만 공무원들이나 혹은 다른 관리들이 폭군이나 혹은 정권의 방종을 막으려고 합법적으로 운동할 때 그리스도 신자도 가담할 수는 있다.[219] 칼빈(Calvin)은 "우리 국가를 폭군에게서 건져내는 것처럼 아름다운 일은 없다"고 하였다.[220]

2. 사랑은 율법의 완성(8-10절). 사랑은 무질서가 아니고 이치를 벗어나는 것도 아니다. 그것은 진리와 함께 기뻐한다(고전 13:6). 그와 동시에 율법을 지키는 일은 무겁고 괴로운 것만이 아니다. 그것은 죽음과 같이 강한(아 8:6) 사랑의 힘으로 기쁘게 실행되어야 한다. 사랑과 율법의 완성은 동일체다. 사랑으로 행할 때 계명은 무거운 것이 아니다(요일 5:3).

3. 그리스도 신자는 깨어 있어야 함(11-14절). 깨어 있다는 것은 빛의 갑옷을 입고(12절) 그리스도로 옷 입는 것을 의미한다(14절). 깨어 있지 않은 사

---

219) Calvin, *Institues* VI, 20:31.

220) *Institues* II, 10:6.

람은 벌거벗은 수치를 그대로 드러내며 어두운 행실을 계속한다. 그러나 신자는 빛을 행하여(엡 5:9, 착함, 의로움, 진실함) 갑옷처럼 마귀의 화살을 막아내고, 그리스도를 옷 입듯이 오직 믿음으로 정욕에 기회를 주지 않는다.

해석

1 각 사람은 위에 있는 권세들에게 복종하라. 여기서 "각 사람"이라는 말은 헬라어로 "파사 프쉬케"(πᾶσα ψυχή)인데, 이것은 "각 영혼"이라는 뜻이다. 따라서 이 명령은 사람이 정권에 복종하되 겉으로만 할 것이 아니라 인격의 중심이 되는 영혼에서부터 진실하게 하라는 의미를 담고 있다. 그뿐 아니라 이것은 영혼이 있는 자라면 누구든지 정권에 복종하는 것이 마땅하다는 보편적 원리를 보여준다. 이 교훈은 정부의 명령이 어떠한 것이든 무제한으로 복종해야 한다는 것인가? 예수님께서 말씀하시기를, "가이사의 것은 가이사에게, 하나님의 것은 하나님께 바치라"(마 22:21)고 하셨다. 말하자면 정부가 가이사의 것, 곧 국민의 의무를 요구하는 경우에만 그리스도 신자로서 순종하라는 의미다. "하나님의 것"은 무엇인가? 그것은 하나님께만 드려야 할 경배를 뜻한다. (1) 경배는 하나님께만 드리는 것이니, 정부가 경배를 요구할 때 우리가 거절할 것은 두말할 것도 없다. (2) 그뿐 아니라 성경에 위배되는 정부의 명령도 신자는 복종하지 말아야 한다. 왜냐하면 성경은 만왕의 왕이 주신 말씀이기 때문이다. 사도들은 말하기를, "사람보다 하나님께 순종하는 것이 마땅하니라"(행 5:29)고 하였다. 그리스도 신자는 마땅히 국가에 대하여 교회의 이름이 아니라 국민의 한 사람으로서 협력하고 일해야 한다. 웨스트민스터 신앙고백서(the Westminster Confession of Faith, 1647)는 장로교의 기본 신조인데, 여기서는 다음과 같이 말한다. "세계의 지존하신 주시며 왕

이신 하나님은 국민을 다스리는 자들을 자기 수하에 두셨으니, 이는 자기의 영광과 공중의 유익을 위한 것이다. 이 목적을 위하여 그는 권세와 칼을 주시며 선행하는 자들을 장려하게 하시고, 악행하는 자들을 벌하게 하신다. 그러므로 신자들은 관청에 소환될 때 거기 응하여 봉사할 수 있다. 그때 그는 마땅히 정당한 국법에 따라 경건과 정의와 평화를 유지하려고 힘을 기울여야 한다. 그러므로 그런 진정한 목적을 위해서라면 필요한 경우에 전쟁을 일으킬 수도 있다."라고 하였다.

권세는 하나님으로부터 나지 않음이 없나니. 다니엘 2:21에 "그는 때와 계절을 바꾸시며 왕들을 폐하시고 왕들을 세우시며"라고 하였고, 다니엘 4:25에는 "지극히 높으신 이가 사람의 나라를 다스리시며 자기의 뜻대로 그것을 누구에게든지 주시는 줄을 아시리이다"라고 하였고, 이사야 10:5-6에는, "앗수르 사람은 화 있을진저 그는 내 진노의 막대기요 그 손의 몽둥이는 내 분노라 내가 그를 보내어 경건하지 아니한 나라를 치게 하며"라고 하였다. 이것을 보면 모든 정권은 하나님께서 내신 것이 확실하다.

2 **권세를 거스르는 자는 하나님의 명을 거스름이니.** 이것은 권세에 대해 무조건적으로 순종하거나 무제한적으로 순종하라는 말씀이 아니다. 예수님도 헤롯이 그를 죽이려 하는 것을 아셨음에도 그를 여우라 하시고 그의 영토에 계속 머무시면서 사역을 이어가셨다(눅 13:32). 우리는 특별히 신앙 문제에 있어서 불의한 정권의 명령에 순종할 수 없다. 사도 바울은 권세가 선을 장려한다는 전제하에 이 말씀을 하는 것이 분명하다(롬 13:3). 교회 역사에도 권세에 대해 무조건 복종하라는 그릇된 주장을 펼치는 경우들이 있었다. 유럽 역사에는 왕권신수설이라는 개념이 있었다. 이것은 17세기에 영국사람 로버트 필머 경(Sir Robert Filmer)이 주장했던 것인데, 존 녹스(John Knox)는 이에 반대했다. 왕권신수설은 문자적으로는 정당한 것처럼 보이지만 그것을 적용해온 역사를 살펴보면 성경을 오해한 독재주의적인 발상이다. 선지자와

사도들도 정권에 대해 비판적인 자세를 견지했다. 호세아는 하나님께 충성을 다하지 않는 왕권을 악하게 보았고(호 13:12), 사도 요한은 적그리스도 왕을 짐승이라 하였으며 성도들이 그 왕에게 굴종하지 않는 것이 의로운 일이라고 보았다(계 13:7-8). 동양에서는 왕위를 세습하는 일을 신성시하였고, 이러한 관습을 수호하는 신하들을 충신으로 여겼다. 그러나 동양에도 본래 민주주의가 존재했었다. 예를 들어 무왕(武王)이 상(商) 나라의 악한 임금 주(紂)를 토벌한 것은 민주주의 원리에서 나온 행동이었지 사리사욕에서 비롯된 반역이 아니었다. 주왕(紂王)이 극악했기 때문에 민심이 그에게서 완전히 떠나서 무왕에게로 돌아왔다. 중국 역사서에 기록되기를, "제후들이 800명이나 자발적으로 모여 다 말하기를, 주왕은 쳐야 한다"(諸侯 不期而 會者 八百 皆曰紂 可伐矣)고 하였다. 동양의 세습주의는 후대의 타락한 정치 원리다. 동양의 황금시대는 요순(堯舜) 시대인데, 요(堯)는 자신의 왕위를 그의 아들 단주(丹朱)에게 물려주지 않고 순(舜)에게 주었는데, 이는 그의 아들 단주가 왕이 될 성품과 자질을 갖추지 못했기 때문이었다. 이어서 순(舜) 임금도 아들 상균(商均)이 덕을 갖추지 못했기 때문에 우(禹)를 세워 왕위를 계승하게 하였다. 이렇게 하나님의 자연 계시도 성경의 원리를 따라서 정권에 대한 맹목적 복종을 반대한다.

3-4 다스리는 자들은 선한 일에 대하여 두려움이 되지 않고 악한 일에 대하여 되나니. 이 말씀은 복종의 대상이 되는 정권의 성격을 밝혀 준다. 우리가 복종할 만한 정권은 원칙에 있어서 악을 방지하고, 또한 선을 장려하기 위하여 보복을 정당하게 실행하는 정권이다.

하나님의 사역자. 다스리는 자들을 "하나님의 사역자"라고 한 이유는 하나님께서 그들을 세워서 현재의 문화와 질서를 보존하시기 때문이다. 루터(Luther)는 폭군의 정치도 폭도의 무법 행위보다는 낫다고 말하였다.

5-7 진노 때문에 할 것이 아니라 양심을 따라 할 것이라. 다시 말해 우리가 국가의

명령에 순종하는 동기가 권세 잡은 자의 진노를 피하는 데만 있는 것이 아니고, 우리 양심에 그것이 옳은 것으로 알고 진실히 실행하는 데 있다는 것이다. 국가의 명령이 하나님을 모독하는 것이 아닌 한 신자들은 그것을 하나님이 내신 제도로 알고 관원의 감시가 있든지 없든지 성의 있게 복종해야 한다.

조세. 이것은 인두세를 의미한다. 우리는 국가의 일원으로서 정부를 유지하는 데 필요한 세금을 납부해야 한다.

관세. 이것은 기타 행정을 유지하기 위하여 받는 세금이다.

8 피차 사랑. 이것은 헬라어로 "토 알렐루스 아가판"(τὸ ἀλλήλους ἀγαπᾶν) 인데, "서로 사랑함"을 의미한다. 이것은 우선 신자들 간의 사랑을 가리키지만, 그렇다고 해서 그 외의 사람들을 배제하는 것은 아니다. 사랑은 언제나 서로 협력해야 풍성해진다. 일방적인 사랑은 고독하여 지속되기 어렵고 열매를 적게 맺는다. 우리는 다른 사람에게서 무조건적인 사랑을 받으려고 기대해서는 안 된다. 우리는 다른 사람이 베푸는 작은 사랑도 고맙게 여기고 이에 대해 보답해야 한다. 그렇게 할 때 사랑이 힘을 얻어 더욱 풍성해진다.

사랑의 빚 외에는 아무에게든지 아무 빚도 지지 말라. 이것은 우리가 사랑에 대하여 무한 책임을 져야 한다는 의미다. 그리스도 신자에게는 사랑의 책임을 완전히 이루었다고 말할 수 있는 때가 결코 오지 않는다. 신자는 원수에 대해서도 사람의 책임을 지고 있다. 또한 그는 그가 예전에 힘을 다해 사랑을 베풀었던 사람에게도 지속적으로 사랑의 책임을 지고 있다.

남을 사랑하는 자는 율법을 다 이루었느니라. 여기서 "남을 사랑하는 자"(ο ἀγαπῶν)라는 말은 현재 분사로서 명사형으로 사용되고 있다. 이것은 사랑에서 우러나오는 행동을 단지 한두 번 실행하는 자가 아니고 계속하여 사랑을 실천하는 자를 가리킨다.

9 간음하지 말라, 살인하지 말라, 도둑질하지 말라, 탐내지 말라 한 것과 그 외에 다른

계명이 있을지라도 네 이웃을 네 자신과 같이 사랑하라 하신 그 말씀 가운데 다 들었느니라. 여기 제시된 계명들은 모두 대인관계와 관련된 것이며, 하나님과의 관계에서 지킬 계명들은 아니다. 그러나 이 계명들도, (1) 오직 하나님을 사랑하는 자만이 참으로 지킬 수 있다. 우리가 사람을 사랑할 때도 하나님께 순종하고자 하는 동기, 곧 하나님을 사랑하는 동기로 해야 한다. 왜냐하면 하나님께서 사랑하라고 명령하셨기 때문이다. 그리고 (2) 이 계명들이 아무리 복잡하다 해도 신자가 사랑이라는 동기에서 그것들을 시행하면 그 일이 어렵지 않고 또한 기쁨을 가져다준다. 왜냐하면 사랑은 수고를 수고로 여기지 않기 때문이다.

10 사랑은 이웃에게 악을 행하지 아니하나니 그러므로 사랑은 율법의 완성이니라. 니그렌(Nygren)은 룬트 학파(Lundensian) 사람으로서, "사랑은 율법의 완성"이라는 말을 다음과 같이 해석한다. 말하자면 "사랑이 있는 곳에 율법의 계명들이 있을 자리가 없다."라는 것이다. 그러나 이것은 잘못된 해석이다. 여기서 바울이 말한 "율법의 완성"은 적극적 의미를 지닌다. 곧 율법이 사랑으로 말미암아 제외된다는 것이 아니고 도리어 성취된다는 것이다.

11절. 이 구절부터는 신자들이 영적으로 깨어 있어야 할 것을 가르친다. 그들이 깨어 있어야 하는 이유는 내세가 가까이 다가오기 때문이다. 내세에 소망을 두는 자는 그것을 고대하는 간절한 마음을 가져야 하며, 시간이 흐를수록 구원이 점점 근접해 오는 것을 느끼고 영적으로 깨어 있어야 한다. 헬라어 원문에는 이 구절 첫머리에 "또한 너희가 이것(8-10절에서 말한 사랑)을 더욱 행해야 할 것은"(καὶ τοῦτο)이라는 어구가 있는데 우리말 성경에는 빠져 있다.

이 시기를 알거니와. 여기서 우리말 성경에 "시기"라고 번역되어 있는 어구는 "그 시기"(τὸν καιρόν)라고 고쳐야 한다. 그 시기는 주님이 재림하실 때를 가리킨다.

자다가 깰 때. 이것은 죄악의 잠에서 깨어 일어날 때라는 말이다.

이제 우리의 구원이 처음 믿을 때보다 가까웠음이라. 다시 말해 신자들이 어느 순간에 별세하여 주님을 만나게 될지는 알 수 없지만, 그들이 믿기 시작한 이후로 시간이 흐른 만큼 구원의 날, 곧 주님을 만나게 될 날이 좀 더 가까워졌다는 뜻이다. 그러나 다른 학자들은 이것이 재림의 접근을 가리킨다고 해석한다.

12 **밤이 깊고 낮이 가까웠으니.** 밤이 깊어졌다는 것은 낮이 그만큼 가까이 다가왔다는 것이다. 죄악이 극도에 달하면 하나님의 심판이 임한다. 옛날에 죄악이 온 땅에 만연한 후에 하나님의 홍수 심판이 임했고, 사사 시대의 어두움 이후에 다윗 시대의 광명이 찾아왔다. 그리고 말라기 선지자 이후로 400년간 선지자의 음성이 끊어지고 암흑시대를 이루었으나, 마침내 그리스도께서 오심으로써 유대 땅을 비롯하여 온 세계에 광명이 비췬 것이다. 교회 역사에서도 5세기부터 15세기까지 교회는 교권주의의 흑암 속에 빠졌으나 16세기에 종교개혁이라는 밝은 빛이 전 세계를 밝혀주었다. 이처럼 주님의 재림 직전에도 이 세상에 죄악의 밤이 깊어질 것이다. 그러나 그때 우리는 주님의 재림이 가까운 줄 알고 소망을 가져야 한다.

12-14절은 히포의 아우구스티누스가 밀라노 지방에서 기도할 때, 이웃에서 들려오는 "집어 들어 읽으라."라는 한 소녀의 음성을 듣고서 그것을 하나님의 명령으로 알고 집에 들어가 성경을 펼쳤을 때 읽었던 구절이다. 그는 이 말씀을 통해 하나님께 헌신하게 되었다. 마리아 테레사(Maria Teresa)는 아우구스티누스의 『고백록』을 읽다가 이 사건을 기록한 부분에 이르러서 그 자신이 하나님의 음성을 듣는 것과 같은 영적 체험을 얻었다고 한다.

13 **단정히 행하고.** 이것은 질서 있는 행위를 가리킨다(참조. 살전 4:12). 질서와 규모는 성경에서 항상 강조되는 덕목이다(살전 5:14; 살후 3:6; 고전 14:33).

방탕. 여기 사용된 헬라어(κώμοις)는 식욕과 몸의 쾌락을 필요 이상으로 취하는 것을 가리킨다.

술 취함. 그 결과는 방탕함이다.

음란. 이것은 불법하게 또는 과분하게 성적 욕심을 부리는 악행이다.

호색. 이것은 예의를 무시한 채 문란하게 처신하고 색을 탐하는 행위인데, 그 결과는 불결한 언사나 불결한 행동으로 나타난다. 라이트푸트(Lightfoot)는 "호색"이라는 것이 공공연하게 표현되는 정욕주의적 언행을 의미한다고 하였다. 그리고 이 말의 어원은 다른 사람에게 무례히 행하거나 난폭하게 행하는 것을 의미한다고 하였다.

다투거나 시기하지. 이 두 가지 개념에는 인과 관계가 있다. 다시 말해 다툼은 시기의 원인이 되는 것이다. 사람은 모름지기 자기와 더불어 친밀하게 사귀고 애정을 주고받는 사람이 잘되는 것을 기뻐한다.

이 여섯 가지 악은 각각 쌍을 이루어 출현한다. 방탕하므로 술에 취하는 것이고, 음란한 마음에서 호색하는 행위가 나타나는 것이고, 다투기 때문에 시기심이 생기는 것이다.

14 주 예수 그리스도로 옷 입고. 이것은 그리스도 신자들이 그리스도의 영의 보호를 받아 새로워짐을 가리킨다.

평주

각 사람은 위에 있는 권세들에게 복종하라(1절). 바르트(K. Barth)는 이 구절을 해석하면서 개혁 무용론에 가까운 주장을 펼쳤다. 그는 말하기를 현상 세계는 개혁을 하든 또는 그대로 방치하든 주목할 만한 차이가 없다고 주장한다. 땅은 언제나 땅일 뿐이며, 개혁을 통해서 땅을 하늘로 만들 수는 없다는 것이다. 그는 말하기를, "극단의 혁명도 별다른 일을 하지 못한다. 기존 세력은 혁명의 개선으로 인하여 뒤로 물러가서 다른 모습을 취하는 것이니 더욱 위험할 뿐이다. 그와 동시에 혁명의 세력은 회유당하고 무력해질 뿐이다. 다시 말해 혁명은 그 승리로 인해 승리한 것이 아니고, 오히려 승리라는 그 사실로 인하여 힘을 잃고 만다. 그러므로 혁명은 아무리 강력한 것일지라도 기존 질서에 심판을 내리지 못한다. 혁명가는 하나님의 질서를 땅 위에 가져오지 못한다. … 그러나 재래의 질서도 안전한 것은 아니다."라고 하였다(Römerbrief, p. 446). 그는 혁명 질서도 별수 없이 모든 기존의 질서들과 한자리에 놓여 진리의 심판을 받는다는 의미로 다음과 같은 공식을 제시하였는데, 곧 -(+a+b+c+d)라는 것이다. 그러나 이런 공식은 시공간 세계의 모든 것을 상대주의 철학의 원리에서 보고 시공간 세계에 나타난 하나님의 말씀인 성경도 별수 없이 상대적 가치를 가졌을 뿐이라고 생각하는 착각이다. 우리는 하나님의 말씀만은 언제나 절대적으로 참된 줄 알고 끝까지 순교의 정신을 가지고 그 말씀에 충성해야 한다.

남을 사랑하는 자는 율법을 다 이루었느니라(8절). 바르트는 사랑에 대하여 다음과 같이 말했다. "우리는 사랑을 가리켜 저항적 가능성이라고 한다. 왜냐하면 그것은 기존의 모든 구체적인 대상들에 반항하기 때문이다. 사랑은 인간이 다른 사람에 대하여 실존적 사색을 가지는 것이다. '네 이웃을 사랑하라.' 함은 눈에 보이는 타자에게서 원역사적 존재자를 보는 것이다. 그렇게 해야만 우리는 눈에 보이는 타자를 사랑하게 된다. 왜냐하면 사랑은 이런 외관적 성격을 그에게서 옷 벗기듯이 벗기는 행동이기 때문이다."[221] 이것을 보면 바르트가 생각하는 사랑은 타인의 구체적인 성격을 보는 것이 아니라 단지 원역사와의 관계에만 집착하는 것이다. 그러나 바르트의 이와 같은 인생관은 결국 사람이 가진 역사적이고 구체적인 개성을 폐지하는 불교의 멸상주의

---

221) *Römerbrief*, 476-480.

와 같은 것이며, 물아일체 개념에 가까운 것이므로 비진리다. 성경이 말하는 사랑은 타인의 개성을 폐지하지 않고 도리어 그것을 인정하고 용서하며 귀중히 여긴다.

또한 너희가 이 시기를 알거니와 자다가 깰 때가 벌써 되었으니 이는 이제 우리의 구원이 처음 믿을 때보다 가까웠음이라(11절). 바르트는 여기서 "자다가 깰 때"를 역사상의 특정 시점으로 여기지 않는다. 그는 말하기를, "자다가 깰 때는 그때 혹은 그 시각을 가리키는 것이 아니다. 시공간 세계의 어느 시점도 여기서 말하는 자다가 깰 때가 될 수 없다. … 신약이 가르치는 종말은 시간적인 것이 아니며 세계의 연대기적 멸망이 아니다. 이것은 지구나 우주의 천재지변과 아무 상관이 없는 것이다."[222]라고 하였다. 그러나 바르트의 이와 같은 종말관은 예수님과 사도들의 그것과 다르다. 예수님과 사도들의 종말관은 땅과 우주의 변혁을 포함한다(참조. 벧후 3:10-13). 기독교의 구원론은 심리적인 차원의 이론이 아니며 사색으로 끝나는 것도 아니다. 기독교의 구원은 우주적인 사건이며 만물을 새롭게 하는 것이다.

설교 그리스도인과 국가(1-7절)

그리스도인은 두 가지 권세의 통치하에 있는데, 그 하나는 영적 통치로서 특별은총의 영역에 나타나는 그리스도의 말씀에 의한 통치다. 다른 하나는 신자의 외면적 행동을 주관하는 육적 통치로서 신자나 불신자를 구별하지 않고 함께 참여할 수 있는 일반은총의 영역에 속하는 것이다. 따라서 모든 사람은 세상에서 일반은총의 영역에 속한 삶을 무시할 수 없으므로 세속정치, 곧 국가에 대한 의무도 다해야만 하는 것이다. 그리스도 신자로서 국가

---

222) *Römerbrief*, 482-484.

를 존중하지 않는 것은 하나님께서 정하신 일반은총의 생활을 존중하지 않는 어리석은 일이다. 더욱이 특별은총에 따른 통치와 일반은총에 따른 통치를 혼동하는 것 역시 어리석은 일이다. 초기 교회 역사에서 로마 황제 콘스탄티누스가 정치를 기독교화하려고 시도했으나 결국 교회를 세속화시키는 결과를 낳았을 뿐이고, 중세 시대에는 교회의 권세가 국가의 권세를 좌지우지하려는 바람에 둘 다 부패하게 되었다. 따라서 이 두 세력은 각각 서로를 존중하면서 상대방에 대해 과분한 간섭을 피해야 할 것이다.

1. 모든 권세는 하나님이 내신 것이다

영국의 스튜어드 왕조 시대에는 왕권이 하나님으로부터 온 것이기 때문에 국왕은 국민의 모든 삶을 통제할 수 있다고 생각했다. 그러나 성경 구절은 오직 왕권만 하나님으로부터 온 것이라고 말하지 않는다. 여기에는 "오직"이나 혹은 "그것만이"라는 표현이 없다. 이 구절은 "모든 좋은 것은 하나님이 주신 것"이라는 성경 다른 구절들의 가르침을 무시하지 않는다. 예컨대 교회, 가정, 과학, 기타 모든 선한 제도도 왕권과 마찬가지로 하나님으로부터 온 것이다. 우리가 왕권을 무시할 수 없는 것만큼 이런 영역들도 침해할 수 없는 것이다. 우리는 왕권이 하나님에게서 왔다는 말을 이런 의미에서 제한적으로 이해해야 한다.

성경을 올바로 해석하는 칼빈주의는 바람직한 정치 형태와 관련하여 어느 하나의 체제를 제시하지 않았다. 다만 몇 가지 체제에 대하여 논평을 할 뿐이다. 칼빈(Calvin)은 말하기를, 군주 정치가 타락하면 독재주의가 되기 쉽고, 귀족 정치가 타락하면 소수당 중심의 정치가 되기 쉽고, 민주 정치가 타락하면 폭도 정치가 되기 쉽다고 하였다. 칼빈주의는 성경에 근거하여 왕권에 대한 불법한 반란이나 음모 같은 것을 금한다. 칼빈에 따르면 그리스도 신자는 정부가 부패했을지라도 원칙적으로는 이에 순종해야 한다. 이것이 성경적인 교훈이다. 그러나 정부가 하나님을 모욕하는 불경스러운 태도를 보일 때는 이에 순종할 수 없다는 것이 칼빈의 주장이다. 한편으로 그는 신자가 지혜와 인내와 덕을 가지고 끝까지 합법적인 방법으로 정부의 부패를 교정하기 위해 여론을 조성하거나 정치적 운동에 참여할 수 있다고 말한다.

2. 그리스도인이 정부에 복종하려 할 때 특별히 당면하는 문제는 경제문제와 병역문제다

경제문제에서는 국민이 국가의 보존과 유지를 위한 재정을 책임져야 한다. 국민으로서 자기 국가의 일을 수수방관하고 국민의 의무를 이행하지 않는 것은 자기 가정을 방치하는 것과 마찬가지로 어리석은 일이다. 다음으로 중대한 문제는 국민으로서 국가를 위하여 병역의 의무를 담당하는 것이다. 국가는 육체적 생활에 관련된 것인 만큼 공동체 전체의 육체의 안전을 위하여 개인의 희생을 요구하는 경우를 종종 만나게 된다. 그리스도 신자로서 전쟁에 참여할 수 있는가 하는 문제에 대해 칼빈주의는 성경 해석을 바탕으로 명확한 답을 제시한다. 칼빈(Calvin)은 이 점에 대해 다음과 같이 말하였다. 성경에 살인하지 말라는 계명은 안녕과 질서를 위반하는 자를 벌하지 말라는 의미가 아니다. 성경이 가르치는 분명한 원리는 살인자의 생명을 취하라는 것이다. 그뿐 아니라 모세 오경에서도 살인자에 대해서는 죽음이라는 형벌을 명확하게 제시하고 있다. 이것을 보면 십계명 중 제6계명은 개인적으로나 사사로운 감정으로 살인하는 일을 금한 것이고, 법적 판단에 따른 사형을 금한 것은 아니다(참조. 출 21:14-17). 그러므로 한 국가가 적국으로 말미암아 안녕과 질서에 피해를 입고 생명과 재산에 위협을 당하는 경우 그런 사태를 합법적으로 종식하기 위하여 전쟁에 돌입하는 것이 즐거운 일은 아니지만 불가피한 것이라고 말할 수 있다. 아우구스티누스(Augustine)는 그리스도인이 전쟁에 나가는 것을 죄라고 할 수 없다고 가르쳤다. 세례 요한은 자기에게 찾아와서 "우리는 무엇을 하리이까"라고 질문한 군인들에게 "병기를 던지라"고 대답한 것이 아니라, 다만 선한 군인이 되어야 한다고 가르쳤다(눅 3:14). 기독교 권징의 역사를 보면, 신자가 군인이 되었다고 해서 징벌한 일은 전혀 없다. 다만 신자가 전쟁에 참여할 때 주의해야 할 것은, 전쟁이 부득이한 일이라는 사실을 잊지 않는 것이다. 우리는 전쟁이 일어나기 전에 먼저 평화적인 해결책을 찾기 위해 다방면으로 힘써야 한다. 불가피하게 전쟁을 벌이게 될 때 군인들은 사사로운 욕심을 따라 행동할 것이 아니라, 전적으로 공익을 위해서만 행동해야 한다. 전쟁에 임하는 군대는 경계와 통신과 보급에 조직과 질서를 갖추어야 할 것이다.

전시에는 모든 잔혹함과 불법과 무자비가 땅에 충만할 수 있으니, 신자로서 군인이 된 자는 특별히 이런 일들을 방지해야 할 사명을 지니고 있다. 그러므로 국가의 부름을 받아 군인이 된 신자는 갑절로 굳건한 신앙을 가지기 위해 하나님을 신뢰하고 전심으로 기도해야 할 것이며, 특히 하나님이 허락하신다면 전쟁터에서도 살인하는 임무보다는 사람을 살리는 임무를 맡게 되기를 위하여 주님께 기도해야 한다. 신자로서 전쟁에 임하여 자신의 생명을 보전하기 위해 비겁하게 행동한다면, 그것은 사회와 국가에 대해 무책임한 행동일 뿐 아니라 인류의 불행에 대해 수수방관하는 불의한 행동이기도 하다. 그러나 신자로서 불행하게도 군국주의적인 국가의 국민이 되어 침략전쟁에 강제로 징집을 당하는 경우 그는 자신의 양심에 따라 행동하되 국가의 부름에 응하지 않을 수도 있을 것이다. 이러한 자세도 성경적인 근거를 가졌다고 할 수 있는데, 국가도 개인과 마찬가지로 강도 행위를 일삼아서는 안 되기 때문이다.

설교 피지배자는 권세를 거스르지 말고, 지배자는 선하게 다스릴 것(2-3절)

1. 권세를 거스르지 말아야 하는 이유는 권세 잡은 자를 하나님께서 세우셨기 때문이다

성경 말씀을 보면 하나님께서는 세상에서 지배자와 피지배자가 각각 제 위치를 지키도록 정하셨다. 성경은 피지배자의 자리가 억울한 것이라고 말씀하지 않는다. 일례로 성경은 노예의 자리가 억울하고 불행한 자리라고 말하지 않았다(고전 7:22-23). 다만 상전들은 종을 형제로 여기고 그들을 협박하지 말아야 한다고 가르치는 한편 종들은 즐거운 마음으로 순종해야 한다고 가르칠 뿐이다(엡 6:5-9). 만일 성경대로 시행된다면, 노예 제도의 모든 폐단은 자연적으로 해소될 것이다. 지배자와 피지배자의 구분은 시대와 장소를 불문하고 어느 사회에나 없을 수 없는 것이다. 따라서 진리의 말씀인 성경은 지배자와 피지배자의 자리를 폐지하라고 말씀하지 않는다. 권세를 잡은 자는 선정을 베풀도록 임명된 자들이다. 그러니 그들이 악정을 베푸는 것은 자기 모순적인 일인 줄 알아야 한다. 피지배자들도 악정을 베푸는 지배자에 대하여 아무런 충고도 하지 않고 합법적인 해결책도 모색해보지 않은 채 반역하는 것은 잘못이다. 잠언 17:11에 말하기를, "악한 자는 반역만 힘쓰나니 그러므로 그에게 잔인한 사자가 보냄을 받으리라"라고 하였다. 이것을 보면 반역 행위는 위험한 것이다. 하나님께서 권세를 세우신 것이 확실하다면 그 권세에 반역하는 것은 하나님의 뜻을 거스르는 것이니 무서운 벌을 받게 될 것이다. 인류의 역사를 보면 이런 반역자들은 무서운 보응을 받았다. 사울의 권세를 존중했던 다윗은 끝까지 형통하였으나, 다윗의 권세에 반역한 압살롬은 노새를 타고 전쟁에 참여했다가 머리카락이 상수리나무 가지에 걸려 원수들의 손에 죽임을 당했다(삼하 18:9-15). 베드로후서 2:10에 말하기를,

"육체를 따라 더러운 정욕 가운데서 행하며 주관하는 이를 멸시하는 자들에게는 형벌할 줄 아시느니라 이들은 당돌하고 자긍하며 떨지 않고 영광 있는 자들을 비방하거니와"라고 하였다. 하나님께서는 우리에게 높일 자를 높이고 존경할 자를 존경하라고 말씀하신다(롬 13:7; 벧전 2:13-18).

2. 지배자는 선하게 다스려야 한다

하나님의 말씀에 따르면, 권세 잡은 자들은 백성을 압제해서는 안 된다. 로마서 13:4에 말하기를, "그는 하나님의 사역자가 되어 네게 선을 베푸는 자니라"라고 하였다. 그러므로 다스리는 자는 압제하지 말고 선량하게 다스려야 한다. 옛날에 중국의 우(禹)라는 임금은 죄수를 만나면 눈물을 흘렸다고 한다. 유관(劉寬)이라는 관원은 고을을 순회하다가 소를 잃은 농부를 보고 친히 수레에서 내려 걸어 다니며 소를 찾아 주었다고 한다.

결론적으로, 백성들이 권세 잡은 자를 존경하는 것도 하나님을 위해서 그리하는 것이며, 다스리는 자가 백성을 선량하게 다스리는 것도 하나님을 위해서 그리하는 것이어야 한다.

설교 사랑에 대하여(8-10절)

우리가 사랑에 대해 말을 하기 시작하면 끝이 없다. 왜냐하면 사랑은 모든 덕의 중심이기 때문이다. 모든 덕은 사랑의 정신을 가지고 있어야만 한다(고전 13:1-7).

1. 사랑은 우리가 지고 있는 무한한 빚이다(8절)

우리가 사랑의 빚을 지고 있는 이유는 무엇인가? ① 우리는 본래 존재하지 않던 자들이었지만, 하나님의 창조로 말미암아 귀한 인간으로 태어날 수 있었다. 우리 자신이 천하보다 귀하다면, 우리는 그만큼 큰 사랑을 하나님으로부터 받은 것이다. 더욱이 ② 우리는 죄로 멸망할 뻔했으나 하나님의 아들의 피로 말미암아 죄를 용서받고 구원을 얻었다. 이 점에서 우리가 받은 사랑은 무한하다. 고린도전서 4:7에 말하기를, "네게 있는 것 중에 받지 아니한 것이 무엇이냐"라고 하였다. 모든 것이 하나님으로부터 온 것임을 인정하지 않는 것은 도둑의 심리다. 하나님은 도둑에게 무언가를 주시지 않는다. 그러므로 우리는 먼저 하나님의 사랑을 인정해야 한다.

우리는 이처럼 거저 받았기 때문에 남들에게 거저 줄 책임이 있다. 예수님께서 말씀하시기를, "너희가 거저 받았으니 거저 주라"고 하셨다(마 10:8). 우리가 끊임없이 남들에게 복음을 전하는 사랑을 실천하는 일도 거저 주는 행위다. 사랑을 실천하는 자는 그것을 취미로만 여겨서는 안 되며, 하나님 앞에서 빚진 자의 마음을 가져야 한다. 그러므로 우리는 남을 위하여 무슨 일을 행할 때 그 일이 빚을 갚는 행동인 줄 깨닫고 유쾌한 마음으로 해야 하며, 불안한 마음으로 해서는 안 될 것이다.

2. 사랑은 남을 자기 자신과 같이 사랑하는 것이다(10절)

인간은 자신을 너무 소중하게 생각하기 때문에 약자들을 도와줄 마음을 갖기가 쉽지 않다. 사람이 자기 약점을 바라보고 뼈아프게 탄식하면서 마음을 낮추면 그는 변화되어 타인의 약점을 동정할 수 있게 된다. 아프리카의 어느 지역에 나병 환자 거주지가 있었는데, 그곳에는 발 없는 자들과 손 없는 자들이 모여 있었다. 발 없는 자들은 그들이 가진 손으로 손 없는 자들의 일을 대신해주고, 손 없는 자들은 그들이 가진 발로 발 없는 자들이 갈 길을 대신 가주었다고 한다. 이처럼 그들의 사회에는 사랑의 협력이 끊이지 않았다. 그런데 그들보다 행복한 처지에 있는 인간들이 서로 단점을 보고 비방하며 사정없이 정죄하는 것은 얼마나 악한 일이며 하나님 앞에서 두려운 일이겠는가? 우리는 옳은 것을 주장하고 진리를 파수해야 한다. 그러나 오직 사랑의 방법으로만 그런 일을 참되이 행할 수 있다. 신자는 남의 단점에 대하여 미워하는 마음을 품지 말고 도리어 그것을 불쌍히 여겨야 한다. 그런 일은 오직 사랑을 앞세울 때만 가능해진다. 어떤 이가 말하기를, "사랑은 앞을 못 본다."라고 하였는데, 그 말의 뜻은 우리가 사랑을 앞세우면 남의 허물을 보고도 그것을 미워하지 않게 된다는 것이다.

제 14 장

⚜ 내용분해

1. 약한 형제를 업신여기지 말 것(1-12절)
2. 약한 형제의 양심도 존중할 것(13-23절)

⚜ 개요

본 장에서 바울은 양심의 자유에 관한 아디아포라(adiaphora) 문제를 다루고 있다. "아디아포라"란 "성경에서 명령하지도 않고 그렇다고 해서 금지하지도 않는 중립적인 행사들, 다시 말해 신자 개개인의 양심에 맡겨진 일들"을 의미한다. 여기서 다루는 아디아포라 문제는 고기를 먹는 일, 또는 종교적인 절기의 날짜 같은 문제들인데, 주로 고기를 먹는 문제가 여기서 논의되고 있다. 그 당시 고기를 먹는 사람과 먹지 않는 사람이 서로를 비판하는 일이 있었던 것이 확실하다(3절). 바울은 이러한 문제에서는 각자의 양심에 따라 자유롭게 선택할 것이지 서로 비판하지 말라고 가르친다. 바울은 그들이 서로 비판하지 말아야 할 이유를 여러 가지로 제시한다.

1. 하나님께서 이미 그들을 받으셨기 때문이다(3절). 다시 말해 그들은 모두 그리스도의 보혈로 이미 구원받은 자들이니, 고기를 먹는 문제에 있어서 하나님 앞에서 각자의 고유한 입장을 선택할 수 있다는 것이다.

2. 남의 하인을 판단하지 못하기 때문이다(4절). 그가 넘어지거나 서는 것은 그의 주인에게 달린 것이니, 그를 비판하는 것은 월권행위다.

3. 아디아포라 문제에서는 이렇게 행하는 자나 저렇게 행하는 자나 모두 주님을 위하는 자들이기 때문이다(5-9절). 주님을 위하여 행하는 다른 사람의 동기에 대해 악평해서는 안 된다.

4. 아디아포라 문제로 다른 형제를 비판한 죄는 마지막 날에 심판받을 것이다(10-12절). 루터(Luther)는 본 장의 말씀을 달리 해석했는데, 곧 형제를 비판하는 일은 그리스도께서 행하실 심판을 가로채는 행동이라고 하였다.[223)]

5. 무엇이든지 스스로 속된 것은 없으며, 다만 속되게 여기는 그 사람에게만 속되기 때문이다(14절). 이것은 자율주의라는 그릇된 도덕률을 가르치는 듯이 보인다. 다시 말해 이것은 선악의 문제가 사람의 생각에 따라 좌지우지되는 듯이 말한다. 그러나 이것은 아디아포라 범주에 포함되는 사안들에만 해당하는 권고라는 것을 기억해야 한다. 아디아포라 범주에 포함되는 사안에 있어서는 그리스도 신자가 자기 양심의 결정대로 따를 수 있는 자유를 가

---

223) *Vorlesung über den Römerbrief*, 442. "Er halt ihnen den Richtstuhl Chrhi vor."

졌다. 그러나 그리스도 신자가 누리는 양심의 자유는 결코 자율주의적인 자유를 의미하지 않는다. 아디아포라 문제에서 그리스도 신자의 양심의 자유라는 것은 결국 각자가 자기 양심에 옳게 생각되는 대로 행하되 그 일이 하나님께 영광이 되는지를 기준으로 삼는다. 따라서 이것은 신본주의적으로 고려된 자유인 것이 명백하다. 다만 우리는 아디아포라 문제에서 다른 사람의 양심이 명령하는 것에 반드시 얽매일 필요는 없다.[224]

6. 아디아포라에 속하는 음식물 문제로 형제를 비판하는 것은 그 형제를 망하게 하는 일이 되기 때문이다(15-16절). 특별히 여기서 "형제"라는 말은 비판하는 자가 쏟아내는 사랑이 없는 말들을 멈추게 해주는 단어다. 더욱이 "그리스도께서 대신하여 죽으신 형제"(15절)라는 표현이 그러하다.

7. 하나님 나라는 먹는 것과 마시는 것이 아니고 오직 성령 안에 있는 의와 평강과 희락이기 때문이다(17절; 참조. 8-19절).

8. 음식물 문제로 하나님의 일을 무너뜨려서는 안 되기 때문이다(20절). 다시 말해 음식물은 사소한 것인데, 그것 때문에 천국의 위대한 일들을 무너뜨리지는 말자는 것이다(참조. 21-22절). 또한 우리는 교회 행정에서 사소한 문제에 집중하느라 큰일을 망각해서는 안 된다.

---

224) *Institutes* III, 19:7.

⚜ 해석

본 장에서는 성경 말씀에 명령 혹은 금령이 없는 사안들에 대하여 신자들이 취할 태도를 보여준다.

1 믿음이 연약한 자. 이 말씀이 어떤 사람을 가리키는지 확실히 말하기는 어렵다. ① 이것이 구약성경 레위기 11장에서 금한 음식을 신약 시대에도 먹지 말아야 한다고 주장하는 유대인 그리스도 신자를 가리킨다는 학설도 있고, ② 우상의 제물로 사용되었던 고기를 그리스도 신자가 먹을 수 없다고 주장하는 그리스도 신자를 가리킨다는 학설도 있고, ③ 그리스도 신자이면서 극단적 금욕주의를 추종하여 채식을 주장하는 자라는 학설도 있다. 이 세 가지 해석 중 첫 번째 해석이 옳은 듯하다. 이것은 복음 진리에 대한 지식이 부족한 자라는 뜻일 뿐이며 덕에 대한 실행력이 약하다는 뜻은 아니다.

너희가 받되. 여기서 "받되"라는 말의 헬라어(προσλαμβάνεσθε)는 "완전히 받아라"라는 의미다. 이것은 의심하지 말고 그를 교회의 합당하고 완전한 일원으로 여기라는 뜻이다.

그의 의견을 비판하지 말라. 이 구절의 헬라어 원문(μὴ εἰς διακρίσεις διαλογισμῶν)은 "의심스러운 논쟁에 떨어지지 않게 하라"라고 번역되어야 한다. 그 말씀의 요점은 아디아포라 문제(교리화하기 어려운 문제)에 대하여 서로 간의 견해차를 무시함으로써 그 사안에 대한 각자의 확신을 파괴하는 일이 없도록 주의하라는 뜻이다.

2-3 어떤 사람은 모든 것을 먹을 만한 믿음이 있고. 당시 로마에 있는 교회의 유대인 그리스도 신자들은 음식 문제에 있어서 의식적 율법의 제재를 받았던 듯하다(레 11장). 그러나 그 교회에는 강한 복음주의의 정신을 가지고 먹는 문제에 있어서 제한을 두지 않는 신자들도 있었다.

연약한 자는 채소만 먹느니라. 이 채식주의가 이방 종교에서 유래되었다고 주장하는 학자들도 있으나 확실치 않다.

먹는 자는 먹지 않는 자를 업신여기지 말고 먹지 않는 자는 먹는 자를 비판하지 말라. "업신여긴다" 함은 진리에 대한 자신의 지식이 뛰어나다고 생각하여 형제에 대해 우월감을 갖는 것을 의미하며, "비판"한다는 것은 음식에 의식적 차별을 두는 자를 범법자로 오해한다는 것이다. 전자는 교만으로 인하여 포용하지 않는 것이고 후자는 무지로 인하여 포용하지 못하는 것이다.

이는 하나님이 그를 받으셨음이라. 이것은 양자가 서로 포용해야 할 이유를 말해준다. 하나님께서는 그들의 복음 신앙을 인하여 양편 모두를 천국 백성으로 받으셨다. 이 사실을 아는 그들은 하나님의 명령이나 금령으로 규제되지 않는 아디아포라(adiaphora) 문제들로 서로 논쟁하지 말아야 한다. 하나님께서 받으신 자들을 사람이 배척하지 못한다.

4 남의 하인을 비판하는 너는 누구냐. 하인은 그 주인의 소유니, 그를 세우거나 세우지 않는 문제에 대해 남들이 간섭할 수 없다. 순교자 지롤라모 사보나롤라(Girolamo Savonarola)를 정죄하던 이단 재판관이 말하기를, "내가 너를 지상 교회와 천상 교회에서 끊어버리노라."라고 하였다. 이에 사보나롤라는 대답하기를, "천상 교회에서는 네가 나를 끊어내지 못하느니라."라고 하였다.

5-6 어떤 사람은 이 날을 저 날보다 낫게 여기고 어떤 사람은 모든 날을 같게 여기나니. 이 부분의 헬라어 원문 초두에 "가르"(γάρ)라는 접속사를 가진 사본들(א A C D)도 있다. 이 접속사는 "왜냐하면"이라는 뜻이다. 그러나 다른 사본들(B D E F G)에는 접속사가 없다. 샌데이(Sanday)와 리츠만(Lietzmann)은, "접속사가 포함된 것이 원본일 것이다."라고 주장하지만, 테오도르 찬(Theodor Zahn)은 접속사가 없는 사본이 원본일 것이라고 추정한다. 만일 접속사가 포함된 것이 원본이라면 그것은 설명을 위한 접속사일 것이다(Greijdanus).

여기서 "이 날… 저 날" 문제는 유대인 그리스도 신자들의 주장으로 발생한 듯하다. 그들은 절기에 대한 구약성경의 규정을 신약 시대에도 문자적으로 지켜야 한다고 믿었다. 그러나 신약 시대에는 그것들이 그리스도로 말미암아 성취되었기 때문에 그것들을 구약 시대와 동일한 방식으로 지킬 필요는 없다(갈 4:10-11; 골 2:16-17).

주를 위하여. 이 말이 6절에 세 번 나온다. 여기서는 양심의 자유에 관한 문제(adiaphora)에 있어서 신자들이 이렇게 하든지 혹은 저렇게 하든지 주님을 위해서 하는 일이라면 모두 가능하다는 뜻이다.

7 자기를 위하여 사는 자가 없고 자기를 위하여 죽는 자도 없도다. "자기를 위하여 사는 자"는 참으로 불행한 자다. 왜냐하면 "자기"야말로 폭군 중의 폭군이기 때문이다. 폭군이 무지한 것처럼 "자기"라는 자도 늘 무지하다. 예레미야 17:9에 말하기를, "만물보다 거짓되고 심히 부패한 것은 마음"이라고 하였다. 폭군은 모든 일에 자기만 위하는 자인데, "자기"라는 자도 마찬가지다. "자기"는 남들이 다 죽더라도 혼자 살겠다는 사람이다. 자기만 위하는 태도는 여러 가지로 나타나는데, 곧 자기를 믿음, 자기를 사랑함, 자기를 변명함, 자기표현을 즐김, 자기의 옳지 않은 일에도 만족함 같은 것들이다. 우리가 이처럼 자기만 위하게 되면 아무 소득도 얻을 수 없을 뿐 아니라, 결국 망하고 만다. 그래서 어떤 성도는 다음과 같이 유명한 말을 남겼다. "그리스도의 십자가가 나를 죽여야 나는 성도가 된다." "자기"라는 자는 천국으로 향하는 여정에서는 지푸라기에 걸려도 넘어지지만, 멸망으로 향하는 여정에서는 높은 산이라도 기어 올라간다. 신자는 이와 같은 "자기"를 거부해야 한다.

8상 죽어도 주를 위하여 죽나니. 다시 말해 신자는 죽음의 위협 앞에서도 감사한 마음으로 주님을 위하여 죽을 수 있는 자들이라는 뜻이다(참조. 6하). 카르타고의 감독이었던 키프리아누스(Cyprian)는 처음 박해가 찾아왔을 때는 도망쳤지만, 두 번째 박해 때는 순교하면서 마지막으로 "감사합니다."라는 말을 남겼다고 한다. 그는 이처럼 순교를 통해 하나님께 영광을 돌렸을 뿐 아니라, 순교할 때 감사함으로써 하나님을 더욱 영화롭게 하였다.

8하-9 사나 죽으나 우리가 주의 것이로다 이를 위하여 그리스도께서 죽었다가 다시 살아나셨으니 곧 죽은 자와 산 자의 주가 되려 하심이라. 우리가 주님의 것이 된 이유는 주님께서 우리를 위하여 죽으셨다가 다시 살아나셨기 때문이다(9절). 그가 우리를 위하여 죽으신 것은 그의 피로써 우리를 사신 것이라고 말할 수 있다.

자기 자신을 바로 아는 자는, "나는 죽어 마땅한 자다."라고 고백하는 자다. 인간은 자기가 죽든지 아니면 누군가가 대신 죽어주어야만 하는 존재다. 인생의 문제를 해결하는 길은 오직 죽음뿐이다. 그런데 예수님은 친히 우리를 대신하여 죽으셨다. 그뿐 아니라 그는 다시 살아나셔서 우리를 자기 소유로 만드셨다. 그가 다시 살아나지 않으셨다면 우리는 그의 소유가 되고 싶어도 될 수 없었을 것이다. 이제 우리 신자들은 그의 것이 되었다. 만일 우리가 그의 것이 되지 못하고 그 대신 우리를 구원할 능력이 없는 우리 자신의 것이 되었다든지, 마귀의 것이 되었다든지, 아니면 임자 없는 것이 되었다면, 우리는 영원히 망할 수밖에 없었을 것이다.

10-12 네가 어찌하여 네 형제를 비판하느냐 어찌하여 네 형제를 업신여기느냐 우리가 다 하나님의 심판대 앞에 서리라. "형제를 비판"하는 것은 사랑을 어기는 죄가 될 뿐 아니라 율법 자체를 비방하는 것과 같은 큰 죄악이다(약 4:11-12). 따라서 그런 죄는 최후의 심판 때에 판단을 받게 된다. 심판을 이기는 덕은 오직 긍휼뿐이다(약 2:13).

기록되었으되 주께서 이르시되 내가 살았노니 모든 무릎이 내게 꿇을 것이요 모든 혀가 하나님께 자백하리라 하였느니라. 이것은 이사야 45:23의 인용이다. "내가 살았노니"라는 말은 맹세의 의미를 가진 문구로서 뒤따르는 말씀의 진실성을 보증한다. "무릎을 꿇음"은 하나님의 위엄에 승복하는 행위이고 "자백"은 공개적으로 행하는 고백을 뜻한다. 사람들은 전지전능하신 하나님의 존전에서 허물을 감출 수 없기 때문에 그렇게 해야만 한다(참조. 사 49:18; 빌 2:10-11; 고후 5:10).

이러므로 우리 각 사람이 자기 일을 하나님께 직고하리라. 여기서 말하는 "우리 각 사람"에는 사도 바울 자신도 포함되며, 한 사람도 예외가 없다. 그리고 "자기 일을 하나님께 직고하리라"라는 말씀은 심판의 날에 어느 누구도 남의 일에 대하여 간섭하거나 비판할 여유가 없을 것이고 오로지 각자 자신의 일만 하나님 앞에 보고하게 된다는 뜻이다. 하지만 현세에서는 사람들이 공연히 남의 일에 간섭하고 비판한다.

13 부딪칠 것이나 거칠 것을 형제 앞에 두지 아니하도록 주의하라. 여기서는 무슨 음식이든지 먹는 "강한 자"가 다른 신자의 신앙 양심에 거리끼는 음식물을 먹음으로써 그들의 양심에 혼란을 일으키는 일을 경계한다. 신앙 양심이 혼란해진 자가 그 양심을 거슬러 행하게 되면 그것은 죄가 된다. 그러나 이것은 "하라", 혹은 "하지 말라" 하는 하나님의 명백한 명령이 없는 사안들, 곧 "아디아포라" 문제에만 적용될 수 있는 원리다.

14 무엇이든지 스스로 속된 것이 없으되. 여기서 "속되다"라는 말은 헬라어로 "코이논"(κοινόν)인데, 거룩함에 반대되는 것이므로(행 10:14-28; 계 21:27) 하나님과 관계를 맺을 자격요건을 갖추지 못한 것이다. 하나님께서 천지 만물을 지으시고 다 좋다고 하셨으니, 만물은 그 자체로는 속된 것이 없다.

속되게 여기는 그 사람에게는 속되니라. 특정한 음식물에 대하여 어떤 사람은 그것을 먹어도 무방하다고 생각하는 반면 다른 사람은 그것이 하나님 앞에 거룩하지 못하다고 생각하는 경우가 있다. 이 문제에서 그들의 양심은 이처럼 각각 자유롭게 판단할 수 있다. 그러나 이러한 자유는 1절의 해석에서 살펴본 것처럼 하나님의 명령이나 금령이 구체적으로 주어지지 않은 사안에 한해서만 가능한 것이다.

15 만일 음식으로 말미암아 네 형제가 근심하게 되면. 다시 말해 모든 음식을 다 먹어도 된다고 믿는 "강한 자"가 약한 신자(참조. 1절 해석) 앞에서 문제의 음식을 먹음으로써 약한 신자의 양심이 혼란해져서 께름칙한 마음으로 그 음

식을 먹는 일에 동참하는 것을 뜻한다.

형제를… 망하게 하지 말라. 하나님의 선택과 그리스도의 대속을 받은 사람은 영원히 멸망하지 않는다는 것이 성경의 교훈이다. 그러므로 여기서 "망하게" 한다는 것은 영원한 멸망을 의미하지 않는다. 이것은 형제가 자기의 신앙 양심을 어김으로써 ① 하나님 앞에 범죄한다는 의미이며, ② 그 사건 때문에 교회 안에 비방의 말이 돌게 되면서 피차 영적 생명에 지장을 받는다는 의미다. 크레다너스(Greijdanus)도 말하기를, "망하게 한다는 것은 주님께서 구속하신 사람들이 아주 멸망한다는 것이 아니고, 표면적으로 그 사건이 그리스도와의 사귐을 방해해서 타락이 시작된다는 뜻이다."라고 하였다.

16-17 너희의 선한 것이 비방을 받지 않게 하라. 여기서 "너희의 선한 것"은 모든 음식을 먹을 수 있다고 생각하는 양심의 자유를 가리킨다.

하나님의 나라는 먹는 것과 마시는 것이 아니요. 이 말은 음식물로 인하여 교회의 질서를 어지럽히지 말아야 할 것을 가르친다. 누구든지 문제 되는 음식물을 먹어도 마음에 거리낌이 되지 않으면 먹어도 무방하다. 그러나 그가 먹음으로써 교회가 덕을 세우는 일에 해를 입는다면, 먹지 않는 것이 더욱 바람직하다. 먹고 마시는 것이 중요한 것이 아니고, 의와 평강과 희락이 중요한 것이다. 교회 안에서 개인적인 양심의 자유가 맹목적으로 남용될 때 거기에 혼란이 생기며, 따라서 의와 평강과 희락이 사라진다.

성령 안에 있는 의와 평강과 희락이라. "성령 안에 있는 의"라는 표현은 성령께서 믿음을 주심으로 말미암아 구원받은 자들에게 주어지는 칭의와 성화를 가리킨다. "평강과 희락"은 신자가 의롭다 함을 얻은 결과로 누리는 것이다.

18-19절. 이 구절들은 덕을 세우는 생활에 대해 설명한다. 하나님과 사람을 기쁘게 하는 생활이 곧 덕을 세우는 생활이다. 그렇다고 해서 "하나님을 기쁘시게 하며 사람에게도 칭찬을" 받는다는 바울의 말이 하나님과 사람을 대등하게 여기는 표현은 아니다. 이 말씀은 다만 우리가 사람을 기쁘게 하되

하나님을 기쁘시게 해드릴 목적으로 해야 한다는 신본주의 원리를 설명한 것이다. 진정한 건덕은 하나님을 기쁘시게 해드리기 위하여 하나님의 진리에 합당하게 행하는 동시에 사람에게도 유익을 끼치는 것이다.

이로써 그리스도를 섬기는 자. 다시 말해 앞에서 말한 의와 평강과 희락이라는 세 가지 덕을 실행함으로써 그리스도를 따르는 자를 가리킨다.

칭찬을 받느니라. 이것은 헬라어로 "도키모스"(δόκιμος)인데, 테오도르 찬(Zahn)은 이 말을 "인정을 받는다"라고 번역하였다.

덕을 세우는 일을 힘쓰나니. 여기서 "덕을 세운다"는 말은 헬라어로 "오이코도메오"(οἰκοδομέω)인데, "집을 지어 올림"(to build up)을 의미한다. 이것은 신자들이 서로 세워주고 아무도 방치하지 않을 때 이루어질 수 있는 일이다.

20-21절. 이 구절들의 의미에 대해서는 14-15절 해석을 참조하라.

거리낌으로 먹는 사람에게는 악한 것이라. 만일 우리에게 어떤 음식물도 구별할 것 없이 모두 다 먹을 수 있는 자유가 있다 해서 굳이 우리가 그같이 행한다면, 그것은 신앙의 양심이 약한 사람에게 혼란을 주어 그로 하여금 의심하면서 먹고 범죄하게 만드는 것이다. 그것이 21절에서 말하는 "형제로 거리끼게" 하는 일이다.

22 네게 있는 믿음을 하나님 앞에서 스스로 가지고 있으라 자기가 옳다 하는 바로 자기를 정죄하지 아니하는 자는 복이 있도다. 이 구절에 대해 두 가지 해석이 있는데, ① 먼저 바울이 여기서도 강한 신자에게 권고한다는 해석이 있다. 만물이 그리스도 안에서 정결하다고 여기는 양심의 자유는 매우 귀한 것이다. 그러나 이처럼 귀하고 강한 신앙을 하나님과의 관계에서만 은밀히 간직하고 그것을 사람들 앞에서 드러내어 표현하지 않는 것이 지혜롭다는 것이다. 그것을 사람들 앞에서 지나치게 강조하고 드러내면 약한 신자들이 보고 비방하게 되고 그들의 신앙 양심에 혼란이 발생하게 된다. ② 이 구절이 앞에 언급한 약한 신자들을 향한 경계라는 해석도 있다. 다시 말해 누구든지 어떤 음식물이

신앙 양심에 거리낌이 된다고 확신하면 그는 자신의 확신대로 행해야 할 것이다. 그리하면 그는 죄책을 면할 수 있다.

23 의심하고 먹는 자. 어떤 음식물에 대하여 신앙 양심에 거리낌을 가지고 있던 사람이 그 음식을 다른 사람이 먹는 것을 보고 반신반의하면서 먹으면 그것도 범죄가 된다는 것이다. 이 교훈은 양심의 자유에 관련된 사안에만 적용되는 원칙이다. 양심의 자유에 관한 사안이란 것은 무엇인가? 그것은 어떤 문제에 대하여 성경이 침묵하는 경우에 그리스도 신자들이 이렇게, 혹은 저렇게 자유로이 판단할 수 있는 경우를 가리킨다.

설교 하나님 나라(17절)

이 구절은 하나님 나라가 무엇인지 정의하는 말씀이라기보다는 그 나라의 몇 가지 측면에 대해 설명하는 말씀이다. 이것은 특별히 신약 시대의 참된 교회생활에 대해 말한다.

1. 천국은 성령 안에 있는 의로써 성립한다

인간은 의가 없이는 하나님 앞에는 물론이고 사람 앞에도 안심하고 설 수 없다. 그러므로 악인들도 스스로 의롭게 여기고 겉으로라도 의로운 듯이 자기를 나타낸다. 의를 소유하는 것이 승리다. 천국은 의가 머무는 곳이다. 베드로후서 3:11-13에 말하기를, "이 모든 것이 이렇게 풀어지리니 너희가 어떠한 사람이 되어야 마땅하냐 거룩한 행실과 경건함으로 하나님의 날이 임하기를 바라보고 간절히 사모하라 그 날에 하늘이 불에 타서 풀어지고 물질이 뜨거운 불에 녹아지려니와 우리는 그의 약속대로 의가 있는 곳인 새 하늘과 새 땅을 바라보도다"라고 하였다. 의를 소유한 사람은 아무것도 두려워할 필요가 없다. 토마스 아 켐피스(Thomas a Kempis)는 말하기를 "죽음을 피하기보다 죄를 피하는 것이 낫다. 우리가 오래 살면 죄를 더 많이 저지르게 되니 오래 사는 것이 짧게 사는 것보다 더욱 위험하다."라고 하였다. 우리는 의를 소유해야 한다. 그러나 우리의 힘으로는 진정한 의를 소유할 수 없다. 진정한 의는 하나님께만 있으며 그것을 우리가 소유하게 해주시는 이도 하나님이시다. 하나님은 우리가 그리스도를 믿음으로써 그 의를 소유하게 만들어주신다. 그러므로 이것은 거저 주시는 은혜다. 이사야 55:1에도 이 은혜에 대하여 예언하기를, "너희 모든 목마른 자들아 물로 나아오라 돈 없는 자도 오라 너희는 와서 사 먹되 돈 없이, 값 없이 와서 포도주와 젖을 사라"고 하였다(참조. 계 22:17). 하나님의 의가 그리스도로 말미암아 신자들에게 값없이 은혜로 주어진 이유는 무엇인가? ① 하나님의 의는 너무도 귀하기 때문에 사람이 그 값을 치르는 것이 불가능하기 때문이다. ② 그 의를 모든 사람에게 차별 없이 주시기 위해서다. ③ 그 의를 거저 주심으로써 받는 자들이 교만해질 수 없게 하기 위해서다. ④ 신자들이 절망을 느끼지 않게 하기 위해서다. 우리가 하나님의 의를 거저 받았다고 해서 자신의 부족함을 탓하거나 낙심할 필요는 없다.

2. 평강과 희락

이 둘은 그리스도께서 죽으셨다가 다시 살아나신 공로에 의지하여 성령으로 말미암아 신자가 의롭다 하심을 얻은 결과다. 다시 말해 평강은 신자가 그리스도로 말미암아 하나님과 화평을 이룬 결과다. 이러한 평강을 받은 신자는 영원히 그것을 누린다. ① 하나님과 화평을 이룬 신자라도 마귀의 역사 때문에 불안을 느낄 수 있다. 왜냐하면 그가 하나님과는 화평을 누리지만 마귀와의 관계에서는 언제나 전쟁 상태이기 때문이다. ② 그는 죄악 때문에 불안을 느끼는 경우도 있다. 왜냐하면 그가 죄악과 화평을 이룬 것은 아니기 때문이다. ③ 그뿐 아니라 그는 복음을 박해하는 자들 때문에 불안을 느낄 수도 있다. 왜냐하면 그가 박해자들과 타협하지 않기 때문이다. 그는 오직 그리스도로 말미암아 하나님과 깨어질 수 없는 화평을 누릴 뿐이다. 그가 이 같은 화평을 기억하고 살아간다면 그는 마침내 마귀도 이기고 죄악도 이기고 박해자들도 물리칠 수 있다.

제 15 장

⚜ 내용분해

1. 신앙 양심의 자유에 관한 문제에서 서로 포용해야 함(1-13절)
2. 바울은 로마의 교회에 편지를 보낼 수 있는 권한을 소유함(14-22절)
3. 바울은 로마의 교회를 방문할 계획을 가짐(23-29절)
4. 바울은 로마의 성도들에게 자기를 위한 기도를 부탁함(30-32절)
5. 축도(33절)

⚜ 개요

1. 신자는 신앙 양심의 자유에 관한 문제로 나뉘지 말고 서로 용납하여 합심해야 한다(1-13절). 이 일에 있어서 그리스도 신자들은 그리스도의 행위를 본받아야 한다. ① 그리스도께서 자기를 기쁘게 하기보다 다른 사람을 위해 자신을 드리신 행위를 본받아야 한다(4-5절). 신자들이 이렇게 할 때 하나님이 영광을 받으신다(6절). ② 그리스도께서 이스라엘과 이방인을 하나

로 묶으신 것도 본받아야 한다(8-12절; 참조. 엡 2:13). 하나님께서 이처럼 그리스도로 말미암아 화합을 도모하신 것을 보면 그는 기쁨과 평강의 하나님이심이 분명하다. 따라서 그는 소망의 하나님이시다(13절).

2. 바울은 로마의 교회에 편지를 보낼 수 있는 권한을 가졌다(14-21절). 왜냐하면 바울은 이방인을 위한 사도였기 때문이다. 그의 모든 권세 있는 사역이 이 같은 권위를 증명하였다(18절).

3. 바울은 로마의 교회를 방문할 계획을 가지고 있었다(22-29절). 그는 스페인으로 가는 길에 로마에 방문하고자 하였던 것이다. 그 일이 지연된 이유는 바울 사도가 이방 신자들이 예루살렘 성도들을 위해 모은 구제금을 가지고 예루살렘을 방문해야 했기 때문이다.

4. 바울은 로마 교회의 신자들에게 자기를 위해 기도해달라고 부탁하였다(30-32절). 바울은 자신보다 신앙의 수준이 낮은 일반 성도들에게도 자기를 위해 기도해달라고 요청하였다. 기도는 누구든지 그리스도의 이름으로 드릴 수 있는 것이다. 그러므로 이 일에는 남녀노소의 구별이 있을 수 없다.

5. 평강의 하나님께서 로마의 교회와 함께하여 주시기를 축원함(33절).

해석

1 **믿음이 강한 우리는 마땅히 믿음이 약한 자의 약점을 담당하고**. 여기서 "마땅히"(ὀφείλομεν)라는 표현은 빚진다는 뜻을 담고 있다. 그렇다면 신자는 자기

보다 약한 자들의 약점에 대해 책임감을 가지고 도와주어야 하며 포용해야 한다는 것이다. 요컨대 이 말씀은 강한 신자가 약한 자(참조. 14:1 해석)를 이해하라는 권면이다.

자기를 기쁘게 하지 아니할 것이라. 이 말씀은 고기를 먹어도 좋다는 자기 자신의 기준을 교리화하거나 무리하게 적용하지 말라는 뜻이다. 이것은 근본적으로 진리에 위배되지 않는 자유의 영역에서 다른 사람과 충돌을 피해야 한다는 말이다(참조. 14:12 해석). 바울 자신이 이같이 아량 있는 태도를 보여주었다(참조. 고전 9:20-22).

2 **우리 각 사람이 이웃을 기쁘게 하되.** 바울은 사람을 기쁘게 하는 생활을 바람직하게 여기지 않는 모습을 보여주기도 했다(갈 1:10). 그러나 그것은 복음 진리의 문제에서 이단자와 타협하지 말아야 한다는 것을 가리킬 뿐이다. 형제자매가 진리에서 크게 벗어나지 않는다면 우리는 할 수 있는 대로 그를 기쁘게 해야 한다. 바울 사도는 언제나 덕을 세우는 일을 강조한다(고전 9:20-23).

덕을 세우도록. 여기 사용된 헬라어(οἰκοδομήν)는 건축 작업을 의미한다. 건축이라는 것은 자재와 자재가 상부상조할 때만 성립될 수 있다. 기둥들은 건물의 상부를 받쳐주고 다른 모든 부분도 이처럼 서로를 지탱한다. 덕을 세우는 일은 이처럼 교회라는 영적 건물을 성립시키고 지켜준다.

3 **그리스도께서도 자기를 기쁘게 하지 아니하셨나니.** 헬라어 원문에는 이 구절 첫머리에 "왜냐하면"(γάρ)이라는 이유 접속사가 있다.

"그리스도께서도." 그리스도는 영광과 권세를 가지신 하나님의 아들이시다. 그러나 주님도 모든 영광과 권세를 버리시고 우리의 연약함을 담당하셨는데, 하물며 우리 죄인들끼리야 말해 무엇 하겠는가?

주를 비방하는 자들의 비방이 내게 미쳤나이다. 이것은 시편 69:9의 인용이다. 이 시편의 저자는 하나님을 위하여 살았기 때문에 하나님의 적들로부터 비방을 받았다는 것이다. 이런 점에서 시인은 메시아의 표상이었다.

4 **무엇이든지 전에 기록된 바는 우리의 교훈을 위하여 기록된 것이니.** 성경 말씀을 기록한 목적은 동시대의 사람들뿐 아니라 특별히 시간적으로 멀리 떨어진 후대의 사람들을 교훈하기 위한 것이다. 만일 성경 말씀이 그 당시의 사람들만 교훈하고자 했다면 굳이 그것을 기록할 필요가 없었을 것이다. 여기서 "무엇이든지"라는 단어(ὅσα)는 "전에 기록된 바" 성경 전체를 총칭하는 말이다. 여기서 "우리의"라는 말은 헬라어로 "헤메테란"(ἡμετέραν)인데 소유 형용사 강세형이다. 따라서 이 표현은 구약성경 전체가 동시대의 사람들보다는 오히려 후대의 모든 사람들(신약 시대의 우리)을 교육의 대상으로 삼았음을 보여준다.

우리로 하여금 인내로 또는 성경의 위로로 소망을 가지게 함이니라. 여기서 "인내로 또는 성경의 위로로"(διὰ τῆς ὑπομονῆς καὶ διὰ τῆς παρακλήσεως τῶν γραφῶν)라는 표현은 "성경의 인내와 성경의 위로로"라고 번역될 수 있다. 이것은 찰스 하지(Charles Hodge)가 채택하는 번역이다. 이와 같은 번역은 뒤따라 나오는 "인내와 위로의 하나님"이라는 어구를 통해 지지를 받는다. 하나님께서는 성경 말씀으로 말미암아 우리에게 인내와 위로를 위한 영적 감화력을 주신다. 그러므로 우리는 성경을 통하여 이 같은 영적 능력을 받아서 (1) 영생에 대한 소망을 굳게 붙잡는 삶을 유지할 수 있으며(4하), (2) 신자들 간에 이해하고 포용하며 합심할 수 있게 된다(5-6절). 참는 것은 피곤한 일이지만 이것이 무너지면 모든 좋은 것이 사라지고 불행이 찾아온다. 참는 것은 피곤하나 거기에는 하나님의 위로가 함께하기 때문에 꿀과 같이 달다. 피곤한 지경에 이르기까지 참아보지 않은 사람은 그 맛을 모른다.

5-6 **이제 인내와 위로의 하나님이 너희로 그리스도 예수를 본받아 서로 뜻이 같게 하여 주사.** 이 말씀은 교회의 연합이 무엇으로 이루어지는지 가르쳐준다. 교회의 연합은 신자들이 서로 인내하고 위로하게 해주는 영적 능력으로만 가능

해진다. 또한 인내와 위로는 성경 말씀을 통하여 우리에게 임하는 하나님의 능력을 통해 공급된다. 만일 교리적 견해가 완전히 일치할 때만 교회가 연합할 수 있는 것이라면, 단 두 사람 간에도 연합이 어려울 것이다. 교리 가운데 지엽적인 문제들에서는 신자들의 견해가 서로 조금씩 다를 수 있다. 그런 지점에서는 신자들이 인내와 위로로 서로 포용해야 한다.

한마음과 한 입으로 하나님 곧 우리 주 예수 그리스도의 아버지께 영광을 돌리게 하려 하노라. 앞에서 해석한 것처럼 신자들은 지엽적인 문제에서는 의견이 조금씩 다를 수 있다. 그런 경우에도 그들이 예수 그리스도를 바로 알고 그를 사랑하는 일에 열중한다면 서로 하나 될 수 있다. 그들이 하나가 되어 하나님께 영광을 돌리면, 세상 사람들이 그것을 보고 놀랄 것이고(벧전 3:8) 또한 하나님께로 인도될 것이다(요 13:35; 17:21, 23).

7-9절. 여기서는 3절에서 인용한 말씀대로 그리스도께서 우리 죄인들의 짐을 지시고 포용하신 것처럼 우리도 서로 포용해야 될 것을 가르친다. 여기서는 그리스도께서 이 일에 어떻게 모범을 보이셨는지 자세히 설명한다(8-9절). 그것은 오래 참고 수종드는 구원 사역이었다. 여기서는 "추종자"(διάκονος)라는 표현이 요점을 보여준다. 그리스도는 인류를 구원하기 위하여 낮아지셨고 또한 그들의 죄악을 친히 짊어지셨다(참조. 빌 2:6-8).

하나님의 진실하심을 위하여 할례의 추종자가 되셨으니. 다시 말해 그리스도께서 할례로 특징지어지는 구약성경의 구원 언약을 성취하시기 위해 세상에 오셔서 가장 먼저 유대인들에게 전도하셨다는 것이다. 그가 이렇게 구원 언약을 성취하심으로써 하나님의 진실성이 증명되었다.

조상들에게 주신 약속들을 견고하게 하시고 이방인들도 그 긍휼하심으로 말미암아 하나님께 영광을 돌리게 하려 하심이라. 이 말씀은 그리스도께서 이 세상에 오셔서 성취하신 일을 지적한다. ① 그리스도는 이스라엘의 선조들에게 주어졌던 언약(메시아를 보내어 구원의 축복을 주시겠다는 언약)을 그대로 성취하심으로써 견고하게 하셨으며, ② 이방인들은 하나님의 은혜로 그리스도의 복음을 믿어 구원받음으로써 기뻐서 하나님을 찬송하게 될 것이다.

그러므로 내가 열방 중에서 주께 감사하고 주의 이름을 찬송하리로다. 이것은 시편 18:49의 인용인데, 다윗 왕이 메시아의 모형 된 자격으로 노래한 것이다. 그 내용은 열방 중에 그리스도를 따를 자들이 많이 있을 것을 예언하는 말씀이다.

10-12절. 10절은 신명기 82:43의 인용이고, 11절은 시편 117:1의 인용이고, 12절은 이사야 11:10의 인용이다. 이 구절들은 이방인들도 유대인과 함께 구원에 참여하게 될 것을 예언한다.

이새의 뿌리. 이것은 예수님이 "이새의 뿌리"라는 말씀인데, 다윗의 자손이신 그가 어떻게 다윗의 아버지인 이새의 뿌리가 되시는가? 그것은 다음과 같이 해석할 수 있다. 다윗과 이새의 가문이 출현하게 된 계기는 하나님께서 영원 전에 메시아께서 이새의 가계에서 출생하시도록 작정하셨기 때문이었다. 그러므로 이새와 다윗의 자손이신 예수 그리스도는 도리어 그들의 존재의 원인이고 근본이시다. 그러나 루터(Luther)는 이와 달리 해석하여 다음과 같이 말한다. 그리스도께서 육신으로는 다윗과 족장들을 뿌리로 가지셨다. 그러나 "영으로는 그 자신이 뿌리이시고 모든 교회는 그에게서 나왔다."[225]

열방을 다스리기 위하여 일어나시는 이. 이것은 열방 중에 복음을 전하시어 그들을 자기 백성으로 삼으시고 영원한 나라를 세우시는 메시아 예수에 대한 예언이다.

열방이 그에게 소망을 두리라. 이 말씀은 열방들이 오직 그리스도로 말미암아

---

225) *Vorlesung über den Römerbrief*, 460. "Aber dem Geiste nach ist er selber die Wurzel aus der die ganze Kirche entsprossen ist."

구원받을 줄 알고 오직 그만 바라보게 되리라는 예언이다.

13절. 이 구절은 앞에 진술한 모든 말씀에 대한 결론으로서 사도가 드리는 기도다.

소망의 하나님. 앞의 인용 문구에서 말한 바와 같이 하나님께서는 인류에게 소망을 주시는 자비로우신 주님이시다.

기쁨과 평강을 믿음 안에서 너희에게 충만하게 하사. 진정한 기쁨과 영적 평안은 오직 신앙에서만 나온다. 그리고 이런 기쁨과 평안을 소유한 사람은 장래의 어려운 문제에 대한 해답을 알지 못하는 상황에서도 모든 것이 형통하게 해결될 것이라는 예감을 가지게 된다. 따라서 그는 소망에 대한 의식이 풍부한 자다. 그러나 이와 같은 소망 의식도 성령님의 감화로 말미암아 생기는 것이다. 이 말씀은 로마에 있는 신자들에게 서로 포용하며 화평하기를 권면하는 앞의 모든 말씀(14:1-15:12)에 대한 결론으로 매우 적절하다(참조. 14:17-19).

14절. 바울이 로마의 신자들에게 권고의 말을 보낸 이유는 그들을 신임하지 못해서 그리한 것이 아니었다. 다만 그들이 이미 알고 있는 선한 교리를 다시 한 번 상기시키고자 했을 뿐이다. 이것은 바울의 겸손한 심령에서 우러나온 호의였다.

선함이 가득하고 모든 지식이 차서. 여기서 "선함"이라는 말의 헬라어(ἀγαθωσύνη)는 선한 행실보다는 선한 마음을 가리킨다(Sanday). 로마에 있는 교회의 신자들은 서로 이해하여 포용할 수 있는 선량한 마음과 복음 진리에 대한 지식을 가졌다. 신자들이 서로 이해하고 포용하여 덕을 세우는 생활을 하려면 선량한 마음에 진리 지식을 겸해야 한다. 마음은 선량하나 진리에 대한 지식이 부족하면 선행의 노선을 바로 찾아가기 어렵고, 진리에 대한 지식은 있으나 마음이 선량하지 못하면 실행력이 부족할 것이다.

15절. 이 구절은 바울이 로마 신자들에게 권고의 말(14:1-15:13)을 보낸 이유와 그에게 주어진 직책에 대하여 밝히 말한다.

다시 생각나게 하려고. 바울은 로마에 있는 신자들의 인격을 존중하는 의미에서 이 같은 표현을 사용하였다. 그는 그들을 진리에 대한 식견이 없는 자들로 취급하지 않는다. 그는 그들을 가르치려 하기보다는 그들이 이미 알고 있는 것을 다시 생각나게 하려 하였다. 찰스 하지(Charles Hodge)는 여기서 사도의 위대한 온유와 겸손을 지적하였다.

하나님께서 내게 주신 은혜로 말미암아. 다시 말해 그가 로마의 신자들을 권고하게 된 것은 그에게 주어진 직책 때문이라고 말하는 것이다. 여기서 "은혜"는 바울의 사도직을 가리킨다.

16절. 이 구절 이하에서는 바울이 받았던 "은혜"의 직분(사도직)에 대하여 해설한다.

이방인을 위하여. 바울은 특히 이방인들을 위하여 부르심을 받은 사도다(참조. 행 9:15; 갈 2:8).

복음의 제사장. 복음을 전함으로써 하나님과 사람을 화해시키는 사역은 일종의 제사장적 행위다. 제사장의 직임은 하나님과 사람을 화해시키는 것이다. 인간은 하나님 앞에 죄인이며 원수다. 그러나 그가 예수 그리스도로 말미암는 속죄의 복음을 믿으면, 그는 죄를 용서받고 하나님과 화목하게 된다.

이방인을 제물로 드리는 것이 성령 안에서 거룩하게 되어. 그가 이방인들에게 복음을 전함으로써 그들이 믿고 하나님께로 돌아올 때, 그들은 하나님께 일종의 거룩한 제물로 바쳐지는 것이다(12:1).

17-18 **하나님의 일.** 이것은 헬라어 문구(τὰ πρὸς τὸν θεόν)의 뜻대로 바울이 복음을 전할 때 하나님이 드러내신 능력과 성공을 가리켜 말한다. 이 능력은 다음 구절에서 잘 설명되는데, 말하자면 그리스도께서 주신 "말과 행위로, 표적과 기사의 능력으로, 성령의 능력으로" 이루어진 것이다.

자랑하는 것. 이것은 교만한 자랑이 아니라 황송하고 감사하게 생각하는 것을 가리킨다(참조. 고전 1:31).

이방인들을 순종하게 하기 위하여. 그리스도께서 이방인을 복음으로 돌이키신다는 말씀이다.

말과 행위. 이것은 성령께서 주신 능력 있는 진리의 말씀과 행위를 가리킨다. 사도의 언행은 성령님의 주관하에 있기 때문에 감화력과 설득력을 가지고 사람들이 복음을 믿게 해준다.

표적과 기사의 능력. "표적과 기사"는 동일한 초자연적 사건을 가리키는 두 가지 명칭이다. "표적"(σημεία)은 초자연적 사건이 표현하는 영적 의미를 고려하여 붙인 명칭이고, "기사"(τεράτα)는 그 사건이 나타내는 기이한 특성을 고려하여 붙인 명칭이다. 사도들은 이런 초자연적인 사역을 수행했다.

나를 통하여 역사하신 것. 이것은 복음을 듣는 자들이 회개하고 하나님께 돌아오게 하시는 성령님의 감화력을 가리킨다.

감히. 이것은 헬라어로 "톨메소"(τολμήσω)인데, 주어진 사명을 용감하게 감당한다는 말이다. 바울은 주님을 위하여 일할 때 성령님의 역사에 대해서만 용기를 가진 것이다(고후 3:5).

19 그리하여… 그리스도의 복음을 편만하게 전하였노라. 말하자면 바울은 영광스러운 사도의 직분을 받은 결과로, 복음을 각처에 전하는 사역자가 되었다는 것이다.

예루살렘으로부터 두루 행하여 일루리곤까지. 이것은 다음과 같이 번역할 수도 있다. "예루살렘과 주변 지역 및 일루리곤에 이르기까지." 여기서 "일루리곤"은 마게도냐 지역에 속한 지명인 듯하다. 바울은 사도 직무의 완수를 위하여 광범위한 지역에 복음을 열정적으로 전하였다. 그는 한 곳에 체류하면서 사역을 감당한 것이 아니라 복음이 아직 도달하지 않은 지역을 찾아가서 전도하는 것을 자신의 사명으로 여겼다. 그리하여 그는 남이 벌써 전도한 지역에는 가지 않았다(20절).

20-21 남의 터 위에 건축하지 아니하려 함이라. 이 말씀은 바울 사도가 다른 전

도자들과 경쟁하거나 그들과 부딪치는 상황을 피하기 위해 남들이 전도하여 교회를 세운 지역에서는 사역을 진행하지 않는다는 의미로 받아들여질 수 있다. 그러나 이 구절을 다음과 같이 해석하는 것이 문맥에 잘 부합한다. 말하자면 그의 사명은 복음이 들어가지 못한 곳에 찾아가서 복음을 전하는 것이기 때문에(참조. 19절 해석), 그는 다른 사람이 벌써 찾아가서 전도한 지방에는 가지 않는다는 말이다.

주의 소식을 받지 못한 자들이 볼 것이요 듣지 못한 자들이 깨달으리라. 이 말씀은 이사야 52:15을 인용한 것이다. 오늘날 교회도 불신자들에게 전도하는 것을 주요한 목적으로 삼아야 한다. 그런데도 오늘날 교회는 그들이 과거에 누렸던 교세를 유지하는 데만 급급하고, 불신 세계에 대하여는 거의 외면하다시피 한다. 이것은 교회가 부패했다는 증거다.

22-24절. 여기서는 바울이 로마를 방문하고자 했던 소망이 더디게 실행되는 이유, 그리고 방문 계획을 실행할 소망에 대해 말한다.

그러므로 또한 내가 너희에게 가려 하던 것이 여러 번 막혔더니. 다시 말해 바울의 전도 여행은 교회가 세워진 지역이 아니라 교회가 세워지지 않은 지역을 목표로 한 것이었기 때문에(20-21절), 그때까지도 바울이 로마를 방문할 길은 막혀 있었다는 뜻이다.

이 지방. 여기 사용된 헬라어를 글자 그대로 번역하면 "이 지방들"이 되는데, 한마디로 동부 지대를 가리켜 말한다. 바울은 이 글을 쓸 때 동부 지대, 곧 고린도에 머물렀었다(Greijdanus, 참조. 고후 2:12, 갈 1:21).

서바나로 갈 때에. 이 문구의 헬라어(ὡς ἂν πορεύωμαι εἰς τὴν Σπανίαν)는 가정법에 속하는 말인데, "스페인으로 가게 되는 그날에는"이란 의미를 지닌다.

너희와 사귐으로 얼마간 기쁨을 가진 후에. 이것은 바울이 로마에 가서 신자들과 영적 은혜를 나누고 피차간에 즐거움을 맛보게 될 것을 의미한다. 성도들은 서로 모여 기도하고 하나님의 말씀을 배우며 듣는 중에 큰 기쁨과 위로를 얻는다. 진실한 신자는 남이 진실하게 주님을 받들 때 기뻐한다. 잘 믿는 사람을 보고 기뻐할 줄 모르는 것은 아직 믿음이 부족하기 때문이다. 사도 요한은 그의 편지를 받게 될 교회가 진리대로 행하는 것을 보고 심히 기뻐하였다(요이 4절).

보내주기를 바람이라. 이것은 재정적으로 원조하면서 전송하는 것을 가리킨다(참조. 행 15:3; 20:38; 고전 16:6; 고후 1:16). 이것은 바울이 로마의 신자들과 밀접한 친분 관계를 유지하고 있었기 때문에 가능했던 말이다. 그는 아무런 거리낌 없이 이처럼 솔직하게 부탁한다.

25-27절. 바울은 마게도냐 교회 신자들이 보내준 구제금을 예루살렘 교회에 전달하고 나서 스페인으로 가는 길에 로마를 방문하기로 약속한다(28-29절). 로마의 글라우디오 황제 때의 흉년에(행 11:28-30) 유대에는 기근이 심하였으므로 예루살렘 성도들이 큰 곤란을 겪었다(참조. 갈 2:8-10).

이방인들이 그들의 영적인 것을 나눠 가졌으면 육적인 것으로 그들을 섬기는 것이 마땅하니라. 복음이 유대인으로 말미암아 이방인에게 전파되었으니, 이방인들은 무엇보다 큰 보물을 유대인들 덕분에 받게 된 것이다. 그러므로 그들은 유대인 성도들에게 물질적으로라도 갚는 것이 마땅하다. 우리는 서로서로 사랑하고 이웃과도 사랑을 주고받은 후에 그 사랑이 더욱 불 일 듯하게 하고 풍성하게 할 수 있다.

28-29 열매를 그들에게 확증한 후에. 이 말씀은 바울이 이방인들의 구제금을 안전하게 예루살렘 성도들에게 전달했음을 뜻한다. 바울은 이처럼 구제금을 신실하고 성의 있고 안전하게 취급한다. 이 문제에 관하여 바울은 고린도후서 8:20-21에서 다음과 같이 말하였다. "이것을 조심함은 우리가 맡은 이 거액의 연보에 대하여 아무도 우리를 비방하지 못하게 하려 함이니 이는 우리가 주 앞에서뿐 아니라 사람 앞에서도 선한 일에 조심하려 함이라"라고 하였다.

그리스도의 충만한 복을 가지고 갈 줄을 아노라. 말하자면 바울이 영적 은혜를 충만히 지닌 채로 로마를 방문하여 그곳 신자들과 그 은혜를 나누게 될 것이라고 말한다.

30-33절. 이 구절들은 바울이 신자들에게 요청하는 세 가지 기도 부탁을 포함한다. 곧 ① 그를 박해자의 손에서 구원하여 주시기를 기도할 것, ② 예루살렘 성도들을 구제하기 위한 연보가 성도들이 받을 만한 것이 되도록 기도할 것, ③ 그가 로마에 있는 교회에 갈 수 있게 되도록 기도할 것 등이다.

형제들아 내가 우리 주 예수 그리스도와 성령의 사랑으로 말미암아 너희를 권하노니 너희 기도에 나와 힘을 같이하여 나를 위하여 하나님께 빌어. 한 사람이 많은 사람을 위하여 기도할 수 있는 것만큼, 많은 사람이 한 사람을 위하여 기도할 수 있는 원리도 있다. 기도에 "힘을 같이하여"(συναγωνίσασθαί)라는 표현은 씨름에 동참하는 것을 뜻한다. 어떤 학자는 기도를 씨름과 연관 짓는 것은 야곱이 얍복강 나루에서 경험했던 씨름(창 32장)에서 기원한 것이라고 주장한다(G. Harder).

건짐을 받게 하고. 바울은 그를 박해하는 유대인들의 손에 자기가 해를 당하지 않도록 로마 교회 신자들이 기도하여 주기를 부탁하였다. 그것은 하나님의 뜻에 합당한 간구다. 사도는 하나님의 말씀을 전파하는 사명을 받은 만큼 그 사명을 완수하여 마치기까지 그의 생명이 보존될 필요가 있었다. 이 요구는 개인의 사욕을 위한 것이 아니고, 교회와 인류의 공익을 위한 것이다.

내가 섬기는 일을 성도들이 받을 만하게 하고. 예루살렘 성도들은 율법의 의식적 규례들에 대하여 아직도 보수파의 입장을 견지하고 있었다. 그러므로 그들은 의식적 법규를 구약의 방법대로 준수하도록 강요하지 않는 이방인의 사도에게 주목한다. 따라서 구제 사업에 있어서 바울이 그들에게 아무런 오해도 받지 않고 은혜롭게 되기 위해서는 기도가 필요했다.

설교 덕을 세워라(1-13절)

우리가 덕을 세우려면 끝까지 견디어 나갈 힘이 있어야 한다. 이 능력은 어디서 오는가?

1. 그리스도를 본받음으로써 힘을 얻고 덕을 세움(3절)

그리스도는 비방을 받으시면서도 참으시고 남을 비방하지 않으셨다. 그는 흠과 티가 없으나 이렇게 비방과 박해를 당하시면서 침묵하셨다. 우리 죄인들이 받는 비방은 죄인으로서 마땅히 받아야 할 비방이 아닌가? 더 나아가 비방은 죄인들에게 유익하다. 왜냐하면 죄인이 그것으로 인하여 반성할 때 큰 유익을 얻기 때문이다. 의인이 비방을 잘 받으면 상이 있고, 죄인이 비방을 잘 받으면 회개를 통해 하나님의 진노를 풀어드릴 기회를 얻게 된다.

우리는 사람들의 혀끝에서 안식을 찾으려 해서는 안 된다. 그들이 내게 대하여 무엇이라고 하든지, 나 자신이 그들의 말처럼 되는 것은 아니다. 토마스 아 켐피스(Thomas a Kempis)는 말하기를, "네 속사람으로 걸어 다닌다면, 외부에서 날아다니는 말이 걱정될 것 없다."라고 하였다.

우리 자신이 비방을 받을 때 우리는 남을 비방하지 말고 참아야 한다. "남의 말을 하려면 삼대문을 통과한 후에 하라"는 격언이 있다. 그것은 ① 그 말이 참인가 아닌가를 결정해주는 문, ② 그 말을 하면 어떤 유익이 있는가를 결정해주는 문, 마지막으로 ③ 그 말을 하는 것이 친절한 일인가 아닌가를 결정해주는 문이다.

2. 성경이 주는 인내와 위로로 덕을 세운다(4절)

본문의 "인내로 또는 성경의 위로로"란 말은 "성경이 주는 인내와 위로로"라고 고쳐야 할 것이다. 성경은 신자들에게 살아서 이길 힘을 준다. 맹인이었던 헬렌 켈러(Helen Keller) 여사는 성경에 대하여 말하기를, "나는 40년 동안 이 책을 사랑하였다. 이 책은 내가 환난 많고 음울한 세상을 지나가는 데 지팡이가 되어 내 걸음을 붙들어 주었다."라고 하였다. 그리고 히포의 아우구스티누스(Augustine)는 "모든 성경이 나의 지팡이다."라고 하였다. 성경은 믿음으로 읽는 자에게 신령한 감동을 주어서 인내와 위로를 받게 한다. 성경 말씀은 죽은 글이 아니고 성령님이 사용하시는 하나님의 말씀이다. 세상 책은 한 번 읽으면 바닥이 드러나고 만다. 그러나 성경은 성령의 감동이 함께 하는 책이기 때문에 읽을수록 맛이 난다.

무디(D. L. Moody) 선생은 성경 학교를 세우고 기도하기를, "세상에서는 오직 성경의 말씀만 요구되고 있습니다. 이 학교가 성경과 반대되는 말을 가르치는 날이 이르면, 이 학교를 폐하소서."라고 하였다.

3. 소망을 하나님께만 둠으로써 덕을 세울 수 있다(12-13절)

사람들은 서로에게 소망이 있는 줄 알고 서로를 향하여 덤벼들다가, 나중에는 서로 원망하여 덕을 세우지 못한다. 사람에게는 소망이 없다. 한평생을 살아 본 자라면 누구나 자신의 마음이 자기가 가장 사랑하던 자들 때문에 많이 상했다는 사실을 발견하게 될 것이다.

본문을 보면, 12절에서는 "열방이 그에게 소망을 두리라"라고 하였고, 13절엔 "소망의 하나님"이라고 하였다. 하나님만이 우리 영혼을 영원히 만족하게 해주시는 소망이시다. 그는 현세에도 우리에게 기쁨과 평화를 주심으로써 우리의 소망을 충족시키신다. 시편 43:4에는 "나의 큰 기쁨의 하나님"이라고 하였고, 시편 16:11에는 "주의 앞에는 충만한 기쁨이 있고"라고 하였다. 이렇게 우리 하나님은 우리에게 기쁨이 되시고, 그 기쁨은 우리가 앞날의 무한한 소망을 생각할 수 있게 해준다. 조나단 에드워즈(Jonathan Edwards) 목사의 부인은 하나님의 소망에 대해 감미롭고 기쁜 느낌이 너무 강하여 밤에 잠을 이루지 못한 때가 있었다고 한다.

제 16 장

⚜ 내용분해

1. 로마에 있는 성도들에게 문안함(1-16절)
2. 마지막 경고(17-20절)
3. 고린도 교회 성도들의 문안을 로마의 교회에 전함(21-23절)
4. 송영(25-27절)

⚜ 해석

1-2 **겐그레아.** 이것은 고린도의 동편에 있는 도시인데, 사도행전 18:18에도 이 지명이 나온다.

일꾼. 헬라어로 "디아코노스"(διάκονος)인데, 이것은 "집사"라고 번역할 수 있다. 크레다너스(Greijdanus)는 이것을 단순한 "일꾼"으로 이해했고, 테오도르 찬(Zahn)은 집사의 직분으로 여겼으며, 칼빈(Calvin)은 "디아코노스"를 "사역자"(Minister)라는 뜻으로 번역하고 그것이 집사의 직분을 의미한다고 확정하였다. 그는 초기 교회에 이 같은 여집사가 신실한 과부들 가운데서 선택되었다고 하였다. 여자로서 집사로 세움을 받을 만한 사람은 대개 자녀가 없는 자로서 전적으로 하나님의 일에 헌신할 수 있었던 자들이라고 한다.[226] 헤르만 리델보스(H. N. Ridderbos)는 여기서 "디아코노스"라는 용어가 일상적인 용무를 암시하는 "우산"(οὖσαν)이라는 현재분사와 "에클레시아스"(ἐκκλησίας, "교회의")라는 특별한 표현 때문에 집사직을 의미할 수 있다고 하면서도 확실치는 않다고 하였다. 그는 디모데전서 3:11이 여집사직을 말하는 것 같으나 그것도 확실치 않다고 한다.[227] 그러나 디모데전서 3:11은 확실히 집사의 직분에 대한 설명이다. 어떤 학자들은 여기서 "여자들"(γυναίκας)이라는 말이 감독의 아내, 혹은 남자 집사의 아내를 의미한다고 주장한다. 그러나 디모데전서 3:11의 "여자들도"라는 표현은 8절의 "집사들도"처럼 "이와 같이"(ὡσαύτως)라는 부사와 함께 나온다. 이것을 보면 그 본문이 남자 집사의 자격을 말하는 동시에 여집사의 자격도 함께 진술하는 것이 분명하다.[228] 이처럼 초기 교회에 여집사의 직분이 있었다는 점이 증명된다. 예를 들어 "사도 헌장"[229]에 이러한 사실이 기록되어 있고, 감람산에서 발견된 어떤 금석문(6세기)에도 여집사에 대한 기록이 있다.[230] 그러므로 우리는 칼빈(Calvin)을 따라 본문(롬 16:1)의 "일꾼"이라는 말이 집사를 의미하는 것으로 받아들인다. "뵈뵈"라는 여신도가 로마의 교회에 어떤 용무로 가는데, 바울이 그에게 친서를 주어서 교회의 영접을 받도록 하였다는 것이다.

여러 사람과 나의 보호자가 되었음이라. 겐그레아는 동서 교통의 요충지에 자리

---

226) *Commentary upon the Epistle to the Romans*, 418-419.

227) *Romeinen*, 162.

228) N. J. D. *White in the Expositor's Greek Testament*, Vol.Ⅳ, 116.

229) *Constitutiones Apost.* Ⅱ. 26, 57, Ⅲ. 7, 15.

230) *Revue Biblique*, 1904, 240.

잡고 있었기 때문에 여러 지방의 신자들이 많이 왕래하였다. 그들은 여행 중에 뵈뵈라는 여신도로부터 물질적 원조와 기타 도움을 많이 받았던 것으로 보인다. 여자로서 할 일은 남들을 다스리는 것보다 남들을 도와주며 보호하는 일이다. 여자가 창조된 목적이 그것이다. 창세기 2:18에 말하기를, "내가 그를 위하여 돕는 배필을 지으리라"라고 하였다. 사사기 4장을 보면, 여선지자 드보라가 사사의 직임을 받은 일이 있으나(삿 4:4), 그가 노래에서 밝힌 것처럼 그때 남자 중에 지도자가 없었기 때문에 그렇게 되었다. 사사기 5:7에 말하기를, "이스라엘에는 마을 사람들이 그쳤으니 나 드보라가 일어나 이스라엘의 어머니가 되기까지 그쳤도다"라고 하였다.

남자에게서 배울 것은 그들의 굳센 성격(고전 16:13)이다. 그러나 여자에게서 배울 것은 동정심과 봉사 활동이다. 예레미야 9:17-18에 말하기를, "만군의 여호와께서 이와 같이 말씀하시되 너희는 잘 생각해 보고 곡하는 부녀를 불러오며 또 사람을 보내 지혜로운 부녀를 불러오되 그들로 빨리 와서 우리를 위하여 애곡하여 우리의 눈에서 눈물이 떨어지게 하며 우리 눈꺼풀에서 물이 쏟아지게 하라"라고 하였다.

우리는 성경에 기록된 말씀들에서 남들을 동정하고 보호해준 여자들의 몇몇 행적을 찾아볼 수 있다. 요게벳은 어린 모세를 석 달 동안 숨겨서 그를 바로의 학살로부터 구해주었고(출 2:1-2), 기생 라합은 이스라엘의 정탐꾼 두 사람을 숨겨 원수의 손에 넘겨주지 않았으며(수 2:1-7), 미갈은 다윗을 창문으로 달아 내려 원수의 손길을 피하게 하였고(삼상 19:12), 아비가일은 자기 남편 나발과 그의 백성을 다윗의 손에서 건지기 위하여 다윗을 찾아와 진심을 담은 말로 애원하여 목적을 달성했으며(삼상 25:2-38), 드고아 여인도 다윗 왕이 압살롬을 찾아 회복하게 해주려고 그에게 나아가 간곡히 말하여 압살롬을 예루살렘으로 데려오게 하였다(삼하 14:1-38). 세바가 다윗을 거슬러 반란을 일으켰을 때, 요압이 세바가 도피해 있는 성읍을 에워싸고 크게 전쟁을 벌이려고 하였다. 그때 지혜로운 한 여인이 나와서 요압을 권유하여 세바 한 사람만 죽이게 하고 모든 시민을 살리도록 하였다(삼하 20:1-22). 신약 시대에 이르러 예수님의 전도 운동에서도 많은 여인이 자기 재산을 바쳐 예수님의 사역에 수종들었고(눅 8:1-3), 루디아는 바울이 전하는 복음을 듣고 회심한 후에 성심을 다하여 바울의 일행을 도와주었다(행 16:11-15). 그가 얼마나 간절한 마음으로 봉사하기를 원했는지 보여주는 말씀이 있는데, 바로 "만일 나를 주 믿는 자로 알거든 내 집에 들어와 유하라 하고 강권하여 머물게 하니라"라는 말씀이다(행 16:15하).

3절. 이 구절부터 16절까지 이어지는 말씀에 근거하여 몇몇 학자들이 헛된 추측을 하였다. 한마디로 이 부분에 등장하는 이름 중에 로마식 이름이 적다는 점과 바울이 한 번도 가보지 않은 로마 교회에 그와 개인적인 친분이 있는 인물이 지나치게 많이 등장한다는 점을 근거로 어떤 사람들은 16장이 로마서의 진정한 부분이 아니라고 주장한다. 윌리허(Jülicher)는 본 장을 바울이 에베소에 보낸 또 다른 서신으로 여긴다. 그러나 이러한 추측은 그릇된 것이다. 로마는 당시 전 세계의 중심지로서 국제적인 도시였고 교통의 요충이었기 때문에 모든 나라 사람들이 왕래하였다. 따라서 그곳 교회에는 로마 본토인보다 외국인들이 많았을 것이다. 그리하여 본 장에 열거된 인물들도 주로 외국인들이었을 것이다. 그리고 바울이 비록 로마 교회에 직접 방문한 일은 없었지만 여기 거명된 사람들을 일찍이 다른 장소에서 만났을 것이라고 추론할 수 있다.

브리스가와 아굴라. "브리스가"는 "아굴라"의 아내다(행 18:2-3). 이들은 일찍이 글라우디오 황제가 유대인을 로마에서 추방할 때 쫓겨나서 에베소에 정착했던 자들이다. 그들이 아볼로라는 학자를 데려다가 하나님의 말씀을 가르치기도 하였다(행 18:26; 참조. 행 18:2, 18, 26; 고전 16:19; 딤후 4:19).

4 내 목숨을 위하여 자기들의 목까지도 내놓았나니. 언제 어디서 이런 일이 있었

는지 우리로서는 알 수 없다. 그러나 바울은 셀 수 없이 많은 수난을 당했으니 그와 자주 동행했던 이들 부부가 바울을 위해 이런 희생을 각오해야 했던 경우가 있었을 것이다. 그들이 이처럼 바울을 사랑하게 된 동기는 무엇이었을까? 그들은 바울을 일반적인 의미에서 혹은 법정적인 의미에서 사랑했을 뿐 아니라,

1) 형제의 우애로 사랑하였다. 우애라는 것은 친근한 접촉을 통해 생겨난다. 우리가 멀리 떨어져 있는 훌륭한 인물을 존경할 수도 있고 법정적인 의미에서 사랑할 수도 있다. 그러나 그에 대해 우애의 감정을 갖기는 어렵다. 우애라는 것은 열정을 동반하기 때문에 서로 동고동락하게 되는데, 그것은 친밀한 접촉을 통하여 진실하게 이루어진 사귐에서 일어나는 것이다. 그런데 사람들은 서로 친근하게 지내다가 어느 한편의 잘못으로 인하여 서로 멀어지는 일도 있다. 하지만 사람들이 서로 친근하게 지내는 중에도 예의를 지켜 서로를 존중하면 그들의 사귐은 더욱 뜨거워지면서도 오래 지속된다. 바울은 아굴라와 브리스가를 어떻게 대했는가? ① 그는 생업 문제로 그들과 친근하게 지냈다. 사도행전 18:3을 보면, 그는 고린도에서 그들과 "생업이 같으므로 함께 살며" 일했다고 말한다. 동업자들끼리도 서로 멀어지는 경우가 있다. 그것은 서로 욕심을 채우려고 신용을 지키지 않기 때문이다. 그러나 그들이 서로 진실하게 도와준다면 형제처럼 가까워진다.

바울은 천막을 만드는 일에 아굴라 부부와 동업하였으나 그들에게 폐를 끼치기보다는 오히려 유익을 주었을 것이다. 그는 사욕을 품지 않았고 남들을 돕기 위하여 노동하였다. 그는 말하기를, "내가 아무의 은이나 금이나 의복을 탐하지 아니하였고 여러분이 아는 바와 같이 이 손으로 나와 내 동행들이 쓰는 것을 충당하여 범사에 여러분에게 모본을 보여준 바와 같이 수고하여 약한 사람들을 돕고 또 주 예수께서 친히 말씀하신 바 주는 것이 받는 것보다 복이 있다 하심을 기억하여야 할지니라"라고 하였다(행 20:33-35).

또한 그는 고린도 교회 성도들에게 말하기를, "내가 모든 일에 너희에게 폐를 끼치지 않기 위하여 스스로 조심하였고 또 조심하리라"라고 하였고(고후 11:9), 데살로니가 교회 성도들에게 말하기를, "우리가 너희 가운데서 무질서하게 행하지 아니하며 누구에게서든지 음식을 값없이 먹지 않고 오직 수고하고 애써 주야로 일함은 너희 아무에게도 폐를 끼치지 아니하려 함이니"라고 하였다(살후 3:7-8). 그뿐 아니라, ② 그는 브리스가 및 아굴라와 더불어 그리스도 예수 안에서 동역하였다. 영적인 일에 동역하는 것은 피차간에 우애를 더욱 돈독하게 만들어준다. 육신적인 사업보다는 영적인 사업에 원수와 대적이 더욱 많다. 복음의 동역자들은 이런 원수들을 함께 대적하면서 더욱 친밀해지고 서로 뜨겁게 사랑하게 된다. 그리고 복음의 일꾼들이 서로 도우면서 사역하게 되면 그들의 사랑이 더욱 뜨거워진다. 그렇게 되면 그들에게는 성령의 은혜가 더욱 풍성해져서 그리스도의 사랑을 뼛속 깊이 느끼게 되고 서로를 위하여 목숨을 버릴 마음도 생겨날 수 있다. 종교개혁자 츠빙글리(Zwingli)가 별세했다는 소식을 들은 그의 동역자 외콜람파디우스(Oecolampadius)는 상심한 나머지 병이 들었고, 오래지 않아 그도 세상을 떠나게 되었다.

2) 그는 브리스가와 아굴라에게 진리를 가르쳐 복음의 도리에 확신을 갖게 해주었다. 브리스가와 아굴라는 성경학자 아볼로에게 하나님의 도를 "더 자세히 풀어" 일러 주었다고 한다(행 18:26). 이것을 보면 그들은 하나님의 말씀을 평범한 수준에서 깨달았던 것이 아니다. 그들은 그야말로 복음을 신학적으로 깊이 있게 알았다. 그들이 어디서 이런 확신을 얻게 되었을까? 두말할 것도 없이 그들은 바울에게 배웠을 것이다. 사람이 신령한 은혜를 받은 후에는 그 은혜를 소개해준 인도자에게 은혜 갚을 생각을 품는 법이다. 바울은 말하기를, "그들의 영적인 것을 나눠 가졌으면 육적인 것으로 그들을 섬기는 것이 마땅하니라"라고 하였다(롬 15:27).

나뿐 아니라 이방인의 모든 교회도 그들에게 감사하느니라. 바울은 브리스가와 아굴라가 그의 생명을 보호하여 준 일에 대하여 감사한다. 그뿐 아니라 이방의 모든 교회들도 그들에게 감사한다고 말한다. 이것을 보면 ① 바울에 대한 그들의 사랑은 개인적인 것이라기보다는 주님을 위한 사랑이었던 것이 드러나며, ② 바울의 삶이 어디까지나 모든 교회를 위한 사역자의 삶이었다는 사실도 알 수 있다. 그 당시 누구든지 바울을 도와주는 것은 결국 교회를 도와준 것과 마찬가지였다.

5 또 저의 집에 있는 교회에도 문안하라. 이 구절의 헬라어 원문(καὶ τὴν κατ' οἶκον αὐτῶν ἐκκλησίαν)은 "또 그들의 집에 있는 교회"라고 옮겨야 한다. 그 당시에는 신자들이 개인의 집에 모여서 예배를 드렸다(롬 16:14-15; 고전 16:9; 골 4:15; 몬 2). 그렇다고 해서 그때에 특별한 건물을 지정하여 모이는 교회가 전혀 없었다는 말은 아니다. 어쨌거나 그 시대의 교회에서는 건물 문제가 중대한 관심 사안이 전혀 아니었다. 신약성경에는 교회 건물을 위한 헌금이라든지 또는 건축과 관련된 사건들이 전혀 기록되어 있지 않다. 그때는 교회가 신령한 은혜를 중심으로 모였고, 교세나 시설 같은 외형적인 것에 관심을 두지 않았다.

내가 사랑하는 에배네도. 바울은 여기서 자신과 인상 깊게 관련을 맺은 신자들을 소개한다. "에배네도"라는 인물은 바울의 아시아 선교에서 최초로 결심하고 그리스도를 영접한 "처음 맺은 열매"였으며, 따라서 전도자의 기억에서 사라질 수 없는 귀한 인물이었다.

그는 아시아에서 그리스도께 처음 맺은 열매니라. "처음 맺은 열매"라는 표현은 구약 시대에 이스라엘 백성이 처음 익은 곡식을 하나님께 제물로 바쳤던 사건을 상기시킨다(출 23:19; 신 18:4; 26:2, 10) 이렇게 처음 맺은 열매를 바치는 것은 소출의 전부를 바친다는 대표적인 의미였다. 신약성경에서 그리스도의 부활을 가리켜 "첫 열매"라고 표현한 말씀이 있는데(고전 15:20, 23), 그것은 그리스도의 부활이 시간상으로도 첫째가 되지만, 말세에 모든 신자들의 부활을 보장한다는 의미에서도 첫 열매라 불린다. 그리고 이 말은 일반 신자들에게도 사용되었는데(롬 8:23; 약 1:18; 계 14:4), 이것은 그들이 받은 성령이 최후의 구원을 보장한다는 의미를 가진다. 이처럼 "처음 맺은 열매"라는 말은 시간상으로 처음을 의미하는 동시에 미래에 있을 최후의 구원에 대한 보증이 된다. 그러므로 ① 이것은 기초적인 것으로 전체를 대표하고 보증하는 역할을 한다(롬 11:16). ② 그뿐 아니라 이것은 그리스도께 바쳐진 제물을 의미한다. 그렇다면 "에배네도"라는 인물을 가리켜 "처음 맺은 열매"라고 부른 것은 의미심장하다. 이것은 그가 보통 신자가 아니고 아시아 교회의 설립에 기초가 되는 중요한 신자였음을 시사한다. 그의 신앙생활은 개인 한 사람의 구원을 성취하는 것으로 멈추지 않았고, 아시아 교회 전체를 수립하는 일에 제물이 되었던 것이다. 신자는 그리스도의 몸인 교회의 지체이기 때문에 자기 자신을 위하여 살아가는 것이 아니라 하나님의 모든 교회를 위하여 제물이 되어야 한다.

6 너희를 위하여 많이 수고한 마리아. 여기에 거명된 "마리아"가 누구인지는 다른 기록이 없으므로 확인할 길이 없다. 그러나 성도들을 돕기 위한 그의 많은 수고는 신자들의 기억에서 영원히 사라질 수 없는 귀한 행적이다. 마리아가 무슨 일로 많이 수고했는지 우리는 알 길이 없다. 그러나 여기에 사용된 "수고하다"라는 헬라어 동사(ἐκοπίασεν)로 볼 때 그것은 "수난"을 의미하기보다는 "많은 노고"를 의미한다. 마리아의 노고는 교회 봉사를 위한 것이었다. 그리스도 신자는 하나님이 도우실 것이라는 핑계로 노고를 멀리하거나 봉사를 게을리해서는 안 된다. 하나님의 은혜와 권능은 사람을 게으르게 만들기 위하여 있는 것이 아니다. 예수님도 하나님의 아들이시지만 땅에 계실 때에 만사를 권능으로 쉽게 해결하려 하신 것이 아니라 힘쓰고 애써서 일하셨는데, 어떤 때는 음식 잡수실 틈도 없었다. 누가복음의 저자는 예수님이 모

든 동네를 방문하시면서 복음을 전하셨다고 증언한다(눅 8:1). 이것을 보면 하나님께서는 봉사를 위한 노고를 오히려 권능보다 존중하셨다. 그가 범죄한 인생에게 처음으로 주신 말씀은 얼굴에 땀이 흘러야 된다는 말씀과 결국 흙으로 돌아가게 될 것이라는 말씀이었다(창 3:19). 그러므로 인생이 땅 위에서 선을 이루는 비결은 노고에 있다.

그러나 우리가 명심할 것이 있다. 노고는 주님에 대한 믿음으로 주님을 위하여 해야 한다는 것이다. 그렇지 않으면 그의 노고는 도리어 저주가 되며 기쁨과 축복이 되지 못한다. 따라서 그것은 힘 있게 뻗어 나가지도 못한다. 시편 127:2에 말하기를, "너희가 일찍이 일어나고 늦게 누우며 수고의 떡을 먹음이 헛되도다 그러므로 여호와께서 그의 사랑하시는 자에게는 잠을 주시는도다"라고 하였다. 그렇다면 하나님을 믿고 하나님을 위하여 일하는 자만이 참다운 열매를 거둘 수 있으며(시 127:1) 만족과 기쁨을 누릴 수 있는 것이다. 전도서 5:12에 말하기를, "노동자는 먹는 것이 많든지 적든지 잠을 달게 자거니와"라고 하였다. 주님을 위하여 수고하는 자는 다른 사람을 위하여 애써서 일하는 자다. "마리아"는 로마 교회의 교인들을 위하여 그렇게 애써서 일하였다. 모든 사람은 자기 한 몸만 위하여 일할 자가 아니고, 무수한 사람을 위하여 일해야 하는 처지에 있다. 왜냐하면 그는 다른 사람을 자기 자신과 같이 여기고 살아야 하기 때문이다. 그러므로 마리아는 모든 사람의 모범이며 특히 그리스도 신자의 모범이다.

7 내 친척이요 나와 함께 갇혔던 안드로니고와 유니아. 바울은 여기서 자기 친척이 그리스도를 믿게 된 사실에 대하여 기쁘게 여기고 그들에게 문안을 전한다. 여기서 "친척"이라는 말은 헬라어로 "쉰게네이스"(συγγενεῖς)인데, "동포"라는 뜻이다. 바울은 자기 동포인 이스라엘 민족이 그리스도를 믿지 않는 일에 대하여 뼈아프게 생각하였다(9:3). 그의 이와 같은 심리는 혈연관계보다는 하나님을 중심으로 발동한 것이었다. 다시 말해 이스라엘 민족은 구약 시

대에 하나님의 백성으로 택함받았으며 언약 백성으로서 하나님의 사랑을 입었기 때문에(9:4), 그들이 그리스도를 믿지 않는다는 것은 통탄할 만한 일이라는 것이다. 약속을 받았던 백성이 약속의 성취로 오신 메시아를 믿지 않는다면 그것은 이방 전도에 커다란 장애가 될 것이었다. 만일 그의 동포인 이스라엘 민족이 어디서든지 그리스도를 믿어 진리대로 산다면, 이방인들이 그것을 보고 더욱 힘 있게 그리스도께 돌아올 것이었다. 그러므로 그는 그리스도를 믿는 동포 한 사람이 말할 수 없이 반가웠던 것이다.

"나와 함께 갇혔던 안드로니고와 유니아." 그들이 바울과 함께 갇혔던 때가 언제인지는 알기 어려우나, 그들이 주님을 위하여 그렇게 수난당한 것만은 확실하다. 여기서 그들이 주님을 위하여 바울과 "함께 갇혔던" 사건을 언급하는 이유는, ① 그들의 수난을 높이 평가하기 위해서였다. 베드로전서 4:13-14에 말하기를, "오히려 너희가 그리스도의 고난에 참여하는 것으로 즐거워하라 이는 그의 영광을 나타내실 때에 너희로 즐거워하고 기뻐하게 하려 함이라 너희가 그리스도의 이름으로 치욕을 당하면 복 있는 자로다 영광의 영 곧 하나님의 영이 너희 위에 계심이라"라고 하였다. ② 그가 그들과 함께 수난당하는 중에 서로 형제와 같이 가까워졌기 때문이다. 사람들이 주님을 위하여 함께 수난당하면, 그들은 하나님 아버지의 자녀로서 형제관계를 뜨겁게 느낀다(계 1:9; 벧전 5:9).

"안드로니고"는 헬라식 이름으로 황족 중에서 발견된다. 그리고 "유니아"는 로마식 이름으로 여자의 이름이다. 그러므로 이 두 사람은 부부라고 생각된다. 우리는 여기서도 여자가 복음 전파에 중요한 역할을 맡았던 것을 볼 수 있다.

그들은 사도들에게 존중히 여겨지고. 이 문구는 "그들이 사도들 중에 유명한 자들이다"라고 번역할 수도 있다. 이 같은 번역에 따르면 그들 역시 사도들로 여겨진다는 뜻이 된다. 그들은 열두 사도의 반열에 속한 자들이 아니고, 포괄적인 의미에서 사도의 지위를 가진 것으로 여겨진 인물들이었을 것이다. 그들은 열두 사도처럼 여러 교회를 순회하면서 복음을 전하는 일을 통해 널리 알려졌을 것이다. 여러 권위 있는 학자들이 두 번째 해석을 지지한다(Sanday, Ridderbos).

또한 나보다 먼저 그리스도 안에 있는 자라. 다시 말해 그들이 바울보다 먼저 그리스도를 믿었다는 뜻이다. 이 말씀을 보면, ① 바울이 그리스도를 믿는 일을 얼마나 귀하게 생각했는지를 알 수 있다. 그는 사람들이 그리스도를 믿는 사건에 대하여 이렇게 시간적인 선후관계까지 음미하면서 즐거워하였다. 그뿐 아니라 ② 그는 이 말로써 신앙의 선배들을 존중하는 모습도 보여준다. 이 세상 다른 일들에 있어서도 우리는 선배를 존중해야 한다(레 19:32). 선배는 후배가 경험하지 못한 일들을 체험한 자다. 그렇기 때문에 그는 특별히 그런 측면에서 후배보다 아는 바가 많다. 욥기 12:12에 말하기를, "늙은 자에게는 지혜가 있고"라고 하였다. 또한 잠언 16:31에 말하기를, "백발은 영화의 면류관이라 공의로운 길에서 얻으리라" 하였고, 잠언 20:29에서는 "젊은 자의 영화는 그의 힘이요 늙은 자의 아름다움은 백발이니라"라고 하였다.

8-9 주 안에서 내 사랑하는 암블리아에게 문안하라. "주 안에서… 사랑함"은 함께 주님을 사랑하는 인연으로 서로 간에도 사랑하게 된다는 것을 가리킨다.

동역자인 우르바노. "동역자"들이 상대방을 존중하면 서로 간에 즐거운 사랑의 줄로 연결될 수 있다.

나의 사랑하는 스다구. 여기서 말하는 "사랑"도 함께 주님을 사랑하는 인연에서 발생하는 영적 친밀감을 가리키는 것이다.

10 그리스도 안에서 인정함을 받은 아벨레. 다시 말해 아벨레가 자신의 은사로 교회를 봉사하는 일에 경력을 쌓아서 교회의 신임을 받았다는 것이다. 교회의 일꾼들이 모든 어려운 일들을 통과하면서 굳건하게 사명을 감당하는 것은 귀한 일이다. 그런 일꾼들에게는 주님의 귀한 사역을 맡길 만하다. 반면에

경력이 많지 않고 따라서 여러 가지 곤경을 극복하고 견고히 서본 경험이 없는 자들은 교회의 신임을 받기 어렵다.

아리스도불로의 권속에게 문안하라. "아리스도불로"는 헤롯 대왕의 증손자인 듯하다. 역사가들은 그가 로마에서 살다가 죽었다고 기록한다.

11-13 내 친척 헤로디온. 여기 기록된 "친척"이라는 단어(συγγενῆ)도 동포를 가리킨다(참조. 7절).

주 안에 있는 자들. 이 말은 그리스도를 믿는 자들을 가리킨다.

주 안에서 수고한 드루배나와 드루보사. 이들은 아마도 주님을 위하여 교회 봉사에 힘쓰며 수고한 여인들을 가리키는 듯하다. 6절 해석을 참조하라.

주 안에서 많이 수고하고 사랑하는 버시. 여기 사용된 "많이"라는 부사는 무의미한 수식어가 아니고, 그의 수고가 앞의 두 사람의 수고보다 더 컸다는 사실을 밝힌다. "사랑하는"(τὴν ἀγαπητήν)이라는 말은 "사랑받는"으로 수정되어야 한다. 이 말은 그리스도와 교회에게 사랑받는다는 뜻일 것이다. "버시"(Περσίδα)도 여자의 이름이다.

루포. 그는 구레네 시몬의 아들일 것이다(참조. 막 15:21).

그의 어머니는 곧 내 어머니니라. "루포"의 어머니가 바울을 친자식같이 사랑하고 도와준 일이 있었기 때문에 바울은 이렇게 말한 것이다.

14-16 거룩하게 입맞춤으로 서로 문안하라(참조. 살전 5:26; 고전 16:20; 고후 13:11; 벧전 5:14). 예배 처소에서 기도한 후에 남자들은 남자들끼리, 여자들은 여자들끼리 서로 입맞추는 것은 초기 교회 예배의 순서 가운데 하나였다고 한다(Just. Mart. Apol. mai 65).

17-18 교훈을 거슬러 분쟁을 일으키거나 거치게 하는 자들을 살피고 그들에게서 떠나라. 바울은 로마의 신자들에게 진정한 성도들과의 친교를 장려하는 동시에 거짓 스승에게서 "떠나라"고 권면한다. 여기서 "교훈"이라는 말은 사도의 교훈인데(살전 4:1), 오늘날로 말하면 성경 말씀이다. 하나님의 말씀을 거스르

는 자들은 하나님의 말씀대로 순종하는 자들과 충돌한다. 그런 때에 신자들이 분쟁을 일으키는 자들을 진정시킬 수 있다면 그들과 함께 머물러 있을 수도 있다. 그러나 그렇게 할 수 없을 때는 옳은 편이 그 모임을 떠나서 나와야 한다. 왜냐하면 그렇게 해야만 교회의 평화와 질서를 유지할 수 있기 때문이다.

배만 섬기나니. 이 말씀은 로마의 교우들이 분쟁을 일으키는 자들로부터 떠나야 할 이유를 가르쳐준다. 한마디로 그들은 그리스도보다 세상의 것들을 탐하고 구하는 자들이기 때문이다.

순진한 자. 이것은 판단력이 부족하여 속임당하기 쉬운 자를 가리킨다. "순진한 자"는 간사함이 없다는 점에서는 좋으나, 진리의 지식이 부족하면 마귀에게 미혹당하기 쉬우므로 위태하다.

19 너희의 순종함이 모든 사람에게 들리는지라. 이것은 로마 교회 신자들의 바람직한 성품, 곧 복음에 순종하는 자세를 칭찬하는 말씀이다. 하지만 이어서 사도 바울은 위태한 측면을 염두에 두고 다음과 같은 경고의 말씀을 준다.

선한 데 지혜롭고 악한 데 미련하기를 원하노라. "순진한 자"는 선에 대하여는 지혜롭게(민첩하게) 따라가야 하고 죄악 앞에서는 신앙의 순결성을 지켜 그것과 타협하지 않아야 한다. 여기서 "미련함"(ἀκέραιος)이라는 말은 순결성을 의미한다(마 10:16).

20 속히 사탄을 너희 발 아래에서 상하게 하시리라. 이것은 바울이 로마의 신자들을 위로하는 말씀이다. 당시 유대인들 가운데서 거짓 스승들이 일어나 율법주의를 가지고 복음 운동을 방해하면서 교회의 질서를 어지럽게 하였다. 그러나 하나님께서는 이 같은 방해자들을 실패하게 하실 것이다(참조. 창 3:15). 그러므로 바울은 이러한 사실을 예감하고서 교회를 위로한 것이다.

21-24절. 이 단락은 사도와 동거하는 고린도 사람들이 로마의 교회에 보내는 문안인사다.

디모데. 이 이름은 "하나님의 보배"라는 뜻을 가지고 있다. 친척. 이 말은 "동포"라는 뜻이다. 누기오. 사도행전 13:1을 참조하라. 야손. 사도행전 17:5-7, 9을 참조하라. 소시바더. 사도행전 20:4을 참조하라.

편지를 기록하는… 더디오. 고린도전서 16:21, 갈라디아서 6:11, 데살로니가후서 3:17을 참조하라.

나와 온 교회를 돌보아 주는 가이오. 바울만 가이오의 집에 유숙한 것이 아니라 교계의 다양한 인사들이 그의 집에서 유숙하는 혜택을 받았다(참조. 고전 1:14).

25-27 이 복음으로 너희를 능히 견고하게 하실 지혜로우신 하나님. 인간은 세상에서 견고한 것이 무엇인지 찾고 있다. 그러나 실상은 세상 자체가 견고하지 않다. 성경은 "모든 육체는 풀과 같고 그 모든 영광은 풀의 꽃과 같으니 풀은 마르고 꽃은 떨어지되"라고 선언한다(벧전 1:24). 그렇다면 참으로 견고한 것은 무엇인가? 그것은 이 세상에 속하지 않은 것이며 이 세상과 다른 것이다. 참으로 견고한 것은 오직 복음뿐이다. 복음이 영원하고 견고한 이유는 무엇인가? ① 복음은 영원 전부터 감춰져 있던 것이기 때문이다. 복음은 세상이 생겨나기 전부터 있었던 것이다. 그러므로 그것은 이 세상과 운명을 같이할 것이 아니다. 그것은 영원한 것이며 변하지 않는 것이다. 우리가 이 같은 복음의 말씀을 손에 들고 있으니 감사하기 그지없다. 그러나 이에 대하여 감사할 줄 모르는 자들이 많다. 이것은 마치 아프리카의 어린아이들이 다이아몬드 원석을 가지고 놀이를 하면서도 그 가치를 모르는 것과 같은 일이다. ② 복음은 선지자들이 예언한 것이기 때문이다. 복음의 진리는 일시적으로 갑자기 나타난 것이 아니고, 그리스도가 탄생하시기 수천 년 전, 혹은 수백 년 전에 예언되었던 말씀이 그대로 이루어진 것이다. 복음은 이처럼 예언이 성취된 진리이기 때문에 절대적인 신임을 받을 만하다.

설교 성도가 잊을 수 없는 형제들(1-8절)

1. 여러 사람의 보호자(2절)

뵈뵈는 여집사로서 남을 많이 도와준 성도였다. 그는 개인적인 친분이 있는 한두 사람만 도와준 것이 아니고, 여러 사람을 도와주었다. 이것을 보면 그는 남을 돕는 일에 피곤해하지도 않고 오히려 그 일을 즐기는 아름다운 덕을 소유한 인물이었음을 알 수 있다. 남을 돕는 일을 즐기는 자는 후에 큰 복을 받는다. 잠언 11:25에 말하기를, "구제를 좋아하는 자는 풍족하여질 것이요 남을 윤택하게 하는 자는 자기도 윤택하여지리라"라고 하였다.

2. 생사를 같이하는 성도의 사랑(3-4절)

브리스가와 아굴라 부부는 바울을 위해서라면 자기들의 생명을 아끼지 않고 희생하기를 원하였다. 그들이 이런 마음을 품은 이유는 바울이 그리스도의 참된 종이었기 때문이다. 바울은 그리스도를 위하여 생명을 내어놓고 수고하였는데, 그것을 옆에서 지켜본 브리스가와 아굴라는 그를 위하여 목숨을 내놓을 마음을 가지게 된 것이다. 키프리아누스(Cyprian)는 전염병이 창궐했을 때에도 그가 맡은 교인들을 위하여 희생적으로 봉사하며 사역하였고, 17세기에 프랑스 산골에 망명하여 신앙을 지키던 왈도파 목사들은 전염병이 심할 때 다 죽고 둘만 남았다고 한다. 그들이 끝까지 병든 교우들을 심방하며 위로하였기 때문이다. 그때 살아남은 두 목사는 피에르 질(Pierre Gilles of Lucerna)과 발레리우스 그로스(Valerius Gross of Martino)였다. 신자들 역시 그들의 지도자를 그처럼 사랑해야 한다. 그들은 하나님의 사람을 사랑하되 죽기까지 사랑하는 마음이 있어야 한다. 갈라디아 교회 성도들은 그들의 눈이라도 빼어서 바울에게 줄 마음이 있었다(갈 4:15). 그들이 이렇게까지 사도 바울을 사랑한 이유는 그가 하나님의 참된 종이었기 때문이다.

이 일에 있어서 아굴라의 아내 브리스가가 솔선하였다. 그렇기 때문에 여성도의 이름이 먼저 기록된 것이다. 수넴 여인도 자기 남편을 권유해서 엘리사를 돕게 했다. 그 여인은 엘리사를 강권하여 음식을 먹게 하였고(왕하 4:8), 자기 남편을 권유하여 사랑방을 만들게 하였고, 엘리사가 거기 머물게 하였다(왕하 4:9-10). 엘리사는 그 여자를 가리켜 말하기를, "네가 이같이 우리를 위하여 세심한 배려를 하는도다"라고 하였다(왕하 4:13).

3. 처음 맺은 열매인 에배네도(5절)

여기서 말하는 "처음 맺은 열매"는 무엇을 의미하는가? 이것은 바울의 아시아 전도에서 처음으로 회개하고 복음을 믿은 자를 가리킨다. 그는 에배네도가 복음 전도의 첫 열매로서 특별히 반가운 인물이었던 사실을 다시 회상한다. 그는 언제나 간절히 복음의 열매를 보고자 하는 하나님의 포도원 농부였다. "씨를 뿌릴 때에 나지 아니할까 걱정하며 심히 애탈지라도, 나중 예수께서 칭찬하시리니 기쁨으로 단을 거두리로다. 거두리로다, 거두리로다, 기쁨으로 단을 거두리로다."라는 찬송가 가사는 이처럼 애타는 전도자의 심정을 표현한 것이다.

4. 교회를 위하여 많이 수고한 마리아(6절)

여기서 "많이"라는 단어가 매우 귀한 역할을 한다. 많은 수고는 남을 유익하게 하는 동시에 나 자신을 완성한다. 주님께서도 수고라는 비결을 통하여 우리의 구원을 완성하셨다(히 5:8). 히브리서 12:2에 말하기를, "믿음의 주요 또 온전하게 하시는 이인 예수를 바라보자 그는 그 앞에 있는 기쁨을 위하여 십자가를 참으사 부끄러움을 개의치 아니하시더니 하나님 보좌 우편에 앉으셨느니라"라고 하였다.

5. 안드로니고와 유니아(7절)

이들이 바울에게 특별히 기억되는 이유는 네 가지다. ① 그들은 바울의 친척이었고, ② 함께 옥에 갇혔던 자들이었으며, ③ 신앙의 수준이 높아서 사도들에게도 잘 알려져 있었고, ④ 바울보다 먼저 회심한 자들이기 때문에 신앙생활에서 바울의 선배였다.

우리는 여기서도 사도 바울의 문안이 그리스도를 중심으로 삼고 있음을 알 수 있다. 친척 관계를 언급한 이유는 그들이 예수를 믿으니 더욱 반가웠기 때문이다. 그들이 예수를 믿지 않았더라면 친척 관계가 그리 큰 의미를 가지지 않았을 것이다. 성도는 친척 관계를 무시하지 않지만, 그것도 오직 그리스도 안에서만 의미 있게 생각한다. 설사 친척이라 해도 예수를 믿지 않으면 의미 없는 친척이라고 할 수밖에 없다. 또한 이 두 사람은 바울과 함께 옥고를 치른 일이 있었다. 그들은 함께 고생했던 자들이기 때문에 인정상으로도 동류의식을 느끼고 서로 끌렸을 것이다. 그러나 그보다도 그들의 옥고는 그리스도를 위한 것이었기 때문에, 주님을 사랑하는 그들은 서로 귀히 여기며 높였던 것이다. 그리고 이 두 사람은 신앙의 수준이 높았기 때문에 바울에게 더욱 귀히 여김을 받았다. 신앙이 있는 자는 신앙이 있는 자를 사모하게 된다. 게다가 그들은 바울보다 먼저 예수를 믿은 자들이다. 신자는 그리스도와 관련된 사건들을 특별히 의미 있게 생각하는 법이다. 바울은 그들이 자기보다 앞서 회심했다는 사실을 기억하고 있었는데, 그것은 진리의 선각자를 반갑게 여기는 심정에서 비롯된 것이었다.

6. 주 안에서 내 사랑하는 암블리아(8절)

여기서 "주 안에서" 사랑한다 함은 피차 주님을 사랑하기 때문에 서로 사랑하게 된 영적인 관계를 의미한다. 신자는 상대방이 주님을 사랑하기 때문에 그를 사랑하게 되고, 또 사랑해야 한다. 그가 나에게 아무런 은혜를 끼친 일이 없을지라도, 나는 그를 가장 귀히 여기고 사랑해야 한다.

설교 내 어머니(13절)

1. 바울은 이 구절에서 효도에 대한 그의 태도를 보여준다. 한마디로 우리는 그가 어머니를 얼마나 귀하게 여겼는지 여기서 발견할 수 있다. 그는 남의 어머니까지 자기 어머니처럼 여기는 태도를 보여준다. 맹자(孟子)는 말하기를, "나의 노인을 노인으로 공경하여 그 마음이 남의 노인에게까지 이르게 한다"(老吳老以及人之老)고 하였다. 그는 하나님을 몰랐으나 하나님이 주신 양심에 의지하여 이런 말을 하였다. 바울이 루포의 어머니를 "내 어머니"라고 한 이유는 그 여인이 모성의 덕이 높았고, 또 바울을 아들처럼 많이 사랑했기 때문일 것이다. 그는 어진 어머니였다. 어린아이의 교육은 어진 어머니에게 달렸다. 사람이 세상에 나서 잘되고 못되는 것은 주로 그의 어머니와 관련되어 있다. 모세의 어머니는 모세를 바로의 손에 넘겨주지 않고 숨겼으며, 후에는 다시 바로의 딸에게서 그를 받아다가 길렀다. 모세가 위대한 사람이 될 수 있었던 이유를 인간적인 측면에서 생각해보면 그의 어머니의 역할이 컸기 때문이라고 할 수 있다. 신약 시대에 이르러서 아우구스티누스(Augustine)의 어머니는 눈물이 마를 날 없이 아들을 위하여 기도하였고, 그레고리오 1세의 어머니 나나(Nana)도 그리하였고, 클레르보의 베르나르두스(Bernard)라는 성자의 어머니 아레타(Aretha)도 그리하였고, 스펄전(Spurgeon)의 어머니도 그리하였다. 어머니는 자식을 낳을 때만 수고하는 것이 아니고 자식의 인격을 만드는 데도 해산하는 수고를 감당한다. 이 일이 그만큼 중대하기 때문에 여자는 해산하는 일 외에 다른 일을 맡지 않았다. 디모데전서 2:15에 말하기를, "그러나 여자들이 만일 정숙함으로써 믿음과 사랑과 거룩함에 거하면 그의 해산함으로 구원을 얻으리라"라고 하였다.

2. 바울은 어머니와 자식 간의 관계가 혈통 관계보다 영적 관계에서 더욱 참되어진다는 사실을 여기서 보여준다. 바울은 디모데를 자기의 참아들이라고 불렀다(딤전 1:2). 예수님께서도 말씀하시기를, "나의 어머니와 나의 동생들을 보라 누구든지 하늘에 계신 내 아버지의 뜻대로 하는 자가 내 형제요 자매요 어머니이니라"라고 하셨다(마 12:49-50). 기독교의 진리는 혈통의 인연을 무시하지 않는다. 그러나 그것을 초월하여 영적으로 맺어지는 인연을 혈통적인 인연보다 더욱 중요하게 여긴다.

참고문헌

Barth, K. Der Römerbrief.

Barth, K. Kirchliche Dogmatik 1/1.

Bavinck, H. Gereformeerde Dogmatiek I-IV.

Bengel, A. Gnomon of The New Testament.

Berkhof, L. Dogmatics.

Berkouwer, G. C. Dogmatische Studiën.

Boettner, L. The Reformed Doctrine of Predestination.

Calvin, J. Commentary on The Epistle to The Romans.

Carnell, E. J. A Philosophy of Christian Religion.

Greijdanus, S. Kommentaar op Het Nieuwe Testament (Romeinen).

Grosheide, F. W. De Openbaring Gods in Het Nieuwe Testament.

Henry, M. Commentary on The Epistle on to The Romans.

Hodge, C. Commentary on The Epistle to The Romans.

Knight, 3000 Illustrations For Christian Service.

Lange, Commentary on The Epistle to The Romans.

Lietzmann, Hand Kommentar Zum Neuen Testament(Römerbrief).

Luther, M. Vorlesung über den Römerbrief.

Maclaren, The Exposition of The Holy Scriptures.

Meyer, Commentary on The Epistle to The Romans.

Moody, D. L. Notes From My Bible.

Novum Testamentum Graece.

Nygren, A. Der Römerbrief.

Ridderbos, H. Aan De Romeinen.

Ridderbos, H. Paulus En Jezus.

Sanday, W. & Arthur Headlam, The Epistle to The Romans (International Critical Commentary).

Schaff, P. History of The Christian Church.

Schlatter, A. Gottesgerechtigkeit.

Spurgeon, C. H. According to Promise (Pamphlete).

Thomas a Kempis, The Immitation of Christ.

Van Til, C. The New Modernism.

Vos, G. Dogmatiek.

Warfield, B. B. Biblical Doctrines.

Warfield, B. B. Studies in Theology.

Young's Concordance.